심리적 위기를 통합하는 수용전념치료

트라우마와 위기를 효과적으로 다루는 심리치료 ACT의 이론과 실제

심리적 위기를 통합하는 수용전념치료

Katrina Carlsson, Kirk D. Strosahl, Laura Weiss Roberts

송승훈, 한송이, 류은영, 김명지, 김민정, 진시영
ACT인지행동치료연구회 옮김

하나醫學社

Crisis Integration With Acceptance and Commitment Therapy
: Theory and Practice, first edition

authored by
Katrina Carlsson, MD, PhD & Kirk D. Strosahl, PhD & Laura Weiss Roberts, MD, MA

First published in the United States by
American Psychiatric Association Publishing, Washington DC.

First Published in the Republic of Korea by Hana Medical Publishing Co. in Korean. Hana Medical Publishing Co. is the exclusive publisher of Crisis Integration With Acceptance and Commitment Therapy: Theory and Practice, first edition, (Copyright © 2023) authored by Katrina Carlsson, MD, PhD; Kirk D. Strosahl, PhD; and Laura Weiss Roberts, MD, MA in Korean for distribution Worldwide.

이 책에 쏟아진 찬사

"세계적인 수준의 저자들이 모여 많은 사람이 쉽게 접근할 수 있는 방식으로 쓴 이 책은 극도로 어려운 삶의 경험에서 위기 통합적 처리가 어떻게 일어날 수 있는지 보여 줍니다. 이 책은 심리적 유연성을 획득하는 방법과 가르치는 방법에 대한 과학적 이론 및 실제를 독자들에게 세심하게 안내합니다. 당신은 심리적 유연성 치유 과정의 각 구성 요소와 그것들이 삶의 궤적을 어떻게 바꿀 수 있는지 배우게 될 것입니다. 이러한 과정은 당신과 다양한 내담자의 삶에 적용됩니다. 사실 우리 모두에게 적용됩니다. 위기 통합 유연성 과정은 배울 가치가 있으며, 이를 위한 훌륭한 안내서가 당신 앞에 있습니다."

- 스티븐 C. 헤이즈

심리학자

네바다 대학교 심리학과 교수

수용전념치료 공동 창시자

『자유로운 마음』 저자

"중독 정신의학 분야에 속한 저의 모든 임상 연구는 참여(가치전념)와 수용에 초점을 맞춥니다. 동기강화 상담과 마음챙김 연습을 통해 내담자들의 갈망을 없애도록 뇌에 착각을 주는 동시에, 신경생물학의 건강한 부분을 활용하도록 돕습니다. 이 책은 이 모든 것을 하나로 묶었습니다. 이 책은 ACT 이론과 실제를 훌륭하게 통합하고, 겉보기에는 극복하기 불가능해 보이는 위기 상황에서 내담자와 협력하는 방법을 단계적으로 설명합니다."

– 페트로스 레부니스
정신과 의사
러트거스 뉴저지 의과대학교 정신건강의학과 교수 및 학과장, 전문성 개발 부학장
대학병원 서비스 책임자 및 뉴저지 뉴어크, 노던 뉴저지 MAT 우수 센터장
워싱턴 D.C. 미국정신의학회 회장
『정신건강 임상에서의 동기강화상담』 공동저자

"심리적 위기에 처한 내담자를 관리하고 지원하는 임상가를 돕기 위한 이 안내서는 학술적이고 지적으로 호소력 있을 뿐 아니라 따뜻하고 자비롭습니다. 이 책은 마음챙김을 기반으로 하는 치료 전략을 현대 신경과학의 맥락에서 확고하게 배치하고, 독자들에게 감동을 주는 짧은 사례들로 그 실용성을 입증합니다. 또한 내면의 변화를 통해 역경에 적응하는 방법을 제시함으로써 희망을 심어 줍니다."

– 마커스 헤이릭
정신과 의사
스웨덴 린셰핑 대학교 및 사회정서 신경과학센터 창립 이사, 정신의학과 교수
스웨덴 스톡홀름, 스웨덴 왕립과학원 회원
테네시주 브렌트우드, 미국 신경정신약리대학[ACNP] 펠로우
『13단계: 뇌과학 시대의 중독』 저자

"이 책은 위기에 처한 내담자에게 수용전념치료의 지혜를 적용하는 방법을 소개하는 훌륭한 작품입니다. 복잡한 이론과 연구를 이해하기 쉬운 방식으로 다루고 있으며, 특히 고통받는 사람들에게 이 개념을 어떻게 사용할 수 있는지에 대한 구체적인 예시가 인상적입니다."

– 크리스틴 네프
심리학자
텍사스 오스틴 대학교 교육심리학과 부교수
『자기-자비』, 『강력한 자기-자비』, 『나를 사랑하기로 했습니다』 저자

"우리는 모두 삶의 어느 시점에서 위기를 경험합니다. 그리고 종종 우리의 반응이 상황을 악화시킵니다. 이 책은 심리학과 신경과학의 최신 발전이 어떻게 위기의 본질과 최선의 대응 방법을 이해하도록 돕는지 보여 줍니다. 우리의 생각과 감정을 성찰하는 능력인 메타인지가 핵심입니다."

– 크리스 프리스
신경심리학자
런던 대학교 신경심리학 명예교수, 영국 런던 왕립학회 및 영국 아카데미 펠로우

워싱턴 D.C. 미국과학진흥회 펠로우
『무엇이 우리를 사회적으로 만드는가?』, 『 두 개의 뇌, 협력의 뇌과학』 공동저자

"너무 멋진 책입니다! 다양한 명시적인 예제와 함께 위기에 처한 내담자가 위기를 극복하는 데 도움이 되는 다양한 방법을 설명합니다. 심리학에서 출발한 정교하고 가장 최신의 과학, 정신의학, 신경과학을 통합하면서도 놀라우리만치 쉽고 명쾌하게 읽힙니다. 지적으로 상당히 도전적인 개념들이 지루한 설명에 간히지 않고 몸, 마음 및 삶의 현상학에 기반해 잘 소개되고 있습니다. 임상 실무와 이론적 개념 간의 교량 역할을 하는 이 책은 숙련된 치료자에게 필수적이며, 내담자를 돌보는 데 필요한 실용적 도구를 가르친다는 점에서 초보자에게도 꼭 필요한 책입니다."

- 울프 메링
정신과 의사
샌프란시스코, 캘리포니아 대학교 임상 가족 및 지역 사회 의과대학 교수

"『심리적 위기를 통합하는 수용전념치료』는 위기를 경험하는 내담자에게 ACT를 적용하고자 하는 실무자들을 위한 매우 잘 연구되고 명확하게 구성된 실용 안내서입니다. 저자들은 위기의 본질을 탐구하고, 위기의 지각적 · 신체적 · 정서적 · 개념적 · 행동적 차원을 포괄적으로 다룹니다. 그들은 ACT 모형의 구성 요소가 회복탄력성을 어떻게 촉진하는지 이해하기 위한 개념적 구조를 만들고, 위기와 트라우마를 다루는 풍부한 실용적 기술과 임상 사례를 제공합니다. 또한 ACT의 효과에 대한 신경과학 연구를 학습 및 행동 변화 측면에서 명시적으로 설명합니다. 이 책은 이론과 실제 적용 사이의 탁월한 균형을 제공합니다."

- 단 클러먼
심리학자
캘리포니아 샌프란시스코, 골든게이트 대학교 심리학 교수
『대화합시다: 능숙한 의사소통을 위한 필수 안내서』 공동저자

"이제 우리에게 필요한 것은 인지 신경과학 및 정신의학의 실제에 관한 통합된 프레임입니다. 우리는 인지 신경과학과 정신의학의 틀을 통합하는 데 정말 필요한 것을 얻었습니다. 이 훌륭한 책을 통해 외부 환경이 인간의 마음 형성에 어떤 영향을 미치는지 실제적으로 이해할 수 있습니다."

- 마틴 잉바르
신경생리학자
스웨덴 스톡홀름, 카롤린스카 연구소 바브로 & 버나드 오셔 통합 의학대학 교수

"위기의 깊은 곳에서 우리는 종종 가장 위대한 성장을 발견합니다. 『심리적 위기를 통합하는 수용전념치료』는 임상가들이 내담자가 단순히 어려움을 극복하는 데 그치지 않고 활력과 지혜가 더 풍부해지도록 돕는 데 필요한 안내서입니다. 이 책이 출간되어 정말 기쁩니다!"

– 폴 페리스

정신과 의사

스웨덴 스톡홀름 CBT 및 심리도식치료 심리치료자 및 감독자

"저자들은 과학적 이해와 심오한 개인적 실제를 통합한 보기 드문 통합을 기반으로 다양한 형태와 활용법을 통해 마음챙김에 대한 명확하고 진심 어린 이해를 전달합니다. 매우 읽기 쉽고 유익한 책입니다."

– 엘리자베스 잉글리시

명상 전문가

영국 케임브리지 대학교 마음챙김 지도자

『깊은 곳으로의 여행: 마음챙김 명상을 위한 친절한 안내서』 저자

목차

제2부 고급 개념 및 응용 개입 프로그램

머리말

위기는 우리를 파멸시킬 수도 있지만, 배움과 성장을 위한 특별한 기회를 제공할 수도 있습니다. 위기는 두려움을 주고 낙담시키기도 하지만, 설득력 있는 촉매 역할을 한다는 특징도 있습니다. 이 책의 목표는 사람들을 위기에 깊이 빠지게 하거나 반대로 벗어나게 하는 심리적 과정을 명확히 함으로써 위기의 역학에 대한 새로운 이해를 제공하는 것입니다. 위기를 극복하기 위해 개발한 기술들을 위기가 지난 후에도 계속 사용한다면 개인의 활력, 편안함 그리고 목적의식을 향상시킬 수 있습니다. 이러한 점에서 이 책에서 기술하는 능력은 모든 사람의 삶과 관련이 있습니다.

우리는 이 책을 정신과 의사와 레지던트, 임상 및 상담심리학자와 심리치료사를 위해 집필했습니다. 그리고 외래환자와 입원환자, 응급실 · 1차 진료실 · 사회서비스 시설에서 위기에 처한 환자와 내담자를 만나는 건강 관리 전문가들을 위해 이 책을 썼습니다. 이러한 모든 상황에서 임상가들은 급성 및 긴급한 삶의 어려움 속에서 만성적이고 다층적인 상황에 이르는 위기를 겪고 있는 내담자들과 협력해야 합니다. 우리의 목표는 고통 속에 있는 이들이 위기를 극복하고 대처하고 성장하는 데 필요한 심리적 기술을 명확하게 설명하는 임상 핸드북을 만드는 것입니다.

우리는 시간이 제한된 대화나 매우 제한된 방문 횟수 내에 내담자들이 이러한 기술을 습득할 수 있도록 돕기 위해 임상가에게 강력한 이론과 증거를 뒷받침하는 실용적인 접근법을 제공하려고 노력했습니다. 이를 위해 위기를 이해하고 무엇을 해야 하는지에 대한 간단하고 효과적이면서도 반직관적인 방법을 제시합니다. 우리의 접근 방식은 임상적으로 수용전념치료[ACT]로 알려진 임상 모형과 위기과학, 진화심리학, 신경과학, 행동심리학 그리고 마음챙김 기술의 실제를 활용해 독특한 시너지 효과를 사용합니다. 이러한 다양한 분야는 무엇이 위기를 유발하는지, 그리고 내담자들이 삶을 건강하게 향상시키는 방법으로 위기를 통합하도록 돕기 위해 무엇을 할 수 있는지를 이해하는 데 있어 모두 같은 방향을 가리킵니다. 우리의 전제는 위기가 매우 다양한 형태로 나타나지만, 위기 대응의 근원적인 과정은 기본적으로 동일하다는 것입니다.

이러한 관찰은 전혀 놀라운 일이 아닙니다. 오랜 세대를 거쳐 진화해 온 인간은 뇌가 작동하는 방식에 따라 세상을 인지하고, 그것에 대해 배우고, 세상에 대한 대응을 조정합니다. 세상에 대한 우리의 경험과 그 안에 있는 우리 자신의 경험은 현재 일어나고 있는 것과 같은 것이며, 이는 이전의 학습에 기반한 두뇌의 추측에서 비롯됩니다. 지금 경험하는 것은 과거의 렌즈를 통해 인식됩니다. 마치 지금 이 순간 우리의 선택이 이전에 도움이 되었던 것에 상당 부분 기반을 두는 것처럼 말입니다. 뇌의 추측과 실제 일어나는 일 사이에 불일치가 있을 때 학습이 일어나기도 하지만, 아주 가끔입니다. 위기의 두려움과 고통 속에서 우리는 특히 개인적 및 진화적 타임라인에서 이전에는 어느 정도의 안전, 안도, 질서 및 보살핌을 제공했습니다. 그러나 이제는 더 이상 그렇지 않은 모형을 업데이트하는 것을 꺼립니다.

다행히 최근의 진화 단계를 거치면서 인간의 뇌는 감정, 신체 감각, 생각 또는 행동에 대한 충동 등 우리가 경험하는 모든 것을 목격할 수 있는 내재적인 능력을 갖추게 되었습니다. 이러한 고차적 능력을 사용하면 이전 세계의 모형에 대한 복종으로부터 자유로워지고, 위기에 필요한 심리적 유연성을 생성할 수 있습니다. 우리의 관찰능력은 위기의 비통함을 경험할 뿐 아니라 내면의 고통을 인정하고 자비롭게 포용하게 해 줍니다. 우리는 내적 혼란에 대한 이러한 세심하고 수용적인 태도가 역설적으로 정서적 고통과 관련된 위험과 부담을 어떻게 감소시키는지 탐구합니다. 또 외부환경을 탐색하고 수렁을 헤쳐 나가는 데 도움이 되는 단서를 찾기 위해 그 고통을 더 잘 분석할 방법을 탐구합니다.

이 책은 두 부분으로 구성되어 있습니다. 1부에서는 위기 유발과 위기 통합의 ACT 모형을 소개합니다. 1장 '심리적 위기의 기초 개념'에서는 위기에 대한 과학적 연구 결과와 ACT 모형이 이러한 결과를 임상 실습에 어떻게 적용하는지에 대한 개요를 제공합니다. 2장 '심리적 위기 유발의 ACT 모형'에서는 진화론, 신경과학, 관계 구성틀 이론으로 알려진 인간의 언어와 학습에 대한 행동분석적 관점에서 위기 대응을 검토합니다. 이러한 접근 방식을 종합하면, 위기의 발생과 유지에 기반이 되는 핵심 과정에 대한 통합적인 통찰력을 얻을 수 있습니다. 3장 '심리적 위기 통합의 ACT 모형'에서는 마음챙김, 수용 및 참여의 핵심 ACT 과정을 임상에 적용해 어떻게 위기를 건강하게 통합할 수 있는지 보여 줍니다.

2부에서는 이 세 가지 핵심 과정을 자세히 설명합니다. 우리의 핵심적인 주장은 내적 경험에 대해 현재에 머물 때 우리 자신과 세계에 대한 믿음을 새롭게 하고, 우리 자신과 다른 사람들이 원하는 것을 고려하고, 그러한 열망에 맞는 행동에 참여할 수 있다는 것입니다. 여기에는 신체의 마음챙김, 즉 몸 마음챙김이 결정적으로 작용합니다. 뇌 기능의 예측 부호화 이론을 기반으로, 4장 '마음챙김 개입을 위한 현장 안내서'와 5장 '신체와 감정의 마음챙김'에서는 신체 상태에 대한 마음챙김 주의가 신체 및 감정 상태에 대해 이전 모형에 대한 지배를 어떻게 감소시키는지 설명합니다. 이 과정은 정서적 고통을 더 잘 수용하고, 유익한 새로운 학습을 할 수 있는 발판을 마련합니다. 6장 '수용하기와 자기-자비'에서는 우리가 가장 극심한 고통을 겪는 동안 우리 자신에게 애정과 친절을 베푸는 자기-자비가 어떻게 수용에 결정적일 수 있는지, 그리고 반대로 고통을 수용하는 것이 자기-자비의 능력을 어떻게 확장시키는지 살펴봅니다. 마지막으로 7장 '참여하기'에서는 위기 통합의 또 다른 중요한 과정인 삶에 대한 참여를 다룹니다. 우리는 위기를 유발하는 사건으로 세상이 우리에게 전달하는 것이나 그에 대한 우리의 감정을 통제할 수는 없지만, 우리의 행동은 통제할 수 있습니다. 엄청난 고통 속에서도 우리의 행동 방식을 우리에게 중요한 것에 맞춰 일치시킬 수 있습니다. 현재와 삶 전체에서 우리에게 필요하고 가치 있는 것에 계속 연결되며 그에 따라 인도되는 능력은 역경 속에서 살아남을 뿐 아니라 번영하게 해 주는 목적의식을 갖게 해 줄 것입니다.

이 책은 건강심리 전문가들을 위해 집필된 만큼 급성 및 만성 위기를 겪는 내담자들과 진행한 임상 대화를 광범위하게 사용해 핵심 원리를 설명합니다. 예를 들어, 모리스(3장)는 상담 2주 전에 출산 중 배우자와 첫째 아이를 잃었습니다. 그는 약물남용과 법적인 문제로 어려움을 겪은 후 몇 년 동안 삶의 안정을 찾았지만, 앞으로 어떻게 살아가야 할지 막막하기만 합니다. 또 다른 내담자인 마리나(4장)는 7년 전 신상을 밝히지 않은 한 남성과 짧게 교제한 끝에 HIV 양성 판정을 받았습니다. 그녀는 잠에서 깨어나는 순간부터 잠들기 직전까지 HIV를 생각합니다. 그것 때문에 자신을 혐오하고 거의 매일 삶을 끝낼 생각을 합니다. 루시아(6장)는 어린 시절 부모에게 정서적 · 신체적 학대를 받았습니다. 현재는 남편과 두 아이를 돌보지만 세상이나 다른 사람에 대한 신뢰가 거의 없고 장기적인 우울증과 자살 충동으로 어려움을 겪고 있습니다. 이 모든 사례 연구는 실제 임상 실습을 기반으로 하며, 임상가의 도움을 받아 이 내담자들과 다른 내담자들이 위기에 대한 다양한 경험을 활용해 삶에서 목적이 있는 새로운 방향을 발견하는 방법을 상세하게 설명합니다.

Katrina Carlsson

Kirk D. Strosahl

Laura Weiss Roberts

감사의 말

이 책은 극심한 어려움을 겪고 있는 사람들을 도울 수 있는 과정을 이해하기 위해 지난 25년간 노력한 결실입니다. 내담자들과의 임상 작업, 노라 스톡홀름스 정신과 클리닉 동료들과의 토론, 스톡홀름에 있는 카롤린스카Karolinska 연구소의 뇌 연구 참여 과정의 산물입니다.

편집자 앤서니 난슨Anthony Nanson에게 깊이 감사드립니다. 제가 글을 쓰는 내내 자신의 전문지식을 공유하며 지지해 주었고, 제가 좀 더 정확하게 주장할 수 있도록 도와주었으며, 영어가 제2외국어인 제 글을 편집하는 섬세한 일을 도와주었습니다.

5장에 대한 크리스 프리스Chris Frith의 관대하고 아낌없는 귀중한 논평에 매우 감사드립니다. 또한 친구들과 동료들인 울비 브베Ullvi Bveve, 제니 화이트Jenny White, 울프 멜링Wolf Mehling, 맥스 카순Max Kasun, 칼 길렌함마르Carl Gillenhammar, 안나 미아 에크스트룀Anna Mia Ekström, 에바 멍크 위클랜드Eva Munk-Wikland, 산나 듀Sanna Due, 폴라 블롬퀴스트Paula Blomquist, 쥬디스 월스트Judith Wolst, 크리스 길버트Chris Gilbert, 매그너스 에크스트롬Magnus Ekström, 세실리아 유타스Cecilia Utas, 요한 룬딘 클레버그Johan Lundin Kleberg가 사려 깊은 통찰을 제공해 준 것에 진심으로 감사드립니다. 이 책에 실수가 있다면 우리의 책임입니다. 자살 위기 내담자를 위한 ACT 그룹을 만드는 데 협력해 준 울라카린 니버그Ullakarin Nyberg의 유익한 도움과 가장 힘든 상황에서도 용기를 내고 신뢰하는 방법에 대한 끝없는 모범을 보여 준 내담자들에게 존경과 감사를 표합니다. 또한 멋진 삽화를 그려 준 안나 비에른스트롬Anna Björnström에게도 정말 감사드립니다.

수년간 영감을 주고 제안서를 구체화하는 데 도움을 준 말리스 메이필드Marlys Mayfield에게 진심으로 감사드립니다. 통찰력 있는 명상 선생님들, 특히 야나이 포스텔닉Yanai Postelnik과 캐서린 맥기Catherine McGee에게 감사를 표하며, 비폭력 대화의 창시자 마셜 로젠버그Marshall Rosenberg에게도 감사드립니다.

이 책의 아이디어가 처음 싹틀 때부터 변함없이 지지해 준 남편 토켈Torkel에게 특별한 사랑과 감사를 표합니다. 우리 딸 에이라 엘리스Eira Elise는 제 삶의 기쁨이며, 그녀가 제 안에서 사랑과 배움의 새로운 차원을 열어 가는 것에 영원히 감사합니다.

- Katrina Carlsson

영혼의 동반자이자 인생의 반려자인 패티Patti 박사가 ACT를 단기적 개입으로 발전시키는 데 중대한 역할을 했습니다. 배우자로서, 부모로서, 친구로서, 임상가로서, 학자로서 저의 발전에 지대하게 공헌해 준 것에 무한한 감사를 전합니다. 가장 어두운 순간에 놀라운 용기를 보여 준, 지난 수년간 함께 작업한 모든 내담자에게도 감사드립니다. 여러분은 인간의 영혼이 어둠을 뚫고 흔들림 없이 나아갈 때 무엇을 성취할 수 있는지 보여 주었습니다.

- Kirk D. Strosahl

카트리나Katrina와 커크Kirk 그리고 맥스Max에게 감사드립니다. 이 사랑스러운 책을 준비하면서 여러분 한 분 한 분으로부터 많은 것을 배웠습니다.

- Laura Weiss Roberts

역자 서문

이 책은 트라우마 등의 위기를 과거에 겪었거나 현재 겪고 있는 사람들, 그리고 미래에 겪을지 모르는 사람들을 돕기 위한 치료 안내서입니다. COVID-19와 10 · 29 참사, 12 · 29 제주항공 여객기 참사 등 재난을 목격하고 함께 아픔을 겪으면서, 한국심리학회 전문가 회원으로서 재난 개입 자원봉사에 참여했습니다. 이를 통해 우리에게는 여전히 개선된 사회시스템이 필요하고, 근거를 기반한 간명한 치료 도구가 더 많이 필요하며, 더 많은 위기 개입 치료자가 필요함을 경험했습니다. 수용전념치료(이하 ACT)를 트라우마에 적용하고 경험을 쌓은 지 10년이 지나면서 좀 더 간명한 모형화 작업을 고민하며 동료들과 저술을 준비하던 중에 저자의 책을 발견했습니다. 미국정신의학회에서 출간 소식을 확인하고는 곧바로 주문해서 읽어 보았습니다. 저자들의 창의적 결과와 경험에 동의하고 동질감을 느끼다 보니 어느새 치료자인 저자들과 시공이 연결되고 가깝게 느껴졌습니다. 이 책의 저자는 ACT 공동 창시자 및 심리학자 스트로살, 정신과 의사 칼슨과 로버츠입니다. ACT는 탁월하지만 적용하기가 쉽지 않습니다. 또 치료 이론이 나오기 전에 엄청난 양의 누적된 연구 맥락이 있습니다. 그럼에도 저자들은 이를 임상가들에게 간명하게 잘 전달하기 위해 연구와 노력을 게을리하지 않았습니다. 이 책은 위기의 개념과 이론 기초로 시작하는데, 트라우마와 위기가 유발되는 과정에 대한 간편 모형이 매우 신선합니다. 그리고 핵심인 트라우마와 위기의 치유 과정을 통합하고 삶에서 위기를 통합하는 과정을 잘 제시합니다. 2부에서는 ACT의 고급 개념인 마음챙김에 대해 내담자를 만났을 때 단기적으로 어떻게 적용하고 체험하게 돕는지 실제 사례를 들어 잘 보여 줍니다. 수용과 가치전념 부분인 참여의 과정을 돕는 방식에 대해서도 실제 사례를 매우 구체적으로 제공합니다.

책의 내용을 그대로 전달하려 애썼지만, 이해를 돕기 위해 일부 추가한 부분도 있습니다. 번역의 어휘는 관례를 따르되 다양한 독자들이 개념화에서 벗어나도록 돕기 위해 환자보다는 스펙트럼이 넓은 단어로 손님과 고객이라는 의미를 지니는 '내담자'라는 용어를 사용했습니다. 그리고 심리학자, 상담자, 정신과 의사 등을 광범위하게 포괄하는 '심리치료자'라는 용어를 자주 사용했습니다. 벌써 다섯 권 이상 역서 출판에 참여했지만 익숙해지기 쉽지 않고, 글을 쓰는 것보다 더 어려운 과정으로 느껴집니다. 이론도 경험도 누적되어야 하고, 국어와 외국어가 숙련되어야 하기 때문인 것 같습니다. 역자진의 노력에도 불구하고 역서에 부족한 부분이 있다면, 저자의 탓이라기보다는 역자의 시간 자원이 부족한 탓으로 여겨 주시길 바랍니다. 독자 여러분의 건설적이고 다양한 의견을 설레는 마음으로 기다리겠습니다.

좋은 책을 한국에 소개하도록 계약과 출판 과정에 열정을 보여 준 하나의학사 임직원에게 감사의 마음을 전합니다. 열정적으로 공부하고 번역에 기꺼이 참여해 준 한송이, 김명지, 김민정, 류은영, 진시영 연구회 선생님들, 격려를 보내 준 가족과 친구, 여러 씨앗을 제공해 준 문현미 선생님, 그 외에 다 헤아리기 어려운 많은 분의 도움을 기억하겠습니다. 여러분의 말을 기록하고 음미하는 것이 큰 도움이 되었습니다. 한배를 타고 함께 공부하는 ACT익스턴 동기 선생님들에게도 감사의 마음을 전합니다. 모쪼록 좀 더 많은 사람이 ACT 최신 지식을 함께 배우는 기회로 삼고, 스스로 돕기도 하는 자기 치유와 성장의 기회로 삼으면 좋겠습니다. 이 책의 지혜를 활용해 내담자를 더 잘 이해하고 수용하며 가치 명료화를 도와 다양한 위기를 극복하고 살맛 나는 삶을 살도록 도울 수 있기를 바랍니다. 치유와 돌봄의 가치와 전념행동을 응원합니다.

대전, ACT인지행동치료연구소
대표역자 **송승훈**

1부

위기의 개념과 이론 기초

1장

심리적 위기의 기초 개념

우리는 사랑하고 배우기 위해 여기에 있다.

– 말리스 메이필드(Marlys Mayfield)

위기와 학습

위기가 학습을 위한 기회와 연결된다는 생각은 결코 새로운 것이 아니다. 세계 문화와 역사를 살펴보면, 창의적인 많은 이야기가 주로 위기 상황과 관련되어 있다. 문학, 연극, 영화의 전형적인 줄거리는 주인공들이 예기치 않은 변화에 직면해 생명을 위협하는 것과 같은 역경을 견뎌 내고 올바른 대응을 찾기 위해 고군분투하는 내용을 포함한다. 그 과정에서 위기가 더 깊어지는 좌절과 실패를 겪기도 하지만, 결국 주인공은 중요한 통찰을 얻어 결정적인 선택을 하고 건설적인 삶을 향해 나아가는 힘을 얻게 된다.

관객이나 독자는 주인공이 위기를 극복하는 여정을 따라가는 동안 자신과 동일시하고 공감하는 가운데 깊은 만족감을 느낀다. 그 여정에서 주인공은 실수를 하고, 그럼에도 다시 시도하면서 조금씩 더 현명해지고 강해진다. 이는 더 확장된 인간으로 성장하는 과정을 보여준다. 이야기가 비극이라면, 주인공은 어떤 중요한 교훈을 배우는 데 실패할 수 있다. 그러나 관객은 주인공의 실패를 안타까워하면서 그 교훈을 배운다. 이야기가 희극이라면, 주인공이 이룬 어떤 성취를 주인공과 관객 모두 인식하고 함께 축하할 것이다. 어느 쪽이든, 이러한 이야기들은 보편적인 의미를 내포하고 있다는 점에서 깊이 있고 지속적인 방식으로 우리에게 호소한다.

고대 그리스 연극의 기원은 종교적 의식에 있었다. 위대한 드라마는 우리가 모든 상황에 대한 모든 답을 가지고 있지 않다는 사실을 받아들이고, 삶의 불확실성을 수용하고 상황을 이해하는 방법을 다른 사람들로부터 배우는 수단을 제공한다. 또한 드라마는 **위기**를 경험하는 것이 성장을 위한 강력한 자극제를 제공한다는 것을 수용하도록 도와주는 집단 치유 과정이기도 하다. 심지어 '위기'라는 단어는 그리스어 *krisis*(생명 유지에 중요하고 결정적인 사물의 상태)에서 유래했으며, 이는 원시 인도-유럽어의 어근 *krei*(차별하거나 구별하는 것)에서 유래했다(Harper 2020).

세계의 거의 모든 종교와 철학적 전통도 마찬가지로 위기의 가치value에 무게를 둔다. 수천 년 전으로 거슬러 올라가는 중요한 한 가지 생각은 위기를 마주했을 때의 변형적 잠재력transformative potential이다. 페르시아 지역의 수피파 시인 루미Rumi는 "고통은 선물이다. 그 안에 숨겨진 자비가 있다"라고 말했다. 불교의 석가모니Buddah는 "고통pain[1]은 피할 수 없다. 괴로움suffering은 선택이다"라고 말했으며, 기독교 성경에는 "우리는 환난도 자랑으로 여깁니다. 우리가 알고 있듯이, 환난은 인내를 자아내고 인내는 수양을, 수양은 희망을 자아냅니다"라고 기록되어 있다. 그리고 탈무드Talmud에서는 "이것 또한 좋은 것을 위한 것이다"라고 말하며, 중국 철학자 손자Sun Tsu는 "혼돈의 한가운데에 기회도 있다"라고 말한 바 있다.

시대의 지혜가 무엇이든 오늘날 모든 문화와 공동체의 사람들은 일반적으로 위기를 다룰 준비가 잘 되어 있지 않거나, 고난이나 재난이나 위기를 다루는 역량을 강화할 수 있다는 생각에 익숙하지 않아 보인다. 그러한 기술들은 학교나 고등 교육에서

---

1) pain/suffering: pain은 '고통', suffering은 '괴로움'으로 번역했다. 고통은 사건 후 나타나는 1차 반응이며, 괴로움은 고통과 함께 회피(avoidance)가 더해지고 해석이 붙어 고통이 증가하는 것을 말한다(역자 주).

거의 가르치지 않는다. 정신과 의사나 심리학자들의 수련 과정에서도 배우기 어렵다. 대부분의 경우, 우리는 어릴 때 부모님과 친구들에 의해 모델링된 스트레스 대처 방식이나 어린 시절에 고통과 결점들을 다루는 데 유용하다고 생각한 전략 외에는 스트레스 상황에 사용할 수 있는 도구를 접할 기회가 없다. 그 결과, 위기에 어떻게 대응하고 반응해야 하는지에 대한 훈련이 부족하거나, 위기에 대응하는 유용한 방식을 개념화할 수조차 없다. 때로는 우리가 사용하는 전략이 사전 학습에서 파생된 모형과 규칙에만 의존하거나 경직되고 편협할 경우 오히려 위기를 악화시킬 수 있다. 위기가 외부의 변화로 인해 발생하든, 혹은 우리 자신의 태도와 행동에서 비롯되든 우리에게 요구되는 것은 **심리적 유연성**psychogical flexibility, 즉 작은 단계로 실현되는 적극적이고 좀 더 **근본적인 유연성**radical flexibility이다.

건강 관리 환경에서 심리적 위기[2)]

심리적으로 유연한 대응[3)]에 실패했을 때, 아는 전략을 모두 시도했지만 위기를 해결하려는 노력이 실패했을 때 우리의 심리적 고통은 심화된다. 그로 인해 정신건강이 악화되거나 위기가 추가적인 종류의 해악과 위기로 전이되면 전문적인 도움을 요청할 때가 온 것이다. 이미 예약한 치료 팔로업과 탐색 및 다양한 검사 약속을 제외하고 정신과적 지원과 도움을 구하는 것은 어떤 방식으로든 정서적 고통이 계속 증가하고 악화되어 매우 위험한 정도에 이르렀음을 나타낸다. 그러므로 위기는 외래 환자와 병원의 정신건강 관리, 그리고 실제 모든 의료 환경에서 흔히 나타나는 부분이다.

사람들에게 나타난 위기는 고강도일 수도 있고, 저강도일 수도 있다. 위기가 급작스럽게 발생해(급성) 정서적 긴박함을 일으킬 수도 있으며, 시간이 지남에 따라 여러 단계의 증상과 복잡한 합병증이 누적되면서 장기화되거나 진정될 수도 있다. 위기에

---

2) Crisis: '심리적 위기' 또는 '위기'와 혼용해 번역했다. 트라우마, 스트레스 등 심리적 충격과 관련한 위기를 말하며 적절한 대처가 필요한 상태나 과정에 있는 것을 말한다(역자 주).

3) Response: '대응'과 '반응'을 혼용해서 번역했다. react와 reaction은 무의식적이거나 자동적인 반응으로, response와 respond는 덜 자동적이고 의식적인 의미로 구별해 대응이라고 번역했다(역자 주).

처해 있다는 것은 위기를 통해 성장을 향해 나아갈지, 어려움이 가중되는 방향으로 나아갈지 결정하는 기본적인 과정이다. 이러한 과정은 위기를 이해하고 해결책을 찾기 위해 반드시 다루어져야 한다.

임상적 위기에 효과적으로 대처하기 위해서는 내담자와 정신과 의사/심리치료자(이하 치료자) 모두의 노력이 필요하다. 내담자에게는 예상치 못한 어려운 상황에서 오는 고통스러운 정서와 혼란을 기꺼이 마주하고, 상황에 대응하는 새로운 방식을 시도하려는 노력이 중요하다. 한편, **치료자[4]에게는 내담자의 정서적 고통을 제거해야 할 적으로 간주하는 함정에 빠지지 않고, 불명확하고 이해하기 힘든 방식으로 나타나는 위기에 대한 명확한 이해에 접근하기 위해 내담자와 협력해 혼란과 복잡성 속에서 창의적인 경로를 찾는 것이 과제다.**

이 모든 것을 파국적인 삶의 변화로 인한 혼란스러움과 절박감을 통제하기 위해 애쓰거나 치료자의 계획을 잘 따르려고 하지 않는 내담자를 다루는 동안 수행해야 할 수도 있다. 이러한 상황에서 치료자에게 가장 큰 도전은 내담자를 고요한 자비로 대응하기 위해 온화하면서도 안정적인 태도로 방향 장치(운전대)를 잡고 버텨주는 것이다(Roberts 2021).

위기에 대한 기능적 정의의 이점

모든 사람은 위기가 무엇인지에 대한 나름의 이해를 가지고 있다. 타인이 위기에 처했을 때 우리는 그 상황을 분명히 알 수 있다. 우리 자신이 위기의 한가운데 있을 때도 직관적으로 이를 알아챈다. 그러나 **심리적 위기**의 정의는 돌에 새겨진 것처럼 고정된 것이 아니다. 이 주제를 다루는 수많은 사람만큼이나 다양한 정의가 있다. 이전에는 위기를 점화시킨**ignited** 변화나 스트레스 사건 유형, 또는 그에 따른 반응의 유형으로 정의했다. 널리 알려진 또 다른 관점은 삶의 스트레스가 대처 능력을 초과할 때 더 많은 위험이 초래된다는 것이다(James and Gilliland 2012). 한마디로 "위기는 개인이

4) 치료자: 이 책에서는 병원 장면이 나올 때 주로 psychiatrist와 psychotherapist를 사용하며, 때로 consultant, counselor, psychologist도 혼용한다. 한국에서 ACT를 활용하는 전문가를 위해 치료 주체를 정신과 의사로 한정해 번역하지 않고 '치료자'라고 번역했다(역자 주).

직면한 상황에 어떻게 대처해야 할지 방법을 모르기 때문에 위기인 것"이다(Carkhuff and Berenson 1977). 현재의 내적 능력과 외부 자원으로 상황에 대처할 수 없을 만큼 압도당하는 개인의 경험을 위기라고 할 수 있다.

이러한 정의들은 위기에 처한 사람을 도우려는 치료자에게 실질적인 도움이 되지 않을 수 있다. 하지만 치료자가 단순히 내담자의 정서적 고통을 고치거나 애당초 위기를 촉발하는 상황을 제거할 수 없다는 개념을 받아들인다면, 위기에 관한 이러한 정의는 내담자 자신의 역량을 일깨우고 양성해야 하는 필요성을 시사한다.

어떤 역량을 목표로 삼아야 하는지 더 자세히 알아보려면 위기에 대한 **기술적**descriptive 정의에서 **기능적**functional 정의로 나아가야 한다. 위기를 발생시키는 기능적 과정을 명확하게 명시하는 위기 개념화 공식이 필요하다. 이를 통해 치료자는 '**위기 유발**crisis instigating' 과정의 영향력을 줄이고 '**위기 통합**crisis integrating' 과정의 효과를 높일 수 있다. 위기 대응의 기능적 토대를 이해한다면, 치료자는 상황에 대한 창의적 대응을 모색하는 데 이미 한 걸음 다가선 것이다.

심리적 위기 유발에 대한 ACT 모형

삶에 타격을 입히는 큰 충격을 받으면 대부분 감정적, 신체적, 지각적, 개념적으로 극심한 반응excruciating reaction을 경험하게 된다. 이 반응이 위기로 발전하는지 여부는 그 위기 다음에 무엇을 하느냐에 달려 있다. 위기는 크든 작든 새로운 방식으로 대응해야 하는 사건이나 상실 또는 전환에 직면했을 때 나타난다. 그러나 사람들은 새로운 방식 대신 더는 도움이 되지 않고 오히려 상황을 악화시킬 수 있는 사전에 학습된 인식, 행동 및 전략의 패턴을 지속한다.[5)]

따라서 우리가 제시하는 위기의 기능적 정의는 촉발 사건precipitating event, 그리고 이 도전에 연결 짓고 대응하는 경직된inflexible 방식으로 구성된다. 위기는 준비된 상황에서 찾아오는 것이 아니라, 사람들이 변화에 상호작용하는 방식에서 발생한다.

5) 비효과적인 행동이 흔하다. 위기를 극복하려면 기존 방식에 대한 창조적 절망감과 수용을 경험하는 것이 중요하다(역자 주).

수용전념치료(acceptance and commitment therapy, ACT[6])의 관점에서는 **삶의 도전에서 촉발된 내부적인 효과(내적 경험)에 대해 현재 여기에 머무는 것을 회피하기 위해 최선을 다함과 동시에, 더는 효과가 없는 변화된 현실에 대응해 오래된 행동 전략을 유지할 때 위기가 유발된다고 본다.** 여기서 심리적 위기는 외부로부터 단독으로 부과된 것이 아니라 외적 사건에 대한 내적 반응에서 발생한 것으로 정의된다. 우리는 고통에 빠지거나 대처하기 어려운 변화로부터 촉발된 충격 상태에 있을 수 있지만, 그것 자체만으로는 위기가 아니다.

이 정의는 개인의 위기 상황을 분명히 하는 동시에 실행 가능한 탈출구feasible way out를 가리키기 위한 것이다. 위기의 긍정적인 측면은 우리가 하고 있는 일들이 효과적이지 않다는 점에 주목하게 함으로써 역경에 대처하기 위한 전략에서 최적이 아닌 부분을 조사할 기회를 제공한다는 것이다. 위기는 정상에서 벗어난 일탈이 아니라 생존의 일부분이다.

우리는 누군가가 심리적 위기를 유발하는 방식으로 의도치 않게(알아차림 없이 자동적으로) 변화에 대응한다고 해서 이를 비난해서는 안 된다. **치료적 접근은 모든 사람이 자신에게 주어진 것으로 최선을 다한다는 점을 전제로 한다.** 우리는 모두 누군가의 안내 없이는 이전에 배운 것을 계속하거나 혹은 다른 사람들이 모델로 삼은 전략을 채택하지 않을 수 없다는 겸손한 경험을 알고 있다. 또한 삶에 발생하는 극단적이고 가혹한 사건이나 일부 기저 취약성은 우리가 통제할 수 없는 수준이라는 점도 알고 있다. 모든 국민에게 안전과 기회를 제공하는 데 가치를 두는 사회적 질서의 필요성을 간과해서는 안 된다.

ACT의 위기 통합 모형

이 책의 서문에서 심리적 유연성의 개념과 그것을 뒷받침하는 심리적 과정에 대해 언급했다. 내면에서 일어나는 일을 **수용**하고 가치 기반의 삶에 **참여**하는 핵심 원칙은 **마**

---

6) ACT: A-C-T, 에이씨티로 읽지 않고 '액트'라고 읽는다. 행동을 의미하는 액트라고 불러 주기를 창시자 헤이즈가 요청한 바 있다. 가치와 관련한 행동(ACT)이 그만큼 중요하다는 의미다(역자 주).

음챙김이라는 가장 중요한 능력, 즉 관찰자 관점을 확립하고 내부와 외부에서 일어나는 일에 대해 현재에 머무는 능력에 달려 있다. 실제로는 이 세 가지 ACT의 핵심 과정이 서로 엮여 있고interwoven 또 서로를 강화하기 때문에 수용과 참여, 마음챙김 중 어떤 것으로 시작하든 상관없다. 이 책에서는 ACT라는 약어acronym를 수용전념치료를 언급하는 데만 사용한다(Hayes et al. 1999; Strosahl et al. 2012). 이 두문자어[7]를 ACT(Yeager and Roberts 2015)라고도 알려진 '평가, 위기 개입 및 트라우마 치료'로 구성되는 위기 개입의 3단계 프레임 작업과 혼동해서는 안 된다.

따라서 우리의 과제는 위기 상황에 처했을 때 경험에서 벗어나 침착함, 호기심, 친절함으로 우리 자신을 관찰하고, 고통을 다시 활용해 우리의 개인적 가치와 일치하는 대응을 개발하는 타고난 능력을 활용하는 법을 배우는 것이다. 이 가치의 명료화clarity inside는 외부에 대한 적절한 대응을 형성하는 데 도움을 준다. 이 새로운 과제는 위기 상황에서 우리의 감정과 신체에서 일어나는 것을 회피하기 위해 수단과 방법을 가리지 않거나, 가치를 분명히 하지 않거나, 오래된 반응과 규칙에 따라 상황을 헤쳐나가려 하는 습관을 내려놓는 것이다.

위기 상황에서 도움이 되지 않는 핵심 과정과 도움이 되는 과정은 연속선(스펙트럼)의 반대편 양 끝에 있다. 회피의 반대는 수용이다. 이러한 의미에서 수용은 회피가 가능한 범위에서만 의미를 갖는다. 마찬가지로 단절되고 무감각해지는 것의 반대는 현재 순간에 머물면서 자신의 반응을 관찰하는 것이고, 오래된 행동과 규칙에 의존하고 지배당하는 것의 반대 지점은 개인적으로 중요하게 여기는 가치를 중심으로 자신의 행동을 조직하는 것이다. 우리가 참여할 때 우리의 현재 가치들을 접촉하고 우리의 전략이 그 가치들과 일치하는지 평가하는 지속적인 과정에 관여된다. 참여한다는 것은 우리가 이미 가지고 있는 모든 힘을 인식하고 적용하는 것을 의미한다. 참여engagement[8]는 진심을 담아 인생에서 지속적으로 의미와 연결해 선택하는 것이다.

---

7) 두문자어: 머리글자로 만든 말을 뜻한다. 예를 들면, acquired immune deficiency syndrome(후천성 면역 결핍증)을 AIDS로 사용하는 것과 같다. NASA(나사), LASER(레이저), UNESCO(유네스코) 등이 있으며, ACT도 이에 해당한다. 한편, abbreviation은 '축약어'로, Mister를 Mr.로 줄여서 표하는 것이다(역자 주).

8) engagement: '참여' 또는 '관여'로 번역했다. 영어로 엔게이지먼트, 불어로 앙가주망은 명사, 정치, 사회 문제에 관심을 가지고 의견을 내거나 그와 관련된 행위를 하는 것을 의미한다(출처: 네이버 사전). ACT에서는 가치와 관련된 것에 참여하고 행동하는 것을 의미하며, 가치전념과 같은 맥락으로 사용된다(역자 주).

촉발 사건과 위기 대응

위기에 대한 ACT 접근 방식은 과정 기반이며 초진단적이다. 따라서 이는 모든 유형의 사건, 반응 및 기저 취약성 또는 정신의학적 상태에 선행적으로 발생하는 모든 위기에 적용된다. ACT 접근 방식의 변별성을 확인하고 이전 연구로부터 배우기 위해 위기에 대한 과학적 연구에서 나온 관련 이론과 결과를 간략하게 검토하고자 한다. 먼저 이전에 위기를 분류하던 세 가지 방법은 (1) 촉발precipitating **사건**의 유형, 강도 및 지속 기간에 따른 분류, (2) 위기에 의한 **증상**의 강도와 유형, 이후 후유증의 지속 기간에 따른 분류, (3) 심리적 위기의 경험 범위 **규모**가 집단 공동체적 경험 또는 개인적 경험 여부에 의한 분류다. 또한 개인이 심리적 위기 상황에서 보이는 기저 취약성과 회복 탄력성에 대한 연구에도 많은 관심이 집중되어 있다.

촉발 사건의 유형

사람들이 삶의 위기에 관해 말할 때 일반적으로 떠올리는 급격한 스트레스의 요인은 평온한 삶에 갑자기 발생하는 외부적인 사건과 관련된다. 평온한 일상을 파괴하는 사건은 갑자기 나타나 모든 주의를 집중시키고, 질서를 깨뜨리고, 위험을 초래하고, 엄청난 영향을 미친다.

정신장애를 가진 사람들은 상대적으로 적은 자원을 가지고 있으며, 이미 지속적인 대립과 위험, 갈등으로 얼룩진 사회적 환경에서 살고 있을지도 모른다. 이러한 취약한 상황에서는 다양한 변화, 심지어 작은 변화라도 위기 반응을 촉발할 수 있다. 자비가 부족한 상황에서는 거의 지속적인 정서적 고통 상태에 빠지기 쉽다. 이러한 배경 요인을 제쳐두더라도, 유연하지 못한 방식으로 위기에 대응한다면 거의 모든 것이 위기를 촉발할 수 있다. 유연하지 못한 관계 맺기와 변화에 대한 대응 방식이 무엇을 의미하는지 자세히 설명하기 전에, 먼저 삶에 위기를 불러올 수 있는 스트레스 요인의 유형을 살펴보고자 한다.

외상성 사건

대부분의 사람은 심각한 질병, 사랑하는 사람의 죽음, 이혼과 같은 삶의 변화와 우여곡절을 감당할 수 있지만, '실제적이거나 위협적인 죽음, 심각한 부상 또는 성폭력에 노출'되는 것처럼 인간 경험의 일반적인 범위를 벗어난 사건에 압도될 수도 있다(미국정신의학회 2022). 이러한 종류의 사건은 공식적인 진단 목적으로 '외상성traumatic'으로 정의되는데, 다른 사람에게 일어나는 충격적인 사건을 목격하거나 사랑하는 사람이 그런 일을 겪고 있다는 이야기를 듣는 것도 이 범주에 포함된다. 슬픈 사실은 이러한 외상성 사건이 드문 일이 아니라는 점이다. 역학 조사에 따르면 우리 중 80~90%는 인생의 어느 시점에서 적어도 한 번은 충격적인 외상성 사건을 직면하게 되며(Breslau 2009), 일부는 일생 동안 여러 번 경험하기도 한다.

급성 스트레스 사건

트라우마만이 유일한 스트레스 요인은 아니다. 이 책의 관심 영역은 크고 작은 변화와 그 사이의 모든 것을 포함한다. 삶의 변화와 스트레스 요인은 강도, 지속 시간, 근접성 측면에서 강도가 낮은 것부터 중간을 지나 높은 것까지 연속성을 지닌다. 이는 모두 각자의 방식으로 어려움을 가져온다. 작은 스트레스 요인조차도 균형을 잃게 만드는 힘이 있으며, 이에 주의를 기울이지 않으면 그 힘이 눈덩이처럼 불어나 더 큰 충격을 줄 수 있다. 게다가 어떤 변화는 더 광범위한 영향을 줄 수도 있다. 예를 들어, 배우자의 죽음은 종종 수입, 지식, 또는 사회적 관계망과 같은 외부 자원의 상실을 의미하기도 한다. 마찬가지로 직장을 잃는 일은 소득, 동료, 사회적 맥락, 그리고 방향감각의 상실을 의미할 수도 있다. 때로는 여러 가지 독립적인 변화가 동시에 일어날 수 있고, 이러한 변화가 쌓여 큰 스트레스로 작용할 수도 있다.

만성 스트레스

급성 스트레스 사건은 보통 발생 후 자연스럽게 사라지지만, 후유증이 오래 지속될 수도 있다. 건강 문제와 같은 예기치 못한 사건이 지속되면서 만성적으로 어려움을 겪게 될 수도 있다. 학대, 중독, 극심한 빈곤 가정에서 자란 아이들이 시간이 지남에 따라 겪는 유해한 상황은 예측하기 어려울 만큼 복잡하다. 적절한 구조적 지원 없이 생계를 유지하기 위해 노력하는 장기 실업자처럼 오랜 시간 어려움을 견디고 있는 성인들도 마찬가지다. 그러한 상황에서는 사소해 보이는 작은 변화가 낙타의 등을 꺾는 지푸라기가 되는 메타포처럼 일상에서 오랫동안 누적된 스트레스가 근본적인 복잡한 문제로 표면 위에 떠오르게끔 할 수 있다.

발달적 전이와 실존적 스트레스

우리는 성장하고 나이가 들면서 변화를 기대해야 한다는 것을 알지만, 발달의 한 단계에서 다른 단계로 넘어가는 것에 대해 스트레스를 받기도 한다. 어린 시절에서 청소년기로, 청년기로, 성인기로, 은퇴 및 노년기로, 그리고 죽음에 가까워지는 시기로의 전환은 모두 어려움을 수반한다. 발달적 위기는 앞으로 나아가지 못하고, 삶이 우리에게 요구하는 것을 받아들이거나 숙달하지 못할 때 발생한다. 삶이 자연스럽게 전개되는 과정에서 발생하는 위기는 더 유순한 유형의 위기로 보일 수 있지만, 다른 위기 상황에서 흔히 나타나는 자동적인 반응을 명료화하는 데 도움이 되므로 여기서 언급할 필요가 있다.

실존적 스트레스는 삶의 의미에 대한 불안한 고뇌라는 다른 양상을 띤다. 가장 격양된 실존적 전환점 중 하나는 죽음을 준비하는 것, 즉 우리의 삶과 사랑하는 사람들을 뒤로하고 떠나는 이별이다.

도덕적 고통과 도덕적 손상

정신건강의 많은 부분은 윤리적 가치와 일치하는 말과 행동을 선택하느냐 선택하지 않느냐에 기반을 두고 있다. 하지만 인간으로 존재하는 것은 곧 불완전하다는 것을 의미한다. 때때로 우리는 윤리에 맞지 않는 방식으로 선택하고 행동하는 자신을 발견하게 되며, 이는 도덕적 스트레스와 고통을 유발할 수 있는 적절하지 않은 상황이다.

우리는 가능하면 언제든지 잘못된 것을 바로잡고 용서를 구할 수 있다. 여기에는 우리 자신도 포함되며 때로는 가장 어려운 부분이기도 하다. 그러나 일반적인 반응은 자신이나 타인의 행복에 도움이 되지 않는 행동에 대해 생각하는 것을 회피하거나, 일어난 일을 덮어 버리거나, 고통과 죄책감과 나쁜 양심을 억누르면서 자기의 행동을 정당화하는 데 많은 에너지를 소비하는 것이다. 때로는 실수를 인정하면 살아남지 못할 것이라는 오해와 잘못된 두려움이 이러한 회피의 원동력이 되기도 한다. 이러한 **경험회피**의 결과는 더 장기적인 스트레스를 가져다주며, 때로는 여러 세대에 걸쳐 이어지기도 한다.

COVID-19 팬데믹 동안 전 세계 병원의 매우 어려운 환경에서 의료진은 불충분한 자원, 상상할 수 없는 업무량 및 긴 근무 시간, 몇 주 또는 몇 달 동안 자녀와의 접촉 부족, 무능력감 및 실패감, 보호 장비를 사용하고 응대하는 데서 오는 의료진과 환자와의 탈인격적인 관계, 자신과 환자들과 사랑하는 사람들의 건강에 대한 두려움으로 인해 만성적인 스트레스에 노출되었다. 또한 인간의 고통 앞에서 개인적 가치에 부합하지 않고 불충분한 정보에 기초해 어려운 우선순위를 선택해야 할 때 도덕적 갈등 스트레스와 고통을 경험했다. 이는 그들의 상충하는 감정과 피로와 고통을 가중시켰다(Greenberg et al. 2020). 이러한 종류의 도덕적 고통 속에서는 주어진 상황에서 할 수 있는 최선을 다하면서도 하고 싶은 것과 실제로 할 수 있는 것 사이에서 부조화를 경험하게 된다.

또한 도덕적 고통은 전쟁 중에 지속적으로 발생하는 것처럼 다른 사람의 도덕적 위반을 목격하거나 듣는 데서 발생할 수 있으며, 지도자 또는 신뢰하는 권위자가 자신의 핵심 신념을 저버리는 상황에서 비롯될 수도 있다(Griffin et al. 2019). 이러한 도덕적 고통은 정서적 소진, 이탈, 환멸감을 초래하는 것으로 확인되었다(Brenner et al. 2019; Coverdale et al. 2021). 도덕적 갈등 고통이 지속되거나 고위험 상황과 관련된 경우, 이는 장기적인 심리적 피해와 기능 손상, 즉 도덕적 손상으로 이어질 수 있다(Griffin et al. 2019).

주요 재난

재난은 일반적으로 예기치 못하게 빠르게 발생하며, 직접 경험하지 않으면 상상하기 어려울 정도로 막대한 피해를 줄 수 있다. 주요 재난은 자연재해 또는 인재로 인해 발생할 수 있으며, 개인뿐 아니라 가족, 지역 사회, 물리적 환경에도 급성 및 만성으로 파괴적인 영향을 미친다. 비록 재난이 이 책의 주요 초점은 아니지만, 20세기 중반 이후 인도주의적 심리적 응급처치의 발전으로부터 많은 것을 배울 수 있다. 실제로 1942년 미국 매사추세츠주 보스턴의 코코넛 그로브Cocoanut Grove에서 일어난 화재는 재난 수준으로 심각했지만, 역설적으로 과학적 위기 이론의 시작과 발전에 큰 역할을 했다.

개인적 재난에서 종종 그렇듯이 대규모 재난은 즉각적인 효과 이상으로 크게 확산되어 다양한 문제를 발생시키는 경향이 있다. 예를 들어, COVID-19 팬데믹 동안 경제적 압박을 받던 국가들은 인권과 환경 보호에 대한 관심을 미루고 그 대신 규제가 덜한 채굴을 개방했으며, 이는 결과적으로 이에 노출된 인구의 환경적 부담과 건강 문제로 이어졌다. 재난은 심지어 사업이나 정치적 이익을 위해 비민주적이고 비윤리적인 결정을 밀어붙이는 구실로 작용할 수도 있다. 따라서 허리케인, 군사 분쟁, 팬데믹과 같은 초기 재난은 빈곤하고 힘이 없는 사람들의 상황을 더 악화시키는 일련의 후속 결정에 의해 더 악화된다(Kantamneni 2020; Klein 2008; Mustak 2022). 2020년 3월 안토니우 구테흐스António Guterres 유엔 사무총장은 COVID-19에 대응하기 위해 차별적인 시간 계획을 요구했다. “이 위기 동안과 위기 이후에 우리가 하는 모든 일은 전염병, 기후 변화 및 기타 많은 세계적 도전에 직면해 더 탄력적이고 평등하고 포괄적이며 지속 가능한 경제와 사회를 구축하는 데 중점을 두어야 한다”(Guterres 2020). 여기서 위기에 대한 두 가지 매우 다른 반응 전망prospect을 볼 수 있다.

지각, 신체, 정서, 개념 및 행동적 위기 반응

이제 위기를 촉발하는 사건에 따라 위기를 분류하는 데서 나아가, 위기에 대한 반응이 어떻게 나타나는지 탐구할 것이다. 위기 반응은 대략 두 가지 주요 단계로 나뉜다. 위기 발생 후 첫 한 달은 때때로 더 극심하고 격렬한 급성acute 반응이 특징이다(Bryant et al. 2011; Harvey and Bryant 2002). 그 이후에는 심리적 기능의 상실과 심각한 고통이 지속되는 장기적인prolonged 반응 양상으로 들어가거나, 발생한 일을 건강하게 통합하거나 가치 방향으로 재정립하는 방향으로 나아갈 수 있다.

아무리 극심한 정신적 혼란을 경험하더라도 한 달은 비교적 짧은 기간이다. 그리고 이후에 일어나는 일은 개인의 정신건강과 괴로움suffering에 미치는 영향을 결정하는 데 중요한 역할을 한다. 위기 개입 이론 분야는 인간의 중요한 질문에 답하고자 시도하는 연구 전통을 가지고 있다. 즉 '스트레스 경험 후 장기적인 정신병리가 얼마나 발생하는가?', '스트레스 상황에서 무엇이 괴로움을 만들고 고통을 증가시키는가?'(기저 취약성 초점적 관점 취하기), '어떤 보호 메커니즘이 우리가 지속적인 스트레스 관련된 증상을 발달시키는 것을 막을 수 있는가?'(회복탄력성 초점적 관점 취하기), '특정한 유형의 상황에 직면한 어떤 사람들은 경계층에서 무너지는 반면, 같은 유형의 상황에 직면한 다른 사람들이 기능적이고 영적인 면에서 성장할 수 있는 이유는 무엇인가?' 등이다. 심리적 위기에 대한 ACT 모형은 스트레스 사건에 어떻게 접근하고 대처하는지 살펴봄으로써 누가 어떤 방향으로 나아가는지뿐만 아니라 위기의 한가운데서 어떻게 개인의 성장을 촉진하는지를 설명한다.

급성 위기 반응 — 사후 1개월

혼란스러운 급성 반응reaction은 일반적으로 극심하게 스트레스를 받는 사건이나 상실 또는 중대한 변화를 겪은 후 첫 달 이내에 제한적으로 나타나는데, 사소해 보이는 변화라 해도 개인이 현재 수용할 수 있는 능력을 초과하는 경우에 발생한다(Bryant et al. 2011; Harvey and Bryant 2002). 급성 스트레스 반응이 격동적인 형태로 나타나지 않더라도 일반적으로 이러한 반응이 영원히 지속될 것이라는 두려움을 불러일으키는 무서운 경험이 될 수 있다. 첫 달의 극심한 혼란은 시간이 지남에 따라 줄어든다는 사실을 알고 정상화하는 것이 내담자에게 좋다.

거의 모든 사람이 압도적인 충격을 받은 직후에 신체적 건강 문제뿐 아니라 인지 · 정서 · 행동 장애를 겪으며 괴로워한다. 물론 예외적으로 심각한 스트레스를 받더라도 곧바로 안정성을 되찾는 사람도 있다. 하지만 고통스럽고 매우 도전적인 변화는 삶에 대한 우리의 이해, 의미와 목적의식, 세상에서의 목표와 역할, 삶의 방식에 대한 기초 자체를 훼손하고 약화시키는 힘을 가지고 있다. 일어난 일이 믿을 수 없는 환상처럼 보인다. 뚜렷한 이유 없이 나타나는 반복적이고 거슬리는 생각과 생생한 이미지 또한 그림의 일부일 수 있다. 겉으로는 침착해 보이는 사람도 내면의 혼란을 경험하고 있을 수 있다. 불신과 인지적 지남력 상실disorientation은 일반적으로 변화된 현실과 도움을 주고자 하는 사람들의 조언 등 새로운 정보를 받아들이는 데 방해가 된다. 새로운 상황은 시간이 지나면서 조금씩 완전히 통합된다.

위기의 첫 번째 단계에서는 괴롭게 만드는 강렬한 감정, 즉 두려움, 슬픔, 애도, 갈망, 죄책감, 짜증, 분노 또는 무감각numbnes을 경험한다. 스트레스 호르몬이 순환하면서 신체 반응을 동원해 빠른 심장 박동, 땀, 긴장, 불편감, 메스꺼움, 설사, 두통, 수면장애를 일으킨다. 수면장애는 취약성을 증가시키기 때문에 특히 주의해야 한다. 식욕과 숙면 능력을 모두 잃는 것이 일반적이지만, 일부는 과식하거나 과하게 긴 수면을 취하기도 한다. 스트레스를 받으면 모든 종류의 감각 입력에 대한 민감성이 증가한다. 소리, 냄새, 시각이 과장되거나 거슬릴 수 있으며, 경우에 따라 촉발 사건에 대한 기억이 활성화되기도 한다. 그 사건과 관련된 이미지나 기억이 아무런 이유 없이, 낮 동안 또는 밤에 꿈으로 나타날 수도 있다. 과잉 경계와 높아진 각성 증상은 가장 기본적인 일에 집중하는 데 어려움을 일으킬 수 있다. 행동 패턴이 파괴적이거나, 혹은 활동 없이 조용한 것이 특징일 수 있다. 갈등과 잦은 의견 불일치가 유발되어 긴장된 인간관계로 이어지거나, 위축되어 스스로 고립될 수도 있다.

누군가가 위기에 압도되었을 때, 빠른 해결을 요구하는 것은 드문 일이 아니다. 강렬한 감정과 침투적인 혼란스러운 생각으로 인해 해결책을 원하게 된다. 우리는 고통스럽고 원치 않는 사적 경험에 지속적으로 접촉하는 것을 위험하거나 건강이 좋지 않은 신호라고 생각할 수 있다. 또한 건강을 회복하기 위해 가능한 어떤 방법을 써서라도 이러한 경험을 통제하거나 제거해야 한다고 생각할 수 있다. 하지만 위기는 특히 장기적인 문제에서 비롯된 경우 복잡한 경향이 있기 때문에 아직 학습되지 않은 방식으로만 해결될 수 있다. 따라서 위기 상황이나 고통을 회피하기 위해 내린 주요 결정은 상황을 악화시킬 뿐이므로 극심한 위기 상황에서는 적절하지 않다. 마찬가지로 안정을 찾기 위해 익숙한 습관으로 후퇴하는 것은 변화된 상황에서 역효과를 내더라도 위기를 해결한 것처럼 보일 수 있다. 하지만 이 명백한 해결책이 의존하는 행동적·심리적 메커니즘이 실제로 문제의 일부일 경우 이 상황은 위태롭다. 만약 위기를 직면하지 않는다면 실제로 일어나고 있는 일로부터 후퇴하는 것이고, 자신의 현실에서 멀어지는 것이다.

정서적·인지적 고통agony의 시기는 종종 편안함, 유머, 효과적인 추론과 문제해결의 시기와 함께 나타날 수 있는데, 이는 좋은 예후의 신호다. 고통과 편안함 사이에서 움직이는 이러한 추pendulum의 패턴이 일반적인 경험이라는 것을 알게 되면 덜 혼란스러워질 수 있다. 지속적으로 부정적인 기분과 긍정적인 감정을 전혀 경험하지 못하는 것은 그 사람이 더 지속적인 고통의 위험에 처할 수 있다는 경고 신호다(Feder et al. 2016).

장기적인 위기 반응 — 다음에는 어떤 일이 일어나는가?

고통스러운 변화에 대한 **지속적**인 반응에서 이질성을 발견하는 것은 말할 것도 없다. 그러나 흥미로운 점은 도전적이고 스트레스를 많이 받는 사건에 대한 반응의 변화가 상대적으로 적은 범위의 **전형적인 결과 궤적**prototypical outcome trajectories에서 나타난다는 것이다. 어떤 사람들은 절망이나 불안을 경험하거나 수면, 일, 가족을 돌보는 데 어려움을 겪는 등 부정적인 사건의 영향을 전혀 받지 않는다. 한편, 어떤 유형의 사람들은 급성 반응을 경험하지만 약 한 달 후에는 안정을 찾고 중요한 기능을 수행하는 능력을 되찾는다. [그림 1.1]에서는 그러한 상황을 **무증상/증상 경감**으로 분류한다([그림 1.1] 첫 번째 궤적 참조). 다른 유형의 사람들은 역할 의무를 수행하는 능력의 붕괴를 동반하는 정신과적 증상이 나타나지만, 시간이 지남에 따라 개선되어 몇 년 내에 건강한 기능으로 복귀한다([그림 1.1] 두 번째 궤적 참조). 세 번째 궤적의 유형은 만성적인 괴로움suffering의 발달과 중요한 기능의 상실을 포함한다. 네 번째이자 가장 흔하지 않은 궤적의 유형은 시간이 지남에 따라 악화되는 지연된 증상의 발현을 보인다(Bonanno et al. 2011; Feder et al. 2016; Norris et al. 2009; Southwick et al. 2014).

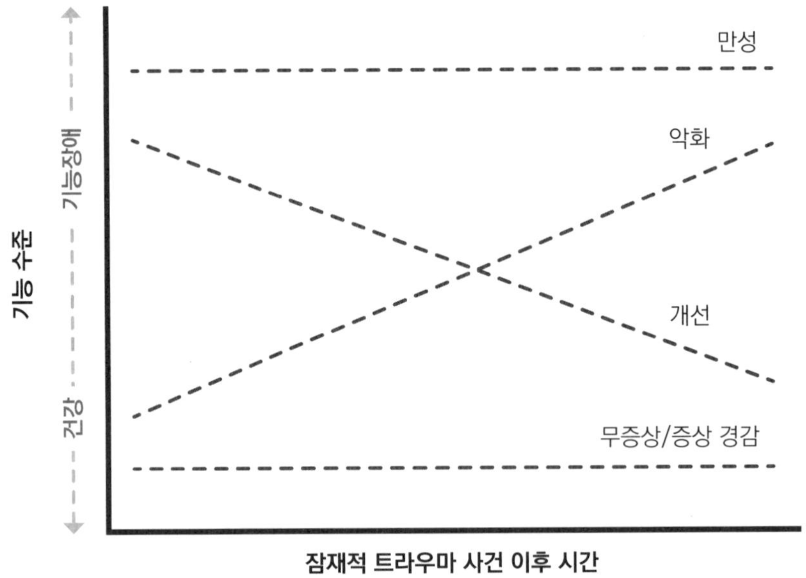

[그림 1.1] 잠재적 트라우마 사건 이후 결과 궤적
출처: 원전 그림 응용(Bonanno et al. 2011; Feder et al. 2016).

그렇다면 장기적인 위기 반응에 대처하고 있다는 것을 어떻게 알 수 있을까? 위기 연구는 '어딘가에 선을 그어야 한다'라는 격언에 따라 정신병리학과 비정신병리학의 결과에 대한 가장 명확한 측정을 사용해 장기적인 결과를 정의한다. 트라우마에 노출된 일반 인구 중 일반적으로 5~10%(최대 3분의 1 정도)는 외상후 스트레스 장애(post traumatic stress disorder, PTSD)를 경험한다. 트라우마에 노출된 사람 중 최대 25%는 주요우울장애로 발전한다. 물질남용 문제가 발생하거나 기존의 문제가 악화 또는 재발할 수 있다(North and Pfefferbaum 2013). PTSD, 우울증, 약물남용은 동시에 발생하는 경향이 있다. 슬픔을 초래하는 트라우마가 있는 경우에는 장기화된 지속성 애도 장애(Prolonged Grief Disorder, PGD)가 이어질 수 있다(미국정신의학회 2022; Prigerson et al. 2021; Zisook and Shear 2009). 한편, 자살 위험은 부정적 사건 이후에 증가한다(Gradus et al. 2010; Hagund et al. 2019). 부모 방임이나 아동 학대처럼 생애 초기의 역경으로 인해 발생한 장기 미해결 심리적 위기에 대한 반응 등이 부정적 사건에 해당한다(Turecki and Brent 2016).

위기는 일반적으로 첫 번째 급성 격동기period of turbulence에 나타나는 반응으로 널리 알려져 있지만, 그 이후에 나타나는 정신병리도 중요한 부분을 차지한다. 이 책에서는 짧은 단기간의 위기 반응뿐 아니라 몇 년 동안 지속되는 장기간의 위기 반응도 인식하고 이해한다. 단기적 반응이든 장기적 반응이든 위기 반응은 궁극적으로 삶을 위협한다. 또한 우리는 내담자가 삶의 재난 이후 진단 기준을 충족하는지 여부에 중점을 두는 것이 아니라, '위기'와 관련된 중대한 수준의 고통과 기능 상실을 인식한다. 마지막으로, 환자들에게 특정한 취약성이 있는 경우, 위기를 악화시키는 과정에 대해 알아보고 크고 작은 어려움을 헤쳐 나갈 능력을 강화할 수 있는 과정에 접근하는 것이 중요하다. 이러한 과정을 자세히 다루기 전에 먼저 '취약성vulnerability'이 무엇을 의미하는지 살펴보아야 한다.

취약성 및 회복탄력성

스트레스를 받는 사건 이후 개인적인 성장이든 장기적인 기능장애든 어떤 일이 발생하는지 알아내기 위한 집중적인 연구가 진행되어 왔다(Southwick and Charney 2012a). 이 문제에 대한 대중의 관심 역시 매우 높다. 우리는 스트레스를 경험한 후 장애에 취약해지는 요인은 무엇인지, 반대로 심각한 신체적 또는 심리적 어려움을 겪은 후 정신건강을 유지하는 데 도움이 되는 요인은 무엇인지 질문할 수 있다(Kalisch et al. 2017). 이와 관련해 임상적 장애 초점 연구와 정신건강 초점 연구에서 질적으로 높은 수준의 지식과 깨달음을 얻을 수 있었다.

정신건강과 관련된 취약성 요인

정신과적 증상이 기저 취약성underlying vulnerabilities과 관련이 있다는 것은 논쟁의 여지가 없는 사실이다. 인구의 정신건강 변량을 측정하는 쌍생아 및 역학 연구를 통해 정신의학적 증상과 관련된 생물학적 · 심리적 · 사회학적 요인에 대해 알 수 있다. 예

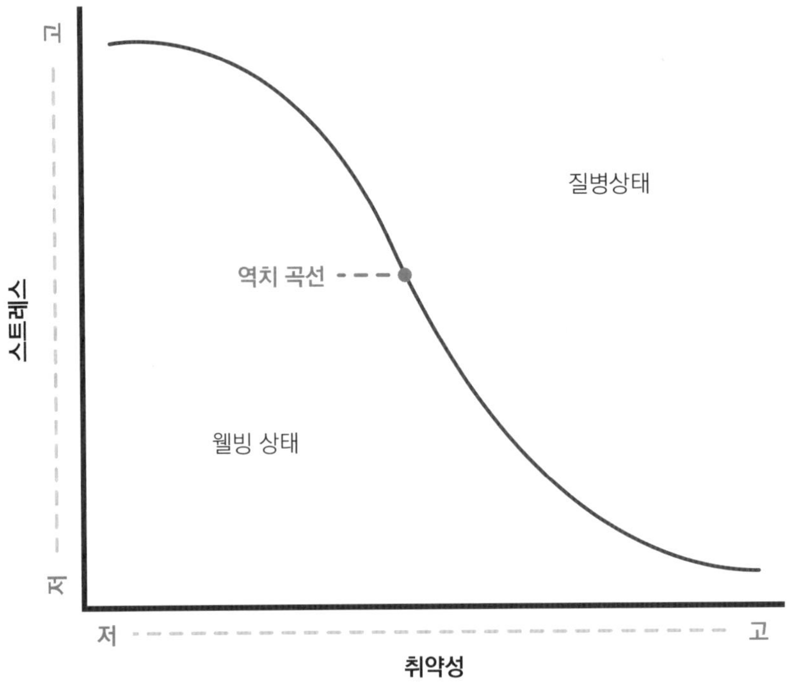

[그림 1.2] 스트레스 및 취약성 모형
출처: Zubin and Spring(1997)에서 응용

컨대, 정신건강의 유전적인 요인을 밝힌 연구가 있다(Lee et al. 2019). 민감한 발달 시기에 종종 나타나는 후생유전학적 변화epigenetic changes는 유전자 발현을 조절한다(Roth and Sweat 2011). 정신건강이 쉽게 나빠지는 것(악화된 정신건강에 대한 민감성)은 애착 유형과 관련이 있으며, 이 유형은 초기에 주양육자와 형성되어 이후의 관계에 영향을 미친다(Asch et al. 2021a; Bowlby 1980; Brumariu and Kerns 2010; Widom et al. 2018). 또한 초기 트라우마 경험과도 관련이 높다(Hailes et al. 2019). 따라서 생애 초기에 박탈, 방임, 트라우마를 경험하는 아동은 생애 후기에 취약성이 높아질 수 있으며, 사회적 지지 자원이나 주거 안정이나 경제적 안정 등과 같은 외부 요인도 정신건강에 영향을 미치는 것으로 알려져 있다(Rohde et al. 2016; Southwick and Charney 2012b; Tol et al. 2011).

이러한 데이터가 나오기 훨씬 전인 40여 년 전, 주빈과 스프링(1977)은 정신병적 증상이 어떻게 나타나는지를 설명하는 모형에서 스트레스와 개인의 소질 취약성을 연관지었다([그림 1.2] 참조). 이 모형은 기저 취약성이 존재할 때 사소해 보이는 스트레스 요인이 어떻게 증상을 유발할 수 있는지를 매우 간편하고 단순하게 보여 준다는 점에서 이후에도 자주 사용되어 왔다. 한 사람이 쉽게 받아들일 수 있는 문제가 다른 사람에게는 정신병을 유발하기에 충분할지도 모른다. 다른 한편으로 이 모형은 취약성이 사소한(보잘것없는) 경우에도 제1차 세계대전 당시 지옥 같은 참호전 상황처럼 엄청난 스트레스가 어떻게 정신병적 증상을 유발하는지 보여 준다. 거의 모든 사람이 충분한 크기와 지속 시간이라는 조건을 갖춘 역경에 압도되어 문제가 나타난다(Carrión 2018; Hobfoll et al. 2011).

회복탄력성의 과정

우리는 스트레스를 받을 때 고통에 취약한지에 대한 질문에서 벗어나 무엇이 회복탄력성에 기여하는지에 관심을 기울이면서 장애 초점 연구에서 건강 초점 연구로 나아간다. 건강을 유지하고 역경에 반응하는 능력과 새로운 기술을 개발하는 데 도움이 되는 특성이나 과정이 있는가? 물론 어느 정도는 있을 것이다. 예컨대, 수많은 유해한 사건을 견뎌 낸 참전 용사들의 70%가 장기적인 심리적 고통이 미미하거나 전혀 없다고 보고했다(Isaacs et al. 2017).

과학적 연구에서 **회복탄력성**은 이전에는 기저 취약성 요인과 어느 정도 병치되는 선행요인으로 정의되었다. 스트레스를 받는 사건 이전에 이미 존재하고 시간이 지남에 따라 비교적 안정적인 속성으로 프레임화되었으며, 일반적으로 성격 특성의 관점으로 설명되었다(Bonanno and Diminich 2013). 1970년대 이후 이러한 특성 지향적인 관점은 과학의 초점이 되었을 뿐 아니라 대중 심리학과 일상적인 담론 및 이해에도 널리 퍼져 있었다. 최근에는 회복탄력성이 일종의 유행어가 되어, 개인의 고정된 특성이 역경의 시간을 겪는 동안 자신을 보호한다는 의미로 사용되고 있다.

핵심 주장의 논지를 간략하게 정리하면 이렇다. 일반인 모집단을 대상으로 진행한 연구에서 지금까지 밝혀진 바에 따르면, 역경을 겪기 전에 존재하던 개인의 특성은 그 사람의 회복탄력성을 거의 설명하지 못하는 것으로 나타났다. 일반인 집단에서 결과 분산의 몇 퍼센트 이상을 설명하거나, 심각한 스트레스에 노출된 후 누가 결국 정신병리에 걸리고 누가 그렇지 않을 것인지를 설명할 수 있는 성격의 특성은 경험적으로 발견되지 않았다(Kalisch et al. 2017). 즉, 특정한 사람이 특정 유형의 위기에 어떻게 반응할지에 대해 고정되거나 확실한 것은 거의 없는 것으로 보인다.

코코넛 그로브Cocoanut Grove 대형 화재 이후 80년간의 연구를 통해 과학은 회복탄력성이 스트레스 사건과 관련된 역동적 과정의 결과로 나온 것이라고 제안할 수 있을 정도로 발전했다(Bonanno 2021a; Kalisch et al. 2017). 이는 앞서 설명한 ACT의 위기 접근 방식과 정확하게 일치하는 회복탄력성의 개념이다. 개인은 성공적으로 역경에 대응하면서 변화하며, 삶과 자신 그리고 타인에 대한 관점을 바꾸고 새로운 기술을 습득한다. 회복탄력성의 과정은 스트레스 상황에서 발생하는 개인과 맥락, 그리고 스트레스 사건 사이의 시간적 변화를 수반하는 복잡한 상호작용이다. 불행한 사건에 노출될 때 이를 **어떻게** 통합하고 대응하느냐에 따라 위기로 인한 침체가 장기화될지, 아니면 위기를 통해 성장하고 진화할지가 결정된다. 회복탄력성은 스트레스 전, 스트레스 중, 스트레스 후에 존재하는 고정된 것이 아니라 스트레스와 관련되어 이에 대응하는 능동적인 과정이다(Bonanno 2021a; Kalisch et al. 2017).

회복탄력성을 하나의 과정으로, 취약성을 정신질환의 선행요인으로 구조화하는 데는 모순이 없다. '**둘 중 하나**'의 문제가 아니라 '**둘 다**'의 문제다. 정신질환을 발달시키는 취약성이 분명히 존재하며, 어려움을 겪고 대처하는 데 도움이 되는 과정과 도움이 되지 않는 과정 또한 모두 존재한다. 진정한 변화를 이끌어 내기 위해서는 이 두 가지 측면을 모두 해결해야 한다.

임상 작업에서 적절한 약리학적 선택을 하고 더불어 내담자의 정신건강 상태에 이해도를 높이는 것은 종종 정신건강의학적 증상을 보이는 위기 상황의 사람들에게 중요한 전환점이 된다. 예컨대, 우울증 압력이 완화되면 성취감 있는 삶을 향한 자극이 깨어나는 경우가 있다. 그러나 이것이 정신건강의 전부는 아니며, 대부분의 경우 근본적인 취약성을 해결하는 동시에 삶의 도전과 조화를 이루며 사는 역동적인 기술을 연마해야 한다.

취약성을 지닌 사람들은 임상 증상과 위기의 재발을 방지하거나, 또는 이미 발생한 위기를 다루기 위해 일상의 번거로움과 극심한 부담을 다루는 능력을 개발해야 할 필요성이 다른 사람들보다 훨씬 더 크다. 내담자들이 종종 고군분투하는 엄청난 스트레스, 역경, 불확실성에 대한 이야기를 듣고 받아들이는 것은 겸허해지는 경험이다. 하루하루를 견뎌내는 것만으로도 종종 영웅적인 노력이 필요한 경우가 많다(타당화). 게다가 첫 번째 조현병 에피소드 같은 정신장애의 초기 단계는 그 자체로 위기로 이어질 수 있는 만큼 대처하기 어려운 인생의 전환을 처리할 수 있는 적절한 도구를 개발할 필요가 있다.

마지막으로, 취약성에 기여하는 많은 요인이 위기 상담 시 조절에 활용할 수 없는 반면, 지금 이 순간에도 사용할 수 있는 역동적인 회복탄력성 과정은 내담자가 내적으로나 외적으로 발달의 궤적을 변화시킬 수 있도록 힘을 실어 주는 데 도움이 된다.

ACT와 회복탄력성에 관한 연구

회복탄력성을 연구할 때는 스트레스 요인에 노출되기 전, 중, 후의 건강 지표 점수를 포함한 데이터를 수집하는 것이 이상적이다. 이러한 전향적 연구(추적, 계획)는 시간과 자원이 많이 필요하기 때문에 현재는 그 수가 많지 않지만 점점 증가하고 있다. 9·11 테러 공격과 같이 대규모 인구 집단에 영향을 미치는 주요 스트레스 요인은 많은 개인으로부터 데이터를 표집하고 지각된 사회적 지지 또는 문제해결 능력과 같은 가능한 완화 요인에 대한 정보를 수집할 기회를 제공한다. 결과 데이터의 전향적인 수집은 연구의 질을 높일 것이다. 왜냐하면 과거의 상황을 정확하게 기억하는 것(후향적 연구 조사)보다 현재 상태를 설명하는 것이 더 쉽기 때문이다. 또한 여러 시점에서 데이터를 수집하면 건강 궤적과 그것들에 영향을 미치는 요인에 대해 배울 수 있다. **사회적 지지**와 같은 요인이 시간이 지남에 따라 더 나은 치유 결과와 함께 변한다면(공변), 이러한 요인이 장기적인 위기 대응의 위험을 감소시킬 수 있다는 결론을 도출할 수 있다. 또한 중요한 정보를 얻는 방법은 다양한데, 예컨대 회복탄력성이 있는 사람들을 인터뷰하는 질적 연구로부터 중요 취약성이나 회복 요인을 추출할 수 있다(Southwick and Charney, 2012b).

증거 기반 과학에서 원인과 결과에 대한 지식의 최상위 단계에는 무작위 대조군 실험(randomized controlled trials, RCT)이 있다. 이러한 표준 연구는 집단을 다양한 유형의 개입에 할당되거나, 개입하지 않는 실험적 설계를 포함한다. 그러나 위기에 대한 RCT 연구는 수행하기 어려울 뿐 아니라 해당 집단이 급성 및 심각한 스트레스에 막 노출된 개인으로 구성된 경우, 생명의 위기에 처한 사람으로부터 데이터를 수집하거나 개입을 실행하기 위한 진정한 정보에 입각한 동의를 얻을 수 있는지, 또는 기본적인 필요와 안전의 제공조차 어려운 중대 재해 환경에서 대규모 과학 실험을 조직할 수 있는지 등에 대한 윤리적 문제가 내재해 있다. 세계보건기구[WHO]가 대규모 재난 **major disaster**에 대해 설명하고 권고하는 심리적 응급처치조차도 철저한 테스트를 거치지 않았으므로, 증거 기반이 아닌 증거 정보에 입각한 것으로 이해되어야 한다(Fox et al. 2012; North and Pfefferbaum 2013).

전쟁 난민들은 장기간 또는 수년 동안 극심한 스트레스를 경험하며, PTSD와 우울증이 발생할 위험이 높다. 이처럼 장기적으로 열악한 환경에서 ACT의 효과를 검사하는 두 개의 RCT 연구가 최근에 수행되었다. 튀르키예에서 시리아 난민을 대상으로 수행한 한 실험은 심리적 개입을 받는 전쟁 난민들이 정신질환에 걸릴 가능성이 작다는 증거를 제공한 첫 번째 **예방적 RCT** 연구가 되었다. ACT 프로그램 개입 그룹의 참가자들은 6개월 추적 관찰에서 대조군의 참가자들보다(22% 대 41%) 정신질환에 걸릴 가능성이 현저히 낮은 것으로 보고되었다(Acarturk et al. 2022). 우간다에서 남수단 난민들을 대상으로 수행한 RCT 연구에서는 참가자들이 이미 PTSD와 우울증을 포함해 상당한 심리적 고통을 경험하고 있었다. ACT 자조적 개입을 받은 사람들은 대조군보다 3개월 후 더 큰 증상과 건강의 개선을 보였다(Tol et al. 2020). 이 두 연구에서 심리적 개입은 공식적인 정신건강 관련 훈련을 받지 않은 촉진자에 의해 이루어졌다. 이 개입은 사전 녹음된 음성 강의와 음성 회기의 요점을 다루는 삽화 기반의 책으로 구성되었다.

심리학적 및 정신의학적 조건에 대한 심리적 개입에 대한 더 많은 RCT 연구가 고소득 국가에서 완료되었다. 발표된 RCT 연구 메타분석에 따르면 ACT가 경험적으로 뒷받침되는 다른 인지행동치료의 이점에 필적하는 정신과적 증상에 대한 임상적 이점을 제공하다는 것이 입증되었다(A-Tjak et al. 2015; Hayes et al. 2011). 위기 상황에서 흔히 발생하는 심리적 결과 중 하나를 고려하면, 주요우울장애 내담자는 ACT 치료 후 결과적으로 증상이 현저하게 감소하는 것은 물론 삶의 질이 향상되는 것으로 나타났다(A-Tjak et al. 2018). 결과 변화에 영향을 미친 특정 메커니즘에 초점을 맞춘 우울증 내담자와의 마음챙김 기반 심리치료 RCT 연구에 대한 체계적인 리뷰 연구(Kazdin 2007)에 따르면 마음챙김(Alsubaie et al. 2017), 자기-자비, 심리적 유연성(Gu et al. 2015)이 긍정적인 효과와 관련이 있는 것으로 확인되었다(Creswell 2017; Wielgosz et al. 2019). 조현병 스펙트럼 문제로 표준 치료를 받는 개인을 대상으로 한 ACT 개입에 대한 RCT 리뷰 연구에서는 우울과 환각hallucinations의 빈도 개선에 긍정적인 효과가 있는 것으로 나타났다(Yıldız 2020).

자신의 가치에 따라 살아가는 과정을 구체적으로 평가할 수 있는 측정 도구는 아직 없다(Barney et al. 2019). 그러나 잘 사는 것living well이 단순히 증상 없이 사는 것 이상의 의미라고 본다면(WHO 2005), 자신의 가치에 따라 사는 것이 핵심 요인이 되리라는 점이 직관적으로 분명해 보인다. 모든 유형의 심리적 개입과 정신적 괴로움을 예방하거나 다루기 위한 모든 가설적 메커니즘에 대해 질적으로 더 높은 수준의 연구가 필요하며, 코크런 데이터베이스Cochrane database를 검색하면 실제로 그러한 연구가 많이 진행되고 있음을 알 수 있다. 한편, 우리는 심리적 위기, 주요 재난, 트라우마, 취약성, 회복탄력성, 외상후 성장 및 정신질환에 대한 심리적 개입 등 서로 다르지만 인접한 다양한 연구 분야에서 알려진 내용을 기반으로 이를 수행할 수 있다. 이 책의 목표는 활용 가능한 과학적 증거, 위기 개입을 통해 수집된 경험, 그리고 개인적인 임상 경험을 바탕으로 위기 순간의 열기와 혼란 속에서 사용할 수 있는 일관성 있는 새로운 모형을 제시하는 것이다.

회복탄력성: 스트레스에 대한 대응과 유연한 연결

사람들이 어려움을 겪고 있을 때 어떤 변화가 관찰되는가? 사회적 · 물리적 환경과의 유익한 상호작용과 삶에 대한 변화된 조망에서 새로운 능력과 역량이 촉진된다(Kalisch et al. 2017). 회복탄력성을 이해하는 이러한 방식에서는 스트레스와 괴로움의 시기에 요구되는 태도와 능력에 중점을 둔다. 일부 과학자는 무엇보다도 다음과 같은 점을 강조했다.

- 수용 및 위기를 성장의 기회 같은 긍정적인 것으로 재구성하는 능력(Bonanno and Diminich 2013; Feder et al. 2016; Folkman and Moskowitz 2000; Tedeschi and Calhoon 2004)
- 현재 순간의 감정으로 주의 전환 및 미래지향적 행동에 참여하기(Bonanno 2021b; Bonanno and Diminich 2013; Folkman and Moskowitz 2004; Stroebe and Schut 1999)
- 더 큰 삶의 의미와 목적 발견하기(Alim et al. 2008; Ashch et al. 2021b; Feder et al. 2016; Isaacs et al. 2017; Southwick and Charney 2012b; Tsai et al. 2015)
- 개인의 윤리 및 이타적 동기에 연결되기(Isacs et al. 2017; Southwick and Charney 2012b)
- 감사, 관심, 사랑, 유머 등 긍정적인 감정 표현하기(Feder et al. 2016; Fredrickson et al. 2003; Horn et al. 2016; McGuire et al. 2021)
- 긍정적인 역할 모델 선택하기(Southwick and Charney 2012b)
- 정서적 및 실제적 지원(Bonanno and Diminich 2013; Feder et al. 2016), 의사소통 기술(Kalisch et al. 2017)을 포함한 지각된 사회적 지지 활용하기(Alim et al. 2008; Fogle et al. 2020; Pietrzak et al. 2009; 2014; Wu et al. 2013)
- 자기-효능감 경험하기: 자신의 운명에 영향을 미칠 수 있는 자기 능력을 신뢰하는 것(Southwick et al. 2011)
- 능동적으로 문제해결에 참여하기(Folkman and Lazarus 1988; Southwick et al. 2005)
- 다이어트, 운동, 수면을 통한 신체건강 증진(Southwick and Charney 2012a)
- 회피를 유발하는 이전 트라우마와 연관된 단서를 식별하고 긍정적인 대응 방식 도입하기(Carrion and Hull 2010)
- 경험회피(예: 부정, 자기-부주의, 자기-비난, 분출), 행동적 이탈 및 물질은 긍정적인 적응과 반비례함(Alim et al. 2008; Feder et al. 2016)

요약하면, 회복탄력성 과학 분야는 회복탄력성이 안정적인 성격 특성, 즉 스트레스 요인에 근접한 관성이라는 가정에서 벗어나 위기 상황과 이후의 역경을 연관시키고 대응하는 역동적인 과정으로 이해하는 방향으로 움직여 왔다(Bonanno 2021b). 따라서 회복탄력성은 안정성보다는 심리적 유연성으로 더 잘 특징지어진다. 심리적 유연성은 발생한 외부 변화에 의해 내부적으로 기꺼이 변화하고자 하는 능력이다. 여기에는 개인과 스트레스 사이의 경계에서 능동적이고 회복력 있는resilient 과정이 형성되는 다양한 태도, 기술 및 역량을 탐색하고 개선하는 것이 포함된다.

ACT, 회복탄력성 함양을 위한 변형적 접근법

과학적 발견과 임상가들이 실제로 사용하는 임상적 개입 사이에는 많이 논의가 이루어지고 있다. 일부 문제는 과학적 데이터가 항상 치료자를 위한 구체적인 지침으로 쉽게 전달(번역)되지 않는다는 것이다. 치료자들은 회복탄력성 연구의 발견에 익숙할 수 있지만 연구 결과를 기반으로 한 임상적 개입을 설계하는 방법은 모를 수 있다. 이 책에서 설명하는 ACT 접근법은 과학과 실제 사이의 이러한 간극을 메우기 위해 고안되었다.

취약성과 회복탄력성의 의미에 대한 상호보완적인 이해를 돕기 위해 [그림 1.2]의 '스트레스 및 취약성 모형'부터 살펴보고자 한다. ACT 관점에서 수용, 참여, 마음챙김에 중점을 둘수록 회복탄력성은 증가하고 스트레스의 부정적 영향은 감소한다([그림 1.2] 그래프의 왼쪽으로 이동). 하지만 괴로운 감정이 발생했을 때 이를 제거하려고 애쓰고 규칙에 따라 행동을 선택하려고 할수록 위기에 빠지기 쉬워진다([그림 1.2] 그래프의 오른쪽으로 이동).

위기 유발에서 위기 통합까지

위기는 유연한 반응을 요구하는 삶의 도전에서 시작된다. 그 사람이 누구인지 또는 기저 취약성이 무엇인지는 중요하지 않다. 도전이 얼마나 크고 작은지, 갑작스럽고 급성인지 혹은 만성적이고 반복적인지, 최근에 일어난 일인지 오래전에 일어난 일인지 중요하지 않다. 어떤 도전은 다른 도전보다 더 크고 더 유연한 삶의 적응을 요구할 수 있지만, 그렇다고 해도 인생의 고난과 역경이 삶의 위기로 이어지는지를 결정하는 것은 개인이 새롭고 **효과적인**workable 대응을 만들어 낼 수 있는 정도다.

[그림 1.3]에서 볼 수 있듯이 유연하지 못한 반응은 크게 회피와 비참여(이탈)라는 두 가지 과정에 의해 주도된다. **경험회피**는 정서적 · 신체적 반응, 과거에 대한 기억, 그리고 미래에 대한 불쾌한 이미지와 같이 바꿀 수 없는 것을 변화시키려고 애쓰거나 통제하는 것이다. 고통스럽고 원치 않는 경험을 피하려는 이 같은 노력은 오히려 침습성invasiveness과 강도intensity를 증폭시켜 무능력감과 통제 불가한 느낌의 나락으로 몰아넣을 수 있다. 그러한 경험을 피하려는 시도는 역설적이게도 외부 사건에 대한 반응이 그 반응에 대한 또 다른 반응으로 이어지는 자기 반복적인 고리에 계속 갇히게 한다. **비참여**는 이전에는 효과가 있었지만 더 이상 효과가 없는 일을 더 많이 하거나, 우선순위가 아닌 프로젝트로 바쁘게 지내거나, 심지어 철수하고 고립되는 등 여러 가지 형태로 나타난다. 모든 것은 문제를 해결하고 변화할 수 있는 것을 바꾸려는 의도로 삶의 중요한 영역에 접근하지 않으려는 의도와 관련이 있다. 요약하면, 일반적인 위기는 바꿀 수 없는 것(부정적인 생각, 고통스러운 감정, 침투적인 기억, 신체 감각, 괴로

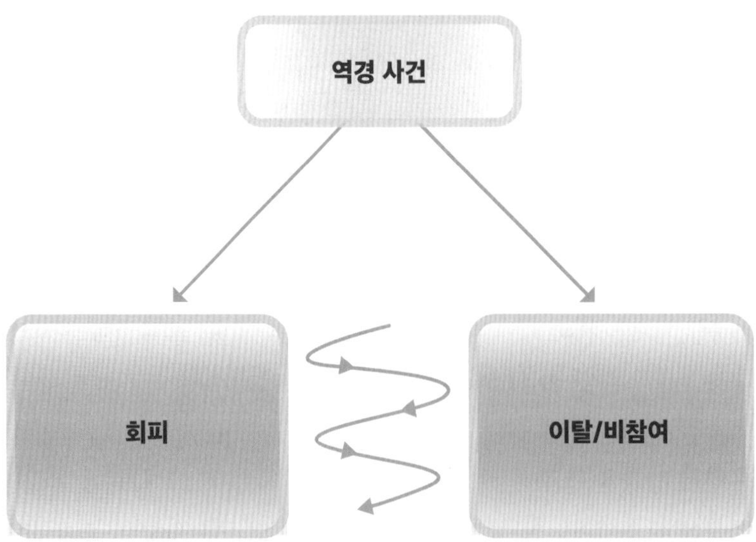

[그림 1.3] 위기 유발의 ACT 모형

운 지각 경험, 원치 않는 충동)을 바꾸려고 계속 시도하고, 바꿀 수 있는 것(자기 경험의 현재에 머물기, 친절과 수용으로 감정적 고통을 감싸고 보듬어 주기holding, 개인적 가치, 자신의 행동과 연결하기)을 보지 못하는 경직된 조망과 관련이 있다.

역경의 크기와 상관없이 치유 과정에 대한 이러한 간섭은 전형적인 위기 상황에서 중대한 전기에 이르렀을 것이다. 그렇다면 우리는 결국 전술을 바꿀 것인가, 아니면 실패할 수밖에 없는 익숙하고 잘 훈련된 대처 전략을 계속 사용할 것인가?

만약 유연하고 새로운 반응을 시도하는 것에 호기심을 가지게 된다면, 현재의 순간에 대한 내면의 반응을 허용하고 유지하면서 자신의 가치에 부합하는 행동을 선택하면 된다([그림 1.4] 참조). 이 연습은 인생 전반에 걸쳐 매우 쉽고도 심오한 배움의 장이 될 수 있다. 우리는 모두 익숙해진 자신만의 회피 전략을 가지고 있기 때문에 이것은 참으로 점진적으로 길을 내는 과정이 될 것이다. 우리는 흔히 내적 삶의 일부 혹은 전체를 경험하는 것을 회피하는 행동을 하고 있다는 사실조차 자각하지 못하는 경우가 많다. 우리 자신의 진심 어린 가치에 대한 명료화의 결여와 이에 상응하는 규칙 및 이전에 배운 반응에 대한 과도한 의존overreliance이 일반적인 것처럼 말이다.

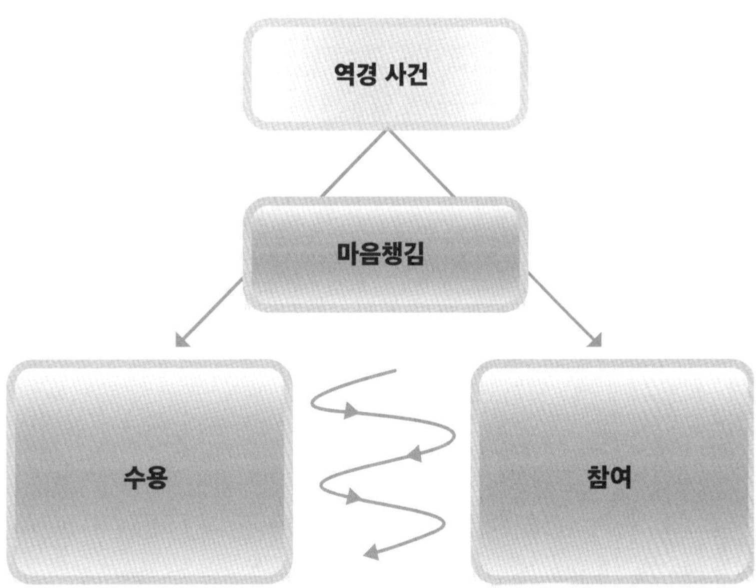

[그림 1.4] 위기 통합의 ACT 모형

위기는 우리의 내적 및 외적 삶에 대한 이러한 접근 방식으로부터 벗어나야 한다는 신호다. 우리는 회피를 내적 삶에 대한 수용, 허용, 부드러움으로 전환해야 한다. 즉, 내면의 필요와 깊이 간직된 가치를 발견하고, 이에 참여하는 새로운 방식으로 행동해야 한다. 수용과 참여 모두에 필수적인 것은 마음챙김으로 현재를 알아차리는 것이다. 우리는 오직 지금 이 순간에만 내부에서 무슨 일이 일어나고 있는지, 그리고 진정으로 필요한 것과 가치 있는 것이 무엇인지 발견할 수 있다. 주의를 기울이면 위기 상황에서 받아들여야 하는 요소와 변화될 수 있는 요소를 명확하게 구분할 수 있다. 선택한 행동이 자신의 가치와 일치하는지 평가할 수 있다. 게다가 마음챙김은 위기 상황에서 느끼는 아픔을 견디고 조정하는 능력을 강화하는 데 필요한 휴식을 제공한다. 때때로 단 한 번의 마음챙김 호흡만으로도 평온하고 편안한 관조 자세로 들어가는 순간을 경험할 수 있다.

사랑하는 사람을 잃었을 때 애도하는 전형적인 예에서 유연한 대응은 상실감, 공허함, 그리움을 느끼는 것과 사랑하는 사람이 없는 현실의 삶에 참여하는 것 사이를 번갈아 오가는 것을 의미한다. 우리는 몇 분, 몇 시간, 며칠 또는 몇 주 등 일정 시간 동안 이 상황을 부드럽게 수용하는 데 초점을 맞춘 다음 앞으로 나아가는 데 주의를 기울인다([그림 1.4]의 유연한 경로 화살표 참조). 유연한 대응은 경직되고 반복되는 경험 회피 패턴에 갇히지 않는 것을 의미한다. 어떤 특정한 전략을 따르는 것에 융합되지 않고, 변화하는 맥락에 적절한 대응을 선택할 수 있다. 맥락이 변화함에 따라 우리의 대응과 전략도 변화한다.

종종 요구되는 변화는 큰 도약이나 급진적인 삶의 변화가 아니라 오히려 그 반대인 경우가 많다. 과잉반응은 오히려 부적응적이며, 망가진 모든 것을 즉각적이고 완전히 고치려고 노력하는 것은 실패의 비결이다. 비록 모든 것을 한 번에 고칠 마법의 총알을 갈망하더라도, 위기 상황에서는 아주 작은 전략의 변화를 꾸준하게 실천하는 것으로 하루를 버틸 수 있다. 여기서 배워야 할 것은 역효과를 낳을 가능성이 있는 크고 충동적인 방식으로 행동하고 싶은 유혹을 받을 때 작은 발걸음의 힘을 활용하는 방법이다. 결정적이지만 작은 점진적 변화, 즉 이동하는 방향을 바꾸는 변화 피벗은 예상외로 큰 결과를 가져올 수 있다. 위기의 본질은 당면한 문제에 대한 해결책이 한꺼번에 수면 위로 떠오르는 것이 아니라 점진적으로 나타나는 경향이 있다는 것이다.

따라서 우리는 인내하면서 그것에 대한 준비가 되었을 때 무엇을 해야 할지 알게 될 것이라는 믿음에 의지할 수 있다. 한편, 우리는 최선을 다해 서로 공감하고 반응한다. 라이너 마리아 릴케Rainer Maria Rilke가 『젊은 시인에게 보내는 편지』에서 말한 바와 같이 우리는 "질문 자체를 사랑해야 한다."

> 마음속에 풀리지 않는 모든 것에 인내심을 가져 보세요. 삶에 찾아오는 질문 자체를 잠신 방처럼, 그리고 지금 외국어로 쓰인 책처럼 사랑하도록 노력해 보세요. 당신이 살아갈 수 없을 것이기 때문에 당신에게 줄 수 없는 해답을 찾지 마세요. 제 말의 핵심은 모든 것을 가지고 살아갈 수 있다는 것입니다.

현명하게 대처한 위기는 나중에 되돌아보면 아름다운 전환점이나, 혹은 삶을 변화시키는 작은 전환점의 연속으로 평가될 수 있다. 위기는 항상 중요한 실존적 질문, 즉 인류의 더 깊은 수준에 초점을 맞춘다. 위기와 변화는 고통스럽고 누구도 추구하지 않는 것이지만 사람들이 사랑과 지혜 안에서 성장하는 주요한 방법 중 하나다.

위기에 대한 ACT의 접근: 다층적 함의가 있고 간명한 치료

이 책에서는 치료자가 위기에 처한 내담자를 도와줄 때 염두에 두어야 할 몇 가지 핵심 도구를 제공하는 것을 목표로 한다. ACT 위기 모형을 활용하면 복잡한 위기의 근본적인 패턴을 파악할 수 있다. 어떻게 진행해야 할지 모를 때, 성장을 촉진하는 데 집중하는 것이 어떤 점에서 유용한지 배울 것이다. 절망에 빠진 내담자에게 다가가기 힘들 때는 자비compassion, 즉 '고통 앞에서 마음을 열고 불편함과 불안을 견디는 능력'을 키우는 연습을 하고 내담자와 함께 다음 단계를 찾을 수 있는 연결고리를 구축할 것이다(Roberts 2021). 위급한 상황에 처한 내담자를 어떻게 도와야 할지 몰라 스트레스를 받을 때는 **통제 소재**locus of control가 내담자 안에 있다는 사실을 기억하며, 무력감을 느끼는 대신 내담자가 직면한 부담을 견디도록 돕는 것이 우리의 역할임을 분명히 할 것이다. 우리는 중요하고도 시대를 초월하는 진실을 밝혀내야 한다는 사실을 겸허히 되새기며, 내담자에게 도움이 되는 모든 것이 단번에 이루어질 수 없다는 사실을 참을성 있게 받아들일 것이다. 내담자가 추구하는 답은 삶이 펼쳐지는 과정에서 조화롭게 발견된다.

위기에 대처하는 기술에는 행복을 찾거나 평화에 접근하는 방법을 배우는 것처럼 끝이 없는 학습의 여정을 포함한다. 사람들은 이러한 것들이 '평화롭거나 그렇지 않은' 이분법적 조건이라고 생각할 수 있지만, 실제로는 점진적으로 원하는 존재의 상태에 더 많이 접근할 수 있도록 연습이 필요하다. 어느 시점에서 시작하든 인간에게는 존재의 편안함, 삶의 의미와 감사를 더 많이 느끼려는 욕구가 내재되어 있다. 우리가 이러한 가치와 다른 가치에 어느 정도 연결되어 있느냐에 따라 그 가치들이 열매를 맺을 가능성에 영향을 미칠 것이다.

ACT 모형의 매력은 해당 기술의 접근이 용이하고 치료자와 내담자 모두에게 평생에 걸친 광범위한 학습을 촉진할 수 있다는 점이다. 누구나 큰 위기와 작은 위기를 경험한다. 우리의 바람은 독자들이 ACT 공식을 자신의 삶에 적용하고, 내담자를 위해 그 특징을 모델링할 수 있도록 영감을 얻는 것이다. 예컨대, 수용은 치료자가 단순히 이에 관해 이야기할 때보다 절망의 파도waves of desperation를 타고 있는 내담자를 평온함과 자비심으로 받아들일 때 수용 과정에 대해 더 쉽게 이해된다. 이 책에서 우리가 주장하는 바는 위기는 최적화되지 않은 자신의 반응 패턴에 주의를 기울이도록 영향을 준다는 것, 그리고 변화된 현실에 새롭고 심리적으로 유연한 반응을 습득하게 하는 자극제impetus가 된다는 것이다.

참고문헌

Acarturk C, Uygun E, Ilkkursun Z, et al: Effectiveness of a WHO self-help psychological intervention for preventing mental disorders among Syrian refugees in Turkey: a randomized controlled trial. World Psychiatry 21(1):88-95, 2022 35015365.

Alim TN, Feder A, Graves RE, et al: Trauma, resilience, and recovery in a high-risk African-American population. Am J Psychiatry 165(12):1566-1575, 2008 19015233.

Alsubaie M, Abbott R, Dunn B, et al: Mechanisms of action in mindfulness-based cognitive therapy (MBCT) and mindfulness-based stress reduction (MBSR) in people with physical and/or psychological conditions: a systematic review. Clin Psychol Rev 55:74–91, 2017 28501707.

American Psychiatric Association: Prolonged grief disorder, in Diagnostic and Statistical Manual of Mental Disorders, 5th Edition, Text Revision. Washington, DC, American Psychiatric Publishing, 2022, pp 322–327.

Asch RH, Esterlis I, Southwick SM, et al: Risk and resilience factors associated with traumatic loss-related PTSD in U.S. military veterans: results from the National Health and Resilience in Veterans Study. Psychiatry Res 298:113775, 2021a 33578060.

Asch RH, Kachadourian L, Southwick SM, et al: Psychological resilience to the challenges of physical aging in older U.S. veterans: results from the 2019–2020 National Health and Resilience in Veterans Study. Am J Geriatr Psychiatry 29(12):1280–1285, 2021b 34053836.

A-Tjak JG, Davis ML, Morina N, et al: A meta-analysis of the efficacy of acceptance and commitment therapy for clinically relevant mental and physical health problems. Psychother Psychosom 84(1):30–36, 2015 25547522.

A-Tjak JGL, Morina N, Topper M, et al: A randomized controlled trial in routine clinical practice comparing acceptance and commitment therapy with cognitive behavioral therapy for the treatment of major depressive disorder. Psychother Psychosom 87(3):154–163, 2018 29566394.

Barney JL, Lillis J, Haynos AF, et al: Assessing the valuing process in acceptance and commitment therapy: experts' review of the current status and recommendations for future measure development. J Contextual Behav Sci 12:225–233, 2019 31828006.

Bonanno GA: The End of Trauma: How the New Science of Resilience Is Changing How We Think About PTSD. London, Basic Books, 2021a.

Bonanno GA: The resilience paradox. Eur J Psychotraumatol 12(1):1942642, 2021b 34262670.

Bonanno GA, Diminich ED: Annual Research Review: positive adjustment to adversity—trajectories of minimal-impact resilience and emergent resilience. J Child Psychol Psychiatry 54(4):378–401, 2013 23215790.

Bonanno GA, Westphal M, Mancini AD: Resilience to loss and potential trauma. Annu Rev Clin Psychol 7:511–535, 2011 21091190.

Bowlby J: Attachment and Loss. Vol 3: Loss, Sadness, and Depression. New York, Basic Books, 1980.

Brenner AM, Coverdale J, Guerrero AP, et al: An update on trainee wellness: some progress and a long way to go. Acad Psychiatry 43:357–360, 2019.

Breslau N: The epidemiology of trauma, PTSD, and other posttrauma disorders. Trauma Vi olence Abuse 10(3):198–210, 2009 19406860.

Brumariu LE, Kerns KA: Parent-child attachment and internalizing symptoms in childhood and adolescence: a review of empirical findings and future directions. Dev Psychopath ol 22(1):177–203, 2010 20102655.

Bryant RA, Friedman MJ, Spiegel D, et al: A review of acute stress disorder in DSM-5. Depr ess Anxiety 28(9):802–817, 2011 21910186.

Carkhuff BG, Berenson BG: Beyond Counseling and Therapy, 2nd Edition. New York, Holt, Rinehart, & Winston, 1977, p 165.

Carrión VG, Hull K: Treatment manual for trauma-exposed youth: case studies. Clin Child Psychol Psychiatry 15(1):27–38, 2010 19914939.

Carrión VG: Foreword, in Assessing and Treating Youth Exposed to Traumatic Stress. Edit ed by Carrión VG. Washington, DC, American Psychiatric Association Publishing, 2018, p xvii.

Coverdale J, West CP, Roberts LW: Courage and mental health: physicians and physicians-in-training sharing their personal narratives. Acad Med 96(5):611–613, 2021 33885403.

Creswell JD: Mindfulness interventions. Annu Rev Psychol 68:491–516, 2017 27687118.

Feder A, Mota N, Salim R, et al: Risk, coping and PTSD symptom trajectories in World Tra de Center responders. J Psychiatr Res 82:68–79, 2016 27468166.

Fogle BM, Tsai J, Mota N, et al: The National Health and Resilience in Veterans Study: a na rrative review and future directions. Front Psychiatry 11:538218, 2020 33362593.

Folkman S, Lazarus RS: The relationship between coping and emotion: implications for th eory and research. Soc Sci Med 26(3):309–317, 1988 3279520.

Folkman S, Moskowitz JT: Positive affect and the other side of coping. Am Psychol 55(6):647–654, 2000 10892207.

Folkman S, Moskowitz JT: Coping: pitfalls and promise. Annu Rev Psychol 55:745–774, 2004 14744233.

Fox JH, Burkle FM Jr, Bass J, et al: The effectiveness of psychological first aid as a disaster intervention tool: research analysis of peer-reviewed literature from 1990-2010. Disast er Med Public Health Prep 6(3):247–252, 2012 23077267.

Fredrickson BL, Tugade MM, Waugh CE, et al: What good are positive emotions in crises? A prospective study of resilience and emotions following the terrorist attacks on the United States on September 11th, 2001. J Pers Soc Psychol 84(2):365–376, 2003 12585810.

Gradus JL, Qin P, Lincoln AK, et al: The association between adjustment disorder diagnos ed at psychiatric treatment facilities and completed suicide. Clin Epidemiol 2:23–28,

2010 20865099.

Greenberg N, Docherty M, Gnanapragasam S, et al: Managing mental health challenges faced by healthcare workers during covid-19 pandemic. BMJ 368:m1211, 2020 32217624.

Griffin BJ, Purcell N, Burkman K, et al: Moral injury: an integrative review. J Trauma Stress 32(3):350–362, 2019 30688367.

Gu J, Strauss C, Bond R, et al: How do mindfulness-based cognitive therapy and mindfulness-based stress reduction improve mental health and wellbeing? A systematic review and meta-analysis of mediation studies. Clin Psychol Rev 37:1–12, 2015 25689576.

Guterres A: Opening remarks at virtual press encounter to launch the report on the Socio-Economic Impacts of COVID-19. March 31, 2020. Available at: https://www.un.org/sg/en/content/sg/speeches/2020-03-31/remarkslaunch-of-report-the-socio-economic-impacts-of-covid-19. Accessed August 22, 2020.

Haglund A, Lysell H, Larsson H, et al: Suicide immediately after discharge from psychiatric inpatient care: a cohort study of nearly 2.9 million discharges. J Clin Psychiatry 80(2):80, 2019 30758922.

Hailes HP, Yu R, Danese A, et al: Long-term outcomes of childhood sexual abuse: an umbrella review. Lancet Psychiatry 6(10):830–839, 2019 31519507.

Harper D: Crisis. Etymonline, 2020. Available at: https://www.etymonline.com/word/crisis. Accessed September 1, 2020.

Harvey AG, Bryant RA: Acute stress disorder: a synthesis and critique. Psychol Bull 128(6):886–902, 2002 12405136.

Hayes SC, Strosahl KD, Wilson KG: Acceptance and Commitment Therapy: An Experiential Approach to Behavior Change. New York, Guilford, 1999.

Hayes SC, Villatte M, Levin M, et al: Open, aware, and active: contextual approaches as an emerging trend in the behavioral and cognitive therapies. Annu Rev Clin Psychol 7:141–168, 2011 21219193.

Hobfoll SE, Mancini AD, Hall BJ, et al: The limits of resilience: distress following chronic political violence among Palestinians. Soc Sci Med 72(8):1400–1408, 2011 21440348.

Horn SR, Charney DS, Feder A: Understanding resilience: new approaches for preventing and treating PTSD. Exp Neurol 284(Pt B):119–132, 2016 27417856.

Isaacs K, Mota NP, Tsai J, et al: Psychological resilience in U.S. military veterans: a 2-year, nationally representative prospective cohort study. J Psychiatr Res 84:301–309, 2017 27814502.

James RK, Gilliland BE: Crisis Intervention Strategies, 7th Edition. Belmont, CA, Cengage Learning, 2012, p 8.

Kalisch R, Baker DG, Basten U, et al: The resilience framework as a strategy to combat stress-related disorders. Nat Hum Behav 1(11):784–790, 2017 31024125.

Kantamneni N: The impact of the COVID-19 pandemic on marginalized populations in the United States: a research agenda. J Vocat Behav 119:103439, 2020 32390658.

Kazdin AE: Mediators and mechanisms of change in psychotherapy research. Annu Rev Clin Psychol 3:1–27, 2007 17716046.

Klein N: The Shock Doctrine: The Rise of Disaster Capitalism. London, Penguin Books, 2008.

Lee PH, Anttila V, Won H, et al: Genomic relationships, novel loci, and pleiotropic mecha nisms across eight psychiatric disorders. Cell 179(7):1469–1482, 2019 31835028.

McGuire AP, Fogle BM, Tsai J, et al: Dispositional gratitude and mental health in the U.S. veteran population: results from the National Health and Resilience Veterans Study. J Psychiatr Res 135:279–288, 2021 33516080.

Mustak S: Climate change and disaster-induced displacement in the global south: a revi ew, in Climate Change, Disaster and Adaptations: Contextualising Human Responses to Ecological Change. Edited by Siddiqui AR, Sahay A. Cham, Switzerland, Springer Int ernational Publishing, 2022, pp 107–120.

Norris FH, Tracy M, Galea S: Looking for resilience: understanding the longitudinal traject ories of responses to stress. Soc Sci Med 68(12):2190–2198, 2009 19403217.

North CS, Pfefferbaum B: Mental health response to community disasters: a systematic rev iew. JAMA 310(5):507–518, 2013 23925621.

Pietrzak RH, Johnson DC, Goldstein MB, et al: Psychosocial buffers of traumatic stress, de pressive symptoms, and psychosocial difficulties in veterans of Operations Enduring Fr eedom and Iraqi Freedom: the role of resilience, unit support, and postdeployment soc ial support. J Spec Oper Med 9(3):74–78, 2009 19739480.

Pietrzak RH, Feder A, Singh R, et al: Trajectories of PTSD risk and resilience in World Tra de Center responders: an 8-year prospective cohort study. Psychol Med 44(1):205–219, 2014 23551932.

Prigerson HG, Kakarala S, Gang J, et al: History and status of prolonged grief disorder as a psychiatric diagnosis. Annu Rev Clin Psychol 17:109–126, 2021 33524263.

Roberts LW: Advancing understanding of compassion and compassion training. Acad Med 96(7):929–930, 2021 34183476.

Rohde N, Tang KK, Osberg L, et al: The effect of economic insecurity on mental health: re cent evidence from Australian panel data. Soc Sci Med 151:250–258, 2016 26826683.

Roth TL, Sweatt JD: Annual Research Review: epigenetic mechanisms and environmental shaping of the brain during sensitive periods of development. J Child Psychol Psychiat ry 52(4):398–408, 2011 20626526.

Southwick SM, Vythilingam M, Charney DS: The psychobiology of depression and resilience to stress: implications for prevention and treatment. Annu Rev Clin Psychol 1:255-91, 2005.

Southwick SM, Litz BT, Charney D, et al: Resilience and Mental Health: Challenges Across the Lifespan. Cambridge, UK, Cambridge University Press, 2011.

Southwick SM, Charney DS: The science of resilience: implications for the prevention and treatment of depression. Science 338(6103):79–82, 2012a 23042887.

Southwick SM, Charney DS: Resilience: The Science of Mastering Life's Greatest Challenges. Cambridge, UK, Cambridge University Press, 2012b.

Southwick SM, Bonanno GA, Masten AS, et al: Resilience definitions, theory, and challenges: interdisciplinary perspectives. Eur J Psychotraumatol 5:5, 2014 25317257.

Stroebe M, Schut H: The dual process model of coping with bereavement: rationale and description. Death Stud 23(3):197–224, 1999 10848151.

Strosahl KD, Robinson PJ, Gustavsson T: Brief Interventions for Radical Change: Principles and Practice of Focused Acceptance and Commitment Therapy. Oakland, CA, New Harbinger Publications, 2012.

Tedeschi RG, Calhoun LG: Target Article: Posttraumatic growth: conceptual foundations and empirical evidence. Psychol Inq 15(1):1–18, 2004.

Tol WA, Barbui C, Galappatti A, et al: Mental health and psychosocial support in humanitarian settings: linking practice and research. Lancet 378(9802):1581–1591, 2011 22008428.

Tol WA, Leku MR, Lakin DP, et al: Guided self-help to reduce psychological distress in South Sudanese female refugees in Uganda: a cluster randomised trial. Lancet Glob Health 8(2):e254–e263, 2020 31981556.

Tsai J, El-Gabalawy R, Sledge WH, et al: Post-traumatic growth among veterans in the USA: results from the National Health and Resilience in Veterans Study. Psychol Med 45(1):165–179, 2015 25065450.

Turecki G, Brent DA: Suicide and suicidal behaviour. Lancet 387(10024):1227–1239, 2016 26385066.

Widom CS, Czaja SJ, Kozakowski SS, et al: Does adult attachment style mediate the relationship between childhood maltreatment and mental and physical health outcomes? Child Abuse Negl 76:533–545, 2018 28522128.

Wielgosz J, Goldberg SB, Kral TRA, et al: Mindfulness meditation and psychopathology. Annu Rev Clin Psychol 15:285–316, 2019 30525995.

World Health Organization: Promoting Mental Health: Concepts, Emerging Evidence, Practice. Geneva, World Health Organization, 2005.

Wu G, Feder A, Cohen H, et al: Understanding resilience. Front Behav Neurosci 7:10, 2013 23422934.

Yeager K, Roberts A (eds): Crisis Intervention Handbook: Assessment, Treatment, and Research. New York, Oxford University Press, 2015.

Yıldız E: The effects of acceptance and commitment therapy in psychosis treatment: a systematic review of randomized controlled trials. Perspect Psychiatr Care 56(1):149–167, 2020 31074039.

Zisook S, Shear K: Grief and bereavement: what psychiatrists need to know. World Psychiatry 8(2):67–74, 2009 19516922.

Zubin J, Spring B: Vulnerability: a new view of schizophrenia. J Abnorm Psychol 86(2):103–126, 1977 858828.

2장

심리적 위기 유발의 ACT 모형

혼란은 당신을 겁먹게 할 수 있다.

그러나 혼돈이 사라진 질서는 당신의 죽음과 관련된 것일 수 있다.

- 아잔 수치토(Ajahn Sucitto)[9]

심리적 위기 유발: 신경과학 및 행동분석적 관점

삶의 역경, 즉 극단적인 어려움이 인간 존재에 만연하다는 사실에만 국한해 위기의 보편성을 설명해서는 안 된다. 이 장에서는 훨씬 더 보편적인 것, 너무나 자연스럽고 무해한 것처럼 보여 당연하게 여기기 쉽지만 우리가 인식하지 못하면 어려운 시기에 큰 장애물이 될 수 있는 것에 대해 설명한다. 위기는 개인의 발달 환경과 상호작용하면서 진화에 의해 형성되는 방식에 필수적이지만, 그것이 우리의 대응을 통제하도록 내버려 둘 필요는 없다. 위기는 우리가 세상을 인식하는 방식(내면과 외부 모두) 및 위기

9) Lindeblad(2022)에서 인용.

에 대한 대응을 배우고 관리하는 방식과 관련이 있다. 우리는 내재된 성향의 발견을 통해 위기에 대한 더 유익하고 새로운 반응을 자유롭게 고려하고 채택함으로써 마음, 정서, 신체 그리고 삶 전체에서 치유와 긍정적인 결과를 촉진할 수 있다.

우리는 **심리적 위기 유발**instigation이라는 용어를 사용해 개인이 크고 작은 어려움에 대응하는 방식을 통해 자신의 괴로움을 위기 수준으로 증폭시키는 과정을 포괄하고자 한다. 이 용어가 시사하듯이 위기는 병bottle에 담겨 오는 것이 아니라 개인 안에서, 그리고 개인과 주변 삶의 맥락 사이에서 일어나는 역동적이고 반복적인 과정을 통해 만들어진다. 이 역동적이고 반복적인 상호작용은 치료자에게 위기 반응의 하향 나선 패턴을 중단시키는 풍부한 기회를 준다.

역경에 대처할 때 문제의 근원은 내면의 정서적 · 신체적 반응을 회피하는 것과 사전 학습된 것에 기초한 잠재된 습관에 따라 행동하는 것이 결합된 데 있다. 1장에 소개된 위기 공식은 간단히 말해 어려움을 촉발시키는 고통스러운 사건과 이에 대한 대응으로 구성되는데, 이는 '회피'와 '비참여disengagement'[10]라고 부르는 두 가지 과정으로 특징지어진다. 어려움을 극복하는 유용한 방법을 검토하기 전에 먼저 이 문제적 과정을 풀어 나가야 한다. 이 과정이 어떻게 그리고 왜 발생하는지 완전히 이해하기 위해 다음 부분에서는 신경과학 및 행동분석적 관점에서 이러한 질문들을 간단히 검토해 볼 것이다.

진화 조형 학습[11]

인간의 중추신경계에는 사건을 인식하고, 사건에 대해 학습하고, 그에 반응해 행동을 안내하는 몇 가지 주요 방법이 통합되어 있다. 예컨대, 신경계가 존재한다는 것은 인식이 단순히 환경을 반영하는 것이 아님을 의미한다. 인식은 현재 들어오는 정보와

---

10) disengagement: '비참여'라고 번역했다. 비참여는 연결되지 않는 것, 중요한 활동에 함께하지 않는 것, 이탈하는 것, 효과적이지 않은 행동을 반복하는 것을 포함한다. engagement는 반대 의미인 '참여'로 번역했으며, 전념행동을 말한다(역자 주).

11) 진화 조형 학습: Evolution-Shaped Learning을 '진화 조형 학습'으로 번역했다. 진화의 형태로 학습한다는 의미다(역자 주).

이 새로운 입력을 처리하는 시스템에 이미 통합되어 있는 사전 지식의 종합이다(Carlsson et al. 2000; Frith 2007; Frith and Dolan 1997). 사전 지식이 분명히 개인의 이전 경험에서 비롯됨에도 항상 깨닫지 못할 수 있는 이유는 우리가 인식하는 방식과 학습하고 행동하는 방식이 진화 과정에 의해 뇌가 형성된 오랜 조상들로부터 지속적으로 진화해 왔기 때문이다. 이러한 학습은 우리 조상들에 의해 이미 이루어졌다. 우리의 뇌는 계통발생을 통해 형성되었으며, 선천적인 지식을 통합한다.

진화를 통해 우리는 접근-회피 연속체에서 중요한 자극에 반응하는 능력을 얻었다. 우리는 '1차적 처벌'(예: 고통, 특정 위험)과 관련된 회피 반응을 물려받은 것처럼 '1차 강화물'(예: 음식, 물, 안전, 돌봄)이라고도 하는 '1차적 보상'에 대한 접근 반응도 물려받았다. 기본적인 수준에서 일차적인 긍정적 또는 부정적 가치의 자극은 꽃이 태양을 향하고 음지에서 돌아서는 것과 유사한 방식으로 접근 또는 철수에 대한 우리의 선택을 안내한다. 중추신경계를 가진 유기체의 경우, 접근이나 철수 반응은 경험적 측면을 가지고 있다. 정서적 경험과 반응은 외부 자극의 긍정적 또는 부정적 가치를 나타내며, 인간 행동에 동기를 부여하는 힘을 제공한다(Damasio 1999; Dolan 2002; LeDoux 1998).

따라서 인간의 신경계는 뱀을 감지하면 곧바로 심장 박동이 빨라지고 손에 땀이 나는 등의 생리적 반응을 일으키고, 이러한 생리적 신체 상태를 감지해 그 상황에서 벗어날 수 있는 행동을 생성하도록 구성되어 있다. 이는 모두 두려움에 대한 정서적 반응의 일부다. 정서는 그러한 자극과 조상들의 행동(생존에 유리한 환경을 구축하고 다음 세대로 유전자를 전달하도록 도운 행동)을 연결한 결과다(Carlsson et al. 2004; Öhman et al. 2007). 이것이 우리가 본질적으로 교통사고나 고장 난 전기 장치를 다루는 것보다 뱀을 더 두려워하는 이유다. 최근 세대에는 교통사고 경험이 더 흔해지면서 훨씬 더 많은 사상자가 발생함에도 자동적으로 뱀을 더 두려워한다.

비모형 학습(강화 학습)[12)]

고등 유기체higher-order organisms는 뇌에서 구현된 기능으로 평생 학습할 수 있는 능력을 가지고 있다. 이러한 학습 능력은 조상들이 경험했던 환경뿐 아니라 다양한 환경에서 생존하고, 수많은 새로운 상황에 적응할 수 있게 한다. 실시간으로 학습하는 한 가지 방법은 종종 '시행착오'에 기초한 것으로 설명되는 우리 자신의 행동의 결과로부터 배우는 것이다. 특정한 행동은 특정 결과를 초래하며 향후 유사한 상황에 대응하는 방식에 영향을 미친다.

보상은 '정적 강화물positive reinforcer'로서 행동이 발생할 가능성을 증가시키는 역할을 한다. '보상'이 무언가를 잘한 후에 받는 특정한 대상이나 경험인 것처럼 정적 강화positive reinforcement는 행동의 결과로 바람직한 것을 제시할 때 발생한다(Schultz 2006). 반면에 부적 강화Negative reinforcement는 행동의 결과로 불쾌한 것이 제거될 때 발생한다. 두 유형의 강화 모두 접근 및 회피 행동의 가능성을 높이는 결과를 낳는다. '정적positive'이라는 단어는 추가를 의미하고 '부적negative'이라는 단어는 제거를 의미한다. 정적 강화는 바람직한 것을 추가하는 행동을 하도록 북돋워 주고, 부적 강화는 바람직하지 않은 것을 제거하는 행동을 촉진한다. 이와 구별되는 것은 처벌인데, 처벌은 바람직하지 않은 결과를 가져오는 행동을 감소시키며, 처벌이 제거되면 그 행동이 증가하는 경향이 있다.

이반 파블로프Ivan Pavlov의 개가 종소리를 들은 후 먹이가 담긴 그릇을 받는 경험을 몇 차례 한 끝에 종소리가 들리면 침 흘리는 것(즉, 반응)을 학습한 것처럼 시공간의 사건을 연관시킬 수 있다. 이러한 방식으로 종소리는 또한 '2차 강화물'이 되었다. 중립적인 종소리가 1차 정적 강화물인 음식과 연결된 것이다. 인간과 동물은 모두 결과와 연합을 통해 학습하고, 이는 상당히 복잡한 행동 패턴에 참여하게 한다. 인간의 뇌에서 이러한 학습은 일반적으로 피질하subcortical 영역을 포함하지만, 그것은 또한 우리보다 작은 뇌를 가진 동물들의 능력이기도 하다.

---

12) 비모형 학습: Model-Free Learning. 모형 자유 학습, 비모형 학습이라고도 부를 수 있으나, 이 책에서는 간명한 '비모형 학습'을 번역어로 택했다(역자 주).

이러한 방식으로 연합과 결과에 대해 학습하는 것은 정확하고 적응적이며 어느 정도 유연성을 가지지만, 두 가지 큰 단점이 있다. 첫째, 여전히 유연성이 부족하다. 예를 들어, 시행착오를 통해 학습한 행동은 일반적으로 자극과 반응 사이의 직접적인 연결 형태로 신경계에 내장되어 있어, 자극이 제시되면 자동으로 습관적인 반응을 이끌어 낸다. 이러한 유형의 강화 학습은 본질적으로 문제에 대한 반응이 부적절할 때도 억제하기 어려운 반사 신경을 형성한다. 그러한 학습에는 자극이나 반응, 그리고 그 결과에 대한 내부 모형, 명시적 지식 또는 의식적 경험이 필요하지 않다. 그 때문에 이것을 **비모형 학습**Model-Free Learning이라고 부른다. 둘째, 느리다는 점이다. 인간이나 동물은 직접적인 개인적 경험을 통해 보상과 처벌에 대해 학습해야 한다(Frith 2021; Huys et al. 2014). 따라서 비모형 학습은 우리가 살고 있는 복잡한 사회적 환경 내에서 어떻게 창조하고 운영할 수 있는지를 충분히 설명하지 못한다.

모형-기반 학습

비모형 학습 시스템 위에서 인간과 동물의 뇌는 훨씬 더 유연한 학습 시스템, 즉 세상의 내부 모형을 기반으로 한 학습에 접근할 수 있다. 비모형 시스템은 시행착오와 연합을 통한 보상을 학습하는 반면, 모형-기반 시스템은 세상에 대해 학습한다. **모형-기반 학습**Model-Based Learning은 여전히 개인 행동의 가치를 평가하지만, 내부 모형(대상, 사건, 반응, 미래의 예상 결과)을 기반으로 한다. 내부 모형은 자신이 경험한 기억에 기초할 수도 있고, 다른 사람에 의해 전달되기도 한다. 모형은 다른 사람들이 경험한 상황과 유사하지만 이전에 경험한 적 없는 상황에서 우리 자신의 반응을 선택하는 데 사용될 수 있다. 따라서 모형은 유기체가 즉각적인 상황에 대한 자동 반응에 얽매이지 않도록 해방시킨다. 모형은 인간 뇌의 피질cortical 수준에서 주로 처리된다(Frith 2021; McClure et al. 2004). 지금과 그때의 상황, 그리고 이전에 보상적 경험으로 이어졌던 행동을 비교함으로써 복잡한 문제에 대한 효율적인 학습이 가능해진다. 더욱이 모형-기반 학습은 구두로 전달될 수 있다(Frith 2021).

규칙-지배 행동과 언어

언어는 세상과 우리 자신에 대한 이해를 증진시키는 다양한 유형의 모형을 전달하는 데 사용된다. 모형-기반 시스템은 '나무'와 같은 세상의 측면에 대한 내적 표상을 만들고, 언어는 '나무'라는 단어를 이 내적 표상에 연결한다. 단어는 결국 다른 단어와 연결되어 더 크고 복잡한 세상의 모형을 만든다. 사물을 정신적으로 비교하고, 유사점과 차이점을 식별하고, 상관관계와 조건을 인식하고, 분류하고, 대안적인 관점을 취하고, 결과를 예측함으로써, 예컨대 바다를 가로질러 항해할 수 있게 해 주는 정보 조각을 결합하고 연결함으로써 세상에 대한 모형을 얻을 수 있다. 언어의 힘은 임의로 파생된 자극 관계에 주로 기반을 둔다(Hayes et al. 2001). '임의로 파생된 관계derived relations arbitrarily'는 모든 것이 다른 것과 관련될 수 있음을 의미한다. 다시 말해, 관계 구성은 어떤 것을 '덜 보람 있는' 것과 연관시킴으로써 '더 보람 있는' 것으로 평가하는 것처럼 단순히 어떤 한 가지에 대해 다른 관점에서 반응하는 것을 의미한다.

시행착오를 통해 세상을 배우는 데서 자유로워진 인간은 상상, 추측, 평가, 회상 및 기타 수천 가지 인지 방식을 사용해 주변 세계의 언어적 · 비언어적 모형을 가지고 놀 수 있다. 그 후 이어지는 자극 관계의 연합은 '규칙'을 통해 특정 행동을 직접적으로 조절한다. 따라서 언어적 규칙은 직접적인 경험을 통해 학습할 필요 없이 연관성 및 결과에 대해 학습하는 행동분석적 프레임 작업 내에서 이해될 수 있다(Villatte et al. 2019).

ACT는 많은 핵심 원리가 관계구성틀 이론(relational frame theory, RFT)으로 알려진 인간 언어의 행동분석적 설명에서 파생된다는 점에서 증거 기반 심리치료 분야에서 독보적이다(Hayes et al. 2001). 지난 30년 동안 RFT 연구는 행동 통제 시스템으로서의 인간 언어 기능을 탐구해 왔다. 이 연구 전통은 언어가 가장 강력한 형태의 문제 해결, 가장 강력하고 지속적인 형태의 기능장애나 괴로움 모두에 매우 큰 영향을 준다는 것을 보여 주었다.

그러한 연결의 현재 통용성과 타당성을 직접적인 경험을 통해 먼저 확립하지 않고 다른 무언가와 관계를 맺도록 허용하는 시스템에는 본질적인 위험 수준이 존재한다. 언어로, 말로, 또는 경험으로 모형을 자세히 설명하는 다른 모든 형태의 상징적 활동(생각, 이미지, 소리, 신체 감각, 감정 등)은 회복탄력성의 원천이기도 하지만 나약함의 원천이 되기도 한다.

이 책에서는 특히 언어의 한 가지 특정한 기능, 즉 사회 조직social organization을 촉진하는 기능에 관심을 둔다. 언어의 도움으로 학습하는 것의 진화적 이점은 복잡한 사회 시스템과 문화적 관행을 만들어 내는 강력한 방법이기 때문이라는 주장이 제안되기도 했다(Nowak et al. 2010). 사회문화적 지식은 비모형 학습뿐 아니라 비언어적 모형과 기호를 기반으로 하는 학습을 통해서도 전달된다. 그러나 과정이 강화되고 점점 더 복잡해지는 사회적 요구 사항에 따라 언어는 특정 행동 순서를 조직하고 실행할 수 있게 해 준다. 유아기에서 성인기로의 발달에는 이러한 복잡한 종류의 행동 규칙을 습득하는 것이 포함된다. 우리는 성장함에 따라 사회 규범을 준수하고 번영하기 위해 외부의 감시와 지도에 덜 의존하게 된다. 즉, '자기-지시적 통제self-instructional control'(Goubert et al. 2020)로 알려진 내재화된 규칙을 따르는 과정에 의해 점진적으로 더 많은 지배를 받는다. 사람들은 본질적으로 사회적 훈련을 통해 프로그래밍된 자기-지시를 구현하기 위한 수단으로서 언어를 사용한다.

규칙-지배 행동의 이점

자기-지시적 통제 아래 있는 복잡하고 조직화된 일련의 행동은 규칙-지배 행동의 중요한 부분이다. 언어에 기반한 규칙-지배 행동은 일반적으로 많은 개별 행동 단위를 포함한다. 이러한 개별 단위의 실행은 전체적으로 사회적으로 승인된 결과로 이어진다. 규칙-지배 행동은 즉각적인 외부 보상 없이도 행동 순서를 수행하게 해 준다(Goubert et al. 2020). 상상력을 통해 미래의 보상(또는 처벌)을 현재에 경험함으로써 미래에 원하는 사회적으로 정의된 결과를 오랜 시간에 걸쳐 촉진하는 역할을 한다. 내부 모형의 도움으로 보상과 처벌의 먼 미래 결과가 현재로 와서, 그렇게 하지 않았을 때 얻지 못할 수 있는 유리한 결과를 향해 행동하도록 돕는다. 문제해결, 목표 지향적 행동, 복잡한 사회 시스템의 가장 두드러지는 특징은 이러한 유형의 규칙-지배(의학 또는 기타 보건 서비스 분야에서 학위를 취득하기 위해 수년간 공부하는 것을 포함)와 밀접하게 연결되어 있다는 것이다.

사전 학습에 의존하는 것의 위험

방금 논의한 학습 방법은 우리가 기능하는 데 도움을 준다. 그러나 때로는 진화 조형, 비모형, 모형-기반 학습에 의해 형성된 사전 학습에 따라 행동할 때 문제에 직면하게 된다. 여기서 핵심 단어는 '사전previous'이다. 크게 변화된 상황에는 새로운 대응이 필요한 경우가 많다. 적어도 위기는 분명 개인에게 새로운 대응이 필요한 새로운 상황이다.

진화 조형 학습의 한 예를 살펴보자. 1만 세대 동안 지방과 설탕은 생존을 촉진하는 데 매우 유용했고, 따라서 접근 행동의 강력한 1차 강화물이 되었다. 그러나 지난 몇 세대 동안 세계 일부 지역에서는 지방과 설탕을 언제 어디서나 쉽게 사용하게 되었으며, 이것의 과도한 섭취는 질병과 사망의 주요 원인이 되고 있다. 사람들이 자동적으로 사전에 학습한 다른 사례에 의존할 때도 유사한 합병증이 발생한다.

다행히 인간은 인식과 학습을 위한 일부 고차원적인 능력, 즉 메타인지metacognition와 메타-알아차림meta-awareness 능력을 마음대로 사용할 수 있다. 2부에서는 가장 최근에 진화된 학습 시스템의 강력한 의미를 자세히 살펴볼 것이다. 접두사 meta는 '**너머**' 또는 '**함께**'를 의미하는 그리스어에서 유래했으며, 다른 특정 개념을 초월하는 개념을 나타내는 데 사용된다. 인간종에게 고유한 것처럼 보이는 이러한 고차원적인 능력을 통해(Frith 2021), 우리는 이전 상황에서는 도움이 되었지만 더는 도움이 되지 않는 충동, 모형 및 규칙을 알아차릴 수 있다. **메타인지**(인지에 대한 인지)에서 개인은 자신의 행동을 인도하는 규칙이나 모형을 성찰할 수 있다. 메타-알아차림을 통해 감정, 규칙, 생각을 있는 그대로 관찰하고 받아들일 수 있지만, 시간이 지남에 따라 설득력이 덜해진다. 이러한 메타 능력은 또한 행동을 인도하기 위한 더 깊은 장기적 가치의 탐구를 가능하게 한다. 이는 마음챙김, 수용 및 참여의 기반을 제공하며, 위기 상황에서 유연성을 발휘하는 데 매우 중요하다. 이에 대해 알아보기 전에 먼저 사전 학습에 의존할 때 위기가 어떻게 유발되는지 살펴볼 것이다.

비참여를 통한 위기 유발

행동주의자의 관점에서 볼 때, 당면한 행동의 중요성은 오직 그 맥락 안에서만 측정될 수 있다. 이전의 맥락에서는 효과적이었던 행동이 조금 다른 맥락에서 실행되면 참담한 결과를 가져올 수 있다. 이전의 상황적 맥락에서 형성된 내부 규칙이 새로운 상황과 맞지 않을 수 있고, 따라서 이러한 규칙을 따르다 보면 상황으로부터 이탈되어 **비참여**disengagement하게 될 수 있다. 우리는 이것이 재난 또는 삶의 중대한 변화를 겪은 후 사람들이 심리적 위기에 빠지는 두 가지 주요 방식 중 하나라고 주장한다(다른 하나는 회피다). 회피와 비참여는 심리적 위기를 유발하는 과정에서 종종 함께 발생

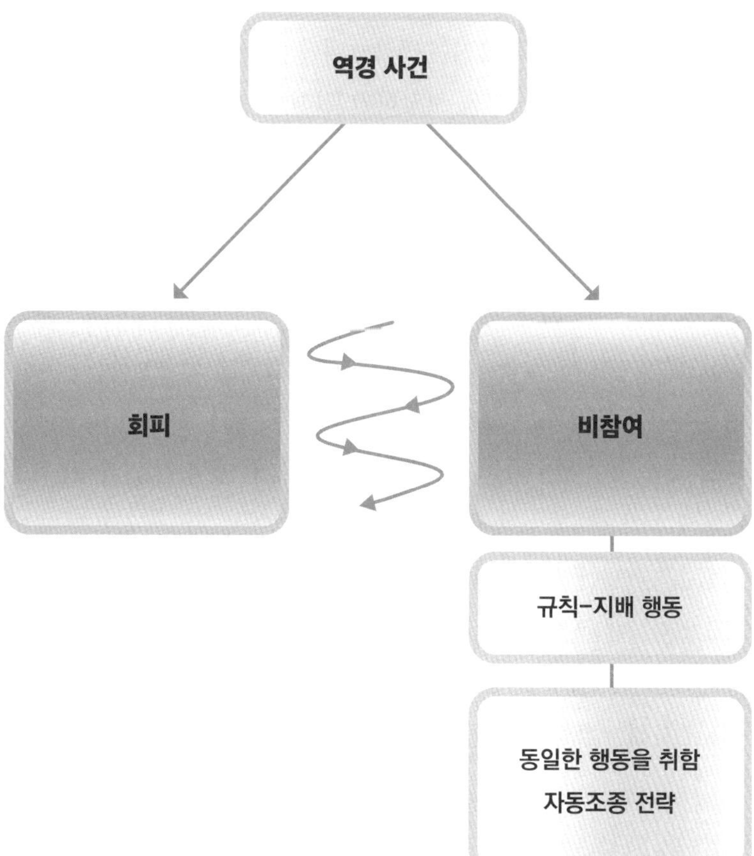

[그림 2.1] 비참여를 통한 심리적 위기 유발

한다. 여기에서는 좀 더 명확하게 하기 위해, 무엇이 도움이 되지 않는지 정확히 구별할 수 있도록 이들을 개별적으로 설명할 것이다.

비참여는 삶의 새로운 전환기에 실제로 필요한 것에 참여하는 대신, 사전 학습을 기반으로 행동을 선택하는 것을 포괄하는 용어다. 비참여 행동의 공통 분모는 사전에 학습한 자기-지시적 규칙을 준수하는 반면, 현재 상황과 자신의 행동에 대한 실제 결과에 관여할 능력이나 지식이나 동기는 부족하다는 점이다. 위기 상황에서 비참여는 일반적으로 제한된 행동 레퍼토리를 반복적으로 사용하는 것으로 나타나는데, 이러한 행동이 명백하게 효과가 없거나 심지어 역효과를 낸다는 증거에도 불구하고 동일한 행동을 취하는 것이다([그림 2.1] 참조).

앞서 살펴본 바와 같이, 언어에 기반한 규칙은 주로 예측 가능한 방식으로 조직화되고 행동하는 사회 집단을 촉진하는 역할을 한다. 언어는 약탈자로부터 집단을 보호하고, 출산을 촉진하며, 질서를 유지하는 데에 엄청난 진화적 이점을 제공한다(Nowak et al. 2010). 개인이 안전을 보장하기 위해 집단에 속해 발달 기간 동안 배우는 규칙의 종류는 가장 깊이 내재해 있고 의문을 제기하기 어려운 것들이다. 우리는 개인에게 맞춤화된 규칙 시스템 내에서 삶의 대부분을 살고 있지만, 항상 존재하는 규제 기능은 거의 보이지 않는다. 그러나 우리 행동의 많은 부분이 궁극적으로 사회 집단 내에서 승인, 포용, 존중, 사랑을 바랄 뿐 아니라 안전과 생존을 지향한다는 점을 어느 정도 알아차릴 수 있을 것이다. 우리가 자라면서 배운 규칙은 '사랑받고, 포용되고, 안전해지기 위해서는 성취하거나 완벽해야 하고, 특별하고, 필요한 사람이 되고, 강하고, 자립적이어야 하며, 사건을 예측하고, 눈에 띄지 않게 잘 적응하고, 분노 표현을 피해야 하는 것'인 경우가 많다.

모든 사람은 자신이 성장한 직계 가족 환경 내에서 작동하는 자신만의 복잡한 규칙을 가지고 있다. 이 규칙 매트릭스를 기반으로 하는 행동은 여러 면에서 기능적이고 큰 도움이 되지만, 어느 시점, 특히 위기 상황에서는 이러한 규칙의 타당성과 현재의 통용성을 조사해야 한다.

맥락 둔감성 및 적응의 정점

자기-지시적 규칙에 따른 행동의 위험한 특징 중 하나는 실제로 나타나는 현실적 결과에 대한 개인의 민감성을 감소시킨다는 것이다. 상상 속의 보상이나 처벌이 실제 결과보다 우선한다. **맥락 둔감성**context insensitivity(Gubert et al. 2020)으로도 알려진 이러한 경향은 그 규칙을 따른 결과가 부정적일 때도 규칙-지배 행동이 변화에 내우 저항적임을 나타낸다. 예를 들어, 위기에 처한 사람들은 종종 그들의 행동이 규칙에 지배될 때 비효율적인 대처 전략을 중단하거나 변경하는 것을 어려워할 수 있다. 예컨대, 행동 'B'(장시간 일하고 절대 포기하지 않음)의 이전 결과는 'C-old'(승인 및 안전 보장)였지만 실제로 발생하는 것은 원치 않는 새로운 결과인 'C-new'(소진 및 건강 악화)인 경우, 파생된 관계인 B → C-old(힘들게 일함 → 승인 및 생존)가 C-new를 고려하도록 수정된다는 보장은 없다.

임의로 파생된 규칙이 실제 결과로부터 직접 학습하는 것을 방해하는 몇 가지 메커니즘이 있다. 첫째, 규칙은 그것을 따를 때 약속된 긍정적인 결과뿐 아니라 그것을 따르지 않을 때의 혐오적인 결과도 수반한다. 더욱이 규칙 위반으로 인해 상상된 결과는 일반적으로 실제 결과보다 더 나쁜 것으로 간주된다. 왜냐하면 규칙의 영향력은 바람직하거나 바람직하지 않은 추가적인 사회적 결과와 연관되어 '증가'되거나 강화될 수 있기 때문이다. C-old/C-new 예에서, 휴식을 취하고 일반적으로 휴식에 더 많은 시간을 허용하는 새로운 반응은 저항감뿐 아니라 불편감도 불러일으킬 것이다. 이러한 불편감은 규칙을 따르지 않을 때 발생할지 모를 일에 대한 규칙의 본질적인 특이성과 연결된다. 성취와 일을 통해 안전과 사랑을 찾는다는 모형은 해이함(휴식과 회복을 뜻하는 규칙 기반 단어)으로 인해 불안전과 거부가 뒤따를 것임을 암시한다. 과거에는 이 규칙이 사실이었을지라도 개인 선택의 자유, 건강, 나아가 생존에 더 도움이 되는지에 대해서는 의문을 제기해야 한다. 새로운 학습에는 자신의 규칙 시스템의 일부인 상상 속 거부에 대한 두려움과 규칙 통제가 느슨해지기 전 유사한 규칙에 따라 안내되는 동료나 기관의 반응 및 질책을 처리하는 것에 대한 두려움의 파도를 타는 것이 수반된다.

맥락 둔감성을 초래하는 규칙-지배 행동의 또 다른 특징은 인간이 사회질서에 참여하기 위해 따라야 하는 규칙의 양이 엄청나게 많다는 점이다. 뇌의 제한된 정보 처리 능력을 고려할 때, 자발적인 통제를 방정식으로 제거하고 복잡한 행동 순서라도 어느 정도 자동으로 참여하는 것이 훨씬 효율적이다. 일상적인 행동 순서의 상당 부분은 환경적 단서의 통제를 받는다(Kahneman 2011; Vatansever et al. 2017). 따라서 자동적인 규칙 따르기는 세상에서 작동하는 우리의 기본 모드다. 그러나 반드시 그럴 필요는 없다. ACT에 사용되는 마음챙김 및 조망 수용 기술 중 다수는 내담자가 자동조종 모드에서 벗어나 참여자 관점이 아닌 관찰자 관점에서 비언어적 또는 언어적으로 구성된 규칙을 볼 수 있도록 설계되었다. 그러면 내담자는 효과 없는 규칙을 따르지 않아도 된다.

맥락에 둔감한 규칙-지배 행동의 또 다른 특징은 '적응의 정점'을 가져온다는 것이다. 이는 미래 발전을 위한 기반을 제공하지는 못하지만 이점이 있는 행동 결과다(Vil latte et al. 2019). 오랜 시간 일하고 절대 포기하지 않는 것이 우리를 멀리까지 이를 수 있게 했으므로, 추구해야 할 논리적인 행동으로 보일 수 있다. 하지만 이 규칙은 행동 선택의 개선이나 안전과 사랑에 대한 통찰에 도움이 되지 않는 적응의 정점을 가져왔거나, 삶의 한 영역에만 관련된 제한적인 성공(예: 사랑은 없고 일만 있는 삶)을 가져왔을 수 있으므로 시간이 지남에 따라 새로운 각도에서 조사할 필요가 있다.

소진 증상이 커지면 오래된 모형, 사전 학습, 이전 결과 및 오래된 규칙을 기반으로 하는 행동이 모든 상황에 대한 해결책을 제공할 수 없다는 것이 분명해진다. 때때로 우리는 처음 우리를 어려운 상황에 빠뜨렸던 것과 동일한 행동을 더 많이 하게 된다. 피곤하면 작업 속도가 느려지고 의사 결정 과정이 더 힘들어질 수 있다. 이를 보상하기 위해 더 많은 시간을 투자해 문제를 해결하고 새로운 균형을 잡을 수 있는 '휴식'을 힘들여 얻기도 한다. 7장(참여)에서 설명하겠지만, 우리에게 탈출구를 제공할 새로운 것은 일반적으로 우리가 가장 저항하는 한 가지 대응 방식이다. 필요한 것은 현재의 결과와 더 나은 건강과 같은 개인적 가치에 비추어 새로운 대응을 형성할 수 있는 유연하고 실험적인 접근 방식이다. 이러한 행동은 내적 가치에 대한 인식과 외부 결과에 대한 세심한 주의를 통해 발생한다. 이러한 '**마음챙김으로 행동하기mindful doing**'는 비참여적이고 자동 조종 방식으로 일상적인 업무를 수행하는 전략인 '**마음챙김이 부족한 행동하기unmindful doing**'와 대조된다.

규칙-지배의 마지막 위험은 무엇이든 다른 것과 연관시키는 능력에 관한 것이다. 언어는 서로에게서, 그리고 이전 경험의 기억으로부터 배울 수 있게 해 줄 뿐 아니라, 한 번도 배우거나 경험한 적 없는 관계망을 형성하게 해 준다. 이러한 방법으로 우리는 사물, 상황, 사건이 우리의 생각, 감정, 행동에 영향을 미치는 방식을 임의로 바꿀 수 있다. 우리는 하나의 고통스러운 주관적 경험을 과거의 다른 경험, 또는 아직 일어나지 않은 경험과 연관 지음으로써 주관적인 고통의 수준을 증폭시킬 수 있다. 다시 말해, 자연스러운 심리적 반응을 촉발시키는 고통스러운 삶의 경험 이후 우리의 자동적 반응은 다양한 방식으로, 심지어 원래 상황과 무관한 방식으로도 다른 사건과 연결될 수 있다. 마음속에서 이전에 학습한 하나의 자극과 관련된 고통을 다른 무해한 자극과 언어적으로 연관시켜 고통을 삶의 더 큰 영역으로 확장시킬 수 있다. 언어의 이러한 특징은 매우 강력해 긍정적인 삶의 경험조차도 부정적인 경험과 연관 지어 어려운 경험으로 전환시킬 수 있다. 우리는 근육을 움직이지 않고도 생각의 속도로 어디든 이동할 수 있다. 이 능력은 엄청난 가능성을 열어 주지만, 동시에 고통과 괴로움이 있는 광범위하고 어디에나 만연한 매개체와 위기로 쉽게 빠져드는 경로를 제공하기도 한다.

요약하자면, 규칙-지배 행동은 환상적인 진화의 성취이고, 행동을 선택하고 인도하는 데 효율성을 높이는 등 많은 도움이 되지만 한계가 있다. 중대한 변화나 위기 상황에서는 규칙을 따르는 것이 효과가 없거나 실제로 상황을 더 악화시킬 수 있다. 따라서 위기 상황에 대처할 때는 개인이 비참여를 발견하고 더 이상 효과가 없는 규칙을 내려놓는 방법을 배우는 것이 중요하다.

정신과 진료 장면의 실제는 무엇을 원하고 찾는지 아는 것이 큰 차이를 만들어 낸다는 점에서 탐정 업무와 유사하다. 다음 대화에서는 효과적이지 않은 기본 규칙과 위기 발달에 기여하는 기타 요인을 개입할 의도 없이 조사하는 과정을 보여 준다. 처음 두 가지 사례에서는 문제의 위기를 초래한 특정 규칙-지배 과정을 설명한다. 첫 번째 사례는 상당히 초기 단계의 위기에 관한 것이며, 두 번째는 규칙-지배가 수년 동안 상황을 악화시킨 경우다.

데이비드: 초기 단계의 비참여로 인한 위기 유발 관련 임상 대화

데이비드(David)는 10세와 12세 자녀를 둔 35세 기혼 남성으로, 여가 시간에는 다양한 운동을 하고 자녀들의 농구팀을 지도하는 등 신체적으로 매우 활동적인 사람이었다. 7주 전 그는 자전거 경주에서 심각한 부상을 당했는데, 이로 인해 척수에 손상을 입어 다리를 사용할 수 없게 되었다. 사고 이후 그는 재활 프로그램에 띄엄띄엄 참여했으며, 짜증을 내고 아내와 의료진과도 짧은 대화만 나눴다. 지난 7주 동안 남편과 아내의 삶은 매우 달랐다. 데이비드의 아내는 전업으로 가정일과 자녀 양육을 담당할 뿐 아니라, 휠체어를 사용할 수 있도록 집 안 가구를 재배치하는 문제도 처리했다.

한편, 재활 시설에 입원해 생활하고 있는 데이비드는 고통스럽고 불안한 새로운 상황에 직면하면서 혼자만의 시간을 많이 보냈다. 그는 간호사 중 한 명에게 자신이 이혼을 고려하고 있다는 사실을 말했다. 직원들은 그가 재활 프로그램에 참여하도록 동기를 부여하는 데 어려움을 겪고 있으며, 이혼과 같은 큰 결정을 하기 전에 좀 더 기다려야 할 필요성을 이해시키지 못했다. 임상팀은 그를 병원 내 심리치료자에게 의뢰했다.

데이비드와의 첫 번째 만남과 이후 두 차례의 다른 사례에서 우리는 위기 상담에서 수용이 도구로서 어떻게 적용되는지에 대한 감을 얻었다. 규칙은 가치 있는 것을 얻고 나쁜 것을 회피하기 위해 설계된 것으로, 수용 과정은 이러한 가치 있는 것과 연결될 때 유익하며 종종 이와 관련된 규칙을 나타낸다. 수용에 대한 더 자세한 내용은 이후 장에서 다룰 것이며, 여기에서는 데이비드의 새로운 상황과 관련해 그를 이끄는 지배적인 규칙을 파악하는 데 대화의 초점을 맞춘다.

치료자 당신을 만나러 와 달라는 요청을 받았습니다. 저는 정신과에서 근무하는 심리치료자입니다. 이곳 직원들이 당신을 많이 걱정하는 것 같아요.

데이비드 글쎄요, 전 오시라고 한 적 없는데요.

치료자 그래도 제가 잠시 여기 있도록 허락해 주시겠어요?

데이비드 (잠시 침묵) 누구도 저를 걱정할 필요 없어요.

치료자 그렇군요. 제가 잠시 여기 머물러도 될까요?

데이비드 (침묵)

치료자 데이비드 님, 7주 전에 아주 큰 사고를 당하셨다고 들었습니다.

데이비드 굳이 그 일을 상기시켜 줄 필요 없습니다.

치료자 지금 매우 화가 나시는 것 이해됩니다. 누구라도 그럴 거예요.

치료자는 내담자와 연결되기 위해 내담자가 있는 곳에서 시작하는데, 이때 내담자가 처음 한 말의 감정 어조를 반영한다. 분노 감정을 반영하면 어떤 사람들은 자신이 이해받은 것처럼 느끼고, 반면에 화를 내면 안 된다는 규칙을 가진 사람들은 다른 감정 단어(예: 절망감, 두려움)를 제시할 수도 있다. 그러면 치료자가 그 감정 단어를 다시 반영해 준다. 데이비드는 다시 침묵으로 대응한다.

치료자 다시는 걸을 수 없다는 사실을 직접 경험해 보지 않는 한 누구도 그 사실을 직시하는 것이 어떤 기분인지 상상할 수 없을 겁니다.

치료자는 '누구도 나를 걱정할 필요가 없다'라는 데이비드의 말에 함축된 경험적 외로움의 느낌을 반영하고 있다.

데이비드 맞아요. 아무도 이해 못 해요. 아무도 이해하지 못할 겁니다. 당신도 마찬가지예요.

치료자 그럼에도 불구하고, 제가 잠시 당신과 함께 있어도 괜찮을까요?

데이비드 피곤해요. 방금 점심을 먹고 돌아왔는데, 그냥 왔다 갔다 하는 것만으로도 너무 힘들어요. 쟁반도 직접 들고 다닐 수가 없다고요! 얼마나 있을 건가요?

치료자 (잠시 침묵) 그럼 수락하신 걸로 받아들이겠습니다. 치료자가 완전히 환영받는 경우는 거의 없죠.

치료자는 데이비드의 질문에 직접적으로 대답하지 않고, 함께 있는 것을 밀어내는 회피 전략이라고 추측한다.

치료자 말씀하시는 내용에서 추측하건대, 당신이 직면한 어려움 중 일부를 누군가가 이해하거나 적어도 들어 주기만 해도 좋을 것이라 생각합니다.

치료자는 데이비드가 '이해'라는 주제에 반응했기 때문에 이 주제를 유지하기로 한다. 비록 데이비드는 이해의 결핍을 이야기했지만, 치료자는 데이비드가 이 가치에 연결되도록 돕기 위해 긍정적인 용어로 이해의 필요성을 표현한다.

데이비드 네, 그렇죠! 그런데 누가 그렇게 하겠습니까? 어차피 실제 치료에 도움이 되지도 않을 거예요.

치료자 모든 것이 무의미하다고 말하는 것처럼 느껴지네요.

치료자는 그가 표현한 것을 반영하고, 나타나는 것에 머무르며, 과정의 각 단계에서 현재 상태를 수용하는 모델링을 보여 준다.

데이비드 정말로, 아무 의미가 없는 것 같아요.

그들의 치료 과정을 위한 관계는 순조롭게 진행 중이며, 서로 연결되기 시작한다. 대화를 진행하면서 치료자는 내담자가 다르게 느끼도록 이끌거나 혹은 그를 고치거나 바꾸려는 것이 아니라, 내담자가 생각하는 것을 생각하고 느껴지는 감정을 느낄 때 내담자와 함께 있으며 그 모든 것에 대한 알아차림과 수용을 제공하는 것이 치료자의 임무라는 것을 명심한다.

치료자 이혼까지 생각하고 있다고 들었습니다.

데이비드 (침묵) 우리는 점점 멀어지고 있어요. 아내는 제가 겪고 있는 일을 이해하거나 들어 줄 기미가 전혀 보이지 않아요.

치료자 사실 그것이 지금 당신에게 가장 필요한 것인데요. 이 모든 엄청난 이야기를 들어 줄 누군가가 말입니다.

데이비드 아내의 삶에 불구자를 추가할 필요는 없습니다. 저는 짐이 되고 싶지 않아요. 저는 그 상황을 받아들이지 않을 거예요.

치료자 지금 여기서 꽤 고통스러운 두 단어가 들리네요. '불구자'와 '짐'.

데이비드와 논쟁하거나 그를 교정하는 대신, 치료자는 이 단어들을 반복하면서 그것을 현재 순간의 알아차림으로 인식하게 하려고 노력한다. 그는 자기-지시적 규칙에 가까이 다가가고 있으며, 그것이 자신의 행동에 영향을 미치고 있다는 사실조차 알아차리지 못하기 때문에 좋은 기회라 할 수 있다.

데이비드 (침묵) 네, 상당히요.

치료자 그 단어와 관련된 많은 감정과 욕구를 상상할 수 있을 것 같습니다. 당신은 결혼 생활에 진심으로 동등하게 기여하고 싶지만 그것이 앞으로 어떻게 될지 알 수 없습니다. 그렇지 않나요?

이 시점에서 감정과 가치 수준의 수용이 가장 중요한 부분이기 때문에, 치료자는 데이비드의 생각('아내에게 불구자는 필요 없어')보다는 데이비드의 가치(기여)에 초점을 맞춘다.

데이비드 아내에게는 관심과 도움이 필요한 휠체어 탄 사람이 아니라 한 남자가 필요해요. 이제 저는 아내에게 해 줄 수 있는 게 없어요. 문제를 안겨 주는 것 말고는요.

치료자 제가 도와드릴 수 없는 또 다른 고통스러운 생각이군요. 그 이면에는 무엇이 있을까요? 충분하지 않다는 두려움? 예전에 했던 것을 이제 할 수 없다면 사랑받지 못하는 것 아닐까 두려우신가요?

다시금 치료자는 생각에 대한 알아차림을 불러일으키고 근본적인 감정과 욕구를 탐색한다. 사랑에 관한 데이비드의 규칙 중 일부가 표면화되고 있다.

데이비드 제가 어떻게, 우리가 앞으로 어떻게 서로 사랑할 수 있겠어요?

치료자 (침묵) 아, 사랑하는 사람의 상실을 상상하는 것은 정말 고통스러운 일이에요. 인생의 거대한 미스터리 중 하나는 사랑이 어디에 있는지에 대한 문제와 연결된 고통스러운 생각인 것 같아요.

여기에 잠깐 멈추어 알아차림과 수용을 제공하고 대화 속에서 사랑의 가치와 두려움을 환영하듯 맞이함으로써, 대화가 계속되기 전에 내담자가 잠시나마 이것과 함께 있을 수 있도록 초대한다. 3장의 대화를 열 수 있다. 현재 치료자는 데이비드가 이 위기 상황에서 앞으로 나아갈 수 없도록 방해하는 규칙에 대한 가설을 세우기에 충분한 정보를 가지고 있다. 사랑과 기여라는 가치에는 아무런 문제가 없지만, 그러한 가치를 충족하는 방법에 대한 데이비드의 규칙은 그가 변화된 상황에 관심을 집중시킴으로써 참여하는 것을 막고 있다. 문제의 규칙은 아마도 '사랑받기 위해서는 실질적이고 금전적인 방법으로 성취하고 기여해야 한다', '결혼 생활에서 남자는 신체적으로 건강하고 성적으로도 잘 기능해야 한다'와 같은 내용일 것이다. 더는 예전처럼 규칙을 지킬 수 없게 된 데이비드는 사랑을 잃을 수 있다는 두려움에 노출되었고, 상대를 먼저 밀어내는 회피 전략을 사용해 그 두려움을 최대한 피하고 있다. 다음은 회피와 비참여가 어떻게 함께 가는지에 대한 예다. 데이비드는 사랑하는 사람들을 밀어냄으로써 두려움의 경험을 회피하고 있으며, 재활과 가족을 모두 저지함으로써 힘들어진 새로운 상황에 비참여하고 있다. 그에게는 인생의 전환점에서 유리한 결정을 내리지 못하게 하는 다른 규칙-지배가 있을 가능성이 매우 크다. 치료자가 가장 적합한 규칙을 정확하게 식별하느냐는 그다지 중요하지 않다. 중요한 것은 규칙이 알아차림으로 떠오르는 과정이며, 또한 근본적인 가치와의 연결을 촉진하는 과정이다.

데이비드의 상황에서 추론할 수 있는 또 다른 점은 '사랑받기 위해서는 실질적이고 금전적인 방법으로 성취하고 기여해야 한다'는 규칙이 적응의 정점에 도달했다는 것이다. 앞으로 나아가기 위해 데이비드는 사랑을 이해하는 새로운 방법을 찾아야 한다. 지금 당장은 자신의 규칙을 아주 명확하게 인식하지 못할 수 있으며, 이 시점에서 그에게 설명하는 것은 별 의미가 없다. 이는 근본적인 두려움을 느낄 기회를 주는 대신 그를 다시 화나게 만들 것이다. 이후 3장에서 그의 사례를 다시 살펴보면서 가치와 규칙 사이의 중요한 차이점에 대해 논의할 것이다.

어떤 사람들은 데이비드처럼 삶이 갑자기 파괴되거나 통제할 수 없는 사건으로 인해 산산조각이 나기 전까지는 비교적 평온한 생활을 한다. 반면에 다른 어떤 사람들은 거의 매일 반복적으로 어려움을 겪으면서 작은 변화에도 균형이 깨지는 매우 불안정한 환경에 살고 있다. 정신의학에서 내담자들은 평온과 불안정한 환경의 연속체 위의 모든 지점을 차지하며, 후자 쪽에 편향되어 있다. 데이비드는 위기의 전형적인 예에 속하지만, 정신과적 치료의 전형적인 내담자는 아니다. 하지만 시간이 지나도 전략을 바꾸지 않는다면 그는 전형적인 환자가 될 수 있다. 이제 정신과 외래 진료실의 두 번째 사례를 소개하고자 한다.

안톤: 후기 단계의 비참여로 인한 위기 유발 관련 임상 대화

안톤(Anton)은 28세 남성으로, 현재 싱글이며 7세 딸이 있다. 그는 어머니, 쌍둥이 여동생, 의붓아버지와 함께 지냈지만 어릴 때부터 스스로를 돌봐야 했다. 의붓아버지가 쌍둥이를 잘 돌보지 않은 까닭에 안톤과 여동생은 열여섯 살이 되던 해에 멀리 이사했다. 안톤은 그때 친아버지와 다시 만나게 되었고, 그의 아버지는 자신의 기술과 기계 작업을 혹독하게 가르침으로써 안톤이 숙련되고 유능한 일꾼으로 성장하도록 도왔다. 안톤은 딸이 있는 한 여성을 만났지만, 그들의 관계는 험난했고 2년 전 헤어졌다. 이후로 안톤은 딸의 공동 양육권을 위해 고군분투하고 있었는데, 안톤이 처음 정신과에 치료받으러 왔을 때도 이 문제는 해결되지 않은 상태였다. 또한 미납된 청구서로 인해 아파트를 잃게 될지 모른다는 위협도 그를 괴롭히고 있었다. 그는 돈이 있었지만 우편물을 열고 청구서 비용을 납부할 주도성이 항상 부족했다. 그는 술을 꽤 많이 마셨지만 과도한 정도는 아니었다. 지난 9개월 동안 점점 더 우울해졌고, 최근에는 극심한 자살 충동에 시달렸다. 여동생이 권유할 때까지 도움을 구하는 것을 미루던 그는 심리치료자는 고사하고 병원을 찾아간 적도 없었다.

다음 대화에서 볼 수 있듯이 안톤은 몇 가지 기저에 깔린 정신병리적 취약성으로 인해 어려움을 겪고 있었다. 지금까지 그가 직면한 어려움을 관리하는 데 방해가 되었던 규칙들을 먼저 알아보자.

치료자 당신이 여기에 온 이유가 당신을 점점 더 괴롭히는 자살 생각 때문이라고 알고 있습니다.

안톤 그런 셈이죠. 여동생이 자꾸 호들갑을 떨어서 오게 되었네요.

여기에서 안톤은 도움을 구하는 것에 대한 자신의 양가적인 감정을 암시한다. 이것이 유용한 정보를 제공할 수 있을지 살펴보자.

치료자 여동생이 안톤 님을 많이 걱정하고 있습니다. 당신은 어떤가요? 자신이 걱정되시나요?

안톤 글쎄요, 조만간 제가 어리석은 짓을 할지도 모른다는 생각이 들기 시작했어요. 저는 거기서 벗어날 수 없을 것 같아요. 제 말은, 제가 처한 모든 일뿐 아니라, 이런 끔찍한 생각이 저에게 달려든다는 거예요.

치료자 네, 자살 생각은 상당히 두려울 수 있습니다. 그리고 지금 도움을 청하러 오셨는데, 기분이 어떠세요?

치료자는 자살 생각의 두려움을 정상화하고 타당화하면서, 도움을 구하는 안톤의 양가감정에 함께 머물며 천천히 진행하고, 상담 초기에 나타난 양가감정에 대한 탐색을 시작한다.

안톤 솔직히 말해 제가 한심하게 느껴져요.

치료자 상상이 되네요. 당신만 그렇게 느끼는 건 아니랍니다. 많은 사람이 정신과적인 도움을 구하는 데 용기가 필요해요. 당신은 어떤 점이 가장 한심하게 느껴지나요?

안톤 저는 도움이 필요하다고 생각하지 않습니다.

치료자 자기 자신을 관리하는 데 익숙하신가요?

안톤 그게 제가 원하는 방식이에요. 결국에는 항상 제 몫이니까요. 저는 그게 편해요. 다른 사람들은 언제 문제를 일으킬지 알 수 없으니까 저 혼자 모든 것을 잘 관리하려고 노력해야 해요. 그냥 제가 하는 대로 계속하면 돼요. 예전에 기분이 다운된 적이 있었는데, 일하면서 극복했어요. 전 그냥 계속 일해요.

치료자 그러면, 비가 오나 눈이 오나 상관없이 계속 일하나요?

안톤 네, 일은 아주 잘하고 있어요. 18시간 일하고 집에 가서 다시 일을 해요. 일은 괜찮습니다. 다른 모든 게 망가져 가고 있어서 그렇죠.

치료자 18시간이요? 근무 시간이 정말 긴데요! 어떻게 그렇게 긴 시간 일할 수 있죠?

안톤 일찍 일어나기도 하고, 때로는 새벽 3시에 일어나기도 해요. 다시 잠이 안 오면 출근하는 것 외에는 할 일이 없어요.

치료자 그렇게 오랜 시간 일해도 잠이 쉽게 오지 않나요?

안톤은 자신이 살아가는 하나의 규칙을 제시했다. '안전해지려면 자립적이어야 하고, 스스로 관리해야 하며, 누구도 필요하지 않아야 한다.' 이것은 반대로 말하면, 도움이 필요하거나 도움을 받는 것은 안전하지 않다는 것이다. 아마도 그는 취약성을 드러내거나 도움을 필요로 하는 것을 자신의 약점과 연관시키는 것으로 추측할 수 있다. 궁극적으로 안전 등의 문제를 벗어나기 위해서는 혼자 고생해야 한다고 생각하는 것으로 요약할 수 있다.

치료자 회사는 어때요? 가끔 시간을 내서 친구들을 만나나요? 친하게 지내는 사람들이 있나요?

안톤 금요일 밤에 술집에 가지만, 거기에 친구가 있다고 말할 수는 없어요. 우리는 그냥 함께 맥주만 마셔요. 여자를 유혹하는 건 정말 쉬운데, 지금은 그런 것에는 관심 없어요. 어떻게 해야 할지 모르겠어요. 그냥 계속 기분이 나빠요. 여동생이 몇 년 전에 정신과에 간 적이 있는데, 그게 도움이 되었나 봐요. 하지만 저는 제가 여기서 뭘 하고 있는지 모르겠어요.

치료자 그렇군요. 안톤 님은 제가 여기서 뭘 하고 있는지도 모르겠죠?

안톤 (미소를 지으며) 아, 그게 무슨 뜻이죠?

치료자 제 말은 병원에 오는 게 익숙하지 않을 수도 있다는 말이에요.

안톤 한 번도 가 본 적 없으니까요. 선생님을 기분 나쁘게 하려는 건 아니지만, 솔직히 누구도 저를 도울 수 있다고 생각하지 않아요. 제가 여기 온 유일한 이유는 제 딸이 아빠 없는 아이가 되는 걸 바라지 않기 때문입니다.

치료자 이해합니다. 도움을 요청하는 건 쉬운 일이 아니죠. 여러 가지 문제가 동시에 발생해야만 도움을 요청할 수 있을 정도로 어려운 일이에요. 그만큼 어려운 일이죠. 잠시 이 문제에 머물러 봅시다.

치료자는 여기서 잠시 멈추었는데, 오랫동안은 아니지만 안톤의 극심한 불편함을 조명하고 타당화하면서(수용적인 움직임) 이로 인해 발생하는 위기의 깊이와 폭을 보여주면서 머물렀다. 다른 사람의 판단과 도움에 의존하는 것이 안전하지 않다는 상상의 결과는 실제 결과가 심각해질 때도 계속해서 도움을 추구하지 않게 만드는 안톤의 원칙이 되었다.

치료자 당신은 딸에게 아버지가 없어질 수도 있다는 가슴 아픈 가능성에 직면해 여기까지 오게 되었고, 이제 새로운 미지의 방향으로 첫발을 내디딘 것입니다.

마음을 열어 기꺼이 도움을 받고 치료자를 신뢰하려는 내담자의 태도는 치료 전개에 매우 중요하기 때문에 치료자는 이러한 규칙-지배와 그것의 효과를 알아차리는 데 시간을 보냈다. 안톤이 이미 새로운 것을 시도하고 있다는 사실이 타당화되고 소중히 여겨지고 있다.

안톤은 결국 장기간에 걸쳐 심리치료에 참석했고, 그 과정에서 이전의 우울 및 경조증 삽화 패턴이 나타났다. 그는 진단에 대한 치료자의 판단을 신뢰하기로 했고, 우울증에 대한 약물 치료는 물론 장기간의 기분 안정제를 복용하는 것도 받아들였다. 또한 2주에 한 번씩 외래 진료실에 와서 청구서를 지불하는 일에 관한 행정적인 도움을 받았다. 1년 후 그의 위기 상황은 해결되었다. 그의 기분이 안정을 되찾았고, 수면 패턴이 규칙적으로 돌아왔으며, 아파트를 유지하고, 딸의 공동 양육권을 얻었으며, 자신이 정말 소중하게 여기는 여성을 만나 이사하게 되었다. 이 긍정적인 사건의 전체 과정은 딸에게 좋은 아빠가 되고 싶은 가치에 의해 크게 고무되었다. 또한 도움받는 것에 대한 이전의 규칙을 인정하고, 이를 다른 방식으로 대응하기로 의식적으로 결정한 것에 기반을 두고 이루어졌다.

회피에 의한 위기 유발

인생에서 불쾌한 일에 대한 일반적인 반응은 그것을 피하려고 노력하는 것이다. 우리는 위험하거나 불쾌한 외부 상황에 처할 때, 종종 감정에 따른 행동을 통해 매우 효과적으로 대응한다. 이는 순차적으로 진화 조형 학습, 비모형 학습, 모형-기반 학습에 의해 결정된다. 따라서 감정은 외부 반응에 대한 지침 원리를 접근-회피 연속체에 제공한다. 그러나 사랑하는 사람을 다시 돌아오게 하거나 이미 일어난 다른 유형의 재난에서 벗어나기 위해 할 수 있는 일이 아무것도 없는 경우처럼, 이러한 외부 행동 **대처기술 목록**이 내면의 감정이 신호를 보내는 문제를 해결하는 데 매우 제한적으로 사용되는 상황도 있다. 그렇다면 어떻게 해야 할까?

일반적인 한 가지 대응은 상실과 두려움이라는 내면의 고통에서 벗어나려고 노력하는 것이다. 이를 경험회피experiential avoidance라 한다(Hayes et al. 1996, 2011).

경험회피: 정서회피와 행동회피

위기 상황에서 사람들은 두려움, 불안, 분노, 충격, 괴로움, 슬픔, 죄책감과 같은 다양한 고통스러운 감정을 경험한다. 원치 않는 생각, 기억, 심상, 충동, 신체적 감각은 부담을 가중시킨다. 그러한 모든 중요한 경험은 몸, 감정, 생각의 수준에서 최종적으로 통합되어야 한다. 일반적이고 이해할 수 있는 대응은 이러한 경험을 막기 위해 할 수 있는 모든 것을 하는 것이다. 때로는 고통을 받아들이기 전에 먼저 자신 안에서, 또는 다른 사람의 지지를 통해 버텨 내는 능력을 확립하는 것이 효과적이다. 그러나 장기적으로 내면에서 일어나고 있는 일들과 직접적인 경험적 접촉을 꺼리고 기꺼이 하지 않기unwillingness는 변화와 위기에 건설적으로 대처하는 데 방해될 수 있다.

외부의 위협과 장애물은 지략이 풍부한 인간 두뇌에 의해 제거되거나 고칠 수 있는 반면, 위협적인 내적(심리적) 경험은 통제, 억제, 해결, 탈출, 회피가 불가능하다. 그렇게 하려고 시도할수록 오히려 그것을 증폭시키고 악화시킬 수 있다. 내적 경험을 회피하는 것은 일시적인 해결책으로 효과가 있기 때문에 유혹적이고 착각과 오해를 불러일으키는 전략이다. 어떠한 내적 과정(감정, 기억, 긴장, 충동)을 목표로 삼고 있는지에 관계없이 회피, 주의 전환 또는 억압의 모든 노력은 역설적으로 알아차림에서 억제되는 내적 경험의 침습성과 강도를 장기적으로 증가시킨다. 이를 **억제반동효과** suppression rebound effect라 한다(Wegner et al. 1987). 고통스러운 내적 경험을 없애려고 노력할 때 오히려 역설적으로 고통을 더 연장하게 된다는 것이다.

위기에 대한 비자발적인 감정 반응을 '해결해야 할 문제'로 여기면, 그것을 내적으로 통제하거나 제거하려는 시도, 즉 정서회피를 촉발할 뿐 아니라 부정적 감정을 일으키는 상황을 피하기 위한 외부 행동회피 전략을 활성화한다. 정서회피와 행동회피는 둘 다 경험회피의 형태로 원치 않는 감정, 고통스러운 생각, 불안감을 주는 신체감각 등 내면에서 일어나는 일을 회피하려는 시도다. 비참여가 **마음챙김 부족한 행동하기**unmindful doing로 이해될 수 있듯이, 경험회피는 실제로 내면에서 일어나고 있는 일과 접촉하지 않는 것을 포함하기 때문에 **마음챙김 부족한 현존하기**unmindful being로 설명될 수 있다. 비참여와 회피, 이 두 가지 과정은 모두 내적으로나 외적으로 현재 순간에 일어나고 있는 일을 알아차리지 못하는 것에 기반을 둔다.

행동분석적 관점에서 본 경험회피

현재 순간에 경험해야 할 것들과 거리를 두기 위해(정서회피) 흔히 사용하는 술, 음식, 과로, 디지털 화면 등과 같은 수단을 생각해 보면 이러한 습관이 얼마나 도움이 되지 않는지를 깨달을 수 있다. 마찬가지로 불안을 유발하는 외부 사건을 피하기 위해 어딘가에 참석하지 않는 것(행동회피)이 다음 번 참여에 대한 저항을 증가시킨다는 것을 알 수 있다. 내적 고통에 대한 정서회피와 행동회피가 분명히 장기적으로 도움이 되지 않는데도 왜 그렇게 널리 퍼져 있을까? 도움이 되지 않는다는 것을 알면서도 이 전략을 고수하는 이유는 무엇일까? 행동분석적 관점에서 볼 때 이러한 경향은 규칙-지배와 강화 학습이라는 약간 다른 두 가지 메커니즘에 의해 함께 추진되는 경우가 많다.

회피의 규칙-지배

규칙-지배 행동 안에 자리 잡은 경직된 일련의 자기-지시적 연속 행동sequence은 비참여의 근본적인 요인일 뿐 아니라 경험회피의 주요 원동력이기도 하다. 외부 문제를 해결하거나 회피하는 효과가 내적 환경에도 적용되는 방식이라고 해석된다. 강렬하고 고통스러운 내적 경험은 개인적 건강과 안녕감에 대한 위협으로 명시되어 우리를 해로움으로부터 보호하기 위해 제거해야 하는 것으로 여겨진다. 고통스러운 내적 경험은 이러한 방식으로 건강과 안녕감에 대한 외부 위협에 대응하는 것과 유사한 방식으로 대응을 유발할 수 있다. 우리가 외부 문제를 다루는 것과 같은 방식으로 내적 고통을 다룰 수 있다는 오해는 회피에 따른 일시적인 안도감이라는 단기적인 보상에 의해 지지된다. 그러나 두려움을 유발하는 외부 자극을 피하거나 통제할 수는 있지만, 장기적으로 내적인 두려움을 피할 수는 없다. 일반적으로 내적 경험에 주의를 기울이고 그것이 전달하고자 하는 것이 무엇인지 배우거나, 그것의 타당성을 조사하는 것이 더 유리하다. 따라서 외부 문제와 내적 문제는 동일한 유형의 해결책으로 접근할 수 없지만, 그럼에도 불구하고 우리는 종종 그렇게 하려고 한다. ACT에서는 이를 **실효성 없는 변화 의제**unworkable change agenda라고 한다. 우리는 깨어 있는 많은 시간을 내적 고통을 통제하거나 제거하는 데 소비한다. 경험회피는 시간뿐 아니라 많은 에너지를 소비하며 다양한 모습으로 나타난다. 우리는 저마다 선호하는 경험회피가 있다.

규칙을 따를 때 언어는 심리적 경직성을 만들어 고통을 유발할 수 있기 때문에 사람들은 고통스러운 생각, 감정, 기억에서 벗어나거나 이를 통제할 수 있는 규칙-지배 행동의 조직화된 패턴에 쉽게 빠진다. 현대 사회에 널리 퍼져 있는 메시지 중 하나는 건강해지려면 불쾌하거나 원치 않거나 좋지 못한 모든 것을 자신에게서 제거하라는 것이다. 그러나 실제로 우리는 어떤 경험이든 받아들이고 허용함으로써 더 건강해지고, 더 현명해지고, 더 견고해진다. 널리 퍼져 있는 또 다른 믿음은 '정상적인' 사람은 감정적 불편함이나 위기에 직면할 때 심각한 문제를 겪지 않는다는 것이다. 즉, 정서적 고통을 직접 통제하거나 제거함으로써 그 고통을 제압할 만큼 '충분히 강하다'는 것이다. 이러한 믿음은 평범한 사람들을 지속적인 고통의 위험에 처하게 하는데, 정서적인 불편함을 통제하거나 제거하거나 또는 억제하려는 시도가 그들이 피하려고 하는 결과를 정확히 만들어 내기 때문이다. 결국 고통은 더 침습적이고 통제할 수 없게 된다.

규칙-지배에 의한 강화: 단기적 결과와 장기적 결과

경험회피는 장기적인 목표보다는 단기적인 결과와 관련된 전략에 의존한다. 우리가 얻는 즉각적이고 일시적인 고통 완화는 부적 강화를 통해 우리의 선택에 영향을 미친다. 주의 전환 모드가 음식, 쇼핑, 컴퓨터 게임과 같은 추가적인 단기 보상으로 구성되어 있다면, 우리는 동시에 단기 보상의 영향을 받게 된다. 예컨대, 외로움과 관계에 대한 욕구를 느끼는 대신 케이크 한 조각으로 그 공허함을 채우면 일시적으로 외로움의 고통으로부터 벗어나 주의 전환과 안도감을 얻을 수 있다(부적 강화). 소심한 성격이라면 동료에게 다가가는 불편감도 피하게 되고(부적 강화), 케이크의 달콤한 맛으로 일시적인 행복감도 얻는다(정적 강화). 오랜 외로움으로 인한 장기적인 결과보다 이러한 단기적인 결과가 우리의 선택에 더 강력한 영향을 미치게 된다.

또 다른 장기적인 효과는 고립의 고통이 결국 더 강하고 때로는 더 혼란스럽게 되돌아올 것이라는 점이며, 이는 정서적 고통의 완화라는 단기적 보상을 추구함으로써 내적 고통을 제거하기 위해 더 노력하도록 유도할 수 있다. 고통으로부터 주의를 전환시키려는 이러한 악순환의 패턴은 우리가 대처할 수 없는 상황으로 확대될 수 있다. 그러면 전문가에게 도움을 요청하거나, 자살과 같은 내면의 고통을 회피하기 위해 더 과감하고 위험한 전략을 고려할지도 모른다.

7장에서 자세히 살펴볼 단기 보상 순환의 영향에 대응하는 한 가지 방법은 장기적 목표와 가치를 상기하는 것이다. 특히 위기 상황에서는 단기적 결과가 우리의 선택에 미치는 강화 효과를 이해하고 이에 대해 경각심을 갖는 것이 중요하다.

정서회피

부정적인 감정 상태는 우리가 회피하려고 노력하는 가장 일반적인 종류의 사적 경험이다. 우리가 특정 종류의 생각과 기억에 대한 경험을 피하는 주된 이유는 그러한 내적 경험과 접촉하는 것이 강렬한 부정적 감정을 직접적으로 불러일으키기 때문이다.

정서회피는 고통스럽고 원치 않는 감정과의 접촉을 꺼리는 것이다. '정서회피'라는 용어는 내면의 경험을 피하기 위한 수단으로 사용하는 모든 것을 말한다([그림 2.2] 참조). 드라마나 뉴스 몰아보기, 장시간 근무, 소셜 미디어 몰입, 인터넷 검색 등을 통해 감정으로부터 주의를 분산시킬 수 있다. 또한 음식, 술, 약물, 담배, 마취제 종류 등의 물질을 사용할 수도 있다. 불편한 감정을 조절하기 위해 흔히 알코올과 약물을 사용하는 것은 단기적인 결과가 장기적인 결과를 희생시켜 어떻게 행동을 유도하는지를 보여 주는 훌륭한 예다. 순간의 안도감을 우선시하는 선택은 다음 날 생리적 불균형을 초래할 뿐 아니라 상황을 전반적으로 악화시킨다. 우리는 억제(존재하는 감정을 억누르기)하거나 무시(신체적, 정서적 반응을 자각하지 않기)하려고 시도할 수 있다. 위험한 활동(위험한 상황 찾기, 부주의한 성관계, 도박, 과속 운전 등)에 눈을 돌릴 수도 있으며, 이는 기저에 있는 감정을 압도하는 훨씬 더 강력하고 긴박한 감정을 불러일으킨다. **피할 수 없고**inescapable, **끝없이 계속되며**interminable, 경험적으로 **견딜 수 없는**intolerable 것처럼 보이는 파괴적인 내적 경험이나 위기 상황, 즉 세 가지 'I'(Chiles et al. 2018)를 종식시키기 위한 궁극적인 해결책으로 자살을 생각할 수도 있다. 장기간 이어지는 심각한 어려움이나 순간적인 상실은 사람이 견딜 수 있다고 믿는 한계에 직면하게 한다. 때로는 외부 상황이 덜 어렵더라도 개인의 수용 능력, 가치에 대한 참여, 그리고 문제해결을 위한 개인의 현재 능력을 초과하는 경우도 있다.

네 번째 'I'도 있다. 압도적인 **고립감**isolation과 극도의 내적·외적 어려움을 스스로 짊어지는 것이다. 자신을 제외한 모든 인류로부터 단절되었다는 느낌은 자살 위기에 있는 사람들의 주요 특징이며, 이에 대해서는 6장에서 다시 설명할 것이다. 어린 시절 트라우마와 학대를 경험한 사람들에게 자살은 자신을 처벌함으로써 수치심과 자기-혐오감을 해소하는 방법으로 이해될 수 있다. 요컨대, 자살 경향성은 극심한 괴로움을 피하기 위한 극단적인 방법이다. 다행스러운 것은 자살 위기도 다른 유형의 위기와 마찬가지로 동일한 심리적 위기 통합 도구를 사용해 대처할 수 있다는 점이다.

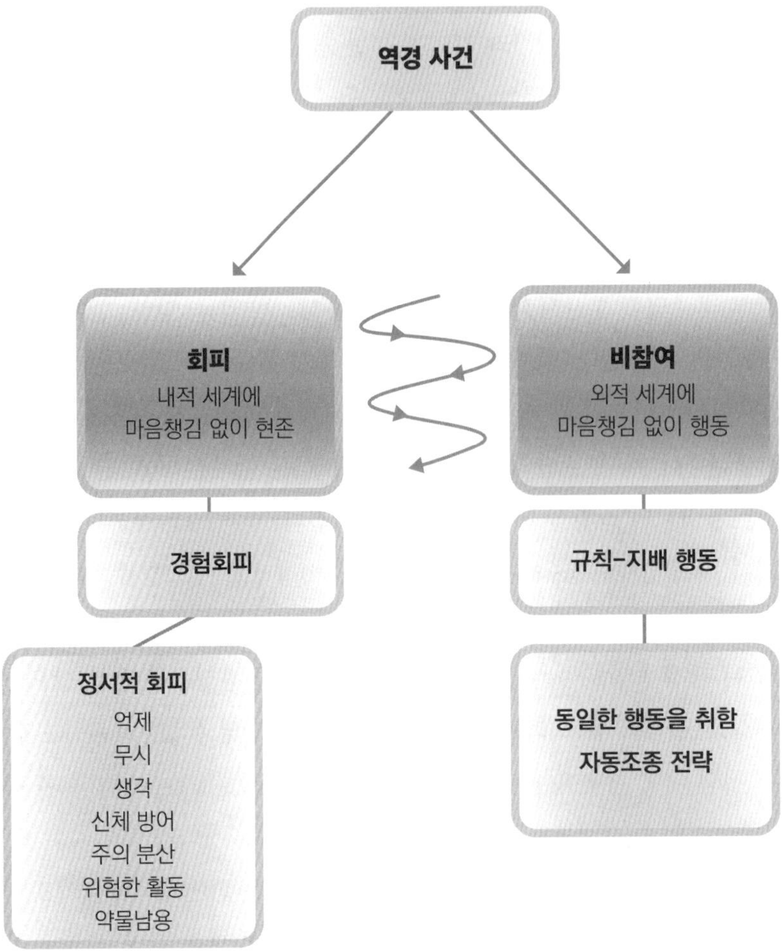

[그림 2.2] 정서회피에 의한 심리적 위기 유발

감정에 맞서기 위해 근육을 긴장시키는 것(예: 목, 가슴, 배가 조이는 것)과 같은 더 미묘한 과정이 지금 여기에 있는 경험을 회피하는 데 사용되기도 한다. 신체적 고통에 반응해 근육이 긴장하듯이 정서적 고통과 신체적 고통으로 인해 긴장할 수 있다. 시간이 지남에 따라 이러한 긴장은 오랫동안 지속되는 신체 방어 패턴이 되기도 한다. 이러한 과정은 눈에 띄지 않을 정도로 너무 익숙해서 주의를 끌지 않고 그냥 넘어갈 수 있다. 또 다른 회피 전략으로 생각이 포함된다. 과거 경험을 곱씹어 생각하기, 미래에 대해 계획하거나 걱정하기, 다른 사람이나 자신을 비난하기('내가 이런저런 일을 했더라면', '이런 일이 일어난 걸 보니 나에게 뭔가 문제가 있는 게 틀림없어') 등이 이에 속한다.

여기서 이 중 일부 내용이 직관적이지 않다고 느낄 수 있다는 점을 인정할 필요가 있다. 누군가는 위기를 유발하는 상황에서 내적 효과를 위해 현재에 머무르는 것이 곱씹거나 걱정하거나, 비난하거나, 문제를 해결하려고 노력하는 것과 동일하다고 생각할 수도 있다. 그러나 '생각하기'와 '현재에 머무르기'(메타-알아차림) 경험 사이에는 미묘해 보이지만 깊은 차이가 있다. 현재 경험에 머무는 것은 알아차림의 태도로 그것을 받아들이고, 그것을 관찰하며, 그것을 있는 그대로 두는 것을 의미한다. 예컨대, 괴로움의 원인을 조사할 때나 문제를 해결할 때 생각하는 것 자체가 문제는 아니지만, 감정에 주의를 기울이고 감정을 허용하는 것을 번갈아 수행할 필요가 있다. 불편하겠지만, '걱정'이 회피 전략이라는 사실을 알면 놀랄 수도 있다. 걱정이 반응하는 감정(종종 두려움)은 적어도 처음에는 직면하기 훨씬 더 무서운 것으로 이해될 수 있다. 자기-비난이 낙담하고 지치게 만드는 회피인 것과 마찬가지로, 걱정은 위기 사건으로 인해 촉발된 또 다른 불안하고 혼란스러운 경험을 정서적으로 회피하게 한다.

물질남용substance abuse은 널리 퍼져 있는 위기 유발 요인이기 때문에 행동분석적 관점에서 그 기반이 되는 메커니즘을 자세히 설명할 것이다. 물질은 때때로 기쁨과 환희를 경험하기 위해 사용되지만, 물질남용이 흔히 문제가 되는 점은 대처하기 어려운 내적 경험을 회피하는 데 사용된다는 것이다. 처음에는 물질을 오락 삼아 사용하더라도 그 행동은 정적 강화가 되고, 시간이 지남에 따라 광범위한 탐닉 후에는 금단 증상과 갈망craving에 대한 정서회피 수단이 된다. 모든 회피 전략과 마찬가지로 물질 사용은 단기적으로 괴로움을 완화시켜 부적 강화가 이루어진다.

이러한 방식으로, 물질사용장애substance use disorder는 네 가지 영역을 포함하는 위기 유발의 고리로 해석할 수 있다. 첫째, 내담자가 불편한 경험과 어떻게 관계 맺고 있는지에 관한 것이다. 그들은 고통을 견딜 수 있는가, 아니면 그것을 피하는 경향이 있는가? 둘째, 내담자는 금단 증상에 연관된 불안과 어떻게 관계 맺고 있는가? 이러한 후유증을 두려워할 때는 이를 회피하기 위해 해당 물질을 계속 사용하기 쉽다. 또한 이전에 보상 경험을 제공했던 물질을 계속 사용하려는 강한 충동인 갈망은 어떠한가? 내담자는 강제로 행동을 강요받지 않고도 갈망과 함께 현재에 머무를 수 있는가? 셋째, 해당 물질이 내담자의 사회적 정체성에 어떤 영향을 미쳤는가? 수줍음이나 사회적 불안을 극복하기 위해, 또는 사회적 상호작용 중에 자기-비판적인 생각을 최소화하기 위해 물질을 사용하는가? 이제 그들의 사회적 상호작용의 대부분에 물질 사용이 포함되는가? 앞서 언급한 세 가지 주요 영역은 부적 강화가 이루어진 정서적 회피와 관련이 있는 반면, 네 번째는 물질남용으로 인해 가치와 참여가 상실되는 정도와 관련이 있다. 내담자는 여가 시간에 대부분 술을 마심으로써 더 이상 술에 취하지 않은 상태에서는 의미 있는 활동을 하지 못하는가? 만약 중독으로 인해 가족이나 친구나 직장을 잃었다면, 그들은 자신의 가치를 완전히 잊고 그들의 주된 추구가 침체에서 올라오는 기분을 얻는 것으로 협소해졌을 수도 있다. 이 네 가지 측면에서 내담자의 구체적인 경향에 대한 평가는 적절한 위기 통합 프로그램을 설계하는 기초를 마련할 것이다.

행동회피

행동회피는 불쾌하고 원치 않는 내적 경험을 유발할 수 있는 상황이나 사건 또는 상호작용으로부터 적극적으로 도피하는 것이다([그림 2.3] 참조). 행동회피를 실행하는 일반적인 방법은 부정적인 감정을 만들어 낼 만한 상황을 멀리하는 것이다. 행동회피는 내담자가 점진적으로 위기에 빠지게 되는 주요한 이유이자, 결국 전문가의 도움을 찾는 이유 중 하나다. 규칙은 처음에는 불편함을 피하기 위해 만들어지지만, 행동회피는 나중에 논의할 내용처럼 그 밖의 것도 포함된다는 점에서 규칙 따르기rule-following와 밀접한 관련이 있다. 이는 잘 조직된 문제해결의 형태를 취하지만, 주로 정서적 고통을 줄이기 위해 고안되었기 때문에 궁극적으로 파괴적일 수 있다.

정서회피는 자신의 경험을 회피하는 것을 아무도 볼 수 없기 때문에 비밀스러운 고통이다. 반면에 **행동회피**는 삶의 주요 영역에 대한 참여를 회피하는 것을 수반하며, 이는 직접적인 기능 저하로 이어진다. 기능 저하는 더 부정적 감정 상태를 유발할 수 있는 수많은 부정적인 사회적 결과와 관련이 있다. 행동회피의 단기적 결과는 고통스러운 순간과 상황의 즉각적인 불편함에서 벗어나는 것이다. 행동심리학에서 단기적인 불편을 피하기 위해 선택한 행동은 '부적 강화'에 의해 지배된다. 명백한 장기적

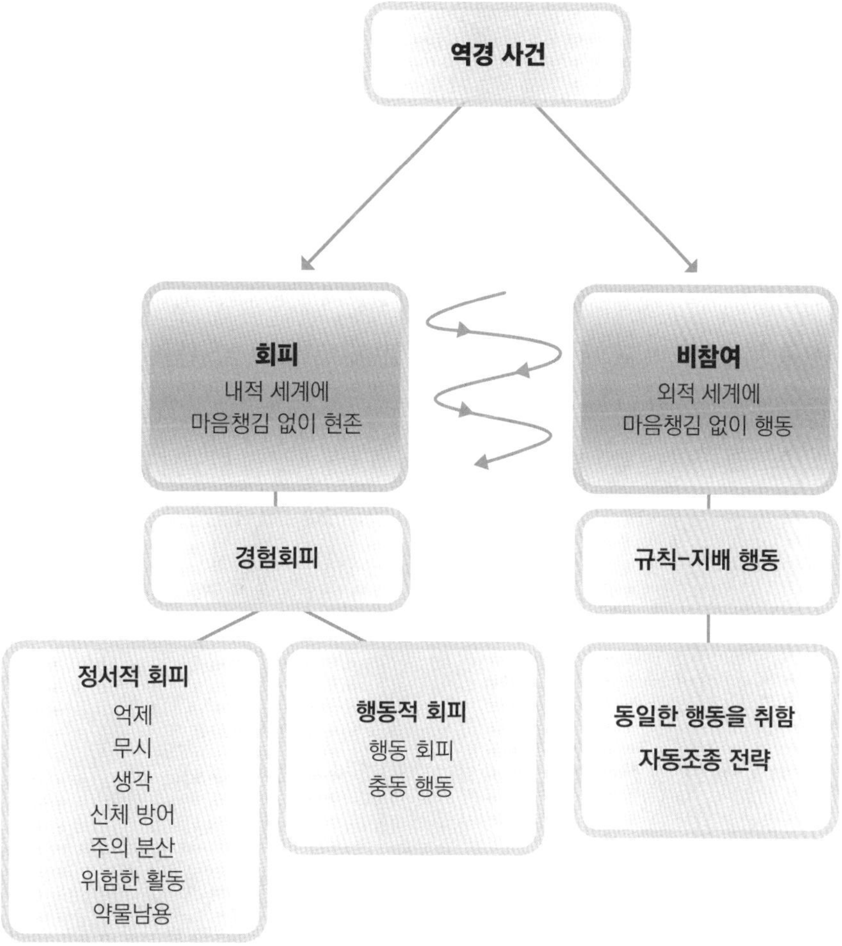

[그림 2.3] 행동회피에 의한 심리적 위기 유발

결과로는 수동성, 자기-고립, 사회적 유대감 상실, 필요한 일상 업무를 수행하기 위한 동기 및 기술 저하가 연속적으로 포함된다. 이는 실제 정신과 장면에서 흔히 볼 수 있는 상황이며 만성적인 고통과 위기의 비옥한 토양이 된다. 우리의 핵심 전제는 경험회피와 규칙 따르기가 일반적으로 내적 경험 영역, 특히 개인적인 위기 영역에서 대부분 사람에게 고통을 일으키는 원인이 된다는 것이다.

일부 불행한 경우에는 행동회피가 또 다른 유형의 행동 대응, 즉 전혀 행동하지 않는 것으로 이어진다. 행동회피는 점진적으로 삶의 더 넓은 영역으로 확장되는 경향이 있으며, 결국 **행동 후퇴**behavioral retreat의 대응으로 정점을 찍고 끝이 난다. 또한 행동회피에는 눈앞에 해결해야 할 상황이 있음에도 이를 무시하고 대응하지 않는 것도 포함된다. 행동하지 않는 것과 관련된 부적 강화 고리는 단기적인 고통 완화를 위해 장기적 기능 저하와 절망감을 불러일으키는 대가를 치르게 한다. 내면의 그릇이 정서적 부담으로 과부하될 때, 충동적인 행동은 긴급한 상황을 벗어나기 위한 또 다른 단기적인 해결책이 될 수 있다. 행동의 외현화나 감정 표출 등의 **충동적인 행동**은 효과 빠른 해결 방법이 될 수 있지만, 장기적으로는 사회적 유대감을 해친다. 정서회피와 행동회피가 어떻게 장기적인 위기를 초래할 수 있는지 임상 사례를 통해 살펴볼 것이다.

대부분 재난으로 인한 극심한 고통은 시간이 지나면서 약화된다. 극심한 고통의 파도는 우리가 살아 있는 한 계속 일어나지만, 이를 허용하고 받아들이면 다시 가라앉는다. 그러면 우리는 발생한 일을 점진적으로 통합하면서 하루하루 다뤄야 할 일을 수행할 수 있다. 그러나 어떤 사람들에게는 지속적이고 쇠약해지게 만드는 고통이 수년 동안 계속되기도 한다. 다음에 나오는 35세 남성 카이Kai의 사례처럼 경험회피 메커니즘을 통해 시간이 지남에 따라 심화될 수도 있다.

카이: 후기 단계의 경험회피로 인한 위기 유발 관련 임상 대화

카이(Kai)는 35세 미혼으로, 부모님과 함께 집에서 생활하고 있으며 소득은 없다. 그는 한 달 전 정신과 외래 진료에 나타나지 않았지만, 오늘은 지역 정신건강센터의 위기 개입 상담실에 왔다. 그는 앉아서 몸을 흔들며 눈을 거의 마주치지 않았다. 상상하기 어렵지만,

7년 전만 해도 그는 매우 활동적인 사람이었다. 몇 년 동안 여자친구와 함께 살았고, 자신의 레스토랑을 운영했으며, 좋은 친구들과 지인들이 있었다. 그러나 그가 식당을 새로운 곳으로 옮기려고 할 때 동업자가 자신에게 사기를 쳤다는 사실을 알게 되었다. 그는 큰 빚을 지게 되었고, 결국 파산했다. 그는 동업자를 고소한 뒤 승소했지만 극심한 불안과 공황에 시달렸고, 결국 변호사에게 소송을 취하해 달라고 요청했다.

이때부터 위기가 바닥으로 치달았다. 카이는 동업자를 비난하는 것과 자신을 비난하는 것 사이를 오가면서 상황을 이해하려고 마음을 다잡으며 무슨 일이 일어났는지 반추했다. 그는 잠을 이루지 못하고 극도로 짜증을 냈으며, 우울증, 불안, 공황 상태에 시달렸다. 그의 정서적 문제로 인해 여자친구와의 관계가 점점 악화되었고, 결국 그녀는 직장에서 다른 남자를 만나 떠났다. 카이는 파산 신청을 한 후 자신의 레스토랑을 원래 가치보다 훨씬 낮은 가격에 팔아야 했다. 평생 모은 돈을 모두 잃었고, 더는 생활비를 감당할 수 없어 부모님의 집으로 다시 들어갔다. 시간이 지날수록 점점 더 고립되어 친구들과의 연락도 끊겼으며, 하루의 대부분을 방에서 혼자 지냈다. 부모님과 함께 식사하는 일도 거의 없었고, 수면과 식사 시간도 규칙적이지 않았다.

카이는 정신건강센터의 행동활성화(behavioral activation) 집단에 참여했지만, 몇 차례 회기 후 중단했다. 또한 여러 종류의 항우울제와 반복적인 경두개 자기 자극술(Repetitive Transcranial Magnetic Stimulation, rTMS)을 시도했지만 지속적인 효과를 보지 못했다.

치료자 이렇게 뵙는 것은 처음이지만, 카이 님의 차트를 검토할 기회가 있어서 조금 유리한 상태에서 출발할 수 있을 것 같습니다.

카이 네.

치료자 오늘 기분이 어떤가요?

카이 형편없어요. 처방받은 새로운 항우울제 복용을 중단했어요. 전혀 효과가 없는 것 같아요.

치료자 그렇군요. 효과가 없다고 말할 때 어떤 마음이 드나요?

카이 몇 달 동안 시도해 봤어요. rTMS도 했고요. 처음에는 나아지고 있다고 생각했는데 전혀 변화가 없었어요. 제 인생은 끝난 것 같아요. 아무것도 도움이 되지 않는 것 같아요. 그 어느 때보다 기분이 좋지 않네요.

치료자 정말 힘드셨겠어요. 안타까운 마음이 드네요. 기분이 안 좋은 상태로 집에 있을 때의 모습은 어떤가요? 제가 벽에 붙은 파리라면, 당신이 무엇을 하고 있거나 혹은 하지 않는 것을 볼 수 있을까요?

카이 (침묵) 모르겠어요. 밖에 나가거나 무언가를 하려고 생각하자마자 겁이 나서 어떻게 해야 할지 모르겠어요. 그래서 나가지 않는 쪽으로 핑계를 대죠. 친구들은 제가 절대 나타나지 않을 걸 알기 때문에 이제 연락하지 않아요. 저에게 무슨 문제가 있는지 알아내려고 노력했지만 좀처럼 이해되지 않습니다. 전엔 이런 느낌을 받지 못했어요. 예전에는 뭐든 처리할 수 있었는데, 지금은 아무것도 할 수 없을 것 같아요.

치료자 극심한 두려움이나 불안감 때문에 해야 할 일을 하지 않고 집에 있기로 결정하면, 그다음에 어떤 일이 벌어지나요?

카이 너무 우울하고 절망스러워서 방에 들어가 그 생각을 지우려고 노력해요. 하지만 그동안 일어난 모든 일, 이 모든 실패와 상실을 다시 경험할 뿐이에요. 저는 모든 것을 이해하려고 노력합니다. 예를 들어, 제가 무엇을 하거나 하지 않았는지, 그리고 왜 그랬는지. 최악의 상황은 여자친구였던 주디(Judy)가 직장에서 다른 남자를 만나 그와 함께 살게 된 거예요. 정말 마음이 아팠어요. 이 모든 일이 일어나기 전에 우리는 결혼할 계획이었거든요. 주디를 실망시킨 저 자신이 너무 싫어요. 숨어 지내는 게 저에게 좋지 않다는 건 알지만, 그게 당황스러움을 덜 느낄 수 있는 유일한 방법이에요. 달리 뭘 어떻게 해야 할지 모르겠습니다. 저는 예전과 같은 사람이 아니에요. (팔로 몸을 꼭 감싸며 아래를 내려다봄) 원래의 나로 돌아가야 하는데, 그렇게 하는 데 도움이 될 만한 것이 아무것도 없는 것 같아요.

치료자 뭔가를 하려고 할 때, 집 밖으로 나가거나 동네에 나가서 뭔가를 하려고 할 때, 이런 두려움과 불안감이 나타나서 그 일을 하지 못하게 막는 것 같군요. 그리고 이런 일이 왜 일어났는지 많이 분석했음에도 불구하고 도무지 알지 못하고요. 가능한 모든 각도에서 분석했는데도 아무것도 얻지 못한 것 같네요.

실수로부터 배우기 위해 상황을 분석하는 것은 좋은 일이지만, 생각과 현재 내적 경험에 있는 그대로 머무는 것과 균형을 맞추지 못한 채 반추의 형태로 과도하게 수행되면 머릿속으로 계속 생각하는 것이 정서회피로 이해될 수 있다. 이러한 반추로 인해 카이의 두려움과 스트레스는 더 확대되어 다양한 형태로 재발하게 되는데, 이는 **억제반동효과**suppression rebound effect의 한 예다.

카이 (침묵) 계속 이럴까 봐 겁이 나요. 사는 게 사는 게 아닙니다. 항상 두렵고, 친구도 없고, 직업도 없고, 미래도 없습니다. 절망적이에요. (눈물을 흘리며 몸을 앞뒤로 흔들며) 저에게 도움이 될 거라는 집단치료도 끝내지 못했어요. 어떻게 하면 제 기분이 나아질까요? (낮은 소리로) 다 제 잘못이에요.

치료자 다 당신 잘못인가요?

카이 네, 이 모든 일이 일어나도록 내버려 두었고 모든 걸 잃었어요.

치료자 '이 모든 일'이요?

카이 제가 너무 멍청해서 처음부터 사기를 당했어요. 동업자가 뭘 하고 있는지 확인하지 않았어요. 제가 잃은 돈에 대해 그를 고소했을 때, 저는 법정에 서는 압박감을 감당할 수 없다는 걸 깨달았죠. 그래서 겁을 먹고 그가 이 상황을 모면하도록 내버려 두었어요. 아직도 제가 왜 그랬는지 이해할 수 없어요. 그 이후로 제 인생의 모든 것이 내리막길을 걷고 있습니다.

카이가 문밖으로 나서려 할 때마다 불안감이 커져 집에 머물기로 결정한 것과 마찬가지로, 그가 소송을 취하한 것도 행동회피의 움직임이었다. 그의 정서회피, 행동회피 전략은 단기적인 불편함에서 벗어날 때 부적 강화가 된다. 장기적인 결과는 기능 저하와 삶의 참여 감소이며, 이는 자연스럽게 더 많은 어려움을 초래해 장기적인 위기 상황을 악화시킨다.

치료자 사기당한 그 끔찍한 순간 이후로 모든 것이 내리막길을 걷고 있다고 말했는데요. 그 '내리막길'은 어떤 의미인가요?

카이 저는 더 이상 아무것도 하지 않아요. 사소한 일에도 긴장해요. 버스를 타고 어딘가에 갈 생각만 해도 당황스러워요. 제가 참여했던 집단에서는 기분이 우울하거나 긴장될 때도 '어쨌든 행동하라'고 했어요. 하지만 아무도 이해 못 할 거예요. 항상 두려워하는 것이 어떤 것인지 아무도 이해하지 못할 겁니다. 탈출할 수 있는 유일한 방법은 제 방에 머물면서 되도록 잠을 자려고 노력하는 거예요.

치료자 최근에 집 밖으로 나가려고 했던 일을 예로 들려주겠어요? 그러면 좀 더 감을 잡을 수 있을 것 같아요.

카이 네, 이건 좀 전형적인 행동인데요. 어머니가 독감에 걸려 몸이 안 좋으셔서 제가 약국에 가서 의사가 처방해 준 약을 사오겠다고 말씀드렸어요. 옷을 입고 나갈 준비를 했지만 현관문을 열려고 할 때마다 도저히 안 되더라고요. 너무 무섭고, 어지럽고, 몸이 떨리고, 똑바로 생각할 수가 없었어요. 다리에 힘이 풀리고 기절할 것 같았어요. 그래서 제 방으로 돌아갔죠. 어머니는 제가 약국에 다녀온 줄 알고 제 방으로 와서 약이 어디에 있는지 물어보셨어요. 저는 가지 못했다고 했어요. 결국 어머니가 옷을 입고 나가서 약을 사 와야 해서 기분이 너무 안 좋았어요.

치료자 (잠시 멈춘 후) 방으로 돌아갔을 때 무슨 일이 있었는지 말씀해 주시겠어요? 제 말은, 어머니가 방에 오시기 전에 말입니다.

카이 안도감을 느꼈어요. 기분이 좋아졌습니다. 제 방에 가면 적어도 잠깐은 두려움이 사라져요. 그러고 나면 일어난 모든 일과 저에게 무슨 문제가 있는지 생각하기 시작해요.

카이가 자신의 방으로 회피함으로써 얻게 되는 안도감의 단기적 결과는 동일한 행동에 부적 강화를 제공한다.

치료자 그러면 방에 혼자 있을 때도 잠시 후에 두려움이 다시 찾아오나요?

카이 그렇죠. 하지만 밖에 나가거나, 버스를 타거나, 약속 장소에 가는 것을 생각할 때처럼 본격적인 공황 같은 공포는 아닙니다.

치료자 이 모든 일이 시작된 이후로 몇 년 동안 불안과 두려움을 통제하기 위해 사용해 온 전략에 대해 생각해 봅시다. 자신이 잘못한 일에 대해 생각하기, 집에서 나오지 않기, 가능한 한 많이 자기, 친구들과의 사교활동 피하기, 방에 많이 머무르기와 같은 것에 대해 생각할 때 당신의 두려움이 몇 년 사이 나아진 것 같나요? 아니면 더 심해졌다고 생각하나요?

카이 더 심해요. 훨씬 더 나쁩니다. 지금은 삶이 없어요.

치료자 음, 카이 님. 당신은 힘든 일을 겪었습니다. 믿었던 사람에게 사기를 당하고, 사업이 파산하고, 평생의 사랑을 잃고, 엄청난 스트레스인 법적 · 재정적 문제를 모두 처리해야 했어요. 그것은 누구에게나 정말 힘든 일일 거예요. 스트레스 척도에서 10점은 회복하기 쉽지 않습니다.

카이 저는 전혀 회복되지 못했어요. 다른 사람들은 어떻게든 삶을 다시 시작했겠지만, 저는 그러지 못했어요.

카이는 자신의 정서적 경험의 크기를 통제하려는 지속적인 노력으로 모든 요구를 철수함으로써 더 많은 고통을 유발하는 패턴을 발전시켰다. 앞으로 나아가고 다시 삶에 참여하면서 불안감을 극복하기보다 두려운 상황에서 물러나는 것은 행동회피의 전형적인 특징이며, 그것이 어떻게 자기-파괴적이 될 수 있는지 보여 준다. 7장에서는 카이에게 위기 통합 과정이 어떻게 전개되는지 살펴볼 것이다.

어려운 상황에서 이루어지는 순간순간의 선택

역경에 대처할 때 실제적인 문제는 내적 경험을 회피하는 것과 이전에 배운 규칙 및 전략에 따라 행동하는 것의 결합이라는 점을 살펴보았다. 이는 일탈적이고 별난 행동이 아니라, 우리가 이 장에서 계속 살펴보고 탐구한 바와 같이 인간 두뇌 학습 메커니즘의 매우 자연스러운 결과다. 그리고 이는 다양한 방식으로 유연성, 안정성, 그리고 심리적 위기 유발 상황에서는 심지어 경직성으로 이어진다. 위기에 대한 ACT 접근 방식에는 이러한 학습 시스템을 다루는 것이 포함된다. 위기 상태가 계속되고 심화되느냐를 결정하는 것은 일어난 변화에 대응하는 방식이다. 즉, 우리가 행동을 선택할 때 삶에서 경험하고 이해하고 통합하도록 주어진 것을 외면하고 이미 익숙해진 습관에 계속 의존할지, 아니면 내 · 외적으로 익숙하지 않은 지형을 탐험할지의 여부다. 유연성을 가지고 변화된 현실에서 달라지고자 하는 의지가 있는 정도, 순간순간 삶을 받아들일 수 있는 정도가 결국 우리가 겪게 될 괴로움의 양을 결정하게 된다. 다음 장에서는 이러한 위기 유발 과정을 임상 실제에서 어떻게 다룰 수 있는지에 대한 개요를 설명할 것이다.

참고문헌

Carlsson K, Petrovic P, Skare S, et al: Tickling expectations: neural processing in anticipation of a sensory stimulus. J Cogn Neurosci 12(4):691–703, 2000 10936920.

Carlsson K, Petersson KM, Lundqvist D, et al: Fear and the amygdala: manipulation of awareness generates differential cerebral responses to phobic and fearrelevant (but nonfeared) stimuli. Emotion 4(4):340–353, 2004 15571433.

Chiles J, Strosahl K, Roberts L: Clinical Manual for Assessment and Treatment of Suicidal Patients, 2nd Edition. Washington, DC, American Psychiatric Association Publishing, 2018.

Damasio AR: The Feeling of What Happens: Body and Emotion in the Making of Consciousness. Orlando, FL, Harcourt Brace, 1999.

Dolan RJ: Emotion, cognition, and behavior. Science 298(5596):1191–1194, 2002 12424363.

Frith C: Making Up the Mind: How the Brain Creates Our Mental World. Malden, MA, Blackwell Publishing, 2007, pp 10–45.

Frith C: The neural basis of consciousness. Psychol Med 51(4):550–562, 2021 31481140.

Frith C, Dolan RJ: Brain mechanisms associated with top-down processes in perception. Philos Trans R Soc Lond B Biol Sci 352(1358):1221–1230, 1997 9304688.

Goubert DP, Törneke N, Purssey R, et al: Learning Acceptance and Commitment Therapy: The Essential Guide to the Process and Practice of Mindful Psychiatry. Washington,

DC, American Psychiatric Association Publishing, 2020.

Hayes SC, Wilson KG, Gifford EV, et al: Experimental avoidance and behavioral disorders: a functional dimensional approach to diagnosis and treatment. J Consult Clin Psychol 64(6):1152–1168, 1996 8991302.

Hayes SC, Barnes-Holmes D, Roche B (eds): Relational Frame Theory: A PostSkinnerian Ac count of Human Language and Cognition. New York, Springer, 2001.

Hayes SC, Strosahl KD, Wilson KG: Acceptance and Commitment Therapy, 2nd Edition: The Process and Practice of Mindful Change. New York, Guilford, 2011.

Huys QJM, Cruickshank A, Series P: Reward-based learning, model-based and model-free, in Encyclopedia of Computational Neuroscience. Edited by Jaeger DJ, Jung R. New York, Springer New York, 2014, pp 1–10.

Kahneman D: Thinking, Fast and Slow. New York, Farrar, Straus, & Giroux, 2011.

LeDoux J: The Emotional Brain: The Mysterious Underpinnings of Emotional Life. New York, Simon & Schuster, 1998.

Lindeblad BN: Closed fist, open palm, in I May Be Wrong: And Other Wisdoms From Life as a Forest Monk. London, Bloomsbury, 2022, pp 117–120.

McClure SM, Laibson DI, Loewenstein G, et al: Separate neural systems value immediate and delayed monetary rewards. Science 306(5695):503–507, 2004 15486304.

Nowak MA, Tarnita CE, Wilson EO: The evolution of eusociality. Nature 466(7310):1057–1062, 2010 20740005.

Öhman A, Carlsson K, Lundqvist D, et al: On the unconscious subcortical origin of human fear. Physiol Behav 92(1–2):180–185, 2007 17599366.

Schultz W: Behavioral theories and the neurophysiology of reward. Annu Rev Psychol 57:87–115, 2006 16318590.

Vatansever D, Menon DK, Stamatakis EA: Default mode contributions to automated infor mation processing. Proc Natl Acad Sci USA 114(48):12821–12826, 2017 29078345.

Villatte M, Villatte JL, Hayes SC: Mastering the Clinical Conversation: Language as Interven tion. New York, Guilford, 2019.

Wegner DM, Schneider DJ, Carter SR 3rd, et al: Paradoxical effects of thought suppressi on. J Pers Soc Psychol 53(1):5–13, 1987 3612492.

3장

심리적 위기 통합의 ACT 모형

참선(Zen, 禪)에는 두 가지만 있다.
당신이 (기꺼이) 자세를 잡는 것, 그리고 정원을 쓸며 청소하는 것이다.
이때 정원이 얼마나 큰지는 중요하지 않다.
- 오다 셋소(Oda Sesso)[13)]

수용, 마음챙김, 참여를 통한 심리적 위기 통합

심각한 삶의 사건이나 재난이 심리적으로 수용할 수 있는 한계의 절벽으로 몰아붙일 때, 우리를 다시 회복으로 돌아오게끔 안내하는 몇 가지 원리가 필요하다. 우리가 알고 있는 세상이 산산조각 났을 때, 더는 위아래를 구별할 수 없을 때는 의지할 수 있는 단순하고 시간을 초월한 조언이 필요하다. 이 책의 기본 전제는 우리가 수용, 마음챙김, 참여의 세 가지 과정triflex을 붙잡고 있는 한 삶이 우리에게 던지는 역경을 모두

13) nyder(1980)에서 인용.

헤쳐 나갈 수 있다는 것이다.

이 세 가지 통합 과정은 단지 출발점이나 종점이 아니라 위기의 혼란 속에서 우리가 매 순간 다시 시작할 수 있는 기반을 제공한다. 그것들은 언제나 거기서 출발하고 다시 의지할 수 있는 든든한 기반을 제공한다. 일반적으로 위기의 순간에 어떤 과정을 택할지는 크게 중요하지 않을 수 있다. 세 가지 처리과정 모두 통찰, 자비, 치유 및 휴식을 제공하고 탐색할 새로운 전략을 보여 줄 것이다.

이 장에서는 일련의 대화를 통해 위기 통합의 ACT 모형을 개관한다. 앞장의 사례 연구에서는 주로 **위기 유발 과정**에 기여하는 특정한 심리학적 처리과정을 확인하는 데 중점을 두었다. 한편, 3장에서는 임상 장면의 이야기(내러티브) 중 하나를 선택하고, 위기 통합의 처리과정이 실제로 어떻게 보이는지 설명하기 위해 다른 사례를 소개할 것이다. 우리의 목표는 4장 이후 위기 통합 과정을 촉진하는 수용, 마음챙김, 참여 세 가지 핵심 프로세스의 이론과 실제에 더 깊이 들어가기 전에 독자들로 하여금 전체적으로 ACT 모형에 대해 독자들이 더 잘 이해하게 하는 것이다.

치료자가 대화에서 하는 일의 대부분은 이러한 과정이 적용되는 모형 방식을 따른다. 이 모델링의 목표는 내담자들이 한 회기에서 경험한 것을 모방하도록 격려함으로써 이후 삶에서도 동일한 원리를 적용하게 하는 것이다. 그러나 수용, 마음챙김, 참여에 관한 이야기는 쉽지만 특히 위기의 압박감 속에서 실제 행동으로 나타내는 것은 어려울 수 있다. 치료자는 위기 반응에서 내담자에 대한 내적인 부정적 판단을 유발하는 특징을 접할 수 있으며, 이는 수용 모형의 작동을 어렵게 만든다. 그럴 때는 치료자도 사람이고 맹점이 있다는 것을 인식하는 것이 중요하다(치료자 육각형 보기). 치료자는 다시 수용으로 눈을 돌릴 수 있는데, 이번에는 자기 내면의 반응을 수용하는 것, 즉 그것이 판단이든 무능한 것이든 인내심 부족이든 그 순간 우리 자신의 반응에 세심한 주의를 기울일 때 비로소 수용과 자비의 능력을 확장하기 위해 우리가 배워야 할 것에 대한 귀중한 정보가 드러날 것이다. 우리가 세상에 가져올 수 있는 수용, 마음챙김, 참여의 양에는 제한이 없기에 이 발견의 여정은 여행을 선택하는 누구에게나 평생 노력할 가치가 있는 과정임이 증명될 것이다.

내담자들이 임상 및 상담 회기 중에 수용, 마음챙김, 참여를 향해 모형을 만들고 안내하는 방법은 한 가지 경로만 있는 것이 아니다. 치료자와 내담자의 수만큼이나 다양한 방법이 있다. 치료자들이 그들 자신을 위해 사용하는 것을 기억할 때 바로 그 원칙이 내담자를 옹호할 것이며, 임상적 위기 속에서 이러한 과정을 적용하는 그들만의 치료 방법을 찾을 수 있을 것이다.

수용

수용은 받아들이는 것으로, 기능적으로 회피의 반대로 생각될 수 있다. 고통스러운 내적 경험을 변화시키거나 그와 씨름하는 대신 거기에 무엇이 있든지 그대로 허용하는 것을 말한다. 우리는 고통을 외면하기보다는 몸을 기울여 그 안에서 무슨 일이 일어나고 있는지 귀를 기울인다. 우리는 생각과 감정의 즉각적인 경험을 지나치게 자신과 **과잉동일시**overidentifying하거나, 그 순간에 우리가 누구인지를 정의하도록 놔두는 대신 경험과 과하게 동일시하지 않고disidentify 그것을 친절과 보살핌으로 품는다([그림 3.1] 참조).

수용에 대한 특정한 오해들은 내담자와 치료자 양쪽 모두에게 있을 수 있다. 첫째, 우리는 정서적 고통을 없애려는(통제-제거) 목적으로 수용을 연습하는 것이 아니다. 만약 아무것도 하지 않고 고통을 그저 받아들이고, 고통에 약간의 공기를 불어 넣고, 명백한 내적 경험의 자연스러운 진화에 열린 태도를 가진다면 어떤 일이 일어날지 예측하는 것은 불가능하다. 고통은 강도가 증가할 수도 감소할 수도 있다. 또 전혀 변화가 없을 수도 있다. 그렇기에 내담자와 치료자 모두 수용에 대한 호기심 어린 관점이 필요하다. 둘째, 수용은 내면 경험의 압도적인 힘에 패배한 결과가 아니며, 고통으로 인해 자신을 체념하거나 포기하는 것을 의미하는 것도 아니다. 내담자들은 수용이 도움이 된다는 말을 들으면 때때로 "그냥 포기하고 계속 괴로워하라는 말인가요?"라고 수사적인 질문을 던진다. 수용은 우리가 변화시킬 수 없는 것을 통제하려는 노력을 포기하도록 허용하는 모든 것을 말한다. 수용을 연습하기 위해 내부에서 일어나는 일을 꼭 좋아할 필요는 없다. 비난하거나 판단하지 않는 자세는 도움이 되며 상황을 더 악화시키는 것을 막아 준다. 그러면 수용 불가능한 것과 관련된 추가적인 고통의 적층 없이 우리 삶에 들어온 본래의 고통만 담백하게 남게 된다. 수용은 그 자체로 강력한 정

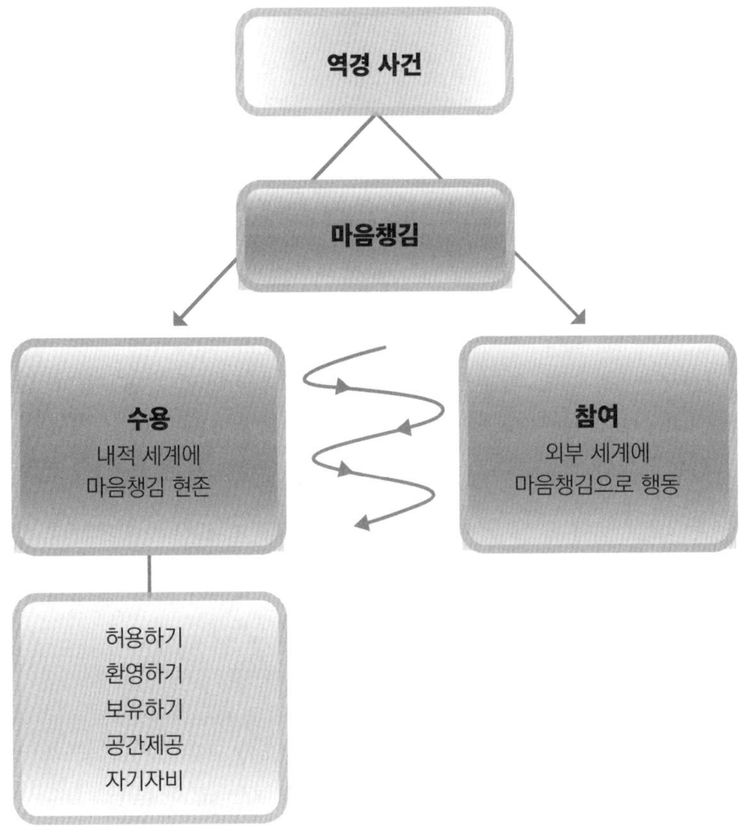

[그림 3.1] 수용을 통한 위기 통합의 ACT 모형

서-조절 전략이며, 위기에 처한 내담자와 일하는 치료자의 연장통에서 핵심적인 부분이 되어야 한다. 셋째, 관계 속 학대와 같은 지속적으로 해로운 상황에서 수용은 학대 자체나 심지어 학대적 관계를 참고 받아들이는 것을 의미하는 것이 결코 아니라는 점을 기억해야 한다. 여기서 수용이란 내면의 황량함과 충족되지 않은 안전에 대한 욕구를 충분히 인식하고 개방하는 것을 의미하며, 논리적인 다음 단계는 학대로부터 보호를 요청하는 것이다. 넷째, 수용은 때때로 수동적이고 행동하지 않는 것을 의미하는 것으로 오해된다. 실제로는 그 반대로, 내적 경험을 회피하는 데 소모되던 시간과 에너지는 우리에게 중요한 것을 추구하는 행동에 자유롭게 활용되는 것이다.

수용의 사전적 정의는 '어떤 것이 만족스럽거나 옳다는 일반적인 동의' 또는 '계획이나 제안에 대한 동의'다(Cambridge University Press 2022; Macmillan 2022). ACT

에서 수용은 동의를 의미하는 것이 아니다. 그것은 다시 외부의 역경에 반응해 발생하는 내면의 고통을 알고 돌보는 것이다. 수용은 외부의 현실을 있는 그대로 알기 위한 저항의 끈을 놓는 것을 수반하기도 한다. 즉, 알아차림 없이 움직이거나 무슨 일이 일어나는지 분명하게 본 것을 부정하는 등의 저항을 내려놓는 것이다. 이러한 명확성의 새로운 입장에서 우리는 변화하려는 의도를 가지고 주변의 불의나 불편함에 효과적으로 참여할 수 있다. 평화, 형평성, 포용성, 다양성, 사회 정의, 환경 보호 등의 가치에 대한 전념을 통해 지역이든 전 세계든 시대를 초월한 가치에 부응하는 활동을 시작하고 지원할 동기를 찾을 수 있다.

마지막으로, 외부 상황이 변화할 수 없을 때 수용은 있는 그대로를 받아들이고 수용하는 것을 포함한다. 그러나 주의가 필요하다. 암울한 상황이나 근본적인 상실을 받아들이라는 요구는 이미 감당하기 어려운 짐을 진 사람에게 또 다른 짐을 지우는 것처럼 느껴질 수 있다. 내담자들이 "그래, 그래, '있는 그대로 받아들여'라고 말하는 건 쉽지! 나는 이런 식으로 되기를 바라지 않아. 결국에는 참아 내겠지만, 나에게 받아들이라고 요구하지는 마!"라고 대답할 가능성이 있는데, 이러한 요구는 몇몇 중요한 단계를 간과하기 때문이다. 앞서 2장에서 만난 데이비드는 최근 척수 등 신경을 다쳤다. 그의 경우 '이런 식이 되기를 바라지 않는다'라는 절박함(회피)과 충족되지 않은 욕구 및 가치에 대한 근본적인 신체적 · 정서적 반응으로써 내부 경험에서 시작하기 위해서는 '있는 그대로 수용'이 필요하다. 그런 다음에야 비로소 외부의 상황을 변화된 것으로 받아들이는 데 가까이 다가갈 수 있다. 만일 데이비드가 내면의 고통을 회피하고 참혹한 새로운 상황을 받아들이는 것을 직접적인 목표로 삼는다면, 그는 받아들이는 것과 정반대의 행동을 하게 될 것이다. 자기 내면의 현실을 무시하거나, 억압하거나, 이유를 찾거나, 아니면 완전히 벗어나려고 애쓸 것이다. 수용에 관해 연구할 때 내면의 반응을 회피하는 것은 내담자와 치료자 모두에게 너무 만연하기 때문에 우리는 이 현상에 더 주목하기 위해 '기만적 수용the acceptance fallacy'이라는 이름을 붙이고자 한다.

누군가는 데이비드를 만나자마자 그의 당면 과제인 재활 치료에 참여하도록 격려하거나, 적어도 그의 충동적이고 자기-패배적인 행동을 제한하기 위해 설득하고 싶은 마음이 간절할 수 있다. 그러나 데이비드는 재활 치료를 받아야 할 모든 좋은 이유를 이미 알고 있음에도 여전히 치료를 받으러 오지 않았다. 따라서 그가 재활 치료에 나타나지 않은 이유와 이혼을 고려하는 등 자신의 삶과 더 큰 단절을 형성하고 있는 이유를 밝혀내는 것부터 시작해야 한다. 치료자는 데이비드가 경험하고 있는 고통에 좀 더 가까이 다가가 그가 회피하고자 하는 고통의 일부를 자각하고 수용할 필요가 있다. '교정하기보다 먼저 연결하라'라는 오래된 원리가 효과적이며, 수용은 연결을 실현시키는 좋은 도구다. 즉, 내담자들에게 '내 얘기를 경청하고 있구나'라는 것을 느끼게 하고, 자신의 정신적 고통을 인식하고 이해하도록 돕는 믿을 만한 도구라는 의미다.

임상적 상황에서 치료자는 내담자가 씨름하고 있는 내면의 경험을 반영하고, 타당화하고, 존중하고, 귀하게 여김으로써 수용의 모형을 만들 수 있다. 치료자는 내담자의 내적 경험이 일반적이고 흔한 것이며, 비슷한 상황에 있는 다른 사람들에게도 나타나는 보편적인 경험임을 알려 주어야 한다. 이러한 접근법은 치료자와 내담자 사이의 신뢰적 연결을 만들어 낼 뿐 아니라 내담자에게서 보고자 하는 자비과 수용의 태도를 길러 준다. 수용은 임상 대화에서 어려운 순간에 치료자가 내담자의 말에 귀를 기울이거나 눈을 맞추는 방식, 그리고 소리 없는 비언어적 방식으로 명백하게 전달될 수 있다.

데이비드의 치료자는 그의 짜증스러움을 맨 처음 접했지만, 일반적으로 가장 먼저 눈에 들어오는 것은 빙산의 일각에 불과하다는 것을 기억하면 도움된다. 데이비드의 짜증 표현 기저에는 다른 많은 실질적 경험이 발견되기를 기다리고 있었다. 일단 그 짜증스러움에 관심을 기울이고 그 감정의 방에 머무르게 하자, 하나의 경험 수준이 또 다른 수준으로 드러나기 시작했다. 짜증 이후에는 이해받고 싶은 욕구와 관련된 고독감이 있었다. 그리고 이는 그의 무망감, 좌절, 무가치감과 연결되었다. 또한 사랑받지 못하고 버려지는 것에 대한 두려움이 있었다. 이러한 경험의 층위를 조금씩 풀어가는 것은 본질적으로 판단 없이 호기심을 가지는 톤으로 수용하는 임상적 면담의 주요 특징이다. 치료자는 데이비드의 다음 단계의 감정을 연속해서 경청했고, 더 근본적인 욕구와 가치들이 대화 속에서 드러났다.

내담자가 표현하는 각각의 경험을 터치하면서 완전히 수용적인 방식으로 이야기된 내용을 되짚어 보는 것이 효과적일 수 있다. 데이비드의 경우 만약 치료자가 "당신은 사랑을 잃을까 봐 두려워하고 있는 것 같아요"라고 훅 들어갔다면, 데이비드는 모든 단계의 경험이 저절로 표면화되는 것을 허용했을 때만큼 자신이 깊이 이해받고 있다고 느끼지 못했을 것이다. 그렇다고 해서 내담자가 꺼낸 모든 경험을 치료자가 반영해야 한다는 뜻은 아니다. 유대감과 신뢰가 있다면 치료자는 내담자가 제시하는 것 중 일부는 묵묵히 듣고, 다른 감정과 욕구는 소리 내어 반영할 수 있다. 2장에서 중단했던 지점부터 데이비드와의 회기를 다시 시작하면서 속도를 늦추는 것이 얼마나 중요한지 살펴보자. 이전에 회피했던 경험을 부드럽게 접촉하면 다양한 방식으로 이해할 수 있다.

데이비드: 수용에 관한 임상 장면에서의 대화

데이비드 아내의 눈을 보면서 나에 대한 애정이 식었다는 것을 생각하면 화가 나 참을 수가 없어요.

치료자 네. 부인의 사랑이 시들어 가는 것을 상상하면서, 그런 일이 생길까 봐 두려워하면서 그 모든 것에 잠시 머물러 있는 것이 가능할까요?

데이비드 '머무른다'고요? 그게 무슨 뜻입니까?

치료자 그런 감정과 함께 시간을 보내는 것을 의미합니다. 사랑을 잃을 수도 있다는 두려움과 그에 따르는 고통 속에 머무는 거죠.

데이비드 선생님, 말로 들어서는 정말 어려울 것 같네요.

치료자 그럴 수 있어요. 저도 알아요. 이 생각은 두려움과 고통에 친구를 만들어 줄 수 있는지 알아보려는 것입니다. 마치 당신이 두려움과 고통을 보살피듯 안고 있는 것처럼 그것들 역시 일종의 보살핌이 필요할 수 있습니다.

여기서 치료자는 수용하는 데 있어 **'고통을 느끼기'**와 **'침착하게 고통을 받아들이고 돌보기'**라는 약간 다른 두 가지 움직임을 다루고 있다. 이 두 가지 움직임은 미묘한 차이가 있으며, 이 장과 다음 장에서 살펴볼 것이다. 한편 데이비드는 대화 중에 울음을 터뜨렸다.

치료자 그래요. 그러면 한번 느껴 보겠습니다. 그 고통… 그 감정과 함께 머물러 보세요. 좋아요. 가능하다면 좀 더 머물러 보겠습니다.

물론 치료자는 데이비드에게 그의 아내에게 떠날 기미가 보이지 않는다는 것, 실제로는 그 반대의 상황이라고 안심시킬 수 있다. 아니면 지금 당장 미래의 시나리오가 실현될 가능성을 생각하지 말라고 격려할 수도 있다. 그러나 수용적 접근에서는 우리가 내담자에게서 보고 싶어 하는 모습이 아니라, 실제로 그가 경험하고 있는 것이 무엇인지에 대해 궁금해하고 이를 탐구하는 데 초점을 맞춘다. 감정이 있는 그대로 허용되어 내담자가 감정을 알게 되면, 감정은 행동 선택에 더 적은 영향력을 행사할 것이다. 감정적 고통을 경험하는 것과 자신의 행동을 선택하는 것은 별개의 심리적 과정이 될 수 있다는 가능성을 열어 준다. 게다가 수용은 내담자가 고통스러운 감정에 돌봄의 자세를 취하도록 격려한다. 따라서 치료자는 내담자가 다가오는 고통스러운 감정과 함께 시간을 보내도록 격려하고, 수용적이고 자비로운 **관찰자 태도**witnessing stance를 모델로 보여 준다. 치료자는 여기가 내담자가 잠시 머물 곳이라는 긍정적인 피드백을 제공함으로써 내담자가 '**감정과 함께 머문다는 것**'이 무엇인지 알 수 있는 상황을 만든다.

데이비드 너무 힘들어요! 견딜 수가 없어요.

치료자 (조용히) 네, 이해합니다. 그 마음 잘 압니다. 당신과 감정이 함께 있도록 조금만 더 머물러 보면 어떨까요? 그런 다음 숨을 쉬어 보세요.

데이비드 (더 많은 눈물을 흘린다)

치료자 정말 잘하셨어요.

데이비드 이제 더는 그것에 머물지 못하겠어요! 터질 것 같아요.

데이비드가 말하는 '그것'은 자신의 곤경 속에서 활성화된 감정이나 그러한 감정과 관련된 육체적 감각을 언급하는 것일 수 있다. 이것은 아마도 그가 자신의 내면에서 감정을 억누르고 압축해서 잡고 있는 것을 통해 힘이 증가했을 것이다. 여기서 데이비드가 말하는 것은 치료자에게 잠시 물러나 달라고 요청하는 것으로 해석할 수 있다. 치료자는 요청에 따라 잠시 그렇게 할 수도 있지만, 때로는 내담자에게 경험해야 할 것을 조금 더 경험하도록 슬쩍 넛지nudge[14)]식으로 유도하는 것이 효과적일 수도 있다. 내담자가 어떤 경험을 회피하려고 할 때, 종종 그 회피를 쉽게 달성하기 위해 치료자에게 물러나 달라고 요구하기도 한다. 그러나 치료자가 내담자를 회피 대신 수용으로 안내하는 과정은 반드시 온화하고 정중해야 한다.

감정을 억제하는 한 가지 효과는 압력솥에서 일어나는 일에 비유할 수 있다. 억제하는 것은 감정을 숨기는 것과 같다. 감정은 더 심해지고 압력솥에 가해지는 압력처럼 누를수록 미는 힘이 더 강해지고 무서워진다. 회피에서 수용으로 움직이는 순간, 즉 억제에서 개방으로 이동하는 순간에는 급격한 불편함이 나타날 수 있다. 수용 처리과정processes이 사랑을 잃는 것에 대한 데이비드의 두려움을 구체적으로 어떻게 해소할 수 있는지 대화를 통해 알아보자.

치료자 감정에는 공간이 필요합니다. 공간이 어느 정도 필요하다고 생각하세요?

데이비드 잘 모르겠어요.

치료자 감정을 이 방에 가득 채울 수 있을까요? 두 팔을 펼쳐 그 모든 감정을 잡고 있다고 상상해 볼 수 있나요? 이 방 안에 넓게 채워져 있다고 상상할 수 있나요?

데이비드 그것보다 더 필요할 것 같네요.

치료자 좋아요. 감정에 필요한 모든 공간을 상상해 보세요. 팔을 쭉 뻗어 평원, 계곡, 물 그리고 지구의 산맥을 포용한다고 상상해 보세요.

데이비드 아직도 충분하지 않아요.

치료자 그러면 광활한 하늘 전체를 포함할 수도 있습니다.

데이비드 이제 거의 다 왔네요. (아이러니하게 작은 실소를 터트린다)

치료자 좋아요. 거기에 머물러 보세요. 두려움, 절망, 고통 등의 감정에 필요한 공간을 제공해 보세요. 그것들이 필요한 모든 공간을 가지고 있고, 땅과 하늘의 부드러운 품에 안겨 필요한 만큼 확장해서 뻗어 나간다고

---

14) 넛지: 강압하지 않고 부드러운 개입으로 사람들이 더 좋은 선택을 할 수 있도록 유도하는 방법을 뜻한다(출처: 네이버지식백과)(역자 주).

상상해 보세요. 동시에 우리는 이런 감정들과 함께할 것입니다. 그리고 다시 숨을 쉬어 보세요. 숨을 내쉬고, 하나 둘 셋.

데이비드 (잠시 후) 조금 가벼워진 느낌이 드네요, 이제는 어떻게 하나요? 사실 아무것도 변한 게 없어요! 저는 여전히 이런 쓸모없는 다리를 가지고 여기에 있다고요.

치료자 느낌도 생각도 조금 가벼워진 것 같네요. 가벼운 느낌으로 잠시 머물면서 시간과 공간을 좀 더 주자고 제안하고 싶어요. 다른 것들은 적절한 과정과 시기에 차차 이야기할 수 있으니, 지금은 당신이 느끼고 있는 감정의 변화에 머물러 보면 좋을 것 같아요.

데이비드의 생각이 다른 것으로 배회하고 옮겨지기 시작했을 때 치료자는 그와 함께 가면서 새로운 생각을 반영할 수도 있었지만, 그가 떠올린 경험에 머물도록 격려하는 것을 선택했다. 데이비드는 이러한 감정을 신체 감각의 용어로 표현했다. 실제로 거기서 알게 된 것이 무엇인지에 대한 개방적이고 호기심 가득한 탐색을 지지하기 위해, 치료자는 이 기술적 설명 방식을 유지했다.

데이비드 좋아요, 선생님.

치료자 이 가벼운 느낌에 대해 좀 더 말씀해 주시겠어요? 어떤 느낌인지 설명해 줄 수 있나요? 천천히 말씀하셔도 됩니다. 서두를 필요 없어요.

데이비드 음, 가슴이 조금 덜 조여요. 숨쉬기가 조금 쉬워진 것 같아요.

치료자 가슴이 조금 덜 조이는 느낌이군요. 또 다른 건 없나요?

데이비드 머리 주위가 좀 덜 갑갑해요. 덜 긴장하는 것 같기도 하고요. 제가 말하고도 좀 이상한 소리 같지만요.

치료자 이상해도 괜찮아요. 머리 주위가 '덜 긴장되는' 느낌을 가지고 좀 더 머물러 볼게요.

데이비드 마치 두개골에 집게가 꽂혀 있는데, 잡는 힘이 조금 풀린 것 같아요.

치료자 좋은 변화인 것 같네요. 원하는 만큼 계속 더 머물러 보세요.

데이비드 (시간이 좀 흐른 후) 후, 이제 정말 피곤해요!

치료자 좋아요, 이쯤에서 멈추는 게 좋을 것 같네요. 오늘 정말 중요한 일을 하셨어요. 지금 데이비드 님은 자신의 고뇌를 찍어 누르지 않고 공간을 허락했습니다. 한 가지씩 생각해 봅시다. 지금 당신은 인생의 중대한 위기에 처해 있습니다. 그것은 많은 배움, 아마도 어릴 때부터 해야 했던 것보다 훨씬 더 많은 새로운 배움을 요구하는 상황입니다. 이 모든 것을 이해하는 데는 시간이 걸릴 수밖에 없고, 앞으로 어떻게 나아가야 할지 고민 중입니다. 결혼 생활을 계속 유지할지, 그만 멈출지와 같은 중요한 결정은 당분간 미루는 것이 좋을 것 같습니다. 선택할 문제들을 이해하고 판단할 시간은 앞으로 충분히 있을 테니까요. 당신의 삶이 가치와 관련된 새 방향으로 향하고 있는 이 시점에서 닻을 조절하는 것이 먼저입니다. 지금은 잠시 쉬세요. 내일 다시 와서 어떻게 지내시는지 보겠습니다.

여기서 치료자는 그들이 무엇을 했는지 간단히 설명했고, 수용 처리과정을 명시화했으며, 다시 한번 데이비드의 곤경과 역경을 타당화해 주었다. 이러한 정서적인 수준의 이야기를 들은 데이비드는 치료자의 중요한 조언을 마지막에 기꺼이 고려할 수 있을 것이다. 이는 '교정하기 전에 연결하라'는 격언을 입증한 좋은 예시다.

데이비드가 아내와 이혼하려는 것은 걷는 능력의 상실과 버림받을 위험을 회피하기 위한 것이며, 그때 예측되는 고통스러운 감정을 수용하지 않으려는 경험회피 행동이다. 지금까지 그는 자신을 사랑받을 만한 가치가 있는 사람으로 만들기 위한 자신의 규칙을 더 이상 지킬 수 없다고 느껴 재활 치료를 그만두는 행동으로 **비참여** disengaging해 왔다. 그는 자신이 했던 행동이 비참여, 비전념 행동이라는 것을 알아차리지 못할 수 있지만, 이혼이 어떻게 추가적인 스트레스를 유발하고 위기를 확대하는지 볼 수 있는 것처럼 외부에서 보면 쉽게 알 수 있다.

위기에 처했을 때는 작은 결정과 변화를 시도하는 것이 현명하다. 데이비드가 자신의 내면 경험을 덮어 두는 대신 내면에 주의를 기울이고 수용했을 때 작지만 중추적인 변화가 일어났다. 만일 그가 가끔 그렇게 한다면, 그는 자신이 갈망하는 바로 그 사랑스러운 존재가 될 수 있을 것이다. 그러면 더 이상 회피와 자기-거부에 기반하지 않는 완전히 다른 게임을 하게 될 것이다. 물론 '사랑을 잃는 것에 대한 두려움'을 받아들이는 것은 끝이 아니다. 의심할 여지 없이 다른 감정들, 곧 억울함, 분노, 좌절, 공황, 반복되는 절망, 애도, 수치심 등이 나타날 것이다. 외부 상황(예: 재활 치료)을 해결하기 위해 고안된 작은 가치 기반의 행동과 번갈아 가며 한 세트의 감정을 차례로 받아들이고 더 나아가 사랑하는 것에 집중하는 것은 그가 전체 상황을 받아들이는 데 도움이 될 것이다.

데이비드와의 첫 만남에서 수용은 그가 취해야 할 첫 번째 중요한 대처 중 하나로 소개되었다. 치료자와 데이비드가 데이비드의 가치에 대해 이해, 기여, 사랑이라고 이름을 붙였을 때처럼 마음챙김 또한 함께 그 감정을 관찰하고 이름을 붙일 때 연관성을 갖는다. 2장에서 치료자는 데이비드가 '아내에게 짐이 되는 것을 용납하지 않겠다'라고 한 말을 반영해 이를 긍정적인 용어, 즉 가족에게 기여하고자 하는 가치로 재해석했다. 치료자가 이렇게 한 이유는 일반적으로 부정적인 말에 긍정적인 형태의 이름을 붙일 경우 해결책을 제시하기 용이하며, 내담자가 가치의 방향으로 나아갈 가능성이 훨씬 더 커지기 때문이다. 치료자는 이 가치들에 이름을 붙인 후, 데이비드가 어떻게 기여해야 할지 모르는 등 가라앉아 있던 경험들을 검토한다. 이번에도 치료자는 직접 확신을 주거나 해결책을 제시하지 않고, 다만 데이비드와 함께 **열린 마음**의 다음 단계(개방성)로 나아간다. 즉, 사랑하는 이에게 더 이상 **기여할 것이 없다**는 데이비드의 부정적 해석과 이 상황을 상상할 때 느끼는 절망적인 두려움 등을 알아주는 것이다.

만약 마음챙김과 수용 연습을 지속한다면(필요시 약간의 지도 제공), 이러한 오해들은 시간이 지나면 근거와 신뢰를 잃게 된다. 따라서 치료자는 데이비드가 눈물을 흘리고 그의 감정이 필요한 모든 공간을 가질 수 있도록 오해와 관련된 두려움과 고통에 대한 알아차림awareness으로 그를 초대한다.

위기에 처했을 때 수용 처리과정이 주요 과제 중 하나가 되어야 하는 이유는 무엇일까? 새롭고, 예측할 수 없고, 도전적이고, 위험한 것의 압도적인 경험 속에서는 내면의 반응을 억제하고 회피하려는 유혹이 매우 강력한데, 그 이유는 내적 반응이 매우 강력하기 때문이다. 정확하게는 내면의 고통의 진폭이 우리를 두렵게 한다. 우리는 감정에 직접적으로 접촉하면 더 큰 감정의 늪에 빠질 것이라고 생각한다. 그러나 예상하는 것과 반대로, 내적 경험의 억압은 우리의 고통을 증폭시킬 뿐이다. 역설적인 것은 우리가 내적 반응을 변화시키려 하지 않을 때 비로소 그것이 **자연스럽게 변화할 것**이라는 점이다. 이어지는 장에서 더 자세히 보겠지만, 내면의 삶을 점차 더 알고 수용하고 환영할 때 위기가 우리의 감정적 절망에서 빠져나와 우리를 통과해 지나갈 것이다.

마음챙김

위기 상황은 의심할 여지 없이 주의가 필요하다. 마음챙김, 현재 일어나고 있는 일에 주의를 기울이는 능력은 고귀한 기술이다. 삼각형 모형 중 수용과 참여, 이 두 가지 핵심 처리과정에 꼭 필요한 기술이다. 마음챙김이 없다면 우리는 내부적으로나 외부

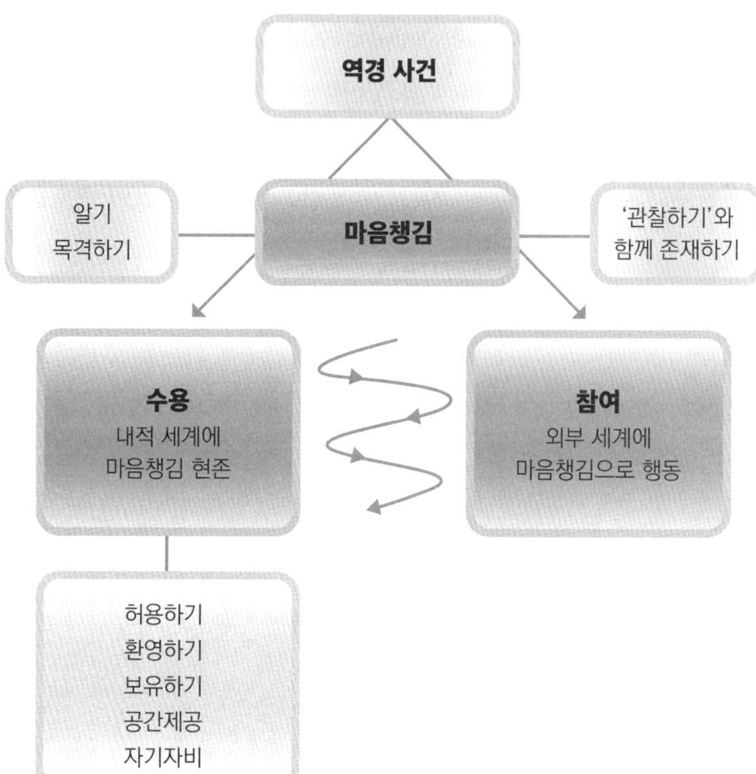

[그림 3.2] 마음챙김을 통한 위기 통합의 ACT 모형

적으로 일어나는 일에 자동 조종 장치처럼 자동적으로 반응할 수밖에 없다. 그러나 마음챙김적 접근은 지금 여기에서 충분히 오랫동안 감정을 알고 느끼게 하며, 가치를 발견하고, 의식적이고 건설적인 선택을 하게 한다([그림 3.2] 참조).

만일 마음챙김을 할 수 있다면, 심지어 크게 한 번 숨을 쉴 수만 있어도 요란한 생각의 폭풍 속에서 우리 자신에게 잠시 동안 침묵과 휴식을 줄 수 있다. 이러한 마음챙김과 함께 오는 일시정지pauses 모드는 종종 매우 필요하다. 우리는 이해되지 않는 상황을 이해하려고 애쓰거나, 고통을 없애는 새로운 방법을 찾으려고 노력하거나, 과거에 대한 후회와 미래에 대한 걱정에 빠져 우리 자신을 지치게 한다. 이럴 때 일시정지와 고요함 속에서 상황을 더 잘 인식하고 그로 인해 촉발된 감정과 신체적 감각을 받아들일 수 있다. 마음챙김을 통해 고통을 관찰하는 것과 고통을 경험하는 것 사이를 오가며 고통에 덜 압도되는 평정심의 상태를 기를 수 있다. 따라서 조금씩 정서적 고통을 관찰하고, 느끼고, 보유하고, 통합할 수 있게 된다.

지금 이 순간에 오래 머묾으로써 우리에게 무엇이 가장 중요한지 깊이 알게 되고, 우리가 선택한 행동이 우리가 원하는 가치 방향으로 이끌고 있는지 평가할 수 있다. 따라서 마음챙김은 수용과 참여의 필수적이고 본질적인 부분이다. 수용은 '마음챙김의 태도로 현재 존재하는 것'이며, 가치-기반 행동은 '마음챙김의 태도로 행동하는 것'이다.

치료자가 마음챙김의 기술을 기르면 충분히 많은 보상을 받을 것이다. 마음챙김으로 누군가가 귀 기울여 듣고 100% 타당화해 주는 것은 강력한 치료제다. 치료자가 어떤 이유로든 마음챙김을 유지하기 어렵다고 느낄 때, 그들은 내담자의 고통을 직접 교정하려는 충동에 빠지기 쉽다. 예컨대, 교정 또는 통제하기(예: '그거 대신에 이런 식으로 생각해보세요') 또는 앞서 점프하기(예: '괜찮아질 거예요') 등이 있다. 완전하게 현존하기, 허용과 수용, 그리고 방해받지 않는 것만이 결국 감정을 완화시킬 수 있다.

치료자는 어떤 조치를 취해야 할지 결정하기 전에 자신의 내부에서 무슨 일이 일어나고 있는지 알아차려야 하며, 동시에 내담자를 돌보는 동안 자신의 내부에서 무슨 일이 일어나고 있는지 관찰할 수 있어야 한다. 이는 확실히 쉽지 않은 일이고, 누구도 완벽하게 해 낸 사람이 없다! 하지만 당신은 위기 속에서 현재에 머물며 자신의 존재감을 드러내고 유지하는 능력을 개발할 수 있다.

모리스: 마음챙김에 대한 임상적 대화

35세의 모리스는 약물남용과 법적 집행 등 힘든 과거를 겪었다. 그런데 2년 전 인생의 사랑을 만나면서 인생을 바로잡고 정규직 직장을 구했으며, 술을 끊고 자신의 인생에 의미가 있다고 느꼈다. 그러던 어느 날 친구와 함께 응급실에 찾아왔다. 그는 최근에 무슨 일이 있었는지 기억이 확실하지 않은 채로 화가 나 있었다. 그의 친구는 의사에게 모리스의 여자친구 주디와 이기가 2주 전에 출산 중 사망했다고 말했다. 모리스는 그들의 사망 소식을 들었을 때 산부인과 의사로부터 벤조디아제핀을 3주 치 처방받았지만, 다음 정신건강의학과 진료를 받기 전에 처방받은 약을 다 복용했다. 그는 더 많은 양의 약을 처방받기 위해 병원에 온 것이었다. 응급실에서 모리스는 무슨 일이 있었는지 완전하게 설명하지 못했고, 그의 친구 조니가 사실 관계를 대신 설명해 주었다. 모리스는 급성 위기 반응에 관한 인지적 혼란과 괴로움을 겪고 있을 수도 있지만(1장 참조), 기억이 응고화되어 통합되지 못하는 것은 학습 과정을 방해하는 약물인 벤조디아제핀의 영향일 가능성이 있다(Curran 1986; Schatzberg and DeBattista 2019).

의사가 비극의 고통을 덜어 주기 위해 할 수 있는 모든 것을 하고 싶어 하는 것은 이해할 수 있지만, 자세히 들여다보면 벤조디아제핀의 남용이 모리스의 정서적 회피에 기여했을 수도 있다. 이와 같은 엄청난 사건에서 벗어나 휴식과 수면을 취하는 것도 중요하지만, 이러한 종류의 정신약리학적 개입은 미래의 중독을 유발할 가능성을 높이고 약물 없이는 이 정도의 고통을 감당할 수 없다는 신호를 내담자에게 보낼 위험이 있다. 모리스와 응급실 치료자 사이에 어떤 대화가 전개되는지 살펴보자.

치료자 조니 님, 무슨 일이 있었는지 설명해 주셔서 감사합니다. 이런 일은 누구도 겪지 않았으면 하는 비극 중 하나입니다. 하지만 모리스 님 당신은 이런 일을 겪고 있네요.

모리스 나 자신을 어떻게 해야 할지 도무지 모르겠어요.

치료자 그 마음, 정말 이해됩니다.

모리스 1분이란 시간이 영원처럼 느껴져요. 더 이상 버틸 수가 없어요! 필요할 때 저를 기절시킬 수 있는 무언가가 필요해요.

치료자 네, 그 말 이해가 됩니다. 고통의 시간은 끝이 없는 것 같아요. 너무 힘들고 엄청난 일들이 일어났어요. 모리스 님은 적어도 그 모든 것으로부터 휴식할 수 있는 방법을 원했던 것이네요.

내담자의 현실과 연결하기 위해 치료자는 모리스의 엄청난 손실과 그의 안정에 대한 바람을 확인하는 것으로 시작한다.

모리스 전에 다른 의사 선생님이 처방해 준 약을 더 복용하고 싶어요. 그것 없이는 저 자신을 어떻게 해야 할지 모르겠어요.

치료자 오늘 하루를 보내려면 도움이 필요하다는 말씀으로 이해됩니다만, 제가 보기에는 벤조디아제핀을 복용하지 않을 때 더 잘할 수 있을 거라고 확신합니다.

모리스 (큰 목소리로) 그게 무슨 말입니까?

치료자 제가 벤조디아제핀을 처방한다면 오히려 당신에게 해가 될 수 있다는 뜻이에요. 벤조디아제핀이 잠시나마 통증을 줄여 주겠지만, 이후에는 통증이 더 강하게 돌아올 거예요. 모리스 님도 알고 계실 거라고 생각해요. 장기적으로 당신의 기분을 더 나쁘게 만드는 일은 하지 않을 겁니다.

모리스 뭐라고? 하지만 다른 의사는 처방해 줬어요.

치료자 네, 알고 있습니다. 의사들은 가끔 상황이 매우 어려워 보일 때 약을 사용합니다. 그러나 당신에게 도움이 될 만한 다른 방법을 알고 있어요. 미안하지만 이번에는 약을 처방하지 않을 겁니다.

모리스 (일어나 소리 지른다) 왜 안 돼요? 당신이 이해하지 못하는 게 뭐죠?

치료자 (조용히 마음챙김 상태에 머물며, 자신의 감정과 모리스의 반응에 신경을 쓴다)

모리스 선생님, 약물 없이 이 힘든 상황을 어떻게 이겨 내겠어요. 저는 그 약을 어디서 구할 수 있는지 알지만, 그렇게 했다가는 또 다른 문제를 일으키게 되겠죠. 그걸 원하시는 건가요?

치료자 물론 아닙니다. 그리고 그런 방향으로 가지 않으면 좋겠어요. 이 끔찍하고 어두운 시기를 지나도록 제가 도울 수 있는 다른 방법이 많거든요.

이런 상황에서는 내담자가 요청한 것을 받지 못할 경우 밖으로 뛰쳐나갈 위험이 있다. 적어도 치료자가 고통 속에 있는 내담자를 당분간 잃게 될 위험이 있다. 그러나 내담자가 머물기로 결정할 경우 어떤 변화가 일어나는지 살펴보자.

모리스 (천천히 의자에 앉아서 바닥을 보다가 무릎 위에 팔꿈치를 올려놓는다) 네, 약물로 해결될 문제가 아니라는 거 알아요. 하지만 이 고통에 대해… 도대체 뭘 어떻게 해야 하는지 말해 주세요.

치료자 제가 유일한 답을 가지고 있는 건 아니지만, 고통의 파도가 몰려올 때 당신이 할 수 있는 한 가지는 당신이 앉아 있다면, 엉덩이가 의자 바닥에 닿는 감각에 주의를 집중하는 것입니다. 서 있다면 바닥에 닿는 감각에 주의를 집중해 보는 거예요.

모리스 엉덩이 감각이요? (믿을 수 없다는 듯이 치료자를 올려다본다)

치료자 네. 신체 일부에서 느끼는 것을 알아차리는 건데, 특히 의자와 맞닿은 부분에 주목하는 거예요.

모리스 지금 여기서 엉덩이가 어떻게 느끼냐는 얘기를 하게 될 거라고는 상상도 못 했어요. 하지만 그게 말씀하고 싶은 거라면…. (작게 웃는다)

치료자 (살짝 미소를 지으며) 때때로 바닥에 닿는 엉덩이나 발과 같은 신체의 특정 부분에 주의를 집중하면, 특히 강렬한 감정이 휘몰아칠 때 자기 자신을 좀 더 차분하고 냉정하게 느낄 수 있어요. 모리스 님은 어떤지, 도움이 되는지 한번 시도해 볼까요?

모리스 글쎄요. 음, 해봐야겠네요.

경험에 따르면 일반적으로 심각한 사건 후 첫 한 달 동안은 안정화에 중점을 두어야 한다. 여기에는 일상적인 집안일뿐 아니라 새로운 일들(예: 장례식 준비 등)을 돕는 것과 같은 다른 사람들의 실질적인 지원, 포옹하고 들어주거나 그냥 함께 있어 주는 것과 같은 정서적인 지원, 그리고 규칙적으로 자고 먹고 산책하는 등 이전에 도움이 되었던 일상생활을 유지하는 것 등이 포함된다. 모리스가 엄청난 상실감과 투쟁하는 동안, 밤낮으로 가족과 친구들로부터 친절과 보살핌을 받을 수 있었다면 도움이 되었을 것이다. 하지만 그는 친구들이 있음에도 불구하고, 실제로는 혼자서 많은 시간을 보냈다. 치료자는 그에게 어려움이 심해질 때마다 스스로 진정하고 진정하는 데 유용한 자기-진정 도구를 제공하고 싶었다. 모리스의 주의를 끌고 유형적이고 실제적인 감각을 불러일으키기 위해 가능한 한 '바닥'에 초점을 맞췄다. 이것이 실제로 상황을 진전시키지 않는다는 것을 감지한 치료자는 초점을 그의 발로 향하게 했다.

치료자 그런데 일단 바닥은 잊어버리는 것이 좋겠어요. 우선 바닥에 맞닿은 발바닥을 느끼는 것부터 시작해 보죠. 한번 해 보시겠어요? 우리는 모두 발이 있다는 것을 알고 있습니다. 겉으로 볼 때 발이 있다는 것을 알 수 있지만, 그것은 발을 느끼는 것과는 약간 다릅니다. 당신이 거기 앉아 있는 동안 움직이지 말고 발의 형태를 느낄 수 있는지 확인해 보세요. 발이 신발 안에 어떤 식으로 닿아 있는지도 살펴보세요.

모리스 무슨 말을 하는 거죠? 잘 이해가 안 가네요.

치료자 그러면 저랑 같이 이 방법을 한번 시도해 볼까요? 눈을 감아도 좋습니다. 시선을 무릎 쪽으로 돌리는 것이 더 편안하고 쉬울 수도 있어요.

모리스 (고개를 숙이고 고개를 가로젓다가 잠시 후 눈을 감는다)

치료자 발 감각이 느껴지나요? 발바닥이 땅에 닿는 느낌이 어떤가요? 아마 발가락이 서로 맞닿는 것도 느껴질 거예요.

모리스 눈을 감으면 더 고통스러워요. 그냥 내 안에 혼돈이 있어요. 마치 모든 것이 공포에 질려 비명을 지르는 것처럼 느껴져요.

치료자 지금 상태에서는 그럴 만도 합니다. 모리스 님, 그 혼돈과 공황의 고통스러운 감정 속에서 발의 감각이 느껴지나요? 왼발에 먼저 집중해 보세요.

모리스 왼발….

치료자 왼발이 양말, 신발, 바닥과 만나는 지점의 느낌에 주목해 보세요. (잠시 멈춤) 이제 오른발로 초점을 옮깁니다. 발과 바닥이 만나는 지점을 주목해 보세요. 이제 그 발, 오른발 안쪽에서 느낄 수 있는지 보세요. (잠시 멈춤) 그 발이 바닥과 만나는 감각에 다시 집중합니다. 바닥이 당신의 오른발을 어떻게 지탱하고 있는지 느껴 보세요. (잠시 멈춤) 이제 당신의 왼발도 똑같이 합니다.

치료자는 모리스가 거대한 상실의 감정적 폭풍과 함께 머무르는 방법을 배우도록 돕기 위해 마음챙김 작업을 천천히 진행하고, 모리스가 쉴 수 있는 평온한 내면의 피난처를 찾을 수 있도록 도와주어야 한다. 마음챙김을 할 때는 몸, 특히 대부분의 감정이 머물러 있는 몸통에서 어느 정도 떨어져 있는 부분에 주의를 집중하는 것이 유용하다. 바닥이나 지면과 맞닿아 있는 신체 부위에 주의를 기울이면 시간이 지남에 따라 안정감을 느끼는 데 도움이 된다. 그리고 특정한 순간에 개인에게 가장 효과적인 것이 무엇인지를 찾는 것이 중요하다. 가장 중요한 것은 내담자를 현재의 순간에 고정시키고 그들에게 평온을 제공하는 효과적인 방법을 찾는 것이다. 이 마음챙김, 곧 닻 내리기anchor는 파편적인 사고를 방지하거나 강렬한 감정적인 경험과 육체적인 반응을 이해할 필요성을 줄이는 데 사용할 수 있다. 닻 내리기는 시간이 지남에 따라 내면에서 일어나는 일들을 연결하고 견디는 능력을 향상시킨다.

치료자 이제 발이 바닥에 닿는 부분을 느껴 보세요. 그런 다음 의자 다리가 닿는 부분으로 천천히 주의를 옮깁니다. 바닥이 의자와 맞닿아 있습니다. 의자가 당신의 체중을 지탱하는 방식에 주목해 보세요. (잠시 멈춤) 이제 의자 등받이에 등이 닿는 느낌을 알아차릴 수 있습니다. 허리와 의자가 맞닿는 부분에 주목해 보세요. 당신의 등에 손을 올려 달라고 조니에게 부탁하면 그 부분을 조금 더 잘 느끼는 데 도움이 될 것 같아요. 괜찮으신가요?

모리스는 조니의 손길을 허용한다는 의미로 조용히 고개를 끄덕였다. 그 손길은 의자보다 훨씬 더 강한 존재감과 지지를 제공함으로써 모리스가 자신의 고통을 인식하고 수용하는 데 도움이 될 수 있다. 모리스가 바닥, 의자 또는 조니의 손을 느끼는 부분에 주의를 기울이는 것은 고통을 제거하거나 통제하거나 회피하기 위한 것이 아니다. 오히려 이러한 접촉점은 접지를 가능하게 하고, 이는 모리스가 고통에 사로잡혀 저항하고 싶은 충동을 느끼기보다는 고통을 받아들이게 하는 더 좋은 기회를 줄 것이다.

내담자들이 충격적인 사건의 파장을 아주 잠깐이라도 느끼도록 허용할 때, 그 고통에 압도되지 않도록 벗어나는 방법을 알아야 한다. 이 예에서 치료자는 모리스의 주의를 그의 몸통 밖으로 향하게 함으로써 현재의 경험을 인식하고 고통에서 벗어나 쉴 수 있는 장소들을 제공한다. 수용과 마음챙김의 수행은 고통을 느끼고 받아들이는 것뿐 아니라, 비반응적이고 평온하며 자비로운 방식으로 그 고통을 관찰하는 것이다. 이처럼 평온한 주의를 기울이기 위해서는 발, 손, 소리 등 통증으로부터 떨어진 곳에서 장시간 또는 짧은 시간 동안 주의를 기울이는 것이 도움이 된다. 정서적 고통에 기대거나 고통을 피하는 것을 번갈아 가며 그 공간을 제공하고, 이를 자비심으로 간직함으로써 위기 경험의 엄청난 크기를 조절하는 법을 배울 수 있다.

응급실 장면에서의 이 짧은 ACT 개입에서 치료자는 모리스의 안정감, 자기-진정 및 휴식 능력을 강화하고, 그의 감정에 대한 알아차림 능력을 끌어올리는 것을 목표로 한다.

5장에서는 마음챙김의 관점을 설정하는 것이 극도로 어려운 시기에 감정과 육체적 고통에 대한 관용을 어떻게 증가시킬 것인지를 더 자세히 설명한다. 그리고 6장과 7장에서는 차례로 자기-자비와 참여를 함양하는 것의 이점을 탐구한다.

모리스의 치료자는 위기 상황이 만들어 내는 가짜 긴급함을 끊기 위해 목소리의 톤, 말의 속도를 신중하게 선택해야 한다. 치료자의 목소리에 이런 종류의 평온함을 불러들이기 위해서는 모리스를 안내하는 말을 찾는 동안 자기 몸의 동일한 부분에 집중하는 것이 도움이 된다. 매우 기본적인 방법으로 치료자는 내담자에게 유도되는 마음의 과정을 모델링하고 반영하는 것이다.

치료자가 육체적 감각에 주의를 기울이도록 조금 지도한 이후, 모리스가 처음에 조용히 울더니 점점 크게 울기 시작했다.

치료자 당신의 울음소리에서 고통이 느껴지는데, 지금 안에서 어떤 일이 일어나고 있나요?

모리스 어떻게 해야 할지 모르겠어요. 언제쯤 멈출까요?

치료자 무엇을 해야 할지 모를 때나 이 상황이 영원히 계속될 것처럼 느껴질 때는 정말 두려울 거예요. 지금은 고통, 공황, 이런 일이 일어나지 않기를 바라는 마음, 뭐가 뭔지 알 수 없는 마음 등을 한 번에 하나씩 조금씩 알아차리고 느껴 보세요. 떠오르는 것이 무엇이든 그대로 허용할 수 있는지 확인해 보세요. 그런 다음 조니 님의 손이 등 위에서 지지해 주는 느낌에 다시 한번 주목하세요. 지금 이 순간… 고통을 느끼고… 조니 님의 손이 닿은 등의 느낌을 느껴 보세요.

모리스 (울면서 몸을 떨기 시작한다)

치료자 네, 잠시 그 고통을 느끼면서 그곳에 머물러 보세요.

모리스 (일어나서 목청껏 소리를 지른다) 안 돼! 안 돼! 안 돼!

치료자 저는 여기 당신과 함께 있어요, 모리스 님. 당신이 느끼는 것을 그대로 느끼는 것은 괜찮아요. 비록 이 정도로 고통스럽다고 해도요.

모리스 (앉아서 운다. 울음이 점점 잦아지고 차분해진다) 주디 없이 어떻게 살 수 있을까요? 우리 소중한 아기는요? 어떻게 다 감당할 수 있을까요?

치료자 지금 잘하고 있습니다. 당신은 지금 여기서 잘 감당하고 있습니다.

모리스 제가요?

치료자 당신은 몸에 기대 이러한 강렬한 감정을 느끼고, 사랑하는 사람들 없이 어떻게 해야 할지 전혀 모르는 절대적인 경험을 할 수 있습니다. 그런 다음 바닥에 발을 두거나 의자 바닥에 집중함으로써 고통을 피해 약간의 휴식을 취하고, 그라운딩(착지)함으로써 혼란 속에서 약간의 공간을 얻을 수 있어요. 준비가 되면, 다시 그 모든 것의 두려움에 잠시 주목하고 기댈 수 있어요. 한 번에 하나씩, 아주 작게 시작하는 거예요. 지금 당신이 하고 있듯이 말이죠.

모리스 하지만 왜 그렇게 해야 하죠? 너무 고통스러워요.

치료자 지금 당신이 하고 있는 것은 자신을 치유하는 매우 강력한 일이에요.

제가 반복해서 경험한 바에 따르면, 고통과 함께 시간을 보내는 것은 고통이 다시 닥칠 때 따라야 할 새로운 길을 만들어 준답니다. 더 이상 도망치지 않아도 되는 선택지가 생겨요. 방금 했던 대로 고통에 기대거나 멀리 떨어지는 연습을 할 때 그것을 견딜 수 있는 능력이 향상되고 고통도 덜 거칠고 덜 압도적으로 느껴질 거예요. 그리고 시간이 지나면 내면이 성장해 그 모든 것을 위한 공간을 만들 수 있을 거예요. 더 이상 그것을 피하려고 하지 않게 되는 거죠.

모리스 저한테는 아주 먼 얘기인 것 같군요.

치료자 그 지점에 도달하기 전에 반드시 휴식을 취하거나, 당신 자신을 지지하거나, 침착하거나, 심지어 주의를 분산하게 하는 것 등 무엇이든지 하세요. 집에서 음악을 듣는 것도 좋아요. 하지만 마약이나 알코올 같은 것은 피하세요. 장기적으로 고통을 더 심하게 만들 뿐이에요. 최대한 정기적으로 식사하고 잠을 자면 좋아요. 가끔 친구를 초대해 함께 시간을 보내세요. 낮에는 아르바이트라도 하면서 규칙적인 생활을 하고 동료들과 어울려 보세요. 거주하는 지역의 애도 자조 그룹에 참여하거나, 지역 사회 센터나 성당이나 교회에 가서 친한 사람들을 만나는 것도 좋아요. 그리고 고통의 물결이 밀려올 때 도망가지 마세요. 잠시 그 고통에 기대어 느껴 보고, 그런 다음 발에 집중해 마음을 안정시키세요.

모리스 도망치는 것 외에는 아무것도 해 본 적이 없어서 다음에 어떤 일이 일어날지 모르겠어요.

치료자 너무 완벽하게 하려고 하지는 마세요. 이것을 연습하고 이 정도의 고통에 자리를 내주는 방법을 배우는 데는 시간이 걸립니다. 감당하기 너무 힘들면 언제든지 이곳으로 와서 저나 제 동료 중 한 명과 이야기할 수 있습니다. 이곳은 24시간 열려 있으니까요. 오늘 고통을 다루는 새로운 방법에 관해 많이 이야기했는데, 그중 몇 가지 핵심 내용과 전략을 적어 드릴 거예요. 이것을 냉장고나 집에서 자주 다니는 곳, 예를 들면 화장실 거울 같은 곳에 붙여 두세요. 알겠죠?

모리스 네, 감사합니다. 오늘 저와 함께해 주셔서 다시 한번 감사드려요.

이 상담에서 치료자는 모리스가 작업하는 동안에도 상당한 정도의 구조화를 제공했다. '뭘 해야 할지 모르겠다'와 '이것이 영원히 계속될 수도 있다'라는 생각이 그에게 떠오를 때, 치료자는 그것을 반영하거나 명명함으로써 인정하고 그런 다음 모리스를 다시 그의 몸으로 안내했다. 치료자는 모리스에게 내부 경험과 함께 있는 것을 연습하고, 판단하지 않고 자동적으로 반응하지 않는 태도를 실천하며 주의력을 확장하는 것 같은 몇 가지 마음챙김 작업을 가르쳤다.

마음챙김은 내부 경험을 목격할 공간을 만드는 것 이상의 것이다. 내부적인 편향을 관찰하는 것도 포함되는데, 즉 내부 경험에 대한 혐오나 원하는 경험에 대한 애착을 관찰하는 것이다. 이는 모두 마음챙김의 기본 기술이다. 모리스는 사실상 치료자로부터 마음챙김 훈련을 받고 있는 것이다.

정신과 응급실에서 상황이 통제 불가능할 경우에 대비해 일반적으로는 보안팀의 도움을 받을 수 있다. 그러나 내담자가 이 정도 강도의 고통을 표현하도록 허용하면 치료자는 '이 상황을 어떻게 다루어야 하지?', '내담자가 자해하지는 않을까?'라는 두려움을 느낄 수 있다. 이러한 상황을 진정시킬 방법을 긴급하게 찾아야 할 필요를 느끼거나('도대체 어떻게 해야 하지?') 또는 혼란스러움을 느낄 수 있다('대기실에 더 많은 환자가 기다리고 있어'). 실제로 이러한 모든 내부 반응이 동시에 나타날 수도 있다. Roberts(2022)가 언급한 것처럼 내담자를 다루기 어려운 경험은 "전체 의과대학 과정의 가장 중요한 교훈을 제공할 수 있지만 무력감이나 고통을 유발할 수도 있다." 이럴 때는 치료자가 내담자가 경험하는 것뿐 아니라 자신 안에서 무슨 일이 일어나고 있는지 주의 깊게 관찰하는 것이 중요하다. 이렇게 하면 단순히 자동적으로 반응하는 것이 아니라 어떻게 대응할지 선택할 수 있다.

응급실 대응 치료자는 내담자의 상태를 지속적으로 평가해야 한다. 만약 이 연습이 모리스에게 너무 힘들다면, 치료자는 그를 돕기 위해 이 경험에서 벗어나는 방법만 가르칠 수도 있다. 계획된 추후 상담에서 모리스는 자기-진정을 위한 여러 가지 도구를 배우고 이전에 연습했던 전략을 상기시키도록 격려받을 것이며, 이로써 마음을 부드럽게 하고 안전하게 느낄 수 있도록 도와주는 도구들을 얻게 될 것이다. 그는 또한 '호흡 기법'과 같은 기술을 소개받을 것이다(Hopper et al. 2019). 그가 이와 같은 방법으로 평정과 자기-자비를 기를 때, 비로소 자신의 고통과 함께 있으며 돌봐줄 수 있을 것이다. 모리스는 이 손실 이후 PTSD나 **지속적 비탄장애**[DSM-5tr]를 발전시킬 수 있으므로 그를 지원하는 사람들은 새로운 증상이나 심리적 개입에 대한 예기치 못한 반응이 나타나지 않는지 항상 신경 써야 한다(American Psychiatric Association 2022; Delaney 2019).

마음챙김은 여기서 제시한 것과 같은 명시적인 마음챙김 활동을 항상 포함할 필요는 없으며 다양한 방법으로 임상/상담 회기에 통합될 수 있다. 마음챙김은 치료자가 내담자가 자신의 내면에서 무슨 일이 일어나고 있는지 호기심을 갖고 친절한 주의를 기울이도록 도와줄 때마다 작용한다. 예컨대, 내담자가 말한 내용을 되뇌고 그 말에 숨겨진 감정, 미충족된 욕구 및 가치를 추론하는 것 등이다. 이 순간에는 치료자와 내담자 모두 내담자 내부에서 일어나는 여러 가지 차원의 껍질에 주의를 기울인다. 데이비드의 수용 대화에서는 데이비드가 억제된 두려움이 나오도록 충분히 시간을 들여 현재에 머무르도록 권장받았을 때 마음챙김이 작용했다. 모리스의 경우, 치료자는 그가 느끼는 감정에 머무르도록 장려하고 이것이 그에게 얼마나 무서운 일인지 인정함으로써 수용을 모델로 삼았다. 마음챙김 작업은 부분적으로 수용을 촉진해서 용이하게 하는 것을 목표로 한다. 마음챙김은 또한 개인 가치를 알아 가고 그에 따라 행동을 선택하는 데 필수적이다. 이러한 수용과 참여를 통한 꼬리물기를 통해 마음챙김은 변화하고 고통스럽고 도전적인 상황에서 심리적으로 유연한 대응 능력을 기르는 데 중요한 역할을 한다.

참여

궁극적으로 해결해야 할 문제들을 해결하기 위한 조치를 취하지 않고 감정을 회피한다면 위기는 해결될 수 없다. 여기서 사용되는 ACT 용어인 **참여**Engagement[15]는 내담자가 당면한 위기에 대처할 수 있도록 돕는 접근 지향적이고 가치에 기반한 행동을 지칭한다([그림 3.3] 참조). 참여는 항상 깊이 간직하고 있는 가치를 발견하고 연결하는

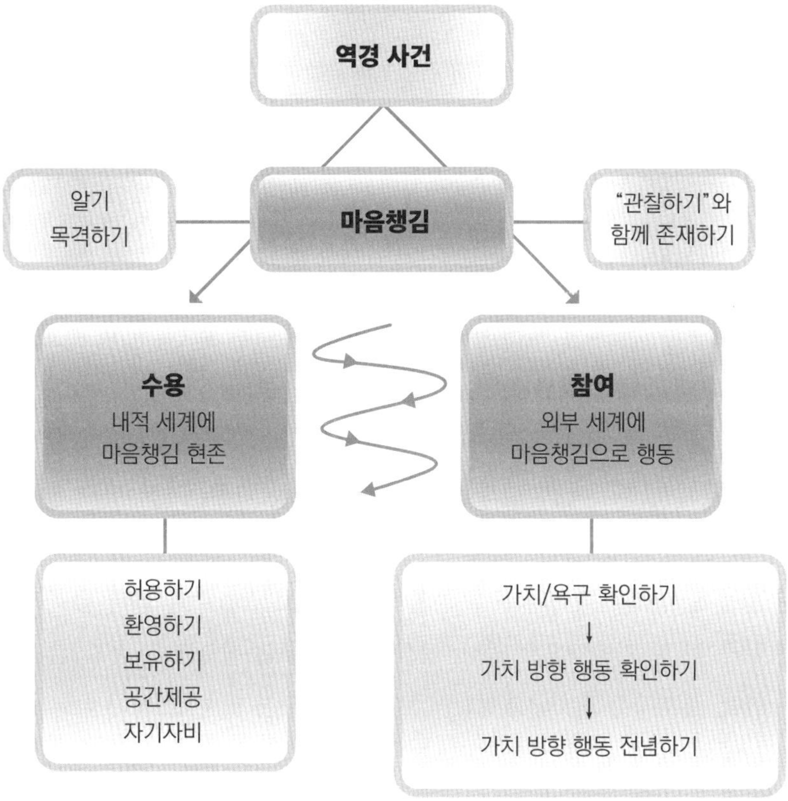

[그림 3.3] 참여를 통한 위기 통합의 ACT 모형

것에서 시작된다. 이러한 가치는 우리 삶이 지향하는 바에 중점을 두고 있으며, 위기 상황에서 우리가 실행하고자 하는 신념과 원칙이다. 어떤 면에서 우리의 가치는 내적 불편함의 진정한 근원을 보여 준다. 삶의 상황이 내담자에게 정말 중요하고 위기 상황으로 확대되기 위해서는 내담자가 추구하거나 갈망하지만 실현되지 않는 중요한 무언가가 있어야 한다. 내담자가 가치를 표현하기 위해 사용하는 전략이 실제로 그들을 더 멀리 밀어내는 것은 당연하며, 회피행동은 종종 이런 특성을 갖는다. 위기 대화를 "당신이 원하는 삶의 방향과 일치하는 새로운 방식으로 무언가를 할 의향이 있나

---

15) 참여: engagement를 우리말로 번역한 것이다. 동의어로 전념행동(commitment)이 있으며, 가치와 관련한 행동이나 가치와 관련해 헌신하고 집중하는 것을 말한다. 반대로 비참여(disengagement)는 비전념행동이라는 단어와 호환해 사용했다(역자 주).

요?"로 집중하는 것은 견고한 개입 전략이다. 참여는 우리의 가치에 일치할 것으로 기대되는 전략을 만들고, 그것을 시행함으로써 추가적인 감정적 고통을 유발할 수 있다는 인식을 갖는 것을 의미한다. 이는 새로운 고통의 원천이 생길 경우 그것을 수용할 의도로 선택한 행동을 자발적으로 실천하는 것을 의미한다. 또한 결과물을 판단하고, 이로 인해 무엇을 시도했는지 그 영향을 측정하며, 이러한 결과가 우리의 가치와 일치하는지를 결정하는 반복적인 과정이다. 만약 그렇지 않다면 우리는 이러한 결과를 우리 행동을 재조정하는 데 허용한다. 그리고 이런 과정을 통해 더 크고 더 큰 참여의 양식이 우리 삶에 확립된다.

가치는 본질적으로 동기를 부여하며, 따라서 변화하는 광범위한 삶의 맥락에서 행동을 조절할 수 있다. 예컨대, 정직하고 당당하다는 가치는 많은 상호작용에 적용될 수 있다. 이것이 가치-기반 행동이 매우 강력하고 빠르게 작용하는 이유다. 가치-기반 행동은 내담자 행동의 큰 부분을 조직화하고 스스로 강화된다. 가장 기본적인 수준에서 가치는 일반적으로 사랑, 평화 및 지혜를 중심으로 한다. 핵심 가치의 다른 예로 연결, 상호작용성, 정직, 명확성 및 목적 추구가 있다. 그러나 이는 상황에 따라 다르게 변할 수 있다. 때로 우리는 편안함과 신뢰를 중요시하거나, 영감과 학습을 중요시할 수 있다. 가치는 또한 매우 기본적인 종류가 될 수 있는데, 예를 들면 휴식과 음식을 통해 신체적 복지를 돌보는 것이다. 우리의 가치가 무엇이든 이 일을 하는 작업은 동일하다. 지속적인 호기심으로 우리 자신과 더불어 무엇이 현재와 장기적으로 볼 때 가장 중요한지 판별하기 위해 가치 기반의 행동을 시작하는 것은 좋은 생각이지만, 위기의 혼란 속에서는 불가결하다. 두렵거나 혼란스러울 때는 과거에 잘 작동했던 것처럼 보이는 행동 규칙에 의존하는 경향이 특히 크다. 그러나 이러한 전략이 어떤 방식으로든 크거나 작게 위기에 기여했다고 해서 그것을 계속 따르려고 시도하면 새로운 문제가 발생하고 혼란이 더해질 것이다. 예를 들어, 데이비드가 이전에 했던 방식으로는 사랑을 얻을 수 없다고 판단해 이혼을 선택하는 것과 같은 상황이 발생할 수 있다. 필요한 것은 규칙과 전략을 따르는 것에서 벗어나 기본적인 요구와 가치에 중점을 두는 것이다.

가치에 기반한 행동을 시작하는 것은 항상 바람직한 생각이지만, 위기 상황에서는 반드시 필요하다. 우리는 두렵거나 혼란스러울 때, 과거에 효과적이었던 것으로 여겨졌던 행동 규칙에 의존하려는 경향이 있다. 그러나 이러한 전략들이 아무리 작은 방식이라도 어떤 방식으로든 현재 우리가 직면한 위기에 기여했다면, 동일한 전략을 계속 따르려는 시도는 새로운 문제를 야기하고 우리의 혼란을 가중시킬 것이다. 예를 들어, 데이비드가 과거에 사랑을 얻기 위해 사용했던 방식이 더 이상 효과적이지 않다고 느껴 이혼을 신청하려 한다면, 이러한 딜레마에 직면하게 되는 것이다. 이 시점에서 필요한 것은 규칙과 전략에 집착하는 것을 내려놓고, 대신 근본적인 욕구와 가치를 중심으로 초점을 전환하는 것이다.

내담자와 치료자 모두 다음에 무엇을 해야 할지 확신이 없을 때, 가치를 명확히 하면 일반적으로 상황을 다시 움직일 수 있다. 가치에 이름을 붙이고 인식 속으로 가져오면 중요한 것과 일치하지 않는 현재 상황에 대한 자비심을 불러일으켜 다음 단계의 행동을 선택하는 데 도움이 되는 지침을 제공한다. 이는 복잡하고 다양한 문제의 혼합처럼 보이는 것을 단순화하고 위기에서 벗어날 길을 제공한다. 데이비드와의 두 번째 회기에서 이 과정이 어떻게 작용하는지 살펴보자.

데이비드: 참여에 관한 임상적 대화

치료자 오늘은 좀 어떻습니까?

데이비드 그 질문에 어떻게 대답해야 할지 잘 모르겠어요. 하지만 다시 만나서 반갑습니다, 선생님. 사실 지난번에 만났을 때부터 좀 혼란스러웠어요.

치료자 때때로 혼란스러움은 좋은 것일 수 있습니다. 어떤 점이 혼란스러운지 자세히 말씀해 주시겠어요?

데이비드 우선, 저라는 존재가 마음에 들지 않아요. 그리고 혼자서 이 모든 시간을 보내는 것도 도움이 되지 않고요. 제 머릿속에 일어나고 있는 모든 일을 어떻게 해야 할지 정말 모르겠어요.

치료자 네, 그렇게 큰일을 이해하기는 어렵습니다.

치료자는 데이비드의 혼란스러운 내적 경험을 되돌아보고 타당화한다. 데이비드의 말투는 무신경함에서 더 신뢰할 수 있는 것으로 바뀌었다. 이제 그는 별다른 재촉함 없이도 자신에게 일어난 일들을 공유한다.

데이비드 어제 아내와 아이들을 만났는데 정말 즐거웠어요. 함께 더 좋은 시간을 보냈죠. 긴장을 덜 했던 것 같아요.

치료자 그 말을 들으니 정말 기쁘네요.

데이비드 그리고 사랑에 대해 많이 생각해 봤어요.

치료자 사랑은 흥미로운 주제죠. 그렇지 않나요?

치료자는 '흥미로운 주제'라고 강조하면서, 발생한 것에 머물 것을 조심스럽게 제안했다. 근본적 가치인 사랑에 대한 전략에서 전환이 이루어질 수 있는지 살펴볼 필요가 있다.

데이비드 저는 제 가족을 정말 사랑해요. (눈물을 흘린다)

치료자 네, 잘 알고 있습니다.

데이비드 가족 없이 살고 싶지 않지만, 짐이 되고 싶지도 않아요.

치료자 한편으로는 가까이 있고 싶고, 한편으로는 짐이 되고 싶지 않다는 상반된 소망이 당신에게 얼마나 어려운 일인지 압니다. 데이비드 님이 헤쳐 나가기 매우 어려운 딜레마죠.

다시 한번 치료자는 데이비드에게 반박하거나 답을 제시하지 않고, '딜레마'라는 단어를 도입해 데이비드가 설명한 투쟁의 양상을 설명했다. 마치 데이비드가 자신의 규칙과 씨름하기 시작한 것처럼 들리는데, 한 걸음 더 나아간 것이 지금으로서는 혼란스러움을 더 악화시키고 있다. 여기서 치료자는 데이비드가 새로운 지형을 탐험함으로써 사랑의 경험을 바탕으로 자신만의 새로운 답을 찾을 수 있도록 여행 안내자이자 동반자 역할을 할 수 있다.

데이비드 그러면 어떻게 해야 할까요?

치료자 어떻게 해야 한다고 제 생각을 말해 줄 수는 있습니다. 그런데 그건 좀 짜증 나지 않을까요? 적어도 불만족스러운 일이 될 것 같아요. 제가 할 수 있는 더 유용한 일은 데이비드 님이 앞으로 나아가는 과정을 느끼는 동안 당신 곁에서 돕는 것입니다. 의견을 나눌 상대가 되어 주는 것이죠.

데이비드 그렇게 말할 줄 알았어요.

치료자 (웃음) 좋아요, 다시 사랑이라는 주제로 돌아가 볼까요? 어쨌든 조금 다른 관점에서 그것을 바라볼 수 있을 것 같아요. 아버지로서 자녀들을 생각할 때, 아이들이 사랑에 대해 무엇을 알거나 배우면 좋겠어요?

데이비드 잘 모르겠어요. 내가 아이들을 사랑하는 걸까요?

치료자는 데이비드가 자신의 동기와 가치를 이해할 수 있도록 당면한 감정적인 문제를 처리하는 속도를 늦추도록 돕는다. 그런 다음 데이비드의 자녀들에 대한 주제를 대화에 끌어들인다. 만약 타이밍이 좋지 않다면 "당신의 아이들에 대해 생각해 보세요"라는 방책은 내담자에게 죄책감을 유발하는 방법으로 해석될 수 있고, 거의 도움이 되지 않는다. 하지만 타이밍이 적절하다면, 아이들에 대해 생각하는 것이 관점의 변화를 가져올 수 있다. 아이들의 눈으로 자신의 상황을 보는 것은 데이비드가 사랑에 대한 자신의 규칙에서 벗어나도록 도와준다. 치료자는 다른 생각이 떠오를 수 있도록 시간을 주기 위해 침묵한다.

데이비드 아, 무슨 말인지 알겠어요. 저는 가족을 떠날 수 없겠죠? 그건 아이들에게 좋은 본보기가 되지 않을 거예요.

치료자 그래요. 당신이 보기에 어떤 면에서 좋은 일이 아닐까요?

데이비드 확실하지 않지만, 그것이 선택지가 아니라는 것을 깨달았어요.

데이비드에게는 아직 말로 다 표현할 수 없는 일종의 변화가 일어났다. 아마도 그는 가족을 떠나는 것은 힘든 상황에서도 함께할 만큼 가족을 깊이 사랑하지 않는다는 신호가 된다는 점을 알게 되었을 것이다. 좀 더 깊은 차원에서 보면, 자신이 장애를 가지게 되었기 때문에 아내와 이혼한다면, 이는 아이들에게 사랑은 무조건적인 것이 아니라는 메시지를 전하는 것일 수 있다. 또는 아이들에 대한 사랑 때문에 극심한 스트레스를 극복하는 모습을 자녀에게 보여 주고 싶다는 의미일 수도 있다. 이제 치료자는 그가 이러한 가치에 기초한 생각 중 하나 이상을 확고히 할 수 있도록 도와야 한다.

치료자 이것이 의미하는 한 가지는 가족에 대한 사랑 때문에 가족을 위해 할 수 있는 것을 하고 싶어 한다는 것입니다.

데이비드 (침묵) 그런 것 같아요.

치료자 (침묵) 휠체어에 묶여 있거나, 기본적인 일상 업무에 도움이 필요하다는 이유로 가끔 짜증이 나는 것을 감수하겠다는 뜻이고요.

데이비드 그런 것 같네요.

치료자 그리고 당신과 당신이 사랑하는 사람들이 조금 다른 두 세계, 즉 보행자의 세계와 휠체어 사용자의 세계에서 살게 될 것이라는 사실에 익숙해져야 한다는 의미입니다.

이 말은 들은 데이비드는 깊은 한숨을 내쉬고 어깨를 축 늘어뜨린 채 무릎 위를 내려다보았다. 치료자는 이 두 가지 고통스러운 사실을 데이비드의 인식 속으로 가져오기 위해 이를 명확히 했다. 데이비드가 아내와 자녀들과 함께 사랑 가득한 삶을 살기를 원한다면, 그는 가족이 새로운 상황을 어렵게 느낄 때도 그들 앞에 노출될 위험을 감수해야 한다. 결혼 생활과 가족을 완전히 포기함으로써 이러한 고통스러운 상황을 피하려는 대신, 자기 자신을 개방하는 의지가 필요하다.

치료자 하지만 당신을 향한 사랑으로 가족의 눈이 빛나고, 당신의 마음도 가족을 향한 사랑으로 빛나는 순간도 있을 겁니다.

데이비드 그럴까요?

치료자 그럼요. 그리고 이 단계는 훗날 가족이 필요할 때마다 당신이 항상 그들 곁에 있을 것을 의미합니다. 당신은 남편으로서, 아빠로서 그들 곁에 있을 겁니다.

데이비드 (눈물을 흘리며) 네, 그러고 싶어요. 그러면 정말 기쁠 거예요.

치료자는 데이비드가 자신의 어려운 상황과 마주하며 그것에 적극적으로 참여함으로써 얻을 수 있는 가치를 보여 줌으로써 그가 믿는 것을 향해 나아가도록 도와주었다. 이 회기 이후 데이비드는 새로운 삶을 준비하기 위해 재활에 적극적으로 참여하게 되었다. 이는 외부에서 강요된 원칙이 아니라 자신의 진정한 열망에 의해 주도된 것이다. 그가 휠체어를 탄 채로 생활하는 삶을 살아가야 할 이유가 명확해졌다. 가치는 고상하고 추상적으로 보일 수 있지만, 위기 상황에서는 다음에 무엇을 해야 할지 선택할 때 내면 깊은 곳에서부터 무엇이 가장 중요한지 상기하는 것이 도움이 된다. 데이비드는 예전의 전략을 따르지 못하게 되자 모든 것이 무의미해 보였고, 이전과 똑같은 방식으로 아내와 자녀의 삶에 기여할 능력을 되찾을 수 없을 것 같았다. 그러나 사랑을 얻고 표현하기 위해 실제적이고 경제적인 수준에서 기여해야 한다는 고정된 규칙의 패러다임에서 벗어나 사랑을 가치로 하는 패러다임으로 전환하자, 수천 가지 다른 전략이 열렸다. 게다가 가치를 따르는 과정에서 마주하게 될 수많은 새로운 장애물을 극복할 힘을 찾을 수 있었다.

위기에 처한 내담자에게 안내를 제공할 때는 적절한 기대치를 설정하는 것이 도움이 된다. 물론 한 차례의 회기로 모든 것을 바꿀 수는 없다. 상담을 단일한 상황에 밀어 넣는 탁구공으로 생각하는 것이 더 현실적이다. 가벼운 공은 상황 속에서 튕겨 다니며 시간이 흐름에 따라 조금씩 변화를 일으켜 내담자를 도움이 되지 않는 규칙과 조건부적인 반응으로부터 해방시킨다. 특히 이전 장에서 살펴본 카이가 겪는 것과 같은 장기간의 위기를 다룰 때는 현실적인 기대가 더 중요하다. 이 경우에 대해서는 7장에서 다시 살펴볼 것이다.

수용, 마음챙김, 참여 간의 교차 작용

두 내담자의 경우 삶의 역사나 사회적 · 문화적 맥락이 서로 다르기 때문에 어떤 위기도 똑같지 않을 것으로 보인다. 그러나 위기를 일으키는 근본적인 과정은 비슷하며, 위기 통합에 도움이 되는 핵심 과정 또한 동일하다. 위기 통합의 원칙은 매 단계를 통해 지침을 제공하며 끊임없는 학습과 변화에 대응하기 위한 심리적 유연성을 제공한다.

이론적으로 설명하면 선형적으로 들릴 수 있지만, 위기 통합은 '1단계 마음챙김 → 2단계 수용 → 3단계 참여, 끝!'이 아니다. 이는 종종 한 번에 하나씩, 때로는 두 가지씩, 때로는 세 가지를 번갈아 가며 다루는 나선 형태와 비슷하다. 때로는 이 과정에서 실패할 수도 있고, 때로는 이해와 능력을 확장할 수도 있다.

데이비드의 과제는 기능 상실의 극심한 고통을 알아차리고, 자기에 대한 가족의 사랑을 잃어버릴 것을 두려워하는 감정을 번갈아 가며 인식하며, 사랑과 가족을 위해 기여한다는 소중한 가치에 연결되며, 이를 실천하는 방법을 탐색하는 것이다. 다루기 어려운 감정을 기꺼이 마주하는 것은 자신의 가치와 일치하는 선택을 하도록 돕는다. 반대로, 자신의 가치와 연결함으로써 그는 감정적인 고통을 허용하고 다음 단계를 향해 나아가게 하는 동기 부여를 얻을 것이다. 그의 기분, 능동성(주체의식), 자기-효능감, 자존감은 그 과정에서 개선될 것이다.

마찬가지로 모리스는 애도 과정에서 천천히 상실의 깊이에 접근하고, 쉼의 순간을 만들며, 자신의 복지를 돌보는 방법을 찾아야 한다. 동시에 약물과 같은 물질을 통해 현실을 피하려는 유혹을 주의 깊게 알아차리고 관리해야 한다. 이는 하루에 수천 번씩 찾아올 수 있는 유혹이다. 만약 그가 붙잡을 수 있는 가치를 찾을 수 있다면 더 쉬울 것이다. 예컨대, '여자친구는 내가 어떤 모습으로 살아갈 때 기뻐할까?', '그녀를 향한 사랑을 통해 매 순간 어떻게 그녀의 삶과 죽음을 기릴 수 있을까?'와 같은 애도 과정의 질문이다.

임상 작업에서 내담자들의 생활 위기를 목격할 수 있는데, 때로는 그 위기가 매우 어려울 때도 있다. 우리는 그들의 상실, 당황, 고통 또는 분노의 감정을 부드럽게 알아차리고 그것을 감당하도록 도울 수 있다. 위기가 진행되는 동안에도 내담자들에게 우울과 고통을 억누르려는 마음을 극복하도록 격려할 수 있다. **고통스러운 경험은 인간이 망가졌다는 징후sign가 아니라, 인간임을 나타내는 징후다.** ACT는 치료자와 내담자 모두에게 개인적인 고통의 의미와 그에 대처하는 방법에 대한 새로운 시각을 제공한다. **고통을 줄이려는 방법을 찾는 대신 고통을 포용하고 받아들이는 능력을 키우는 데 중점을 둔다.**

현재의 경험에 주의를 기울이고 내면에서 무슨 일이 일어나고 있는지 수용하는 동안 내담자들은 자신의 필요를 인식하고 균형, 통찰력 및 건강을 제공하는 방식으로 행동하는 능력을 발전시킬 수 있다. 감정적인 고통을 겪는 시기에도 마음속 깊이 간직한 개인적인 가치를 붙들며 긍정적인 행동을 유지할 수 있다. 인생의 어떤 사건은 죽을 때까지 함께하고, 이러한 기억이 떠오를 때 느끼는 감정은 결코 즐거운 일이 아니지만 이는 분명한 우리 현실의 일부다. 가치에 기반해 선택하는 것은 고통을 정당화하고 존엄하게 한다. 그러므로 삶의 목적, 즉 가치를 갖는 것은 삶의 예측할 수 없는 측면에 대처하는 데 도움이 된다.

요약하면, ACT는 위기 상담에서 '해결해야 할 문제'에 대한 정의를 다시 제시한다. 이는 증상 통제나 제거라는 초점에서 벗어나 위기 상황에 있는 내담자를 역동적인 삶의 맥락 안에 놓인 전인격으로 생각하게 한다. 즉, 위기를 대처하는 것이 일종의 통과 의식이라는 것이다. 목표는 내담자들이 자신의 고통을 완전히 이해하고, 위기를 일으킨 변화된 상황 속에서 자신의 최대 이익을 성취하도록 돕는 것이다. 이것이 바로 **위기 개입**intervention이 아닌 **위기 통합**integration이라고 말하는 이유다.

참고문헌

Acceptance (entry), in Cambridge Dictionary. Cambridge, UK, Cambridge University Press, 2022. Available at: https://dictionary.cambridge.org/dictionary/english/acceptance. Accessed May 16, 2022.

Acceptance (entry), in Macmillan Dictionary. London, Macmillan, 2022. Available at: https://www.macmillandictionary.com/dictionary/british/acceptance. Accessed May 16, 2022.

American Psychiatric Association: Prolonged grief disorder, in Diagnostic and Statistical Manual of Mental Disorders, 5th Edition, Text Revision. Washington, DC, American Psychiatric Association, 2022, pp 322–327.

Curran HV: Tranquillising memories: a review of the effects of benzodiazepines on human memory. Biol Psychol 23(2):179–213, 1986 2878691.

Delaney S: Grief and loss, in Applied Mindfulness: Approaches in Mental Health for Children and Adolescents. Edited by Carrión VG, Rettger J. Washington, DC, American Psychiatric Association Publishing, 2019, pp 121–134.

Hopper SI, Murray SL, Ferrara LR, et al: Effectiveness of diaphragmatic breathing for reducing physiological and psychological stress in adults: a quantitative systematic review. JBI Database Syst Rev Implement Reports 17(9):1855–1876, 2019 31436595.

Roberts LW: Learning to care for patients: a comment on "blind spots." Acad Med 97(5):619, 2022 35476827.

Schatzberg AF, DeBattista C: Antianxiety agents, in Schatzberg's Manual of Clinical Psych opharmacology, 9th Edition. Washington, DC, American Psychiatric Association Publis hing, 2019, pp 421–474.

Snyder G: The Real Work: Interviews and Talks, 1964–1979. New York, New Directions Pu blishing, 1980.

2부

고급 개념 및 응용 개입 프로그램

4장
마음챙김 개입을 위한 현장 안내서

주의(attention)에 대한 교육은 최고의 교육이다.

- 윌리엄 제임스(William James, 1890)

마음챙김: 인간의 뇌에 내재된 능력

약 5억 2,000만 년 전, 일부 생명체는 의식을 가지기 전에 무의식 상태였다. 외부 세계에 대한 지형학적 감각 지도를 가진 중추신경계의 등장은 이러한 진화적 도약을 촉진했다(Feinberg and Mallatt 2016; Frith 2021). 감각 지도는 현실에 대한 정신적 표현을 제공해 외부 세계에 있는 물체의 내부 모형이 해당 대상에 대한 의식적이고 주관적인 경험을 제공하게 한다. 이 모형-기반 시스템은 이전의 비모형 시스템 위에서 진화했지만, 결코 인간에게만 국한된 것은 아니다. 예를 들어 물고기나 토끼 그리고 인간의 경우 세상에 대한 주관적 경험이 모두 다르다. 더 복잡한 감각기관은 신경계와 세상 간 매개체 역할을 하며, 더 큰 감각 지도는 들어오는 정보를 더 상세한 방식으로 처리한다. 이로써 외부 대상에 대한 경험이 더 풍부해지지만, 그 차이는 질적이라기보다는 양적인 측면에 있다(Frith 2021).

그러나 인간 뇌의 진화는 질적인 변화도 가져왔는데, 인간의 뇌가 외부 대상과 사건 그리고 내부 신체 감각에 대한 주관적인 경험뿐 아니라(5장 참조) 이러한 경험에 대한 알아차림awareness도 생성하게 되었다. 따라서 인간은 두 가지 유형의 의식consciousness에 접근할 수 있다. 첫 번째 유형은 세상에 대한 내적 표상으로, 종종 '감각sentience'이라고 불리는 것을 포함한다. 두 번째 유형은 '메타-알아차림'으로, 이는 주관적인 경험을 하는 것에 대한 알아차림이다(Frith 2021; Kabat-Zinn 2019). 첫 번째에서 두 번째 유형의 의식으로의 관점 전환의 경험적 의미는 처음에는 명확하지 않을 수 있지만, 이 장과 이어지는 두 장을 통해 명확해질 것이다.

인간의 뇌는 또한 '메타인지metacognition'로 언급되는 '생각에 대한 생각'과 같은 경험을 반영하게 한다. 예를 들어, 우리는 현재 진행 중인 일에 대한 확실성을 높이기 위해 추가 탐색이 필요한지 또는 의사결정 절차를 검토해야 하는지 결정할 때 메타인

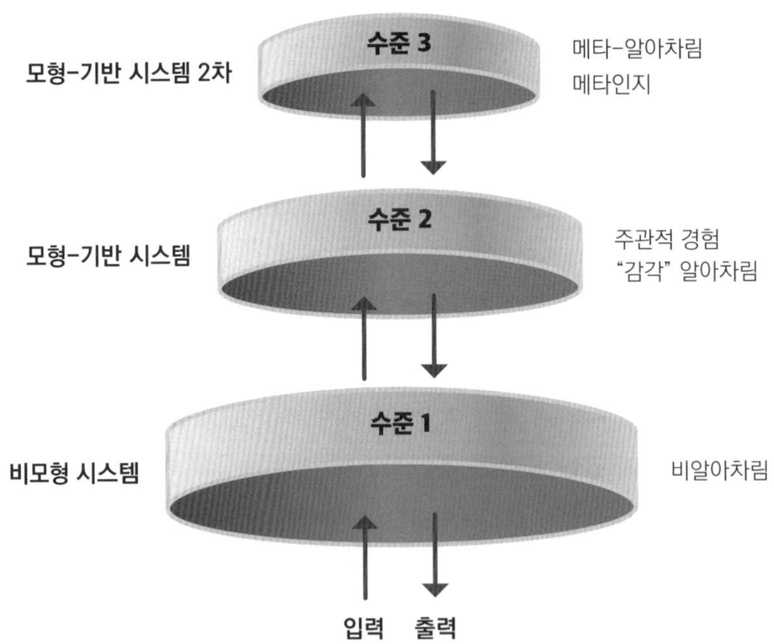

[그림 4.1] 알아차림 및 처리 수준의 분류체계
출처: Frith (2021) 및 Shea & Frith (2019)에서 각색됨.

지 활동에 참여한다([그림 4.1] 참조)(Frith 2021).

이러한 메타-능력은 계획 및 의사결정 과정 중 활성화되는 전전두엽 피질의 가장 앞부분과 같이 진화 후기에 발달한 피질 영역을 활용한다. 이 영역에는 자신의 신체와 감정에 대한 현재 순간의 인식을 돕는 섬엽insula, 주의 초점을 지시하고 조절하며 오류를 감지하는 데 관여하는 전대상 피질anterior cingulate cortex, 메타인지, 자기-반영, 그리고 다른 고차 인지기능을 수행하는 동안 활성화되는 부분이자 측두엽의 중앙 부분에 있는 설전부precuneus가 포함된다(Allman et al. 2005, 2010; Bruner et al. 2017; Fleming and Daw 2017; Frith 2021; Kaas 2013; Young et al. 2018). 메타-알아차림과 메타인지라는 두 가지 메타-능력은 환경에 대한 새롭고 유연한 이해와 반응을 찾는 데 매우 중요하다.

마음챙김의 상태와 과정을 찾는 것도 메타-알아차림과 메타인지의 수준에서 이루어진다. 메타-알아차림은 생각, 감정, 신체 반응을 마음챙김으로 주의 깊게mindful **관찰**하고 그것을 그 자체로 알게 해 준다. 메타인지 능력은 매 순간 주의를 현재 경험에 **집중시키는** 자발적인 과정에서 적용된다. 만약 이보다 더 특별한 것을 찾는다면, 우리는 마음챙김의 단순함을 놓칠지도 모른다.

마음챙김은 명상의 더 큰 영역과 관련이 있는데, 명상적인 환경뿐 아니라 일상생활에서 증진시킬 수 있는 메타-알아차림의 질과 관련되는 경향이 있다. 이는 임상 장면에서도 마찬가지다. **명상**은 마음mind[16)]을 갈고 닦기 위한 마음챙김 외에 다른 수행을 포함하는 더 넓은 개념이며, 보통 앉아서 하는 명상처럼 형식적으로 수행한다. 비록 명상은 모든 세계 종교의 신비로운 전통의 중심에 있지만, 마음챙김 자체는 신비한 것이 아니다. 메타-알아차림은 거의 모든 사람이 언제든지 사용할 수 있으며, 이는 **인간의 뇌에 내재된 고유한 능력**이다. 도전적인 부분은 현재 순간을 메타-알아차림으로 더 오랫동안 유지하는 것이다. 샤론 샐즈버그Sharon Salzberg(2011)는 "마음챙김은 어렵지 않다, 우리는 단지 그것을 하기로 기억하면 된다"라고 말했다. 석가모니가 사용한 언어인 팔리어에서 **사티**sati라는 단어는 흔히 '마음챙김'으로 번역된다. 이는 산스크리트

16) 마음: mind를 '마음'으로 번역했다. 필자는 감정과 생각을 포함하는 광범위한 의미로 '마음'이라는 용어를 사용하고 있다(역자 주).

어 *smṛt*에서 왔는데, 어근 *smṛ*는 '기억하다'라는 의미다. 그러나 우리가 잊어버렸을 때 어떻게 기억할 수 있는가? 바로 이 지점에서 마음챙김 연습이 필요하다. 마음챙김 연습을 통해 만들어진 힘은 현재 순간에 대한 메타-알아차림을 더 오랫동안 유지하는 능력을 뒷받침한다. 마음챙김의 상태는 연습을 통해 더 자주 나타나고, 안정적으로 유지된다. 어떤 사람들에게는 위기가 마음챙김에 대해 배우는 동기를 부여하는 요인이 될 수 있다.

심리적 위기에서 마음챙김의 임상적 타당성

마음챙김[17)]이 무엇인지, 어떻게 실천할 수 있는지, 그리고 어떻게 임상 현장에 적용할 수 있는지를 더 탐구하기 전에 먼저 다음과 같은 중요한 질문을 다루어야 한다. '정서적인 고통이 너무 많고 때때로 긴급하게 해결해야 할 현실적인 문제도 많은데, 왜 위기 상황에서 마음챙김이 필수적이어야 하는가?' 마음챙김은 때때로 시간과 자원의 특권을 가진 사람들을 위한 사치로 생각되기도 한다. 그러나 삶이 가혹하고 직면하는 역경이 클수록 명료함과 평온함을 가져다주고, 내적 경험을 자비롭게 품을 수 있는 능력을 확장하며, 역경에 대처하는 방법에 유연성을 촉진하는 연습을 하는 것이 더 유익하다(Creswell 2017).

다수의 무선통제 연구는 마음챙김 개입이 기존 치료군treatment-as-usual이나 비非치료 대조군에 비해 위기에 처한 개인의 우울증이나 재발률을 낮추고, 약물남용 결과를 개선하며, 불안 및 PTSD 증상을 감소시킨다는 일관된 증거를 제공했다. 심지어 항우울제, 중독 재발 예방 프로그램, 인지행동치료, 그리고 장기간 노출 치료와 같은 표준gold-standard 치료 및 마음챙김 개입을 비교한 연구에서도 마음챙김-기반 접근이 비슷하거나 더 나은 장기적 효과를 보이는 것으로 나타났다(Creswell 2017). 또한 마음챙김이 트라우마나 스트레스 정도가 극심한 집단에 가장 큰 이점을 제공한다는 사실도

17) 마음챙김: 마음을 챙긴다는 뜻보다는 알아차림에 가깝다. 영어의 awareness와 mindfulness를 초기 심리학 번역 관례에 따라 마음챙김으로 번역했다. 팔리어의 Sati를 의미하며, 맑고 친절한 주의로 판단 없이 주의를 기울이는 유연한 주의 과정이라는 의미다(역자 주).

밝혀졌다(Creswell and Lindsay 2014; Polusny et al. 2015; Williams et al. 2014).

사람들은 일반적으로 세상에 대해 이전에 알고 있던 지식에 기반한 내부 모형이 실제와 동일하다고 믿고, 자기-지시적인 생각이 진실이라고 생각하며, 자신의 감정이 행동에 대한 적절한 지침이거나 가능한 한 억압해야 할 해로운 상태라고 믿는다. 위기 상황에서는 이러한 오해가 영향력을 발휘한다. 내적 추론에만 의존하는 경우 상황에 대한 규칙을 정교화하기 위해 이전 학습에 근거한 규칙을 사용하는데, 이는 탈출구를 찾고 있지만 결국 더 많은 괴로움과 피곤함의 미궁에 빠지게 하는 반복적인 생각으로 나타난다. 감정을 행동에 대한 지침이라고 맹목적으로 신뢰할 때는 믿을 만한 본능으로 보이는 것이 이전 학습에 의해 편향되어 상황에 혼란과 불필요한 복잡성을 더할 수 있다. 반면 마음챙김은 현재 상황을 정확하게 인식하도록 도와주며, 이는 과거를 기반으로 미래를 예측하는 것보다 훨씬 더 중요한 것으로 밝혀졌다.

마음챙김은 생각을 생각으로, 감정을 감정으로, 습관을 습관으로 인식하게 해 주며, 그것들을 전체의 이야기로 보지 않게 한다. 메타-알아차림은 자신의 생각과 감정을 완전히 동일시하는 상태에서 벗어나는 것을 포함한다. ACT에서 인지적 탈융합이라고 부르는 이러한 움직임은 자신의 주관적인 경험으로부터 그 경험을 관찰하는 것으로의 관점 전환을 수반하는데, 이는 [그림 4.1]에 표시된 것처럼 수준 1에서 수준 2로, 그리고 수준 3으로의 이동을 의미한다. 이를 경험으로부터 거리를 두거나 체념하는 것으로 오해해서는 안 된다. 오히려 경험에 대한 개방적이고 허용적이며 의도적인 앎으로 이해할 수 있는데, 이는 자기-자비self-compassion를 위한 기초를 제공하며(Neff 2003), 언어-분석적 문제해결이 적합하지 않은 상황에서 적절하게 대응할 수 있는 기반을 제공한다(Yadavaia et al. 2014). 침습적이고 반복적인 생각, 원치 않는 고통스러운 감정, 트라우마 기억, 자기-파괴적인 충동, 위협적인 신체 감각 등을 포함하는 심리적 위기를 이루는 경험은 언어적 분석에 가장 도움이 되지 않는 종류다. 사회적으로 훈련된 규칙과 문제-해결 방법을 그러한 경험에 적용하는 것은 효과가 없다. 그렇게 하려는 시도는 통제하고자 하는 바로 그것들을 더 증폭시킬 뿐이다.

위기 상황에서처럼 지금 일어나고 있는 일이 어렵고 혼란스럽고 고통스러울 때는 생각이나 감정에 몰두하기 쉬우며, 따라서 현재 존재하는 내부와 외부 현실을 부분적으로만 아는 경우가 많다. 이에 대부분 정신의학 및 심리학에서는 왜곡되고 도움이 되지 않는 생각을 확인한 후 새롭고 더 건설적인 생각으로 교정하는 **인지재평가** cognitive reappraisal를 사용한다. 이는 종종 우리의 생각이 반드시 모든 진실을 나타내지는 않음을 깨닫는 데 도움이 된다. 그러나 때때로 인지재평가는 상반된 생각이 서로를 상쇄하기 위해 애쓰는 정신적으로 고된 상황을 악화시키며, 이에 따라 더 많은 사고 활동을 유발한다. 반면 마음챙김에 의한 단순한 앎은 경험한 것의 내용과 의미에 반응하거나 통제하려고 애쓰거나 내부적으로 발전시키는 데 빠져들지 않고 모든 것을 부드럽게 관찰하는 것을 의미한다.

내적 경험과 완전히 동일시하지 않고 논쟁하거나 판단하지 않는 연습은 많은 사람에게 경험과 관계를 맺는 새로운 방식이며, 우리가 대응하는 방식에 있어 명확성, 수용 그리고 자유를 열어 준다. 내면의 사건에 대한 메타-알아차림을 오랫동안 유지하려는 의지는 근본적인 욕구와 가치를 표면화하게 한다. 우리에게 가장 중요한 것이 무엇인지에 대한 통찰력의 증가는 어떤 전략이 우리의 가장 깊은 가치와 의도에 부합하는지를 구별하는 학습의 토대가 된다. 이러한 방식으로 마음챙김은 심리적 유연성을 제공한다(Kabat-Zinn 2013).

이 책에서 소개하는 임상 사례에는 마음챙김을 촉진하기 위한 다양하고 실용적인 도구가 설명되어 있지만, 임상 장면에서 능숙한 멘토가 되려면 스스로 마음챙김을 잘 알고 있어야 한다. 4장과 5장에서는 마음챙김에 대한 포괄적인 설명을 제공하고 내담자들과 함께 작업할 때 어떻게 적용할 수 있는지 보여 준다. 그러나 먼저 마음챙김을 설명하려는 시도에 대한 몇 가지 주의사항을 살펴보자.

마음챙김의 경험적 학습

마음챙김에 대해 알아야 할 대부분 내용은 단순히 마음챙김을 실천하는 것만으로도 알 수 있다. 마음챙김을 할 때는 현재와 과거 경험에 대해 확실하게 배우지만, 역설적으로 무한한 배움을 약속하는 단순한 과정인 마음챙김 자체에 대해서도 배우게 된다. 이는 무언가를 배우는 데 있어 근본적으로 다른 방식이다. 우리는 세상의 새로운 개념적 지식을 이해하기 위해 모든 정신력을 동원해 부지런히 공부하는 것에 익숙하다.

하지만 마음챙김과 그것이 약속하는 지혜에 도달하는 데는 이러한 접근법이 효과가 없으며, 이러한 사실은 좌절감과 안도감을 동시에 불러일으킨다.

서양에 마음챙김을 소개한 중요한 인물인 아잔 수메도Ajahn Sumedho는 마음챙김 상태의 달콤한 기쁨을 꿀맛에 비유했다.

> 따라서 생각이나 분석을 통해 모든 지식을 정의하거나 습득할 수는 없다. … 왜냐하면 당신이 꿀에 대해 많이 알더라도 꿀을 모를 것이기 때문이다. 이는 마치 맛보지 않고 꿀에 대해 모든 것을 아는 것과 같다. 화학 공식, 다양한 품질, 어떤 품종이 가장 우수하고 달콤한지, 어떤 것이 흔하고 대중적이며 낮은 등급인지 아는 것 말이다. 당신은 그 모든 것을 알고 있지만, 실제 맛은 모른다. … 그러나 꿀을 맛본다면 꿀에서 이런 맛이 난다는 것을 직관적으로 알게 된다(Sumedho 2014).

따라서 마음챙김은 지적인 이해보다는 경험적인 이해 측면이 강하다. 이는 마음챙김의 매력 중 하나다. 그 어떤 권위자도 말로 우리를 완전히 가르칠 수는 없다. 그러나 그 과정에서 교사나 치료자가 맞춤형 안내를 제공하는 것의 중요성을 과소평가해서는 안 된다.

이 책의 의도는 마음챙김에 대한 설명을 제공함으로써 마음챙김을 복잡한 말이나 이해할 수 없는 것으로 치부하려는 충동을 사전에 차단하고, 그 대신 마음챙김을 임상 실습에서 접근하기 쉽고 필수적인 도구로 제시하는 것이다. 이번 장에서는 심리적 위기에 마음챙김을 어떻게 적용할 수 있는지 임상 사례와 함께 설명하면서 실제적인 현장 지침을 제공한다. 이어서 5장에서는 임상 사례와 함께 신체와 감정에 대한 마음챙김 및 위기 통합에서의 적용으로 확장한다. 이번 작업에서는 인지신경과학 및 행동심리학, ACT와 마음챙김 중재 연구 및 문헌, 그리고 자체적인 임상 경험과 마음챙김 실습에서 얻은 지식을 활용한다.

메타인지

'마음챙김'은 메타-알아차림의 실제 **상태**뿐 아니라 메타-알아차림을 증진시키는 메타인지적 **주의 과정**을 공통으로 지칭한다는 점을 분명히 해야 한다. 마음챙김을 하나의 과정으로 시작해 다음 논의에서와 같이 해당 단어의 두 가지 의미를 명확하게 명시하는 한 문제가 되지 않는다.

직접 시도해 보기 전에는 적어도 10분 정도는 마음챙김을 쉽게 유지할 수 있다고 생각할지도 모른다. 하지만 실제로 시도해 보면 한 번의 호흡이나 기껏해야 다섯 번의 호흡이 끝나자마자 마음챙김에 머무르는 것을 잊어버린다는 것을 금방 깨닫게 된다. 이미 일어났거나 일어날 가능성이 있는 일에 대해 생각하기 시작하고, 의도와 달리 마음이 헤매기 시작한다. 메타인지적 마음챙김 **과정**은 바로 현재-순간의 경험에 주의를 기울이고, 다시 그 경험에 주의를 기울이는 것, 그리고 현재-순간의 경험에 대한 메타-알아차림을 더 오래 유지하는 능력을 강화하는 데서 비롯된다. 마음챙김이 어떤 차이를 만들어 내기 위해서는 시간이 지남에 따라 어느 정도의 주의 일관성 cohesion이 있어야 하며, 이 능력이 향상되면 큰 성과를 거둘 수 있다. 연습은 단순하고 의식 가능한 메타인지적 작업 세트를 활용하는 것으로 시작된다.

초점화된 주의

마음챙김 연습은 일반적으로 현재 순간의 한 가지 대상에 초점을 맞추어 주의를 기울이는 것으로 시작한다. 우리가 추구하는 것은 단순히 시간이 지나도 꾸준하게 주의를 기울이는 능력을 기르는 것이기에 어떤 대상을 선택해 주의를 기울일 것인지는 중요하지 않다. 그러나 처음에는 강한 감정이나 복잡한 생각에 빠지지 않고 비교적 쉽게 머무를 수 있는 대상을 선택하는 것이 좋다. 마음챙김의 보편적인 대상 중 하나는 호흡이다. 마음챙김을 호흡 연습으로 오해해서는 안 되지만, 호흡은 주의 과정이 닻을 내릴 수 있는 지점인 몸통에서의 움직임을 만들어 낸다.

그러나 호흡이 모든 사람에게 이상적인 첫 선택지인 것은 아니다. 한 내담자의 경우에는 자신의 호흡에 귀를 기울이는 것이 그녀를 성적으로 학대했던 할아버지의 숨소리를 떠올리게 했다. 호흡이 끔찍한 경험을 반영하는 경우에는 주의 초점을 물리적 환경에서 나는 소리, 음식의 맛, 천천히 걷는 동안 발에서 느껴지는 감각, 또는 현재 순간에 일어나는 다른 어떤 것 등으로 바꾸는 것이 좋다.

인간은 어떤 대상에 주의를 기울이든, **마음챙김 과정**에는 초점을 맞출 주의 대상을 **선택하고, 지향하며, 집중시키는**directing 동일한 복합적인 인지적 작업이 적용된다. 즉, 주의를 분산시키는 집중 장해물이 있는 상황에서도 대상에 장시간 주의를 **지속하는 것**, 주의가 방황하는 생각이나 다른 장애물에 빠지는 것을 **모니터링하는 것**, 현재의 정신적 활동의 특성을 마음챙김 지침의 특성과 **구분하는 것**, 어떤 주의분산 대상에 붙어 있는 것을 **감지하는 것**, 주의를 방해물로부터 멀리 **옮기는 것**, 주의가 흐트러진 것에 대한 반응이나 내적 비판을 알아차리고 수용적인 태도를 **가지는 것**, 주의를 초점의 대상으로 부드럽게 **돌려 집중하고** 다시 대상에 주의를 **유지하며** 이 과정을 반복하는 것이 적용된다.

이러한 인지적 작업을 자신의 마음챙김 연습으로 수행하든지, 혹은 내담자를 안내하는 방식으로 수행하든지 주의를 어디로 집중시킬지 의도적으로 선택하는 것은 이른바 하향식top-down 처리과정을 사용한다.

주의의 상향식 모듈과 하향식 모듈

외부 세계가 시각, 소리, 촉감, 맛, 냄새와 같은 자극을 쏟아 내고, 내부 세계가 생각, 감정, 신체 감각과 같은 활동으로 소용돌이칠 때 무엇에 주의를 기울일지 선택하는 것은 말처럼 쉽지 않다. 주의를 집중시키는 방법에 대해 더 알아보기 위해 [그림 4.1]로 돌아가 보자.

주의를 끄는 데 특히 효과적인 자극은 사전 학습을 통해 정서적 중요성을 얻은 자극이다. 새롭고 예상치 못한 자극뿐 아니라 좋은 음식, 감사의 미소, 화난 눈썹처럼 즐거운 자극과 불쾌한 자극이 주의를 끄는 힘에 대해 우리는 익히 알고 있다. 2장에서 언급한 것처럼 인간의 뇌는 종의 생존(진화적 학습을 통해)이나 개인의 번영(모형—부재 및 모형–기반 학습을 통해)을 위해 중요한 것에 주의를 기울이도록 프로그래밍되어 있다. 이전 학습과 연합된 감각 자극에 따라 주의가 집중되고 신경 정보 처리가 이뤄질 때, 주의는 '상향식bottom-up' 처리과정을 통해 유도된다. 이 정보는 [그림 4.1]의 수준 1과 수준 2에서 처리된다. 흔히 광고주들은 주의를 집중시키는 깜빡임, 화려한 색채, 원초적인 이미지 등 가능한 모든 방법을 동원해 이 과정을 활용한다. 주의는 매우 가치 있는 수단이며, 우리가 어떤 것에 대해 더 많은 것을 알고자 할 때 가장 좋은 동기 부여 수단이 된다.

심지어 우리가 내부 세계와 접촉하기 위해 눈을 감을 때도, 이전에 겪은 사건과 그 사건에 대한 우리의 모형은 거의 끊임없이 순환한다. 다행히도 우리는 앞서 설명한 선택, 지향, 지속과 같이 주의의 하향식top-down 접근을 통해 어떤 것에 주의를 기울일지, 어떤 것을 무시할지 선택할 수 있다(Frith and Dolan 1997).

수학 문제를 풀거나 수면이 얕은 만을 항해하는 것과 같은 일도 [그림 4.1]의 수준 3에 해당하며, **목표-지향적인** 정보 처리와 행동에 주의를 기울이게 한다. 다시 말해, 주의는 이미 결정된 목표와 관련이 있는 것으로 향한다. 그러나 마음챙김에서는 매 순간 무슨 일이 일어나고 있는지를 아는 것 외에는 다른 **목표가 없다**. 그런데도 우리가 사용하는 다양한 하향식 주의 집중 방식은 두 경우 모두 비슷하다.

개방된 주의

주의를 현재 순간으로 다시 가져오기를 반복하다 보면, 어느 순간 힘들이지 않고 더 오랜 시간 마음챙김을 유지하는 때가 올 것이다. 마음챙김은 다른 모든 연습과 마찬가지로 시간이 지나면서 더 쉬워진다.

현재 경험에 대한 메타-알아차림의 연속성이 안정화되고 강화되면, 선택한 마음챙김의 대상(예: 호흡)에 집중적으로 주의를 기울이며 평온하고 반응이 없는 상태로 휴식을 지속할 수 있다. 위기 상황에서는 이러한 종류의 진정된 상태와 관련된 메타-알아차림을 기르고, 언제나 사용 가능하다는 사실을 아는 것이 특히 유익하다.

또한 '일차적인' 마음챙김 대상에 주의를 기울이지 않고, 우연히 나타나는 어떤 경험을 관찰할 수 있도록 주의를 열어 놓는 것도 대안이 된다. 원칙적으로 주의는 참조, 선택, 고정으로부터 자유로워지며, 발생하는 모든 것을 받아들이고 포함할 수 있다. 우리의 목표는 일어나는 경험에 머물지 않는 것이다. 경험을 붙들거나 억누르거나 움켜잡거나 피하려 하지 않고 자유롭게 오고 가도록 허용한다. 만약 어느 순간 생각이 길을 잃는다면, 다시 하향식 인지 처리과정을 사용해 주의를 마음챙김의 일차적 대상으로 잠시 되돌려 놓을 수 있다. 이런 식으로 메타-알아차림 관점을 바로 세운 후에는 생각의 내용에 몰두하지 않고 생각을 생각 자체로 메타-알아차림하게 된다. 이는 감정에 대해서도 동일하며, 이를 통해 감정에 압도되는 대신 감정을 관찰할 수 있다.

메타-알아차림

마음챙김 기술이 점차 학습되고 강화되듯이 마음챙김 상태에 대한 깨달음도 시간이 지남에 따라 발전한다. 명상과 마음챙김 교육에 삶을 바친 사람들도 수십 년이 지나면서 마음챙김에 대한 기술적 정의를 다시 다듬는다. 마음챙김은 "지금 현재, 순간순간의 경험에 비판단적인 태도를 가지고, 의도적으로 주의를 기울이는 **과정을 통해**through 나타나는 것"으로 이는 전혀 신비로운 것이 아니다(Kabat-Zinn 2003). 이 정의에서 핵심 단어는 '**과정을 통해**through'다. 앞서 기술한 방식으로 주의를 다시 집중하고 회복하는 **과정을 통해** 마음챙김 상태가 일어난다. 마음챙김을 연습하면 익숙한 것에 대한 새로운 풍부함(충만함)과 미묘한 차이nuance를 지속적으로 발견할 수 있다. 따라서 마음챙김의 다양한 정의는 이를 제공하는 사람들의 다양한 학습, 훈련, 발달 단계를 반영한다. 또한 훈련받는 사람들의 경험 수준에 따라 형성될 수도 있다.

그럼에도 불구하고, 마음챙김 상태의 정의는 서로 필요충분조건인 **세 가지 차원**으로 요약된다(APA 2022; Goldstein 2013; Yadavaia et al. 2014). (1) 현재 순간에 존재하는 것을 경험하는 것, (2) 현재 순간의 경험에 대한 메타-알아차림, (3) 현재 순간을 관찰하는 자신의 필터에 대한 메타-알아차림이다([그림 4.2] 참조). 이러한 특성을 하나씩 자세히 살펴보자.

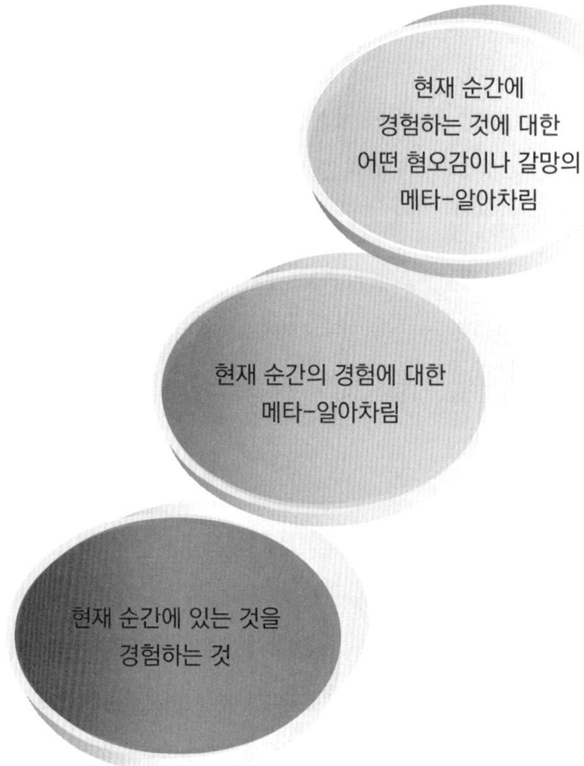

[그림 4.2] 마음챙김의 세 가지 차원

현재 순간과 무슨 상관이 있는가?

반려동물은 현재 순간에 존재하는 것이 어떤 것인지 잘 상기시켜 준다(Goldstein 2020). 개dog는 코의 감각을 따라가며 산책 중에 나타나는 변화무쌍한 냄새에 즉각적으로 반응한다. 개는 과거에 연연하거나 미래를 걱정하지 않고, 매 순간 매혹적인 냄새를 열심히 따라간다. 외출 후 집에 돌아오면 개는 혼자 두고 간 주인을 원망하기보다는 꼬리를 흔들며 기뻐한다. 현재 순간을 온전히 경험하는 이 같은 능력은 우리가 사랑하고 부러워하는 매력적인 특성이다. 왜 우리는 매 순간 있는 그대로 받아들이고 반응하는 개의 단순함을 원하지 않을까?

그러나 개의 주의는 현재 순간에 집중되어 있음에도 특별히 마음챙김을 하는 것은 아니다(Goldstein 2020). 개의 경험과 선택을 담당하는 처리과정은 [그림 4.1]의 수준 1과 수준 2에서 이루어진다. 들어오는 감각 자극은 진화적으로 프로그래밍이 된 신경계와 사전 지식에 기초해 개의 주의를 사로잡는다. 개의 주의는 상향식 과정, 즉 주로 감각 자극에 의해 유도되는 과정을 통해 이루어진다.

현재 순간의 경험에 대한 메타-알아차림

또 다른 마음챙김의 필수적인 특성은 현재 순간에 대한 메타-알아차림이다. 즉, 우리가 어떤 경험을 하고 있음을 **아는 것**, 예를 들면 절망감을 **느끼는** 것에서 절망감을 **관찰하는** 것으로 이동하는 것이다. 이는 이 장의 시작 부분에서 소개한 의식의 두 가지 수준, 즉 [그림 4.1]에 제시된 주관적 경험(수준 2)과 경험에 대한 메타-알아차림(수준 3)과 관련이 있다.

메타-알아차림으로의 관점 전환은 경험으로부터 탈융합하고defusion, 분리되며disembedding, 느슨해지는 형태를 포함하는데, 때로는 약간의 결단력이 필요하다. 특히 생각과 관련된 경우에 그렇다. 때때로 우리는 '나는 먼저 이 생각을 해' 또는 '무엇보다 이걸 먼저 해결해야 해'와 같이 생각에 집착하는 것처럼 보인다. 그러나 마음챙김은 생각에 대한 생각, 즉 경험하고 있는 것에 대해 숙고하고, 반성하고, 평가하며, 개념화나 범주화하고, 연상하는 것과는 다르다. 다시 말해, 마음챙김은 현재 경험에 대해 생각에 잠기는 것과는 다르다. 생각에 대한 메타-알아차림이라는 의미에서 마음챙김은 생각을 단지 '생각'으로 인식하는 것을 의미한다.

여기서 메타인지의 역할을 명확히 할 필요가 있다. 메타인지는 **생각에 대한 생각**도 포함하는데, 때로는 이것이 매우 도움이 된다. 그러나 마음챙김 과정이 적용된 메타인지는 주로 주의를 현재 순간으로 돌리고, 이것이 일어나지 않을 때를 인식하며, 마음챙김의 지침을 기억하고 탈융합하며, 현재 순간의 경험으로 다시 주의를 가져오는 것 등과 관련이 있다. 이러한 마음챙김 과정은 결국 더 오랜 시간의 메타-알아차림을 도와준다.

탈융합은 언제 어디서나 가능하지만, 일반적으로 이것을 반복해야 한다는 점을 아는 것이 중요하다. 만약 주의가 흐트러지면 마음챙김에 실패했다고 오해할 수 있으나, 경험에 대한 메타-알아차림으로 단번에 이동할 수 있는 사람은 없다. 탈융합은 반복적으로 시도하는 것이며, 많은 인내가 필요하다. 우리는 경험과 융합되는 것에서 벗어나 그것을 관찰하는 단계로 이동한다. 그러다 보면 우리가 알아차리기도 전에 융합이 다시 일어난다. 실제로 융합이 일어났다는 것을 알아차릴 때까지 계속된다.

경험에 몰두하는 끈적한 고착성을 극복하기 위해 생각, 감정, 또는 감각 중 어느 것이든 경험을 버리거나 외면해서는 안 된다. 메타-알아차림은 참여하지 않는 방관자가 되는 것과 동일시되지 않는다. 오히려 경험하기에 부드럽고 친절한 존재다. 펼친 손바닥 안에 있는 나비를 흥미롭고 조심스럽게 관찰한다고 생각해 보라. 6장에서 좀 더 자세히 살펴보겠지만, 메타-알아차림은 자기-자비의 토대 중 하나다. 경험과의 융합에서 메타-알아차림으로의 이동은 때때로 '내려놓기letting go'로 지칭된다. Jack Kornfield(2008)는 "내려놓는다고 해서 없애는 건 아니다. 내려놓기는 그냥 그대로 두기let be를 의미한다. 우리가 자비심을 가지고 놓아주면 모든 것이 스스로 오고 간다"라고 말했다. 나비는 준비가 되면 우리의 손바닥과 친절한 메타-알아차림으로부터 날아갈 수 있다.

6장에서 살펴볼 바와 같이, 경험에 대한 메타-알아차림은 경험에 대한 동일시를 알아차리고, 결국 그 고리를 끊는 것을 포함한다. 예를 들어 '나는 두렵다'라는 두려움과 두려움에 대한 동일시로 인식되며, 결국에는 '두려움이 일어나고 있다' 혹은 그냥 '두려움'으로 재구성된다. ACT 언어로 표현하면, 경험의 내용에 의해 정의되는 것, 즉 '내용적 자기self-as-content'('나는 두렵다')에서 내용의 관찰자가 되는 것, 즉 '맥락으로서의 자기self-as-context'('두려움이 있다')로의 전환을 포함한다. 맥락으로서의 자기는 자신의 정체성과 구별되는, 삶이 체험되는 조망(관점)으로서의 자기감을 갖는 것을 의미한다(Yadavia et al. 2014). 이는 신념, 생각, 감정에 대한 개인의 강한 연결을 느슨하게 만들 것이다. 따라서 비동일시는 경험을 중재하고 변화시키려는 충동과 같은 반응성을 감소시키는 동시에 평정심과 자비심을 가지고 현재의 경험을 있는 그대로 받아들이는 능력을 증가시킨다. 태국 승려인 아잔 차Ajahn Chah는 "모든 것의 목격자가 되라, 조망perspective을 가진 자가 되라, 아는 자가 되라"라는 간단한 명상법을 제시했다(Kornfield 2021).

현재 경험하고 있는 것에 대한 혐오 또는 욕구의 메타-알아차림

마음챙김에 필요한 세 번째 특징은 경험에 주의를 기울이는 모든 대상에 대해 메타-알아차림을 하는 것이다. 경험을 관찰할 때 피하려고 하거나 판단하고 밀어내며 없애기를 원하는 아주 약간의 혐오감으로 관찰하고 있는가? 아니면 반대로 더 많이 갖기를 바라며 그것을 향해 나아가고 붙잡기를 바라는가? 이러한 반대 방향의 끌어당김은 단세포 생물에 이르기까지 모든 유기체의 회피-접근 체계에 부합한다. 2장에서 논의한 바와 같이, 이 체계는 외부 사건과 관련해 생명을 유지하기 위한 안내 수단으로 진화해 왔다. 그러나 즐거운 내적 경험(예: 행복)에 대한 무의식적 추구와 불쾌한 내적 경험(예: 불안)의 맹목적인 거부는 모두 우리를 곤경에 빠뜨릴 수 있다. 내적 사건에 대한 회피는 위기에 처한 사람들이 가장 흔히 겪는 문제지만, 5장에서 살펴볼 것처럼 행복한 내적 상태에 집착하는 것 역시 문제가 된다.

석가모니는 사람이 반드시 따라야만 하는 신념 체계를 가르친 것이 아니라, 마음이 어떻게 작동하는지에 대한 자신의 깨달음을 설명하고 듣는 이가 그 타당성을 스스로 확인하도록 격려했다. 그는 경험에 접근하거나 회피하려는 무의식적인 경향을 고통의 원인으로 여겼다. 그리고 혐오와 집착의 밀고 당기는 경향을 개인적으로 탐구하면 이렇게 깊이 조건화된 경향으로부터 자유를 얻을 수 있으며, 나중에는 지혜로운 통찰력과 평화를 향하는 길을 수월하게 만들 수 있다고 제안했다.

마음챙김에서 자동적이지 않은 반응성과 과하지 않은 애착을 기르는 것은 혐오나 욕구를 제거하는 것을 의미하지 않는다. 그것은 혐오와 욕구에 대한 또 다른 차원의 거부일 뿐이다. 그 대신 밀고 당기려는 내적 경향을 알아차리고 아는 것을 의미한다. 따라서 관찰과 비간섭의 동일한 원칙은 편향과 선호의 내부 현상에도 적용된다. 마음챙김은 결국 거부하는 것이 아니라, 있는 그대로 보면서 인식하는 것이다.

이러한 경향을 통제하거나 그에 따라 행동하는 대신, 더 적게 혹은 더 많이 원한다는 것을 **아는 것**은 감정적인 반응을 줄이는 데 중요한 역할을 한다. 우리가 배우는 것은 습관적인 접근-회피 체계에 대한 메타-알아차림이 시간의 흐름에 따라 경험의 내용과 책임에 대해 평정심의 태도를 형성한다는 것이다. 현재 순간의 경험뿐 아니라 그 경험을 다루는 방식과 회피하거나 접근하려는 의도까지 메타-알아차림을 한다면,

마음챙김의 진수ambrosia에 근접하기 시작한다.

행동하는 것에서 이러한 경향을 그저 관찰하는 것으로의 전환은 평온함을 불러일으키며, 이는 현재 순간에 일어나는 더 많은 측면을 더 쉽게 알아차리게 한다. 이로써 마음챙김은 **반복적인** 과정을 통해 내적인 경험을 회피하고 집착하려는, 이해되면서도 미묘하게 이해하기 어려운 특성을 점점 더 메타-알아차림으로 인식하게 된다. 다시 말해, 시간이 지남에 따라 경험에 대한 메타-알아차림은 현재 순간의 경험이 지속되거나 사라지기를 바라는 약간의 소망이 섞일 때 더 잘 알아차리게 된다. 내부 관찰 능력이 더 발전하면, 경험에 대항하거나 변화시키려는 노력을 무효화해 에너지를 좀 더 생산적인 노력에 쏟게 도와줄 것이다. Kabat-Zinn(2016)의 말대로 "명상은 본질적으로 자기 자신을 개선하거나 다른 어딘가에 도달하려고 노력하는 것이 아니라, 단순히 자신이 이미 어디에 있는지를 깨닫는 것에 관한 의도적이고 체계적인 유일한 인간 활동"이다. 역설적인 점은 결국 마음챙김이나 명상을 통해 바꿀 수 있는 외부 환경을 변화시키는 데 필요한 능력을 키울 수 있다는 것이다.

마음챙김의 세 가지 필요충분조건(Goldstein 2020), 즉 현재 순간에 존재하는 것, 현재 순간에 대한 메타-알아차림, 그리고 현재 내적 경험을 변화시키려는 어떤 욕망에 대한 메타-알아차림을 통해 우리는 마음챙김이 현재 나타나는 실제에 대한 완전한 그림을 명확하게 이해할 수 있다.

마음챙김 연습이 발전함에 따라 특정한 초점을 두거나 두지 않고도 메타-알아차림의 지속을 유동적으로 오갈 수 있게 될 것이다. 변화의 기점이 되는 순간은 어떤 경험이든 메타-알아차림이 변하지 않고 남아 있음을 발견할 때다(Goldstein 2013). 우리는 고통스럽거나 중립적이거나 즐거운 경험 등 어떤 것이든 메타-알아차림을 잃지 않고 유지할 수 있다. 메타-알아차림에 기대고 머무르는 순간이 많아지면서, 결국 메타-알아차림이 위기의 격동과 혼란 가운데 소중한 안식처가 된다는 것을 알게 될 것이다. 평온하고, 허용적이고, 주의 깊은alert 메타-알아차림 말이다.

메타-알아차림에 머무는 것은 일종의 경청이다. 새들의 노래를 들을 때 새들이 특정한 방식으로 노래하게 할 수는 없다. 그저 관찰하며 주의 깊게 들을 뿐이다.

누군가가 테레사 수녀에게 기도할 때 신에게 무슨 말을 했는지 질문한 적이 있다. 테레사 수녀는 "저는 아무 말도 하지 않아요. 그냥 듣기만 합니다"라고 대답했다. 그

[그림 4.3] 생각에 대한 마음챙김을 돕는 임상적 도구

려자 질문자는 신이 그녀에게 무슨 말씀을 했는지 물었고, 그녀는 "신은 아무 말씀도 하지 않아요. 그냥 듣기만 해요"라고 말했다. 그런 다음 특유의 솔직함으로 "만약 이것을 이해하지 못한다면, 저는 당신에게 달리 설명할 방법이 없어요"라고 덧붙였다(Goldstein 2013). 치료자들은 그렇게 쉽게 곤경에서 빠져나오지 못한다. 따라서 다음 논의에서는 심리적 위기 상황에서 마음챙김을 어떻게 탐색할 수 있는지에 대한 몇 가지 실제 사례를 제시한다([그림 4.3] 참조).

생각에 대한 마음챙김을 통한 위기 통합

우리는 생각에 많은 투자를 한다. 생각을 믿고, 그 생각을 자신과 동일시하며, 생각이 제시하는 문제에 대한 해결책을 찾으려고 노력한다. 고통의 시기에는 과거를 반추하고, 미래를 걱정하며, 자신이나 타인을 비난하고 판단하기도 한다. 그럼에도 불구하고 사람들이 사고 활동을 피하려고 노력하는 다양한 주의전환 방법(예: 오락, TV나 영화 보기, 물질 사용)은 마치 생각이 바람직한 추구가 아님을 시사하는 것처럼 보일 수 있다. 한 연구에서 참가자들은 자신의 생각을 내버려 두기보다는 약한 전기 충격을 스스로 가하는 것을 선호했다(Wilson et al. 2014). 주의전환은 차치하고, 우리는 총체적인 인지 능력이 요구되는 활동에 참여하려고 할 수 있다. 많은 사람이 체스, 등산, 수술, 또는 고압전기 수리와 같이 어렵고 심지어 위험한 활동이 사고 활동을 잠시 멈추는 데 도움이 된다고 설명한다. 이러한 활동에서 우리의 주의에 전념하는 것은 평소 자기-참조적인 정신적 활동에서 벗어나게 해 주는데, 일종의 '자기로부터의 휴가'다. 그러나 활동이 끝나면 익숙한 생각의 폭포가 멈췄던 지점에서 다시 시작된다.

심리적 위기에서는 감정이 강렬해지고, 생각은 파국적이고, 파편적이며, 침습적이고, 반복되며, 소모적이게 된다. '모든 것을 잃었어', '내 인생은 더 이상 의미가 없어', '나는 이 상황을 견딜 수 없어', '전부 다 내 잘못이야', '나는 벌을 받아 마땅해'와 같은 생각은 공포, 절망, 공황, 죄책감, 수치심과 같은 고통스러운 감정을 유발하며 비슷한 맥락의 생각을 자극한다. 불교에서는 이 현상을 팔리어로 **빠빤차papanca**라고 부르는데, 대략 '사념의 확산'으로 번역된다.

마음챙김은 반복적인 생각으로부터 휴식을 가져온다

이러한 소용돌이 속에서 마음챙김을 시작할 때, 생각과 감정은 단지 있는 그대로 알아차려진다. 잠시 동안 동요하던 생각과 성가신 감정은 더 이상의 생각과 감정을 만들어 내지 않는다. 이러한 마음챙김의 순간을 연이어 경험하면 안정과 휴식에 대한 감각이 길러진다. 이는 기뻐할 만한 일이며, 마리나Marina라는 내담자에게 도움이 되는 첫 번째 단계로 나타났다.

마리나: 반복되는 생각으로부터의 휴식에 대한 임상 대화

마리나(Marina)는 30세 미혼 여성으로 이민 2세다. 그녀는 23세 때 파트너 추적을 통해 HIV(인간면역결핍바이러스)에 걸렸다는 것을 알게 되었다. 이로 인해 마리나는 대학 교육을 완료하지 못했으며, 현재 무직이다. 깨어 있는 동안 HIV 양성이라는 생각으로 고통받고 있으며, 이는 다른 것에 대한 집중력도 무너뜨렸다. 끊임없는 수치심과 자기-혐오뿐 아니라 지배적인 고독감과 무의미함과도 싸우고 있다. HIV 치료제인 항레트로바이러스 치료제(antiretroviral medications)의 효과가 뛰어남에도 마리나는 자신의 상태에 대한 낙인(stigma)으로 고통을 겪고 있다. 만약 그녀의 HIV 진단 사실이 알려지면 사회적 관계망의 상당 부분을 잃게 될까 봐 두려워하고 있다. HIV에 감염된 많은 사람이 아무에게도 이 사실을 말하지 못하거나, 신뢰할 수 있는 극소수의 사람에게만 이야기한다. 진실이 밝혀질 경우 사회적 왕따가 될 위험은 견딜 수 없는 고통이지만, 비밀은 고독감과 이중생활을 하는 듯한 느낌을 만들어 낸다.

마리나에게는 사회적 거부의 위험이 지속적인 위기가 되었다. 몇 개월 전 그녀의 병을 아는 유일한 친구가 자살하면서 마리나는 자살 생각이 나주 나타났다. HIV에 걸리지도 않은 친구가 자살을 결심했다면 자신은 왜 살아야 하는 걸까?

치료자는 HIV 건강관리 담당자가 마리나의 우울증 및 자살 생각과 관련해 치료를 의뢰한 이후 마리나와 처음 만났다.

치료자 이 모든 일 중에 가장 힘든 건 무엇인가요?

마리나 말하기 어렵네요. 늘 HIV에 시달리는 느낌이에요. 잠에서 깨는 순간부터 잠들기 직전까지 온통 그 생각만 떠올라요. 심지어 자다가도 그 생각 때문에 잠이 깨요.

치료자 정말 피곤하시겠어요.

마리나 너무 피곤해요. 그리고 이상하리만치 긴장되는 느낌이 드는데, 사지를 못 움직일 것처럼 완전히 진이 빠져요. 이 생각이 잠시도 멈추지 않아요. 그냥 뭘 어떻게 해야 할지 모르겠어요.

치료자 그 생각이 어떤 것인지, 무엇에 관한 것인지 이야기해 줄 수 있을까요?

마리나 HIV라니…. (한숨) 어디서부터 시작해야 할까요? 누구도 HIV에 걸린 사람을 좋아하지 않죠. 친구들이 알게 되면 모두 저를 떠날 거예요. 친구들은 저를 보고 아름답다고 사랑한다고 말지만, 다들 아무것도 모르니 하는 소리예요. 제 인생은 하나의 큰 거짓말이에요. (침묵) 그냥 너무 외로워요. 가끔 파티에 가는데, 사람들은 왜 제가 남자들을 거절하는지 궁금해해요. 심지어 괜찮은 남자도요. 더 이상 뭐라고 말해야 할지 모르겠어요. 집에 있는 게 좀 더 편하지만, 집에 있으면 다시 생각에 사로잡혀요. TV가 유일한 친구예요.

치료자 그러니까, 만약 HIV 진단을 받은 사실을 말하면 진짜 혼자가 되고, 사실을 말하지 않으면 다른 방식으로 혼자가 되는 거네요.

마리나 정확해요. 사실대로 말하고 어떤 일이 일어나는지 지켜볼까 싶기도 해요. 만약 제가 우려하는 것만큼 상황이 심각해지면, 다른 동네로 이사해서 새 출발을 할 수도 있겠죠. 하지만 HIV가 새로운 삶을 따라잡는 건 시간문제일 거예요. 늘 이런 시나리오를 두려워할 것이라는 걸 알고 있어요.

치료자 정말 힘든 상황이네요. 마리나 님은 자신의 생각으로부터 어떻게든 탈출하려고 열심히 방법을 찾는 것 같아요, 맞나요?

마리나 수년간, 매일매일. 잠시도 멈춘 적이 없어요.

치료자 누가 그 생각을 비난할 수 있겠어요. 우리는 사회적 동물인 만큼 집단의 지지를 잃는 건 매우 위험한 일 중 하나죠. 우리는 그러한 사회적 거부에 두려움을 느끼도록 프로그래밍되어 있어요.

마리나 (손을 내려다보며 흐느끼기 시작한다. 뺨에 눈물이 흐른다) 네, 두려워요.

치료자는 이 상황이 소외되지 않고, 안전하며, 소속되어야 할 보편적인 욕구를 위협한다는 것을 짐작하고 제안하면서, 마리나가 두려움을 느끼는 것은 지극히 당연한 일이라는 것과 이러한 두려움이 생각과 문제-해결 활동을 어떻게 촉발하는지 이해하도록 도움을 주고자 했다. 욕구와 감정의 목소리를 내는 것은 그에 대한 메타-알아차림을 촉진하고, 무엇을 해야 하는지 생각해 내려고 노력하는 동안 반복되는 생각을 받아들이도록 격려할 것이다. 이러한 욕구, 감정, 생각의 수준을 명명했기 때문에 다음 단계의 생각, 즉 자기-비난과 그에 수반되는 수치심 및 죄책감 중 하나가 알아차림으로 드러날 수 있다.

마리나 HIV에 걸렸다는 건 질이 나쁘고, 저속하고, 더럽다는 걸 의미해요.

치료자 당신의 생각이 그렇게 말하나요?

마리나 음, 아니요. 제가 그런 거예요. 제 잘못이에요! 그 남자랑 무방비 상태로 성관계를 하지만 않았어도 저는 여기에 없었을 거예요. 마치 제가 창녀 같아요.

치료자 그러니까 이 고통스러운 상황을 이해하려고 하는 이야기는 당신이 창녀이기 때문에 전부 당신 잘못이라는 거네요. 그렇게 되는 건가요?

마리나 (조금 망설이며) 네, 그렇게 생각해요.

치료자 이런 관점에서 보자면, 역사상 무방비 상태로 성관계를 한 사람은 당신만이 아니에요. 아마 대부분은 살면서 그런 경험이 있을 거예요. 당신이 운이 나빴을 뿐이에요.

마리나 (치료자의 눈을 한참 바라본다) 하지만….

이 대화에서 치료자는 마리나가 자신에 대해 좀 더 객관적이고 자기-자비적인 방식으로 관계를 맺을 기회를 마련했다. 마리나의 저항은 '하지만…'에서 잘 드러난다. 치료자가 그녀의 말을 가로막는다.

치료자 제가 마리나 님의 생각을 설득해서 쉬게 할 수 있을지 의문이에요. 그 생각이 쉽게 바뀌지는 않겠죠, 그렇지 않나요?

마리나 네.

치료자 단지 당신에게 일어난 일에 대해 합리적이고 논리적인 다양한 이야기가 있을 수 있다는 점을 고려해 주면 좋겠어요. 지금 우리가 할 일은 당신이 생각을 이해하는 데 모든 에너지를 소모하지 않도록 돕는 거예요. 당신이 좀 더 마음의 고요함을 접할 수 있기를 바라고, 실제로 전반적으로 좀 더 휴식을 취할 수 있기를 바랍니다. 제가 계획한 걸 들어 보시겠어요?

여기서 치료자는 마리나의 끊임없는 생각이 어떻게 그녀를 지치게 만드는지 설명하며 암묵적으로 언급한 가치인 '휴식과 고요함'이라는 말을 던진다. 가치를 제시하면 새로운 시도에 대한 동기가 증가할 수 있다. 마리나는 치료자가 제안하는 것을 듣기로 동의한다.

치료자 동의하거나 반대하지 않는 방법 중 하나는 생각에 관여하거나 확대하지도 생각과 싸우는 것도 아닌, 이러한 생각이 일어나고 있다는 사실을 그저 알아차리는 겁니다.

마리나 뭐라고요?

치료자 '생각이 일어나고 있구나. 생각이 이렇구나'라고 알아차리는 거예요. 표정을 보니 잘 이해되지 않는 것 같네요. 그냥 한번 해 볼까요? 설명하는 것보다 실제로 해 보는 게 더 쉬울 거예요.

마리나 선생님이 뭘 말하는지 모르겠지만, 알겠어요.

생각은 대체로 그것이 사실인지 거짓인지, 맞는지 틀리는지와 상관없이 그것을 바꾸려는 노력에 잘 반응하지 않는다. 생각을 바꾸거나 통제하거나 없애려는 행동 자체가 생각을 더 확산시키는 경향이 있기 때문에 방해가 된다. 이러한 노력이 마리나의 우울증과 자살 경향성suicidality을 높이는 데 큰 역할을 했을 것으로 보인다. 게다가

만약 그녀가 자신의 상황을 드러낼 경우 가장 두려워하는 것, 즉 친구들에게 거절당하고 더러운 존재로 여겨지는 경험을 실제로 할 수도 있다. 하지만 마리나는 수용, 자비 그리고 휴식을 찾아서 자기 내부로 향할 수 있다.

이 방향의 첫 번째 단계는 자신의 생각을 생각으로 알아차리는 것이다. 이런 식으로 메타-알아차림에 접근하는 것은 내면에서 일어나는 것을 받아들이고 수용하는 능력을 길러 준다. 마리나가 자신의 생각과 완전히 융합되는 것([그림 4.1]의 수준 2)에서 단순히 생각을 관찰하는 것([그림 4.1]의 수준 3)으로 전환하기 위해서는 생각의 내용으로부터 조금이라도 분리되어야 한다. 생각은 본질적으로 추구하거나 논쟁하기에 매우 유혹적이고 마음을 사로잡기 때문에 이는 쉽지 않은 일이다.

Goldstein(2013)의 비유에서 생각, 감정, 신체 감각은 세 가지 다른 라디오 채널에서 방송되는데, 채널 3은 생각을 방송하고, 채널 2는 감정을 방송하고, 채널 1은 신체 감각을 방송한다. 채널 3은 생각에 휩쓸리기 쉬워서 마음챙김을 유지하기 가장 어렵다. 채널 2에서 일어나는 일에 대해 마음챙김에 머무르기가 더 쉬우며, 심지어 채널 1의 신체 감각에 대한 안정된 주의를 유지하기는 더 쉽다. 위기 상황에서 복잡한 내부 활동이 일반적이지 않고 이례적인 경우에는 채널 2나 채널 3보다는 채널 1에 맞추는 것이 도움이 된다. 이러한 이유로 치료자는 마리나의 첫 번째 마음챙김 대상으로 호흡의 움직임을 선택한다. 호흡에 대한 메타-알아차림은 결국 생각이 일어날 때 그 내용을 믿고 발전시키는 대신, 생각에 대한 메타-알아차림 능력을 길러 줄 것이다.

치료자 고마워요. 이런 작업은 시야가 방해받지 않을 때 더 수월할 수 있어요. 좀 더 편하게 느껴진다면 눈을 감아도 좋아요. 그렇지 않으면 시선을 부드럽게 유지하고 무릎 쪽을 바라봅니다. 이제 호흡이 느껴지는지 확인해 보세요. 숨을 깊이 들이마시고, 들이마실 때 배가 어떻게 느껴지는지 관찰해 보세요. 들숨에 배가 앞으로, 옆으로, 심지어 뒤쪽으로도 부풀어 오르나요? 숨을 내쉴 때 이완되나요? (잠시 멈춤) 더 편안하다면 가슴 쪽에서 숨을 느껴 봐도 괜찮습니다. 들이마실 때(들숨에) 갈비뼈가 어떻게 벌어지고 분리되는지 관찰하고, 내쉴 때(날숨에) 제자리로 돌아오는 걸 느껴 보세요. 들이마시고… 내쉬고…. 어떤가요?

마리나 좋아요. 호흡하고 있어요.

치료자 훌륭해요. 계속해서 호흡에 주목하세요. 숨을 들이마실 때 어떻게 최고조에 다다르고 돌아오는지, 최선을 다해 호흡을 따라가 보세요. 그리고 숨을 내쉬고…. 아무리 최선을 다해 호흡에 계속 머무르려고 해도 아마 머지않아 생각이 끼어들 거예요. 매우 자연스러운 일이죠. 그런 일이 일어나면 저에게 알려 주시겠어요?

마리나 음, 이 모든 것이 어디로 향하고 있는지 궁금하네요.

치료자 아주 좋아요. 그러면 이제 이렇게 해 보세요. 내적인 질문에 '이건 어디로도 향하고 있지 않아'라고 답하는 대신, 그냥 손을 흔들며 인사해 보겠어요? '이 모든 것이 어디로 향하는 거지?'라는 생각에 손을 흔들어 인사하는 거예요.

마리나 실제로 손을 흔들어야 하나요?

치료자 도움이 된다면 그렇게 해도 되고, 아니면 손을 흔드는 상상을 해도 돼요. '이 모든 것이 어디로 향하고 있지?'라는 생각에 손을 흔들어 인사해 주세요. 해 볼 수 있을까요?

마리나 잘 모르겠어요. 좀 이상하게 들리는데요.

치료자 네, 괜찮아요. 생각에 대한 반응을 다른 방법으로 시도해 보죠.

치료자는 마리나에게 채널 1에 맞추고 있다가 다시 채널 3이 나올 때 마음챙김에 머물 수 있는 두 가지 도구를 제공한다. 하나는 생각에 손을 흔들면서 초대하고 환영하는 것이며, 다른 하나는 생각에 각각 별명을 지어 주는 것이다. 어떤 생각을 의도적으로 환영하는 것은 맞이하는 대상에 주의를 기울이게 한다. '명명하기'는 일어나는 어떠한 주관적인 경험도 비판단적으로 관찰하게 돕는다. 경험이 반드시 생각일 필요는 없으며, 이 방법은 감정이나 신체 감각에도 적용할 수 있다. 이 연습 중 몇 가지 경험에 이름을 붙이는 예시로 '비관적인 생각', '두려움', '심장이 뛰는 것' 등이 있다. 이러한 기법은 내적 경험에 빠져들거나 확장하고 과도하게 동일시하는 것, 또는 회피하는 것 등 두 가지 일반적인 경향에 대응한다. 또한 메타-알아차림으로 전환하는 것을 돕는다.

치료자 '이 모든 것이 어디로 향하는 거지?'라는 생각에 '생각'이나 '생각은 이런 것'과 같은 간단한 이름을 지어 주는 건 어떨까요? 아니면 감정과 관련된 이름을 붙여도 됩니다. '무의미함'이라고 말이죠. 생각이나 감정에 이름을 붙이고 나면, 다시 호흡으로 돌아오세요.

마리나 알겠어요.

치료자 멋집니다. 들이마실 때 복부나 가슴이 팽창하는 것을 느껴 보고, 내쉴 때 이완하는 것을 느껴 보세요. 호흡의 시작, 중간, 끝의 감각과 호흡 사이의 공간을 느껴 보세요. 이러한 감각의 파도에 친절한 주의를 기울여 봅니다.

마리나 너무 피곤하고 지치네요.

치료자 이해해요. 피곤하고 지치고. 그 느낌에 '피곤함', '지침'이라고 소리 내서 이름을 붙여 볼까요? 그냥 한번 해 보실래요?

마리나 그래요. 피곤함, 지침.

치료자 훌륭해요. 이러한 경험에 이름을 붙이고 인정할 때, 친절하게 맞이할 수 있어요. 그러고 나서 다시 호흡으로 돌아와 호흡마다 복부나 가슴이(어느 쪽이든 편한 대로) 어떻게 움직이는지를 느껴 보세요.

마리나 만약 제가 HIV에 걸린 것이 제가 더러워졌다는 것을 의미한다고 생각하면, 그것도 환영해야 하나요? 그건 잘 모르겠어요. 그냥 더 나빠질 것 같은데요.

치료자 이 얘기를 꺼내 줘서 고마워요. 제가 제안하고 싶은 것은 생각 속에 '내'가 있는 것을 알아차리자마자 바로 '나'를 생략해 보는 거예요. 그렇게 하면 '나는 더럽혀졌다'는 생각은 '더럽혀졌다는 생각'이나 '자기-비난적인 생각'이 되는 거죠. 아니면 그 생각에 의해 생긴 감정에 '수치심'과 같은 이름을 붙일 수도 있어요. '고통스러운 생각'이라고 간단히 표현해도 되겠네요. 다른 예를 들자면, '나는 두려워'라는 생각은 간단하게 '두려움'으로 바꿀 수 있어요. 어떻게 들리세요? 이렇게 하면 이러한 생각을 환영하기가 더 쉬워질까요?

마리나 잘 모르겠어요. 어색하게 들리네요.

치료자 '어색하다'는 말이 익숙하지 않다는 뜻 같은데, 맞나요? 만약 그 이상 나아갈 수 있다면, 마리나 님이 생각하는 것이 실제로는 당신을 정의하지 않는다는 걸 깨달았을 때 그 생각의 내용과 투쟁할 필요를 덜 느낄지 궁금해요. 투쟁이 적어지면 휴식이 많아지겠죠.

메타-알아차림으로 쉽게 놓아주고 경험에 고착되어 끌려다니는 것을 줄이기 위해서는 '나'라는 대명사를 사용하지 않고 내부 과정에 이름을 붙이는 것이 도움이 된다. 경험이 더 이상 '나'에게 속하지 않으면 덜 위협적으로 되는데, 그 경험은 '나'를 사람으로 묘사하지도 않고 '나'에게 속하지도 않기 때문이다. 이를 통해 위기 상황에서 반응성은 줄어들고, **고통에 대한 감내력**이 늘어난다. 마음챙김은 생각을 동일시하는 좁은 관점에서 생각을 관찰하는 더 넓은 관점으로 이동하는 것을 포함한다. 우리는 사전 학습이 우리를 정의했던 것을 넘어 위기의 고통을 인식하고, 환영하고, 받아들이는 쪽으로 나아간다. 우리는 고통이지만, 고통보다 더 큰 존재이기도 하다.

치료자 다시 한번 호흡을 느껴 보세요. 호흡이 어떻게 시작되고, 변화하며, 사라지는지 알아차려 보세요. 그리고 원한다면 떠오르는 것이 무엇이든 이름을 붙여 보세요.

마리나 다시 더럽혀진 것에 대해 생각하고 있어요. 아니면, 더러워진 것에 대한 생각이 떠오른 것 같아요.

치료자 더럽혀졌다는 생각이 떠올랐군요. 고마워요. 이제 호흡의 움직임에 주의를 부드럽게 다시 가져오세요. 각 호흡의 시작, 중간, 끝을 알아차립니다.

마리나 (잠시 후) 그냥 기분이 너무 안 좋고, 수치스럽고, 가라앉는 것 같아요.

마리나가 더럽혀진 느낌에 대해 언급할 때 '나'를 훌륭하게 생략했지만, 그녀는 여전히 이 개념과 자신을 어느 정도 동일시하고 있다. 한 번에 완벽한 탈동일시가 일어나기를 기대할 수는 없다. 그럼에도 불구하고 마리나는 이제 더럽혀졌다는 생각이 일으킨 감정으로 넘어갈 수 있게 되었다. 이러한 감정은 실제로 더럽혀짐에 대한 생각을 잠깐 내려놓았을 때 가장 먼저 직면하게 되는 것일 수 있다.

치료자 마치 가라앉는 것처럼 수치스러운 감정이 나타났군요. 잠시 그 감정과 함께 머물러보고, 그 수치심과 가라앉는 느낌을 따라가 보세요.

마리나 알겠어요. (잠시 멈춤) 뭘 해야 할지 모르겠어요. 할 수 있는 게 없어요.

치료자 무엇을 해야 할지 모르고, 아무것도 모른다는 절망감이 도움이 될 거예요. 이제 천천히 돌아가서 그 수치심과 동행할 수 있는지 보세요. 지금은 해야 할 일도, 되어야 할 것도 없어요. 그저 수치심의 동반자가 되어 보세요. 그리고 가능하다면 수치심과 가라앉는 느낌에 호기심과 친절한 태도를 가져 보세요.

수치심 같은 매우 불편한 감정을 만났을 때 그 감정에서 벗어나기 위한 수단을 찾기 위해 무언가를 하려고 하는 것은 흔한 일이다. 치료자는 이러한 충동을 타당화한 뒤 마리나에게 감정에 접촉하고 그 감정에 대한 메타-알아차림을 하도록 부드럽게 다시 유도한다. 이는 결국 그녀에게 절실히 필요한 것을 제공할 것이다. "안기기를 원한다면 팔을 벌려라"라는 시인 루미의 말처럼.

치료자는 마리나에게 생각, 감정, 심지어 어떤 반응을 '해야 한다'는 충동 등 고통스러운 내적 경험을 알아차리고 받아들이는 다양한 종류의 방법을 가르치고 있다. 마리나가 특정한 경험을 과도하게 동일시하거나 회피하려고 할 때, 치료자는 그녀가 목격자 태도를 다시 회복하도록 돕는다. 이러한 조치가 가져올 몇 가지 결과를 생각해 본 후 이어서 마리나에게 무슨 일이 일어나는지 살펴보자.

생각에 대한 마음챙김은 심리적 유연성과 안정에 기여한다

생각에 대한 마음챙김은 생각이 일어나고 있음을 알아차리는 것이다. 현재의 신체 감각과 감정에 머무르기가 더 쉽지만, 마음챙김 근육이 강화되거나 마음챙김을 다해서

듣는 경청자에 의해 상기되면, 이 대화에서 마리나가 그러하듯이 현재 순간에 일어나는 생각에 대한 메타-알아차림이 가능하다는 것을 알게 된다. 생각을 자세히 설명하기 시작했다면 우리가 생각에 휩쓸렸다는 것을 인식했을 때, 즉 생각들이 얼마나 오랫동안 혹은 멀리 데려갔는지를 알아차리는 순간이 마음챙김의 순간이다. 순식간에 우리는 현재 순간에 대한 메타-알아차림으로 돌아와 '생각이 이런 거구나' 하고 메타-알아차림을 하게 된다. 이는 생각에 몰두하거나 생각과 투쟁할 때 생기는 증폭을 차단할 것이다.

이전 학습을 기반으로 한 생각과 규칙들이 관찰되고 그 내용이 더 이상 유일한 진실로 여겨지지 않는 한 이것들은 우리가 취하는 행동에 영향을 미칠 가능성이 작다. 이를 통해 우리는 더 많은 선택지를 얻게 되고 현재 가치에 따라 더 나은 행동을 취할 수 있다. 즉, 위기에 대처하는 데 필요한 유연성을 더 많이 얻게 된다. 뒤로 물러서서 알아차림 속에서 일어나는 모든 것을 관찰함으로써, 우리는 또한 자신과 세계에 대한 고정된 이미지로부터 더 풍부하고 다각적인 존재의 풍경으로 나아가게 된다. 걱정에 빠져있다가 깨어날 때, 바람에 흔들리는 나뭇잎이 햇빛을 받는 모습을 보며 영양가 있는 휴식의 맛을 보는 순간들이 있을 수 있다.

마음챙김은 현재 상황에 대한 경험적 회피를 억제한다

만약 마음챙김이 행복하고, 평온하고, 평화로운 순간만 가져다줄 것이라고 기대한다면 실망할 것이다. 이러한 기대는 마음챙김이 내면의 고통과 갈등을 회피하기 위한 또 다른 수단으로 추구될 수 있음을 시사한다. 반대로 우리가 경험하게 될 것은 마음챙김이 현재 상황의 고통을 인식하고 더 깊이 느끼게 한다는 것이다.

3장에서 모리스가 크게 울음을 터뜨리고 눈물을 흘린 장면이 그 예다. 모리스는 때때로 엄청난 상실감에 압도당했다. 그럴 때 치료자가 모리스에게 제안한 연습은 고통을 느끼는 것과 바닥에 닿아 있는 발의 감각을 느끼는 것을 번갈아 전개하는 것이었다. 발에 주의를 두는 것은 관찰자 시점을 회복하고 평온함과 휴식을 기르는 방법이다. 5장에서 더 자세히 논의하겠지만, 모리스가 시간이 지남에 따라 발에 대한 메타-알아차림을 배양하는 것은 고통에 대한 메타-알아차림을 하려는 능력을 증가시킨다. 마음챙김 연습을 계속함으로써 그는 결국 고통을 **경험하는** 쪽으로 기울어지는 것과 고통을 **관찰하는** 쪽으로 기울어지는 것 사이에서 자유롭게 움직이는 방법을 배우게 될 것이다. 이 연습에서 모리스는 때로는 관찰 모드를 전혀 사용하지 않고 고통 쪽으로 완전히 기울기도 하고, 때로는 그 반대의 경험도 하게 될 것이다. 다른 경우에는 고통을 경험하면서 동시에 고통을 목격할 수도 있는데, 일종의 50:50 모드이며 이는 90:10, 40:60, 또는 어떤 비율이든 될 수 있다. 따라서 마음챙김으로 관찰하는 것은 경험에 대한 메타-알아차림과 경험 자체 사이의 정신적인 격차를 의미하는 것은 아니다. 오히려 마음챙김 과정과 상태는 조금씩 마음을 열고 모든 마음의 상처를 경험하고 받아들이도록 신뢰할 수 있는 기반이 된다.

경험회피 전략은 영상매체나 약물처럼 확실한 방해물의 형태를 취하는 것만이 아니다. 더 교묘하고 침투적인 현상이 생각의 형태로 회피된다. 생각의 본래 기능은 아무리 얽혀 있고 복잡하더라도 위험을 피하거나 외부 세계에서 바람직한 것에 접근하는 방법을 찾는 데 크게 치우쳐 있다. 마찬가지로 생각은 우리 자신의 내면에서 일어나는 일을 느끼는 것을 피하도록 도와준다. 다시 말해 생각은 종종 감정과 같은 내적 경험을 통제하는 데 쓰이며, 다른 곳으로 주의를 돌리거나 억누르거나 사라지게 하려고 논리적으로 다룬다.

마음챙김처럼 생각을 내려놓을 때 원치 않고 알지 못했던 경험이 일어나는 것이 불편하게 느껴지거나, 때로는 매우 불편할 수 있다. 마음챙김을 수행하는 모든 사람이 우리의 사고 활동이 주의를 다른 곳으로 돌리려고 시도했던 더 깊은 수준의 고통에 노출될 준비가 되어 있는 것은 아니다. 마음챙김에 내포된 자유와 평화는 원치 않는 내적 경험으로부터의 자유를 의미하는 것이 아니라, 단지 그것과 투쟁하고자 하는 욕구로부터의 자유를 의미한다. 그럼에도 불구하고, 이러한 내적 경험이 나타나는 것은 훈련을 위한 기회로서 오히려 좋은 일이 된다.

예를 들어 3장에 나오는 데이비드와의 대화에서 치료자는 데이비드의 이혼에 대한 생각과 짐이 되고 싶지 않다는 생각을 다시 반영했는데, 이는 그것들이 그저 생각일 뿐이라는 메타-알아차림을 기르기 위함이었다. 치료자는 생각의 수준에 머물러 있거나 그 생각들과의 대화에 참여하지도 않았다. 생각을 생각으로 명명하고, 이러한 생각을 하는 것이 얼마나 고통스러웠는지 인정하고, 즉시 감정과 가치의 수준으로 넘어갔다. 생각의 수준을 넘어서면서 데이비드가 현재 상황을 더 깊이 느끼고 더 잘 이해할 가능성이 열렸다.

마리나와의 대화 마지막 부분은 수치심에 관한 것이었다. 이 감정은 주로 그녀와 다른 사람들의 판단적인 생각에 따라 만들어졌다. 그것은 옳거나 틀리거나, 승자거나 패자거나, 빠르거나 느리거나, 귀엽거나 못 생기거나, 똑똑하거나 멍청하거나, 재미있거나 지루하거나, 가치 있거나 그렇지 않거나처럼 정적인 평가 측면에서 우리 또는 다른 사람들의 호감도나 용인될 수 있는 정도에 대한 평가 방식의 한 예다. 다른 사람이든 우리 자신이든 그러한 평가와 판단은 규칙에 기반을 둔 생각의 일부이며, 건강한 방식으로 행동할 수 있는 어떠한 영향력도 거의 제공하지 않는다.

만약 마리나가 자기-비난적인 생각과 그로 인해 생기는 수치심에 빠져드는 것에 대해 계속 마음챙김을 한다면, 다른 감정과 현재 충족되지 않은 욕구가 표면 위로 드러날 것이다. 마리나와의 회기가 계속되면서 치료자는 마리나가 내면세계와 접촉해 다른 유형의 관계를 맺을 수 있는지 확인한다.

마리나: 현재 감정과 욕구에 대한 마음챙김 및 수용에 대한 임상 대화

치료자 이 수치심이 필요한 만큼 마리나 님은 수치심의 파도에 계속 머무를 수 있어요. 알아차림 속에 있다가 파도가 지나가면 다시 돌아가서 호흡을 알아차리며 휴식할 수 있어요.

마리나 (잠시 조용히 앉아 눈을 감고 그 과정에 머무른다) 그냥 너무 외로워요. 잘 모르겠어요. 그냥 정말 외로워요. 의지할 사람이 아무도 없어요.

치료자 그래요. 끝없는 외로움, 보살펴 줄 누군가와 힘든 현실을 나누고 싶은 욕구.

마리나 누군가의 품에 안겨서 그냥 쉬고 싶어요. (눈물을 흘리기 시작한다)

치료자 누군가의 사랑과 품에 안겨 휴식을 취하는 것.

마리나 (더 눈물을 흘리며) 그런 일이 일어날 수 있을지 모르겠어요.

치료자 그리움의 깊이가 얼마나 깊은지 알 것 같아요.

마리나 저에 대해 다 알면서도 안아 줄 수 있는 누군가에게 안기고 싶어요. (눈물이 계속 흐른다)

치료자 안아 주는 것이 진심이라는 것을 알기 위해서죠. 물론 진실된 느낌일 거예요.

마리나 네, 기분이 정말 좋을 것 같아요. (깊은 한숨) 그러면 편안해질 수 있을 텐데.

치료자 (잠깐 멈춤) 마리나 님은 지구상의 모든 인간처럼 사랑하고 싶고, 사랑받고 싶고, 돌봐주고 싶고, 돌봄을 받고 싶고, 당신의 현실과 휴식을 다른 누군가와 함께 나누고 싶어 해요. 지금 당장은 어떤 방식으로 세상에 나가서 당신이 주고 싶은 사랑과 받고 싶은 사랑을 키워 나갈지 정확히 알 수 없어요. 제가 제안하고 싶은 건 그 질문을 잠시 멈추는 거예요. 더 평안하고, 부드럽고, 친절한 방식으로 자신과 관계를 맺는 연습을 한다면, 어떤 방식으로 나아가야 할지 더 분명해질 거예요.

마리나 논리적으로 들리네요. 사실 지금 정말 오랜만에 평온한 기분이에요.

치료자는 마음챙김과 수용을 마리나의 가장 깊은 곳에 있는 가치 및 열망과 연결하는 다리로 사용한다. 마리나는 외로움, 이해와 사랑에 대해 충족되지 않은 욕구, 진실성과 현실 공유에 대한 욕구, 휴식과 평온함에 대한 욕구로부터 벗어나 결국 가장 큰 고통인 가족을 이루지 못할 가능성으로 넘어가 연결될 것이다. 이 모든 것을 느끼고, 알게 되고, 받아들이는 데는 시간이 걸린다. 마리나는 마음챙김 기술을 연마함으로써 자신이 갈망하는 견디기, 깨달음, 진실성 그리고 휴식을 자신에게 줄 수 있을 것이다. 또한 수치심에 기반한 자기-평가와 자기-비난 인지는 그것이 무엇인지 마음챙김을 통해 드러나면서 완화될 수 있다(Boyd et al. 2018). 6장에서는 마리나가 자기-비판 대신 자기-용서와 자기-자비를 기를 수 있도록 치료자가 어떻게 도움을 주는지 보여 주기 위해 마리나의 예를 다시 살펴볼 것이다. 이 모든 것은 마리나의 내적인 삶과 관련이 있으며, 그녀의 외적인 삶의 다음 단계는 아직 밝혀지지 않았다. 그럼에도 불구하고 마리나의 끊임없는 생각과 반응성이 둔화하고, 자신의 감정과 욕구와 가치를 인식하고 이름을 붙이고 받아들일 수 있게 되면, 자신의 상황을 치유할 방법을 선택할 가능성이 훨씬 높아질 것이다.

마리나가 마음챙김 기술을 발전시킬 수 있도록 돕기 위해, 그녀와 치료자는 매일 15분 동안 호흡에 마음챙김 주의를 기울이기로 했다. 현재 순간의 경험에 계속 주의를 되찾아 옴으로써 마음챙김 근육을 강화하고, 현재 순간에 마음챙김 알아차림을 해내는 매 순간 그녀가 기세를 이어 가도록 도울 것이다. 이를 통해 다가오는 다음 순간에 대한 마음챙김 능력을 향상할 것이다. 또한 치료자는 마리나에게 호흡에 대한 마음챙김에서 주의를 빼앗는 생각을 알아차리고, 이후에 그것들을 기록한 뒤 1분 동안 최대한 빠르게 큰 소리로 반복해 말할 것을 지시한다. 이러한 전형적인 ACT 개입은 부정적인 생각의 신뢰도를 떨어뜨려 그 생각들을 덜 매력적이고 주의를 덜 끌게 만든다. 마리나는 능력을 더 기르기 위해 하루에 다섯 번씩 '마음챙김 순간'을 가지기로 했다. 이 시간 동안 자신의 내면세계를 살펴보고 그 순간에 일어나는 신체 감각, 감정, 생각, 기억 또는 욕구를 알아차릴 것이다.

여기서 중요한 것은 생각하는 것에서 생각을 관찰하는 것으로 넘어가기로 결정하는 바로 그 순간에 종종 용기와 의지가 필요하다는 점이다. 왜냐하면 방금 보았듯이, 또 다른 고통스러운 경험이 나타날 수 있기 때문이다. 더구나 우리는 생각을 상당히 신뢰한다. 일반적으로 생각을 통해 문제를 해결할 수 있다고 믿는다. 하지만 실제로 생각은 위기 상황에 필요한 자신 및 상황과 관련된 새롭고 창의적인 방법을 거의 제공하지 않는다. 생각은 주로 이전 학습에 기반을 두고 있으며, 그 학습에 맞는 해결책을 제공한다. 우리가 발견할 수 있는 것은 현재 순간을 내려놓을 때 예상치 못한 통찰과 가능한 해결책이 떠오르리라는 점이다. 현대의 유명한 사상가 중 한 명인 알베르트 아인슈타인Albert Einstein은 이렇게 말했다. "저는 아흔아홉 번 생각하고 아무것도 알아내지 못합니다. 생각을 멈추고 고요 속에서 헤엄치다 보면 진실이 저를 찾아옵니다."

마음챙김이 이전 학습에 대한 경험적 회피를 억제한다

마리나와의 대화는 마음챙김의 두 가지 이점에 대해 설명한다. 심리적 유연성과 안정의 촉진, 지속되는 상황에 대한 경험적 회피를 억제하는 능력이다. '생각에 의한 회피'로부터 '마음챙김 구축을 통한 허용'으로 전환하는 것의 세 번째 이점은 **과거** 경험이 드러난다는 점이다. 현재 순간에 일어나는 내적 경험은 어떤 식으로든 과거에 의해 구성된다(Frith 2007). 진화, 연관성, 시행착오, 모델, 규칙 등을 통해 이전에 배운 모든 것, 즉 습관, 기억, 상처, 상실, 트라우마의 모든 순간이 마음챙김과 함께 결국 현재에 드러난다. 좋은 소식은 마음챙김이 최근 혹은 먼 과거로부터의 고통을 점차 완전히 알도록 허용하는 평온함과 친절함을 촉진해 치유되기가 쉬워진다는 점이다. 메타-알아차림이 한두 번 일어날 때마다 마음의 해결되지 않은 문제들이 해결될 기회를 얻게 되고, 따라서 과거와 관련된 생각과 끈질긴 감정의 습격charge이 줄어들 수 있다.

5장에서 과거와 현재에서 비롯된 위기를 극복하는 것이 가능한 이유와 방법에 대해 자세히 살펴보기 전에, 개인이 그동안 익숙하게 해 왔던 것과 반대되는 행동, 즉 회피에서 허용으로 전환하도록 요청받았을 때 제기되는 명백한 질문('이것은 위험하지 않은가?')을 생각해 볼 필요가 있다. 경험을 억제하지 않고 알아차리면, 그러한 개입이 없을 때 예상되는 것보다 더 나쁜 결과를 초래할 위험이 있는가(Dimidjian and Hollon 2010). 트라우마 기억을 표면화하는 것이 우울증을 유발할 수 있는가? 마음챙김이 개인의 정신증적 증상을 악화시킬 수 있는가? 간단히 말해 마음챙김은 우리가 경계해야 할 잠재적인 위험을 초래하는가?

집중 주거 치료(피정)residential retreats에서는 일주일 또는 몇 주, 심지어 몇 달 동안 하루의 대부분을 명상에 집중한다. 이러한 명상 일정을 수행하는 개인에 관한 관찰 연구에서 드물기는 하지만 부작용이 발생할 수 있음이 시사되었다(Creswell 2017). 그러나 마음챙김-기반 임상 개입에 관한 무선 통제 실험에서 더 적은 시간과 간격smaller and spaced doses, 즉 적정량의 마음챙김 명상 수행은 긍정적 효과가 있으며, 정신건강의 손상 같은 중요한 부작용이 최소화되는 것으로 나타났다(Creswell 2017).

이번 장에서는 불안, 피로, 우울 등으로 이어질 수 있는 심리적 위기 상황에서 만연하는 왜곡된 사고 패턴에 대한 관찰자적 태도를 기르는 데 집중했다. 다음 5장에서는 신체 감각과 감정에 대한 마음챙김이 위기 통합 개입에서 어떤 역할을 하는지 탐구한다. 또 고통스러운 감정에 누적된 노출 순간이 치유 과정에서 어떻게 긍정적인 힘을 만들어 내는지에 대해 논의한다. PTSD 내담자와 관련해 마음챙김과 함께 제공하는 점진적인 노출 방법은 트라우마 중심 치료보다 탈락률이 훨씬 낮으면서 동시에 동등하게 효과적인 한 가지 이유일 수 있다(Frost et al. 2014).

참고문헌

Allman JM, Watson KK, Tetreault NA, Hakeem AY: Intuition and autism: a possible role for Von Economo neurons. Trends Cogn Sci 9:367-73, 2005.

Allman JM, Tetreault NA, Hakeem AY, et al: The von Economo neurons in frontoinsular and anterior cingulate cortex in great apes and humans. Brain Struct Funct 214:495-517, 2010.

American Psychiatric Association: Diagnostic and Statistical Manual of Mental Disorders, 5th Edition, Text Revision. Washington, DC, American Psychiatric Association, 2022.

Boyd JE, Lanius RA, McKinnon MC: Mindfulness-based treatments for posttraumatic stress disorder: a review of the treatment literature and neurobiological evidence. J Psychiat ry Neurosci 43(1):7–25, 2018 29252162.

Bruner E, Preuss TM, Chen X, Rilling JK: Evidence for expansion of the precuneus in hum an evolution. Brain Struct Funct 222:1053-60, 2017.

Creswell JD: Mindfulness interventions. Annu Rev Psychol 68:491–516, 2017 27687118.

Creswell JD, Lindsay EK: How does mindfulness training affect health? A mindfulness stre ss buffering account. Curr Dir Psychol Sci 23:401–407, 2014.

Dimidjian S, Hollon SD: How would we know if psychotherapy were harmful? Am Psychol 65(1):21–33, 2010 20063907.

Feinberg TE, Mallatt J: The nature of primary consciousness: a new synthesis. Conscious Cogn 43:113–127, 2016 27262691.

Fleming SM, Daw ND: Self-evaluation of decision-making: a general Bayesian framework for metacognitive computation. Psychol Rev 124(1):91–114, 2017 28004960.

Frith C, Dolan RJ: Brain mechanisms associated with top-down processes in perception. Philos Trans R Soc Lond B Biol Sci 352(1358):1221–1230, 1997 9304688.

Frith CD: Making Up the Mind: How the Brain Creates Our Mental World. Oxford, UK, Bla ckwell, 2007.

Frith CD: The neural basis of consciousness. Psychol Med 51(4):550–562, 2021 31481140.

Frost ND, Laska KM, Wampold BE: The evidence for present-centered therapy as a treatm ent for posttraumatic stress disorder. J Trauma Stress 27(1):1–8, 2014 24515534.

Goldstein J: Mindfulness: A Practical Guide to Awakening. Louisville, CO, Sounds True, 2013.

Goldstein J: Knowing-loving-growing. Rickhanson.net, February 1, 2020. Available at: htt ps://www.rickhanson.net/loving-knowing-and-growing-free-online-program. Access ed May 22, 2020.

James W: The Principles of Psychology. New York, Henry Holt, 1890.

Kabat-Zinn J: Mindfulness-based interventions in context: past, present, and future. Clin Psychol Sci Pract 10:144–156, 2003.

Kabat-Zinn J: Full Catastrophe Living: Using the Wisdom of Your Body and Mind to Face Stress, Pain, and Illness, Revised Edition. New York, Random House, 2013.

Kabat-Zinn J: Wherever You Go, There You Are: Mindfulness Meditation for Everyday Life. London, Little, Brown, 2016.

Kabat-Zinn J: The 20th Annual Dr. and Mrs. Frederick Barnes Lecture in Public Health, Featuring Jon Kabat-Zinn. Brown University, April 15, 2019. Available at: https://www.youtube.com/watch?v=kShpURJOpeE. Accessed April 26, 2021.

Kaas JH: The evolution of brains from early mammals to humans. Wiley Interdiscip Rev Cogn Sci 4:33-45, 2013.

Kornfield J: The Art of Forgiveness, Lovingkindness, and Peace. New York, Bantam Books, 2008.

Kornfield J: Awaken the one who knows. Jackkornfield.com, 2021. Available at: https://jackkornfield.com/awaken-one-knows. Accessed February 21, 2021.

Neff K: Self-compassion: an alternative conceptualization of a healthy attitude toward oneself. Self Ident 2:85–101, 2003.

Polusny MA, Erbes CR, Thuras P, et al: Mindfulness-based stress reduction for posttraumatic stress disorder among veterans: a randomized clinical trial. JAMA 314(5):456–465, 2015 26241597.

Salzburg S: Real Happiness: The Power of Meditation: A 28-Day Program. New York, Workman, 2011.

Shea N, Frith CD: The Global Workspace Needs Metacognition. Trends Cogn Sci 23:560-71, 2019.

Sumedho A: The Sound of Silence: The Ajahn Sumedho Anthology. Hemel Hempstead, UK, Amarawati Publications, 2014.

Williams JM, Crane C, Barnhofer T, et al: Mindfulness-based cognitive therapy for preventing relapse in recurrent depression: a randomized dismantling trial. J Consult Clin Psychol 82(2):275–286, 2014 24294837.

Wilson TD, Reinhard DA, Westgate EC, et al: Social psychology. Just think: the challenges of the disengaged mind. Science 345(6192):75–77, 2014 24994650.

Yadavaia JE, Hayes SC, Vilardaga R: Using acceptance and commitment therapy to increase self-compassion: a randomized controlled trial. J Contextual Behav Sci 3:248-57, 2014.

Young KS, van der Velden AM, Craske MG, et al: The impact of mindfulness-based interventions on brain activity: a systematic review of functional magnetic resonance imaging studies. Neurosci Biobehav Rev 84:424–433, 2018 28797556.

5장
신체와 감정의 마음챙김

당신의 몸 깊숙한 곳, 당신의 힘과 두려움, 마음과 손이 하나로 뭉쳐
모든 것을 아우르는 '앙드의 방'에 머무르고 있다.
- 엘리자베스 잉글리시(Elizabeth English, 2023)

위기 통합에 신체 참여시키기

심리적 괴로움suffering을 다루는 맥락에서 전통적인 정신의학과 심리학이 신체를 느끼는 능력을 얼마나 강조하지 않는지를 따져 보면, 서구에서는 여전히 르네 데카르트Rene Descartes의 패러다임 안에 살고 있는 것처럼 보인다. 데카르트는 17세기 프랑스 철학자로 마음mind은 비물질적인 것으로 신체와 근본적으로 구분된다는 것을 규명했다. 현대의 많은 심리적 개입은 생각, 감정feeling 그리고 행동에 초점을 두면서 신체를 간과한다. 오늘날 정신의학도 명백하게 생물학에 기초하고 있지만, 전형적인 임상 실습clinical practice 장면에서는 내담자의 내부에서 오는 신체 경험을 강조하지 않는다.

그러면 신체는 어디로 간 것일까? 정답이 무엇이든 몸 마음챙김은 위기 통합 ACT

모형의 핵심이다. 기분 및 불안장애, PTSD, 강박장애, 성격장애, 정신증적 장애, 물질사용장애 그리고 기타 만성 질환을 포함한 대다수 정신장애의 공통점은 신체 내부 상태를 정확하게 평가하지 못하는 기능의 장애다(Barrett and Simmons 2015; Khalsa et al. 2018; Löffler et al. 2018; Paulus and Stein 2010; Paulus et al. 2019; Smith et al. 2020, 2021; Yoris et al. 2017). 뇌의 주요한 기능 중 하나는 유기체 기능에 이상적인 조건을 촉진하기 위해 세상과 신체와의 정확한 모형을 개발하는 것이므로 이는 그리 놀라운 것이 아니다.

급성 위기 상황에서는 감정이 격해지고, 충격이 비현실적인 것처럼 느껴지며, 신체 스트레스 반응에 압도된다. 앞서 3장에 등장했던 모리스는 배우자와 갓 태어난 자녀를 잃고 정신적 외상을 입은 급성 위기 사건을 잘 보여 주는 예시다. 장기적인 위기 사건에서 신체와 감정 반응은 대부분 숨어 있다가 가끔 드러나는 것이 일반적이며, 종종 큰 경고 없이 모습을 드러내기 때문에 혼란스럽다. 이번 장에서는 루시아Lucia의 사례를 살펴볼 텐데, 그녀는 어린 시절에 학대와 방임을 경험했고, 생존 기제로서 내면의 신체 경험과 정서emotion 경험을 단절시켰다. 이는 ACT에서 **경험회피**experiential avoidance로 설명할 수 있다. 성인이 된 그녀는 아직 자신이 온전하고 살아 있다고 느끼는 법을 배우지 못했으며, 자살 생각을 경험하기도 했다. 앞서 3장에서 모리스와의 대화와 4장에서 마리나와의 대화를 통해 살펴보았듯이 마음챙김은 안정적이며 위기 상황에서 효과가 잘 드러난다. 마음챙김은 스스로를 진정시키는 편안한 피난처를 제공하고, 불쾌하고 즐거운 경험을 회피하거나 집착하는 시도에서 발생하는 다루기 힘든 생각을 잠시 중단시킨다는 점에서 안정감을 준다. 현재나 과거 상황에 관한 억압된 신체 반응과 감정 반응이 점차 표면화되어 경험하게 되기 때문이다. 위기 상황에서 신체 반응과 감정 반응은 소란스럽게 나타나거나 또는 아예 침묵하는 경향이 있다. 따라서 내담자가 이를 발견하고, 받아들이고, 수용하고, 포용하기 위해서는 이번 장 후반부에 다루는 사례 연구에서와 같이 유연한 지침이 필요하다.

만약 내담자에게 감정이 신체 부위 중 정확히 어디에 있는지 묻는다면 매우 당황스러워할 것이다. 이는 내담자 본인의 감정 경험이기 때문에 치료자도 이에 대해 답하지 못할 것이다. 일반적으로 감정은 그냥 거기 존재하는 것으로 간주한다. 어느 정도 내부 성찰(내성법)introspection을 한 후에도 감정이 머리 앞쪽이나 몸통 주변 어딘가에 있는 것으로 개념화한다. 하지만 위기 상황 시 감정을 회피하는 데서 알아차림 awareness으로 나아가기 위해서는 어디에서부터 시작해야 할지 좀 더 정확하게 아는 것이 도움이 된다.

이번 장은 크게 두 가지 명제를 바탕으로 구성되어 있다. 첫째, 감정은 뇌가 신체의 내적 상태를 처리하는 것과 밀접하게 관련되어 있다는 것이다. 둘째, 이러한 신체 상태와 어떻게 관계를 맺느냐에 따라 위기 상황 시 더 오래 고통을 겪을 것인지, 아니면 점진적으로 행복감을 증가시킬 수 있을 것인지 결정된다는 것이다. 위기 ACT 모형에 따르면 지속적인 회피와 주의 전환, 감정과 관련된 신체 감각을 통제하는 것은 위기를 악화시킨다. 반대로 신체 내부 상태에 대해 좀 더 침착하게 반응하고 수용하며 알아차림을 유지할수록 위기를 통합하는 길로 더 나아갈 것이다.

이 책에서 제시하는 몇 가지 사례 연구는 내면으로부터 신체를 느끼는 능력을 활용한다. 4장에서는 이와 같은 임상적 도구들clinical tools이 제공하는 다양한 목적 중 몇 가지를 설명했다([그림 5.1] 참조). 이는 마음챙김의 첫 번째 차원인 현재 순간으로 내담자를 되돌아가게 한다. 그리고 마음챙김의 두 번째 차원인 현재 순간에서 무슨 일이 일어나고 있는지에 대한 메타-알아차림을 돕는다. 더 나아가 마음챙김의 세 번째 차원인 현재 경험에서 혐오aversion나 욕구desire에 대한 메타-알아차림을 돕는다. 이는 생각이 더 많은 생각과 감정을 생성하려는 데서 나타나는 사고의 정교화 자극 impetus을 억제하고, 근본적인 감정과 욕구need를 회피하는 것을 막는다. 또한 심적으로 고통스러운 시점에서 주의를 쉬게 하고, 스스로 재충전하고 진정시키는 방법을 제공한다.

이번 장에서는 몸 마음챙김이 어떻게 위기 통합을 가능하게 만드는지 자세히 살펴볼 것이다. 예를 들면, 현재와 과거 사건에 대한 신체 및 감정 반응을 드러내고 통합하는 데 사용하는 방법, 소위 심리적 괴로움에 대한 감내력tolerance을 높이는 방법, 이전에 학습된 습관적 반응을 줄이고 신체와 감정에 대한 정확한 깨달음knowing을 향상시키는 방법, 항상성 조절을 개선하고 신체가 머물기 안전한 곳이라는 신뢰감을 확장시키는 방법, 주체의식(주체감)agency과 현실감(현존감)presence을 향상시키는 데 사용할 수 있는 방법 등이다. 이 모든 것과 이유를 이해하기 위해서는 먼저 **외부수용감각**

exteroception[18]이라고 불리는, 즉 뇌가 '외부에 무엇이 있는지'를 지각하는 작업을 어떻게 수행하는지 살펴보아야 하며, 특히 '내부에 무엇이 있는지'를 인식하는 **내부수용감각**interoception[19] 과정인 신체와 감정의 마음챙김과 어떤 관련성이 있는지를 알아보아야 한다.

이 연구는 18세기 영국 목사였던 토머스 베이즈Thomas Bayes가 어떻게 신경과학 분야의 유명 인사가 되었는지에 대한 뜻밖의 이야기를 담고 있다. 그의 간단한 수학 알고리즘은 신경계가 끊임없이 변화하는 신체와 감정 상태를 어떻게 예측하고, 인지하고, 학습하는지 설명하는 데 활용될 수 있다(Fletcher and Frith 2009; Friston 2020).

내부수용감각: 내면으로부터 신체 감각

내부수용감각interoception이라는 개념은 1900년대 초 '실제적인(물질계의) 자기material me'(Craig 2003)로서의 감각과 내면으로부터 신체에 대한 지각(Sherrington 1906)을 지칭하기 위해 만들어졌다. 이는 외부수용감각이라고 불리는 시각, 청각, 촉각, 후각, 미각을 통한 외부 환경의 지각을 비롯해 몸의 자세와 움직임 또는 고유수용성감각proprioception[20]과는 구별된다(Sherrington 1906). 오늘날 내부수용감각은 신체 내부에서 발생하는 신호를 신경계가 인식하고 지각하고 통합하는 개념으로 좀 더 엄격하게 정의되며, 신체 내부의 전반적 상태에 대해 순간적인 대응 설명도, 즉 매핑mapping을 제공한다(Craig 2002, 2009; Khalsa et al. 2018). 내부수용감각은 척수spinal cord와 같은 하위 수준의 신경계 활동을 포함하기 때문에 **알아차리지 못할 수 있으며**, 대뇌 피질의 고차적인 신경계 처리와도 관련되기 때문에 **알아차릴 수도** 있다. 신체의 생리학적 상태와 관련된 내부 및 외부 세계가 끊임없이 변화하는 만큼 시시각각으로 내부수용감각

---

18) 외수용감각, 외부수용성감각이라고도 한다. 외부 자극으로 인해 느껴지는 감각으로 시각, 청각, 미각, 촉각, 후각 등이 해당한다(역자 주).

19) 내수용감각, 내부수용성감각이라고도 한다. 운동감각이나 평형감각, 내장감각 등과 같은 신체 내부의 감각이다. 이를 알아차려야 자신을 이해하고 조절하고 돌볼 수 있으므로 자기-소통과 자기-조절 및 자기-돌봄에 있어 중요한 감각이다(역자 주).

20) 고유감각, 자기수용감각이라고 한다. 신체 위치, 자세, 평형 및 움직임(운동 정도, 운동 방향)에 대한 정보를 파악해 중추신경계로 전달하는 감각이다. 눈을 감고 음료수를 마시는 것은 이 감각으로 인해 가능한 것이다(역자 주).

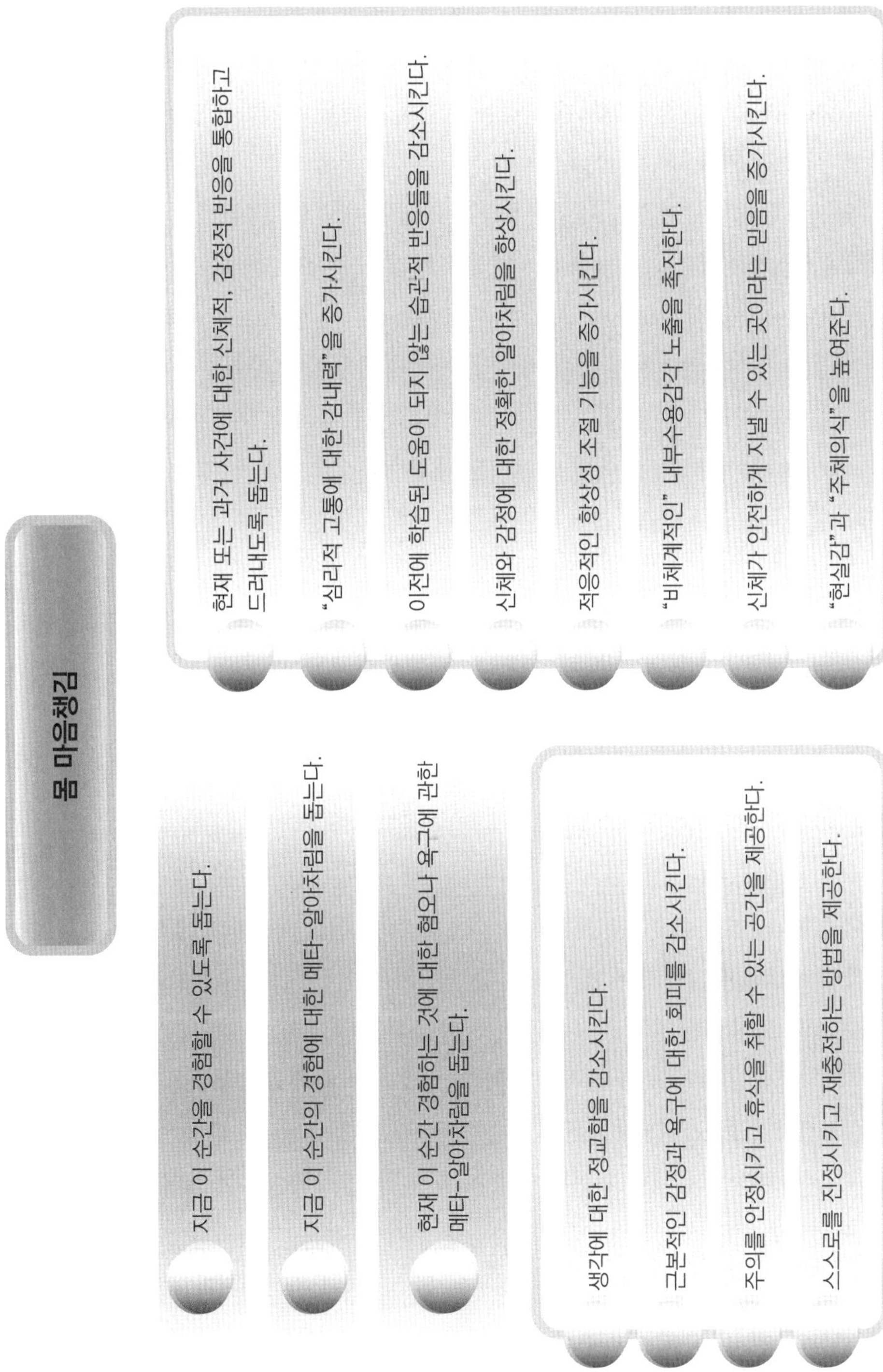

[그림 5.1] 임상적 도구인 몸 마음챙김의 기능

을 매핑(대응)하는 것은 필수적이다. 적응적인 반응을 촉진하기 위해 신경계는 유기체의 내부와 외부에서 발생할 수 있는 모든 변화를 면밀하게 관찰한다. 그리고 **항상성**homeostasis이라고 알려진 유기체가 바라는 생리적 상태를 유지하는 것은 생물체의 생존에 매우 중요하다(Cannon 1932).

앞서 4장에서 주관적인 내부수용감각 경험인 내면으로부터의 신체 감각에 대한 지각을 **인식하는** 것이 '감각sentience'이라고 불리는 주요한 의식consciousness의 유형과 관련된다는 것을 살펴보았다. 이러한 내부수용감각 경험에 대한 **메타-알아차림**은 주관적 경험에 관한 알아차림으로, 의식의 두 번째 유형이다. 내부수용감각이 내면으로부터의 신체 감각과 동일한 반면, 메타-알아차림은 이러한 감각에 대해 관찰자 태도witnessing stance를 취한다. 이번 장에서는 내부수용감각 정보에 대한 내부수용감각과 메타-알아차림의 개념적 · 경험적 차이를 자세히 설명할 것이다.

내부수용감각은 정서 및 감정과 어떤 관련이 있는가?

기본적인 생물학적 수준에서 살펴보면, 항상성이 우리가 경험하는 감정의 기초가 된다는 것을 쉽게 알 수 있다. 예를 들어, 체내 나트륨의 삼투압osmotic pressure이 높아지면 목마름을 느낀다. 혈당 수치가 떨어지면 배고픔을 느끼고, 체온이 떨어지면 추위를 경험한다. 이와 같은 '항상성의 정서'는 음주와 식사, 따듯한 옷 입기 등과 같이 이상적인 상태를 유지하기 위한 행동에 동기를 부여한다(Craig 2003; Gizowski and Bourque 2018). 또한 항상성이 깨진 감각은 균형을 다시 세우려는 경향을 만들어 낸다.

대뇌는 신체 내부와 외부 세계 사이의 상호작용 속에서 내부수용감각 정보와 외부수용감각 정보 모두에서 표본을 추출한다(Paulus et al. 2019). 감정은 항상성이 깨졌을 때뿐 아니라 위험이나 기회를 알리는 환경적 자극, 즉 혐오스럽거나 욕구와 관련된 자극으로 인해 유발된다. 이러한 자극은 두려움, 분노, 기쁨과 같은 핵심적인 감정을 이끌어 내고 문제가 되는 자극들로부터 멀어지거나 가까워지게 하는 능력을 활성화시킨다. 여기에는 신체도 포함된다. 위험에 가까워져 두려움을 느끼면 심장과 호흡수가 증가하고 혈액이 위장에서 근육으로 이동한다. 놀라운 점은 내부수용감각이 복잡하고 미묘한 모든 감정의 신경 부호화encoding의 기초가 된다는 것이다(Craig 2009).

진화의 관점에서 보면 감정은 내부 또는 외부 어디에서 자극을 받든지 유기체가 생존하고 번성하는 데 도움이 된다(Damasio 1994). 감정은 다양한 방식으로 정의할 수 있다. 진화 심리학적 관점에서 감정은 생리적 · 표현적 · 경험적 요소로 구성되는 것으로 본다(Dolan 2002; Lane and Schwartz 1987). 비록 그 과정이 자동적이고 부정확하기는 하지만 지각perception과 행동이 알아차림awareness 없이도 처리되는 것과 같다(Carlsson et al. 2004; Ohman and Soares 1994; Ohman et al. 2007). 반면에 풍부하게 경험해 본 감정fully experienced emotions은 반응의 유연성을 높이고 적절한 행동을 선택할 가능성을 높인다(Lane and Schwartz 1987). 이 책에서는 정서를 신체 반응, 행동에 대한 동기, 그리고 일상적인 말로 '감정feeling'이라고 하는 주관적인 감정 경험을 포함하는 것으로 고려할 것이다.

신체에서 발생하는 일에 대한 알아차림은 감정feeling과 조화를 이루는 데에 중요하며, 이는 안녕감을 증진하고 일상의 도전적인 일에 대한 반응을 촉진하는 데 도움이 된다. 제임스 조이스의 책(James Joyce 1914)에 나오는 "더피Duffy 님은 신체와 짧은 거리에서 지냈다"라는 문장은 주변 환경과 조화를 이루지 못하는 사람의 모습을 정확하게 표현한다.

전방 섬엽[21]: 내부수용감각과 감정을 모두 부호화하는 신경계 중추

라틴어로 '섬'을 뜻하는 섬엽insula은 대뇌의 다섯 번째 대뇌 영역 엽lobe이다. 섬엽은 측두엽과 전두엽이 겹친 부분 아래에 있어 대뇌 표면에서는 볼 수 없으며([그림 5.2] 참조), 다른 영장류과 비교할 때 인간에게 가장 넓게 분포하는 피질 영역 중 하나다(Bauernfeind et al. 2013). 섬엽은 내부수용감각과 감정 모두에 중요한 신경 회로substrate이며, 이는 이러한 경험이 얼마나 상호 연관되어 있는지를 강조한다(Craig 2014; Gu et

21) 뇌섬엽 또는 뇌도. 측두엽의 측열에 깊게 놓여 있는 삼각형의 뇌 부분을 말한다. 각 반구는 네 가지 엽인 전두엽, 두정엽, 측두엽, 후두엽으로 구성되어 있다(역자 주).

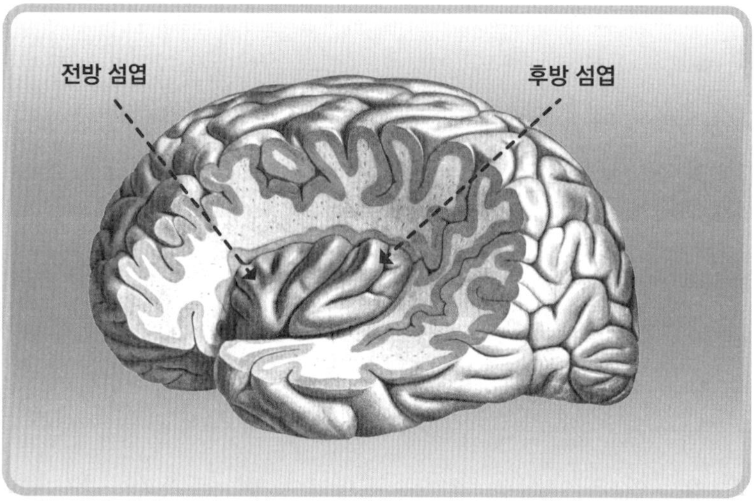

[그림 5.2] 섬엽

al. 2013).

새천년 시대가 시작되던 무렵, 신체의 생리적 상태 정보를 전달하는 구심성 신경 회로afferent neural pathway[22]가 더 많이 알려지게 되었다(Craig 2002). 신체 모든 부분에 대한 정보를 제공하는 신경 경로에는 심혈관, 폐, 위장, 생식기, 통각, 체온 조절, 내장, 면역계와 자율신경계, 피부, 관절, 근육 등이 해당하며, 이는 후방 섬엽까지 포함한다(summarized in Khalsa et al. 2018).

대부분 신체 항상성 조절은 세포 수준에서 국소적으로 일어나거나 척수, 뇌간, 또는 피질하핵subortical nucle 수준에서 더 광범위하게 발생하기도 한다. 신체 불균형 상태에 대한 정보가 뇌에 도달하면 섬엽에 있는 주요한 피질에서 일차적인 반응이 일어난다. 이와 같은 방식으로 후방 섬엽은 신체에서 오는 내부수용감각 정보를 '포착하는captive 청취자audience'와 같은 역할을 한다.

내부수용감각 신호의 매핑은 후방 섬엽에서 전방 섬엽으로 전파되며, 전방 섬엽은 더 복잡하고 추상적인 정보를 부호화한다. 전방 섬엽에서는 신체로부터의 감각 구심성 신경 정보가 맥락 정보와 통합되어 주관적인 감정 경험을 만들어 낸다(Craig

22) 말초 조직과 기관에서 얻은 신호를 뇌로 전달하는 기능을 담당하는 신경이다. 반어로 원심성 신경(뇌에서 발생한 신호를 말초신경을 통해 근육으로 전달)이 있다(역자 주).

2009). 이 작업을 위해 전방 섬엽은 피질의 다른 네 개의 엽과 편도체, 뇌간, 시상 및 기저핵과 같은 피질하 구조에 광범위하게 양방향으로 연결되어 있다(Flynn 1999). 이런 점에서 섬엽은 '마음mind 속의 몸'뿐 아니라 감정을 위한 신경망 중추이기도 하다.

뇌 신경영상 연구에서는 분노 · 두려움 · 행복 · 슬픔과 같은 기본적인 감정부터 욕망 · 불확실성 · 부당함 · 분노 · 타인의 고통에 대한 공감과 같은 복잡한 감정, 그리고 음악을 들으면서 느끼는 모든 감정 등을 주관적으로 경험하는 동안 전방 섬엽의 활동이 발생하는 것을 보여 준다. 이와 같은 모든 경험은 지문처럼 직관적이고 맥락적인 고유 특성을 지닌다.

사전 지식과 현재 사건에 기반을 둔 내부수용감각과 감정

등록과 통합, 반응을 위해 신체에서 뇌로 감각 신호를 전달하는 것feedforward은 이번 장에서 다루고자 하는 내용의 전부가 아니다. 현재 순간 우리의 신체 경험은 신체 상태 자체에서 받아들이는 것과 마찬가지로 우리의 대뇌가 이전 경험에 근거해 신체 상태를 추측한 것에서도 비롯된다. [그림 5.3]의 상승 화살표는 신체에서 대뇌로 오는 신호를 나타내며, 하강 화살표는 반대로 대뇌에서 신체 방향으로 진행되는 뇌의 추측을 보여 준다(von Helmholtz 1866, 1962). 대뇌는 어떤 신호를 받아야 하고 무엇을 의미하는지 예측하기 위해 사전 지식을 사용하며, 이러한 신호를 현재 사건의 실제 신호와 비교한다. 다시 말해 내부수용감각은 신체 내부 상태에 대한 **하강하는 방향으로의 예측**descending predictions과 실제 상태에 대한 **상승 방향으로의 신호**ascending signals 간의 비교에 달려 있다. 내부수용감각과 외부수용감각 경험은 우리가 실제로 느끼는 것과 동일하지 않지만, 우리가 느껴야 한다고 생각하는 예측과 실제 입력된 감각 정보 사이의 계산적인 절충안이라고 볼 수 있다.

다시 말해 우리는 문자 그대로 이전 경험을 바탕으로 한 구체화된embodied 경험과 감정을 예측하는 것이다. ACT 접근법의 핵심 전제 중 한 가지는 어떤 상황을 평가하고 행동을 선택할 때 사전 지식에 과도하게 의존하는 것은 심리적 경직성을 초래하고, 이는 위기를 유발해 심리적 괴로움을 지속시킨다는 것이다. 결과적으로 지식을

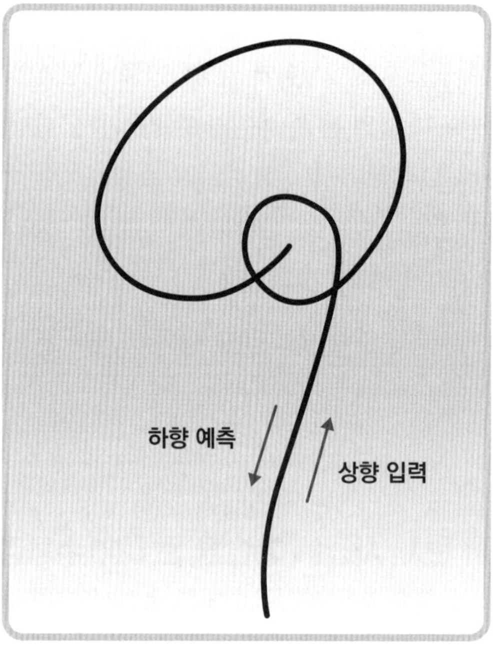

[그림 5.3] 대뇌가 신체로부터 수신할 것으로 예측하는 신호와 실제 수신한 신호 간의 계산적인 절충안인 내부 수용감각

업데이트하고, 가치를 재검토하고, 대처기술목록을 확장하는 것은 안녕감의 핵심인 심리적 유연성을 촉진한다. 정리하면, 신체 상태에 대한 사전 내부 모형prior internal model에 과도하게 의존하는 것은 위기를 유발하며, 그 해결책은 몸 마음챙김을 통해 만들어진 내적 경험의 업데이트된 모형에서 찾을 수 있다. 먼저 예측하는 주최자prediction generator로서 대뇌의 의미를 살펴보자.

예측 — 뇌가 앞서가는 방법

대뇌의 모든 학습 체계에서 공통으로 볼 수 있는 한 가지는 이러한 체계가 지속적으로 그리고 종종 무의식적으로 예측을 만들어 내고 업데이트하는 과정을 포함한다는 것이다. 리사 펠드만 바렛Lisa Feldman Barrett은 다음과 같이 말했다. "우리의 대뇌는 주변 세계에 반응하기 위해 진화한 것이 아니라, 우리에게 앞으로 무슨 일이 일어날지 예측하기 위해 진화한 것이다"(Armstrong 2019). 뱀을 만났을 때 독이 있는지 알아내기 위해 굳이 그것을 잡을 필요는 없다. 뱀이 위험하다고 예측한 우리의 선조들이 생존할 수 있었고, 이러한 지식이 계통발생phylogenesis을 통해 전달되었기 때문에 우리는 뱀이 위험하다는 것을 예측할 수 있다. 2장에서 이러한 유형의 학습을 '진화적 형태의 학습evolutionary-shaped learning'이라고 지칭했다. 언어 모형-기반 학습verbal model-based learning을 통해서도 어떠한 접근과 상황이 우리에게 좋고 나쁜지를 예측하고 업데이트하는데, 예를 들어 '내가 수행을 잘 해내면 사랑받고 사교 집단에 소속될 수 있다고 **예측**'한다는 것이 있다. 심지어 예측은 벨 소리에 대한 지각이 침 흘리는 반응을 유발하는 기본적인 파블로프의 연합에서도 중요하다. 여기서 연상 학습association learning이라는 용어가 오해를 불러일으킬 수 있는데, 왜냐하면 단순히 벨 소리와 음식을 동시에 병치juxtaposition하는 것만으로는 학습을 조성하기 충분치 않기 때문이다.

어떤 실험에서 파블로프는 벨 소리와 음식을 374차례나 짝을 지은 시도 후에도 학습이 이루어지지 않았다고 보고한 바 있다. 왜냐하면 항상 음식이 나오고 5~10초 후에 벨을 울렸기 때문이다. 자극이 효과를 가지려면 바라는(혹은 두려워하는) 일이 미래에 일어날 것이라는 예측 역할을 해야 한다. 즉, 음식이 나올 것이라고 예측한 경우에만 벨 소리가 타액의 자율 반사를 유도할 것이다(Frith 2007; Pavlov 1927). 보상과 처벌에 대한 파블로프의 학습은 중립적인 자극(벨 소리)과 반응(타액 분비) 간의 직접적인 관련성을 확립했다. 그러므로 반응은 이전의 음식과 벨 소리의 연합 현상에 대한 내부 모형이 필요하지 않으며, 이는 자동적으로 도출된다(Frith 2021).

반면에 지각perception은 모형을 만들어 낸다. 2장과 3장에서는 다양한 유형의 언어적 모형-기반 학습에 대해 자세히 다루었다. 이번 장에서는 지각과 관련된 모형-기반 학습의 또 다른 측면에 초점을 둘 것인데, 이는 내부수용감각과 관련이 있다. 모형-기반 학습은 신뢰할 수 있는 토대에서 유기체에 가장 유익한 결과를 예측하는 반응을 선택하는 것이다. 그 과정에서 지각은 세상에 관한 모형을 생성하고, 현재 상황에 관한 모형은 과거 상황과 비교하며, 과거 상황에서의 결과를 기반해 반응을 선택한다(Frith 2021).

4장에서 검토한 바와 같이 모형-기반 체계model-based system는 감각sentience 및 외부 대상과 신체의 내적 경험을 만드는 대뇌의 능력과 관련이 있다. 이러한 체계는 비

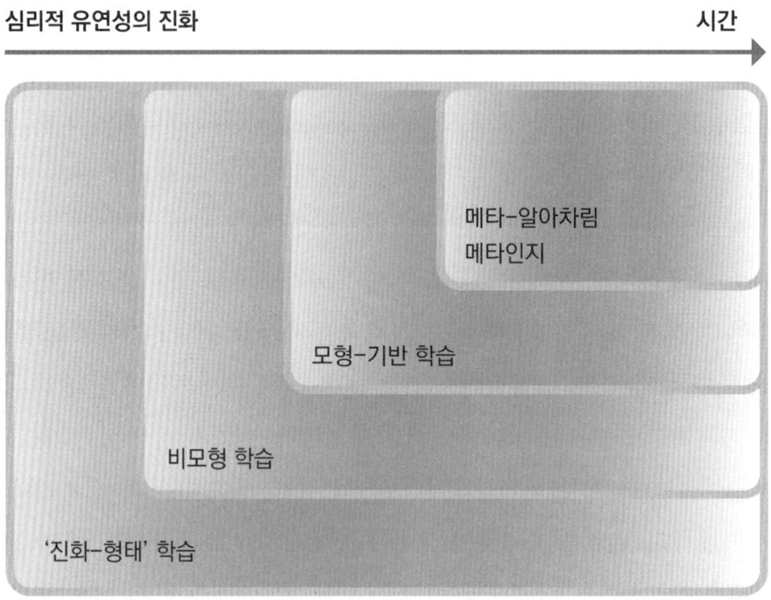

[그림 5.4] 신경계 학습 체계의 진화 과정

모형 학습 체계model-free learning system 위에서 진화한 것으로 보이며, 따라서 유기체가 환경에 자동적으로 반응할 때보다 더 유연하게 반응할 수 있게 되었다. 인간에게 메타인지와 메타-알아차림을 가능하게 만든 체계는 모형-기반 체계 위에서 진화했고([그림 4.1] 참조), 세상에 관한 모형을 따르는 것에서 우리를 벗어나게 해 주었으며(Frith 2021), 더 많은 심리적 유연성을 주었다. [그림 4.1]에서 설명한 마음챙김의 세 가지 차원은 현재 순간을 경험하는 것, 현재 순간에서의 경험에 대한 메타-알아차림을 갖는 것, 현재 경험에서의 혐오나 욕구에 메타-알아차림을 갖는 것으로 메타인지와 메타-알아차림을 할 수 있는 능력과 함께 모형-기반 체계를 사용한다.

진화론적 관점에서 유기체는 진화적 형태의 학습에 먼저 접근하고, 그런 다음 비모형 학습과 비언어적 및 언어적 모형-기반 학습, 메타인지와 메타-알아차림의 순서로 접근한다. 이러한 발달 경로는 저차 신경계에서 고차 신경계로 갈수록 유연성을 증가시켰다. 인간의 신경계는 이 중 가장 상위 단계로 모든 형태의 학습에 접근하게 해 준다([그림 5.4] 참조).

넓은 의미에서 학습 체계는 다양한 신경 구조로 구현된다. 즉, 강화와 처벌에 대한 비모형 학습은 대뇌 피질하 영역을 사용하며, 주변 세계의 상태에 관한 지각적 모형-기반 학습은 시각, 청각, 미각, 후각, 신체 감각과 관련된 정보를 처리하는 영역과 함께 전두두정엽frontoparietal 경로를 사용한다. 예를 들어 시각 피질이 우리가 보는 것에 대한 모형-기반 학습에 암시되어 있듯이, 섬엽은 감정과 관련된 신체 감각을 부호화한다. 메타인지와 메타-알아차림이 근원적인 대뇌 활동에 어떻게 영향을 미치는지는 정확하게 알려져 있지 않지만 대상 피질cingulate cortex, 전두극 피질frontopolar cortex 그리고 이마 바로 뒤 영역인 쐐기앞소엽precuneus을 포함한 전전두엽 피질을 확실하게 포함한다(Frith 2021). 마음챙김 주의mindful attention를 통해 무엇에 주의를 기울이든 부호화되는 특정한 대뇌 영역이 활성화될 것이다. 예를 들어 몸 마음챙김은 섬엽을 활성화시킨다. 게다가 마음챙김 훈련은 신체 감각에 주의를 기울이는 능력을 증가시켜 이러한 훈련을 하지 않은 사람보다 더 큰 기능적 활동을 생산해 내며, 섬엽의 피질을 두껍게 만든다(Farb et al. 2007, 2013; Tang et al. 2015).

만약 대뇌의 내부수용감각과 외부수용감각 과정, 신체와 감정 마음챙김이 위기 상황에서 우리에게 어떤 작용을 하는지 궁금하다면, 대뇌 어느 영역이 어떤 조건에서 활성화되는지를 다루는 블라볼로지blobology[23] 학문에서 시작해 볼 수 있을 것이다. 지각적 모형-기반 학습은 주변 세상의 상태에 대한 학습을 중요하게 여긴다. 특히 내부수용감각은 신체 안에서 일어나고 있는 일에 대한 모형을 포함하며, 이 모형을 통해 신체에 대한 현재의 정보 해석이 이루어진다. 신경과학 영역에서 **예측 부호화 predictive coding**는 대뇌가 이러한 작업을 어떻게 진행하는지 설명하는 가장 포괄적이고 대중적인 이론이 되었다(Friston 2020; Friston et al. 2010).

예측 부호화를 통한 지각

지각perception에 대한 주관적인 경험과 신경생물학적 기반의 관계를 설명할 수 있는

23) 생물학적 세부 수준에서의 작용을 영상화하는 것과 관련된 학문이다. 전자 현미경이 개별 원자의 이미지를 보여 줄 정도로 발전했으며, 역동적으로 변화하는 뇌 활동을 연구하는 방향으로 가고 있다(역자 주).

다리를 만들기 위해 신경과학은 대뇌가 사용하는 필수적인 계산 단계, 즉 알고리즘을 확인하려고 노력한다(Marr 1982; Smith et al. 2021). 이 맥락이 바로 토머스 베이즈Thomas Bayes가 등장한 지점이기도 하다. 베이즈는 최근에 발견된 수리적 법칙을 300년 전에 발견했고 이는 다양한 과학 분야, 특히 역학epidemiology과 신경과학 분야에 유용하다는 것이 입증되었다. 이 알고리즘의 광범위한 활용은 이전에 알려진 가능성과 관련된 다른 원인을 활용해 어떤 일이 발생할 확률 및 그 일 이후에 나타날 가능성이 있는 원인에 의해 결정된다(Bayes 1763).

예측 부호화predictive coding의 측면에서 지각에 관해 설명한 내용을 보면, 대뇌를 작은 과학자에 비유하는데, 이 작은 과학자는 접하는 자극을 예측하고 설명할 때 직접적인 감각 증거 대신 검증된 가설을 형성한다(Seth and Friston 2016). 다시 말해 우리가 지각한 모든 것이 사전 지식을 통해 여과되고filtering 이해되는 것이다.

베이즈의 알고리즘에서 핵심 개념은 '현재 일어나는 사건의 배후에 있을 수 있는 원인'이다. 예를 들어 시각을 지각할 때 대뇌는 안구의 망막으로부터 다양한 빛의 세기와 진동수에 대한 2차원적 정보를 받게 되는데, 여기서 망막은 일정 시점에서 어느 한 지점에 위치한 다소 평평한 신경 배열이다. 어떤 대상의 모양, 형태, 위치, 색깔에 대한 3차원적 경험은 안구에서 오는 정보 이면의 원인causes behind에 대한 대뇌의 추론을 통해 만들어진다. 이와 유사한 방식으로 모든 감각 경험은 현재 사건에 의해 형성되는 것과 마찬가지로 대뇌가 사전 지식에 기초해 구성한다. 즉, 우리가 순간적으로 인식하는 것은 대부분 이전 경험을 근거로 대뇌가 예측하는 내용을 반영한 것이다.

신체 내부 장기의 모양과 위치뿐 아니라 정확한 체온, 맥박, 삼투압에 대해 지각하는 것은 일상적으로 이루어지는 과정은 아니다. 하지만 중요한 것은 신체 내부 상태와 항상성에 대한 정보를 업데이트하는 것이다(Barrett and Simmons 2015; Seth 2013; Seth and Friston 2016). 예를 들면, 심박수의 증가는 두려움으로 경험될 수 있고, 삼투압의 증가는 목마름을 유발해 항상성을 유지한다. 예측 부호화의 관점에서 감정 경험은 마치 나무의 한쪽 면만 볼 때, 나무 기둥이 평평하지 않고 원통형으로 생겼다고 시각적으로 인지하는 감각 지각 경험과 근본적으로 다르지 않다.

베이즈 알고리즘의 완전한 복잡성과 의미를 파악할 수 있는 수학적 감각이 없다면 이를 이해하기가 쉽지 않을 것이다. 그럼에도 불구하고 알고리즘을 조금이라도 이해하고 있다면 많은 것을 얻을 수 있다. 왜냐하면 예측 부호화는 내부수용감각과 정서(Barett and Simmons 2015; Seth 2013; Seth and Friston 2016), 몸 마음챙김을 포함한 인식 영역에서 많은 경험적 지지를 얻고 있기 때문이다(Paulus et al. 2019). 이는 조현병(Farb et al. 2015)에서부터 자페스펙트럼장애(Fletcher and Frith 2009; Friston 2020)와 기분장애에 이르는 다양한 정신장애에 관한 이해를 제공한다(Barrett and Simmons 2015; Clark et al. 2018).

예측 오류: 사전 지식과 현재 사건 간의 불일치

지각을 학습 체계로 바라보는 관점에 따라 지각이 업데이트와 교정caribration에 있어 내재된 잠재력(가능성)을 지닌다는 것을 암시한 바 있다. 변화하는 세상에서 사전 지식에 기반한 예측이 현재 상황과 반드시 일치하는 것은 아니다. 예측한 것과 실제 발생하는 것 사이에 불일치가 있을 때, 상승 신호는 이 정보를 낮은 처리 수준에서 높은 처리 수준으로, 즉 신경계 계층 구조로 전달한다. 내부수용감각의 경우, 신체 내부 상태에 대한 하강 방향의 예측과 이와 반대인 상승 내부수용감각 신호를 포함할 것이다([그림 5.3] 참조).

예측 부호화는 이와 같은 방식으로 계층적 설계에 따라 구현되며, 하향식 신경 연결은 높은 처리 수준에서 낮은 처리 수준 방향의 모형에 기초한 예측을 전달한다. 예측 부호화를 통해 세상에 대한 모형을 만드는 것은 대뇌뿐 아니라 전반적인 신경계 인식 과정에서 일상적으로 이루어진다. 하향식 예측과 상향식 입력을 통합하는 것은 인식 가능한 정보 처리 수준뿐 아니라 인식하지 못하는 신경계 하위 수준에서도 발생한다. 예를 들어 시각에서 시각 피질은 시력의 높은 수준의 처리를 담당하고, 망막은 가장 낮은 수준의 처리를 담당한다.

내부수용감각에서 섬엽은 정보 처리의 가장 높은 단계에 속한다. 신체 기관에 분포한 뉴런은 가장 낮은 정보 처리 수준에 있으며, 이 외 뇌간 및 척수 사이에도 다양한 수준의 뉴런이 있다. 따라서 내부수용감각 예측 부호화는 피질 수준에서만 발생하지 않으며, 예측과 같은 하향 방향뿐 아니라 감각 입력과 같은 상향 방향으로의 다양한 경로를 포함한다.

베이즈의 정리에 따라 만들어진 사건의 원인에 관한 추측은 의식적으로 유지된 믿음뿐 아니라 신경 단위로 부호화된 확률 분포로 이해해야 한다고 설명한다. 이는 감각 신호 원인에 관한 '베이지안Bayesian 믿음'으로 불리기도 하지만, 설명을 간단히 하기 위해 '사전 지식'이나 '모형' 또는 '신념'이라고 부른다. 이 모든 개념은 신경계에 의해 지속되는 사전 지식을 말한다.

하향식 예측이 분명하면 대뇌는 사실상 예측이 가능해서 완전히 무시하지는 않더라도 주의를 기울이지 않을 가능성이 높다. 하지만 대뇌가 기대하는 것과 실제 얻는 정보 간에 불일치가 발생할 때 **예측 오류**가 발생한다(Seith 2018). 이러한 예측 오류는 대뇌에게 현재 모형이 잘못되었고, 신체 내부든 외부든 간에 세계 속 무언가가 변화되었다는 것을 알려 준다. 그리고 이는 대뇌가 해결하고자 하는 문제가 된다.

세계나 모형을 변화시키면서 해결되는 예측 오류

예측 오류를 해결하는 방법은 크게 두 가지가 있다. 첫 번째는 **주체의식**에 영향을 미치는 것이고, 두 번째는 몸 마음챙김과 현실감에 영향을 미치는 것이다(Fard et al. 2015).

이미 믿고 있는 것과 일치하는 증거를 찾거나 변경하는 것

모형에 더 적합하도록 감각 표본을 선택하거나 심지어 변경할 수 있다. 이러한 과정은 외부 세계로부터 들어오는 모든 감각을 처리해야 한다는 필요성을 없앰으로써 모형의 안정성에 기여한다(Fletcher and Frith 2009). 그러나 이러한 해결책의 가장 큰 단점은 유연하지 못하다는 것이다. 즉, 도전받지 않은 모형은 더 강력해져 중요한 변화나 경험을 경시하거나 무시할 수 있다.

교사가 없는 학습

예측 오류는 모형을 세계에 더 잘 반응하도록 업데이트하기 위해 예측 오류를 사용할 수 있다. 이는 지각 자체와 동일한 것으로, 지각이 단순히 입력된 정보를 수동적으로 판독하는 것이 아니라는 사실을 상기시켜 주며(von Helmholtz 1866, 1962), 예측 오류가 지각적 추측을 업데이트할 수 있을 만큼 충분히 유효한 것으로 간주될 때 발생한다. 상향식 정보는 경시하는 대신 예측함으로써 예측을 업데이트하고, 이는 결과적으로 지각적 경험이 된다. 장기간에 걸쳐 사전 지식이 업데이트되는 것은 우리가 세상에 대해 학습하는 것과 동일하다(Smith et al. 2019). 학습은 중요한 부분이 예측을 통해 설명되지 않을 때 발생하며, 현재의 증거들이 모형을 업데이트하는 데 사용된다(Frith 2007).

모형은 예측 오류를 해결하는 첫 번째 과정에서 지각이 이루어진 대로 변화한다. 그리고 두 번째 과정에서는 세계가 모형을 변화시킨다. 이와 같은 두 가지 과정의 조합은 사전 학습에 기반한 예측과 지각 그리고 현재 증거로부터의 학습 간 강력한 연속성을 강조한다(Seth 2013). 내부수용감각에서 '세계'는 신체 내부 세계와 같다는 것을 기억해야 한다.

예측 오류를 해결하는 주요한 두 가지 방법을 자세히 살펴보기 전에 어떤 예측 오류를 고려할지 알아볼 것이다. 모형에 관한 예측 오류가 줄 수 있는 영향을 고려할 때, 신경계는 예측 오류에 제공되고 영향을 주는 규모와 신뢰도 모두를 고려한다. 우리는 예측 오류가 인식 및 학습에 영향을 미칠 수 있는지 아닌지를 결정할 때 통계 용어에서 평균(즉, 크기)과 표준 편차(즉, 예측 타당도 또는 '정확성')라는 개념을 신경계가 활용하는 것을 상상해 볼 수 있다. 크기가 작고 정확성이 낮은 예측 오류는 크기가 크고 정확성이 높은 예측 오류보다 경시된다는 것은 논리적인 설명이다.

예측 오류의 정확성과 사전 신념의 정확성 사이에는 상호작용이 발생하는데, 일반적으로 예측 오류의 정확성이 낮으면 사전 신념의 정확성은 증가하고, 그 반대의 경우도 마찬가지이다. 이러한 효과는 사전 믿음이 다음 단계의 예측 오류에 대한 증거가 되기 때문에 계층 위로 전파된다.

예측 부호화를 통한 내부수용감각과 감정

낮은 정보 처리 수준에서 충분히 해결되지 않은 내부수용감각 예측 오류는 내부수용감각을 위해 후방 섬엽의 계층 구조로 전달되고, 감정 처리를 위해 전방 섬엽까지 전달되어 주관적인 감정 경험이 발생한다(Seth and Friston 2016). 다시 말해 대뇌의 신체 정보에 대한 예측과 실제로 들어오는 신체 정보 간의 비교를 통해 후방 섬엽에서 감지된 내부수용감각 예측 오류는 계층 구조에서 한 단계 더 앞으로 나아가 전방 섬엽으로 전달된다. 감정은 이와 같은 상승 방향의 예측 오류와 사전 지식에 기반한 예측이 통합된 결과다(Gu et al. 2013; Seth and Friston 2016).

감정은 가장 기본적인 유형이 될 수 있다. 예컨대, 지금 일어나고 있는 일이 좋은 것인지 나쁜 것인지, 즐거운 것인지 불쾌한 것인지에 대한 감각에서 호의적이거나 혐오스러운 가치를 내적 또는 외적 사건에 부여하는 것이다. 또한 현재 사건이 다양한 사전 지식이나 맥락적 지식과 통합될 때 감정은 더 복잡하고 미묘해진다.

어떤 대뇌 영역도 독립적으로 분리되어 있지 않다. 대뇌의 다른 영역은 신체의 생리적 상태 변화의 내·외적 원인을 추론하는 것을 돕는다. 특히 섬엽은 내부수용감각과 신체의 자기-표상, 그리고 주관적인 감정 경험을 포함한 개인의 정서적 상태를 지원하는 중요한 역할을 한다(Craig 2009; Critchley and Harrison 2013; Gu et al. 2013).

또한 섬엽은 '세계를 모형에 맞게 변화시키는 것'과 같이 예측뿐 아니라 미래의 신체 상태를 준비시키기 위해 자율신경계(내분비와 면역반응도 마찬가지로)를 작동시키는 하강 방향의 내부수용감각 예측을 제공한다(Critchley and Garfinkel 2017). 이와 같은 방법으로 섬엽은 신체 항상성에 반응하고 영향을 미친다.

신체 또는 모형을 조정하면서 해결되는 내부수용감각 예측 오류

지각하는 과정에서 발생하는 예측 오류는 모형에 맞는 것으로 지각되는 세계 또는 세계에 적합하다고 지각되는 모형 중 한 가지를 조정함으로써 해결된다는 내용을 살펴보았다. 내부수용감각 과정에서 '세계'는 신체 내부 세계와 동일하기 때문에 내부수용감각 예측 오류는 모형에 맞게 신체를 변화시키거나, 반대로 신체에 맞게 모형을 변화시킴으로써 해결할 수 있다. 이러한 두 가지 선택지는 모두 개별적으로 고유한 방식으로 적응할 수 있고, 두 방식 모두 외부 또는 내부 혼란distruption에 유연하고 적응적으로 반응하는 것이 필요하다. 그러나 과도하게 '신체를 모형에 맞게 조정하는 것'은 심리적 괴로움으로 이어지는데, 이는 이 장의 후반부에서 다룰 것이다. 다행히 몸 마음챙김을 통해서 신체에 맞게 모형을 조정한다면 이러한 괴로움을 보류할 수 있다.

모형에 맞게 신체 상태를 조정할 수 있는 한 가지 예는 기대하는 평온 상태(모형)와 심박수(신체) 사이의 불일치가 발생한 경우다. 이럴 때는 "나는 심박수가 증가하는 것을 느끼고, 두려움도 느끼고 있으며, 지금 두려움을 느낄만한 충분한 이유가 있어. 나는 여기에서 벗어나서 다시 안전한 곳으로 갈 거야"라고 말하며 적절하게 반응할 수 있다. 이때 신체는 겉으로 드러나는 평온한 상태에 맞게 조정된다. 또 다른 예로 목이 마를 때 물 한 잔을 마시는 행위를 들 수 있다. 물을 마시면 최적의 삼투압 항상성 요구에 가깝게 생리적인 상태가 변화되는데, 이는 신체 내부 상태의 한 측면에 있어 바람직한 모델이다.

또한 이 두 가지 예를 통해 예측한 상태와 관찰되는 상태 간의 불일치, 즉 예측 오류가 신체 상태에 대한 인식, 주관적인 감정 경험, 그리고 예측 오류를 해결하는 동기를 발생시킨다는 것이 분명해진다. 이는 이번 장의 초반에 언급했던 감정의 세 가지 측면에 해당한다. 예측 오류를 해결하거나 최소화하려면 예상되는 신체 모형과 일치시키기 위해 생리적 상태를 조정해야 한다.

적응 및 부적응 기능 모두에서 중요한 것은 모형에 맞게 신체를 조정하는 모든 과정이 외현적인overt 골격근 움직임을 포함하지는 않는다는 점이다. 우선 이 반응은 신념을 확증할 만한 감각 정보에 내현적으로covert 주의를 옮기는 것을 포함한다. 또한 신체를 조정하는 것은 생리학에서 자율신경계의 하향식 조절에 기반한다. 이러한 후자의 내부수용감각 조절 유형은 대체로 알아차림 영역 밖에서 자동적으로 발생한다. 스트레스 인자가 개인의 자동 조절 능력을 초과하게 될 때 비로소 상승 예측 오류가 의식적 처리를 위해 피질에 도달하고 환경과의 적응적 상호작용에 동기를 부여한다 (Seth 2013). 만약 이 과정이 성공적이라면 뒤이어 이루어질 행동은 신체 상태를 원하는 방향으로 변화시키기 위한 자신감과 주체의식을 고취시키는 것이다. 외현적인 행동과 내현적인 행동의 공통분모는 사전 예측에 맞게 신체 감각을 변화시킴으로써 예측 오류를 줄이려는 목적이다.

신체에 맞게 모형을 조정하는 한 가지 예는 평온함을 느낄 때(모형) 심박수가 빨라지는 것(신체)을 인식하는 것이다. 안전한 상황에 있을 때는 아무것도 할 필요가 없다. 단지 심박수를 관찰하고 괜찮다는 것을 받아들이면 된다. 이와 같은 특별한 상황은 2장에서 버스를 타려고 하면 불안감이 고조되었던 카이의 사례에 적용될 수 있다. 예측 오류를 기능적으로 해결하거나 최소화하는 것은 맥박수의 허용 인내 범위tolerable rate를 높이는 방식으로 신체 감각에 대한 개인의 신념을 업데이트하는 것에 달려 있다. 이번 장의 후반부에서는 이러한 상황에서 왜 몸 마음챙김이 심박수가 증가하는 것을 더 쉽게 받아들이게 하고, 개인이 실제로 해야 할 일을 하게 만드는지에 대해 설명할 것이다.

예측 오류를 최소화할 수 있는 능력은 신체건강과 안녕감의 기초가 된다. 궁극적으로 이 능력은 '모형에 맞게 신체를 조정하는 것'과 '신체에 맞게 모형을 조정하는 것' 간의 균형이 필요하다. 신체를 조정하는 것은 심리학에서 말하는 **주체의식**에 해당하는데, 이는 신체 상태에 긍정적인 변화를 주는 능력이다. 그리고 모형을 조정하는 것은 현실감, **현존**presence과 **현재에 머무르는 것**being presence, 그리고 이 순간 무슨 일이 일어나고 있는지에 대한 인식과 동일하다(Fard et al. 2015). 주체의식은 ACT 모형에서의 참여와 마음챙김 행동mindful doing과 관련되고, 현존presence은 수용과 마음챙김 현존mindful being과 연관된다. 주체의식, 관여 및 마음챙김 행동은 현존, 수용 및 마음챙김 현존과 함께 변화에 대응하는 개인의 조절 유연성에 도움을 줄 것이다. 주체의식과 현실감으로 내부수용감각 예측 오류를 성공적으로 감소시키면 유기체 전체의 항상성 균형이 용이해진다. 그러나 위기 상황에서는 이러한 적응적인 조정이 다양한 방식으로 실패할 수 있다.

내부수용감각 회피를 통한 위기 상황 유발

내부수용감각 예측 부호화 모형은 신체 감각의 회피가 왜 위기를 유발할 수 있는지,

그리고 몸 마음챙김이 왜 위기를 통합하는지를 조명한다. 대뇌를 예측하는 존재로 개념화하면 지금 이 순간 경험하는 신체 감각을 실제 받아들이는 신체 신호뿐 아니라 신체 내부에서 일어나는 일에 대한 대뇌의 예측을 반영하는 것으로 이해할 수 있다.

만약 대뇌가 신체로부터 받아들인 예측 오류를 신뢰하지 않거나 심지어 원치 않는 지표로 여긴다면 주로 사전 지식에 의해 내부수용감각이 이루어질 것이다(Smith et al. 2020). 이러한 신체 내부 모형의 비정상적인 업데이트는 '실제적인 자기material me'를 올바르게 해석하지 못하는 장기적 실패로 이어질 것이다. 많은 정신의학 분야에서 정신장애와 심리적 괴로움의 원인으로 내담자가 자신의 신체 내부 상태에 대해 잘못 추정하는 것을 간과하는데, 이는 감정을 정확하게 이해하고 환경과 효과적으로 상호작용하는 능력을 손상시킨다(Barrett and Simmons 2015; Khalsa et al. 2018; Lane et al. 2015; Löffler et al. 2018; Paulus et al. 2019; Seth 2013; Smith et al. 2018, 2021; Yoris et al. 2017).

예측 부호화 언어에서 이와 같은 측정 오류misestimate는 예측 오류와 관련된 사전 지식의 타당성을 **과대평가하거나** 사전 모형과 관련된 예측 오류의 타당성을 **과소평가**할 때 발생한다. 이러한 두 가지 경향 모두 내부수용감각 알아차림 수준을 저하시켜 감정을 인식하고 이해하는 능력을 감소시킨다.

신체 모형을 업데이트하기 싫어하는 대뇌는 신체의 생리적 상태를 최적의 항상성 범위 내로 유지하는 데 어려움을 겪게 되며, 항상성의 유지는 일반적으로 행동 조정을 통해 이루어진다(Barrett and Simons 2015). 우리 신체의 기본적인 요구에 관한 신호를 의식하지 못하면 몸에 이득이 되는 행동을 할 가능성이 작아진다. 항상성 유지에 지속적으로 실패하면 시간이 지날수록 해로운 생리학적 결과가 축적되어 위기를 유발할 수 있다(McEwen and Stellar 1993; Sterling 2014).

이는 몸 마음챙김이 상황을 반전시키는 데 강력한 도구로 활용될 수 있는 대목이다. 감지하기 어렵거나 그다지 감지하기 어렵지 않은 신체 신호에 대한 적응을 증가시키면 자신의 감정, 욕구, 가치에 대한 통찰력이 커지고, 적절한 반응을 선택하는 능력을 얻게 된다. 이것이 실제로 어떻게 작용하는지 이해하기 위해서는 신체에 대한 부정확한 지각을 유발하는 몇 가지 다양한 방법을 탐구해 보는 것이 도움이 될 것이다.

현재 신체에 발생한 사건에 대한 경험회피

위기 상황의 본질은 신체적 수준에서 강하고 압도적이고 견딜 수 없는 것으로 경험된다는 것이다. 스트레스는 일반적으로 스트레스 반응을 완화하기 위한 외현적인 행동 선택과 내현적인 자동 조절 능력을 모두 초과한다. 다시 말해 내부수용감각 예측 오류를 충분히 해결할 수 있는 반응 수단이 없고, 이는 주체의식을 공격한다. 따라서 그 사람이 하는 어떤 행동도 신체의 편안함을 증진시키는 데 도움이 되지 않는 것처럼 보인다.

게다가 기존의 신체 감각은 일반적으로 너무 강렬해서 계속 경험하고 발견되기 때문에 내부에서 일어나는 일에 현존하는 능력을 저해한다. 무력감과 압도감에 사로잡할 수 있으므로 내부수용감각 예측 오류의 증가는 위기나 위협과 관련된다. 충격적이거나 고통스러운 사건 중에 발생하는 위기와의 관련성은 모형-기반 학습과 비모형 학습을 모두 포함한다. 파블로프의 개가 벨 소리에 대한 타액 반응을 획득하고 음식, 벨 소리, 타액, 내적 연관성internal association에 대한 의식적 모형이 필요하지 않았던 것처럼(Pavlov 1927), 학습의 많은 부분은 알아차림 없이 발생하며 '전의식적으로 preconsiously' 이루어진다(Firth 2021). 따라서 위협적인 상황에 관한 일부 정보는 처음에는 단어나 개념 수준으로 접근하지 못하고 불편함, 충동, 공황 등에 대한 강렬한 신체 반응만 경험하게 된다. 이러한 상황에서 일반적으로 사용할 수 있는 전략은 내부수용감각 신호를 회피 또는 억제하거나 필요한 경우 해리시키는 것이며, 이는 특히 트라우마 사건에 해당한다.

압도적인 사건에 직면했을 때 감각 신호의 회피만이 유일한 반응일 수 있지만, 이러한 신체 및 정서적 회피가 지속될 경우 이에 따른 문제가 발생한다. 이와 같은 끔찍한 상황이 누적될 때 현재 상황에서 가장 두려운 현상은 신체 내부에 퍼지는 감각과 느낌이다. 내부에 있는 것은 최선을 다해 피해야 하는 적이 된다.

그뿐 아니라 내부수용감각 정보를 회피할 때 현실에서 증가한 내부수용감각 신호는 그다지 중요하지 않고 타당하지 않은 것으로 간주된다. 신체 상태를 정확하게 파악하지 못하면 일반적인 항상성 조절에 장애가 일어나고, 따라서 연관된 정서적 고통감과 함께 내부수용감각 장해disturbance를 장기화해 괴로움을 오래 지속시킬 것이다

(Khalsa et al. 2018). 또 다른 흔한 여파는 개인이 자기 자신과 삶에 대해 무감각해진다는 것이다. 이는 어린 시절 만성적인 언어적 · 신체적 학대를 겪은 루시아Lucia에게 발생한 일이다.

루시아는 32세이며, 6세와 8세 자녀와 자상한 남편이 있었다. 그녀는 만성 우울증과 PTSD 진단을 받았고, 이전에 많은 종류의 항우울제를 복용했다. 약물 치료와 함께 경두개자극술[rTMS] 치료를 반복적으로 받았지만, 이러한 개입에도 불구하고 그녀가 생각할 수 있는 것은 자살뿐이었다. 루시아는 집 주변에서 하는 몇 가지 일 외에는 아무 일도 할 수 없었다. 그녀는 점점 무감각해졌고, 가족과 자신과 삶으로부터 동떨어져 있다고 느꼈다.

루시아: 신체의 경험회피가 장기적으로 미치는 영향에 관한 임상적 사례

사 남매 중 장녀인 루시아는 성장하면서 집안일을 도맡았고, 동생들을 부모의 학대로부터 보호하기 위해 애썼다. 아동보호 전문요원들이 아동 학대 및 방임 민원에 대해 조사하러 왔을 때, 그녀는 술에 중독된 부모를 감싸며 모든 것이 괜찮다고 거듭 말했다. 그녀는 5년 전까지만 해도 어떻게든 삶을 이어 나갔지만 점점 우울해졌고, 자살에 대한 생각이 그녀 자신과 가족들에게 끊임없이 드리워지기 시작했다.

어린 시절 학대에 대한 반응으로 루시아는 신체 내적 상태에 대해 완전히 무감각해져 있었다. 이러한 무감각은 그녀 자신과 가족을 포함한 주변 환경으로부터 계속해서 소외감을 느끼게 했다. 자기 자신과의 관계도 끊겼기 때문에 세상과의 관계도 끊어졌다. 자기 몸의 실제 상태와 감정에 대한 정보를 무시하는 루시아의 습관으로 인해 현재 자신의 존재에 관한 긍정적인 부분을 인식하지 못했으며, 무의미함과 죄책감에 대한 감정만 남았다.

상승 예측 오류를 뉴스 방송으로 생각하면 도움이 된다. '뉴스 가치가 있는' 정보, 즉 사전 지식에 근거한 하강 예측으로 설명할 수 없는 현재의 사건([그림 5.3] 참조)은 인식을 불러일으킨다. 규모가 크고 정확도 가중치precision weight가 높을수록 예측 오류는 지각과 학습(신념과 모형을 업데이트하는 것)을 발생시킬 가능성이 크다. 따라서 예측 오류의 상대적인 정확도 가중치와 사전 지식이 각각 경험한 것에 얼마나 많은 영향을 미치는지 결정한다. 그러나 대뇌는 상승하는 신체 신호에 다양한 정확도를 부여해 자신이 관여하거나 무시하는 예측 오류를 선택할 수도 있다(Seth and Friston 2016).

내부수용감각 예측 부호화(코딩)의 구조framework 안에서 상승 신체 정보를 무시하는 것은 기존의 모형보다 낮은 중요도와 확실성certainty을 부여하는 것과 연관성이 있다. 이와 같이 실제로 투입된 신체 정보의 타당도를 과소평가하는 것은 마치 시각 예측 오류가 해 질 녘보다 대낮에 더 낮을 것으로 예상되는 것처럼 '정확도 가중치'를 덜 제공하는 것으로 구조화된다.

모형에 맞게 세계를 변화시키는 조치를 취하거나 모형이 세계에 맞게 신념을 업데이트해 거대한 예측 오류를 해결할 수 없을 때 남은 유일한 반응은 예측 오류 자체의 정확도 가중치를 줄이는 것뿐이다. 신체 신호를 무시하는 이러한 방법이 지속될수록 상승 신체 정보는 과소평가될 것이다(Friston 2020). 사전 학습에 기반한 모형은 검증되지 않은 정확성과 안정성을 얻게 되고, 이는 현재 경험에 기반한 변화에 더욱더 저항력을 갖게 된다. 이는 위기 발생의 악순환을 시작하거나 지속시키기도 한다.

신체 사전 지식에의 과도한 의존

루시아의 내부수용감각 장애는 주로 우울증, 무감각numbing, 단절disconnection 등으로 나타나는데, 이는 신체 신호에 가중치를 덜 두는 것에 기반한다. 우리는 몸 마음챙김을 통해 신체 정보에 가중치를 덜 두는 방법을 설명하기 위해 이 장의 후반부에서 다시 루시아의 사례를 살펴볼 것이다. 먼저 편향된biased 정확도 가중치에 관한 예를 볼 것인데, 그중 하나는 사전 지식에 너무 많은 정확도 가중치를 할당하는 문제다.

받아들이는 신체 정보와 관계없이 특정 모형이 정확하다는 강력한 믿음이 있는 경우, 해당 모형에 기초한 예측 정확도에 **가중치가 부여된다**. 이는 어떤 상황에 처했을 때 신체 감각과 관련한 뚜렷한 기대를 하게 만든다. 예를 들어, 모형 부재 또는 모형-기반 학습을 통해 이전에 위험을 예측했던 단서를 접하게 되면, 예측은 바라는 신체 상태에 맞게 관찰된 신체 상태를 조정한다. 다시 말해 이와 같은 내적 교정inner correction은 신체 감각을 사전 지식과 일치하게 만든다. 예를 들어, 충격 장면을 목격한 사람은 특정 유형의 큰 소음(이전의 예측된 위험 단서)에 과도하게 예민한 내부수용감각 스트레스 반응을 보이고, 이는 생리적 및 정신적 건강에 장기적인 영향을 미치는 누적 스트레스로 이어질 수 있다(Kletter et al. 2021).

2장에서 다루었고 또 7장에서 다시 다룰 예정인 카이의 사례를 보면, 그는 다른 사람들을 만날 때 두려움과 불안감을 느낄 것으로 강력하게 예상했다. 이전 모형은 그가 버스에 탈 준비를 할 때 높은 정확도 가중치로 예측을 생성했고, 이는 호흡과 맥박을 매우 빠르게 상승시켰다. 공황장애의 한 증상으로 그는 높은 심박수와 빨라진 호흡 그리고 어지러움이 심장 마비를 일으킬 거라는 사전 믿음을 가지고 있었다. 이러한 믿음은 변화하는 감각과 관련해 두려움을 불러일으키고, 지나치게 경계심을 갖게 만들며, 그 두려움은 곧 공황 상태로 이어질 수 있다.

현재 신체 사건에 대한 행동 회피

두려움에 관한 카이의 예측은 심박수를 증가시키는 것으로부터 철수하는withdrawal 행동이 함께 나타났다. 이러한 회피 행동은 발생한 생리적 감각을 그가 바라는 평온한 상태에 관한 모형model of calm과 일치시키려는 방법이었다. 회피 행동을 통해 상승 예측 오류가 일시적으로 감소해 잠시 안도감을 경험하면, 이러한 회피 행동은 부적 강화되며 신체 감각을 방해할 수 있는 모든 잠재적 상황에서 선호하는 전략이 된다. 2장에서 살펴본 바와 같이 이러한 종류의 회피 행동은 세상에 관여하는 데 있어 기능의 급속한 상실, 내적 세계와 외적 세계에 대한 역기능적 선행 믿음의 강화 등과 같은 많은 문제를 불러일으킨다.

불안장애는 신체 반응을 이전의 두려움 모형과 일치시키기 위해 상향 조절upregulating하는 것뿐 아니라, 바라는 평온함 모형과 관련된 예측 오류를 발생시키는 스트레스 상황을 벗어나거나 회피함으로써 지속된다. 이처럼 신체를 모형에 맞추어 변화시키는 방식은 주체의식을 느끼게 하지만, 이러한 전략은 단기적인 효과만을 낳기 때문에 문제가 되는 방식일 수 있으며 궁극적으로 주체성과 자기-효능감의 상실로 이어진다. 카이는 내면에 현존하고 싶어 하지도 않고, 위험 모형model of danger이 타당하지 않다는 것을 배우지 않았기 때문에 매 순간 진정으로 현존하는 경험을 놓친다. 그는 마음챙김 행동하기와 마음챙김 현존하기로 이어지는 길에서 자기 자신을 단절시킨 것이다.

원치 않는 상태를 회피하고 원하는 상태를 추구하는 것에 대한 과도한 의존

행동적 또는 정서적 회피 행동은 트라우마나 위기와 관련된 과거 경험이 없어도 나타난다. 특정하게 바라는 상태를 추구하는 데 고착되는 것은 일상생활에서 반복적으로 나타나는 주제가 될 수 있고, 도움이 되지 않거나 건강하지 못한 결과를 초래할 수 있다. 만약 이상적인 상태나 정상적인 상태가 되기 위해 행복, 만족감, 평온함의 조합이 모든 환경에서 항상 성취되어야 한다고 생각한다면, 이러한 상태에서 벗어나 차이가 생기는 것을 문제라고 해석할 것이다. 광고나 소셜 미디어 속에서 겉보기에 완벽하고 즐거운 삶을 살고 있는 사람들의 사진을 보다가 자기 삶을 돌아보았을 때 심한 간극을 느끼게 되는 것처럼 말이다. 이와 같은 간극은 개인이 바라는 내적 상태와 관찰되는 내적 상태 사이의 예측 오류에 해당하며, 예측 오류는 몇 가지 조절 반응을 통해 이를 해결하려는 동기를 불러일으킨다. 이러한 소셜 메시지에 반복적으로 노출됨에 따라 원하는 모형에 훨씬 더 큰 정확도 가중치를 부여해 변화에 저항하게 된다.

역사적으로 볼 때 사람들은 성취할 수 없는 특별한 욕구나 내적 상태를 추구하고 이와 다른 경험은 회피해 왔다. 비록 기분 좋은 감정을 이끌어 내고 부정적인 감정은 회피하는 것이 인류의 번성에 도움이 된다는 것이 입증되었지만, 진화는 정서적 괴로움이나 행복과 크게 상관이 없다. 실제로 행복과 지속 가능성이 우리가 원하는 것이라면, 찾고 피하기 위한 우리의 진화적 프로그래밍은 더 이상 적응하지 못했을 것이다. 이와 같은 진화의 개념은 석가모니가 말하는 핵심적인 메시지 중 하나, 곧 정서적 괴로움의 근원은 일시적인 즐거운 상태를 유발하는 것을 움켜쥐고 매달리는 데에 있다는 것을 설명한다.

무언가를 함으로써 기분이 나아지게 하려는 노력을 통해 우리는 쉽게 서두르고 불쾌해질dysphoric 수 있다. 대부분 순식간에 지나가거나 드물게 나타나는 행복한 상태를 경험하기 위해 이곳저곳을 돌아다니며 자신에게 더 많은 스트레스와 불편함을 유발한다. 또한 우리가 느끼고자 하는 감정과 일치하지 않는 어떠한 감정으로부터 스스로 주의 전환을 하고 난 뒤 그동안의 모든 시간이 어디로 갔는지 의아해한다. 자신의 행복을 위해 다른 사람들을 통제하려는 노력은 진정한 친밀감을 저해한다. 고통distress을 유발하는 이전 사건들과 관련된 단서를 회피하는 것은 행동 범위를 제한한다. 우리는 술이나 약물을 사용해 즐거움을 추구할 수 있으며, 우리가 느끼고자 하는 것과 실제 우리가 느끼는 것 사이의 불일치를 해결하기 위해 이와 같은 물질을 사용하기도 한다. 물질 사용은 바라지 않는 감정에 대한 환상적인 단기 치료법이 될 수 있다. 또는 육체적 긴장이나 심리적 상처, 고통, 또는 불편함을 억누르는 방법을 사용할 수도 있다. 이 중 어느 것도 효과가 없다면, 내면의 불안으로부터 주의 전환을 하기 위해 극단적인 위험을 감수하는 것으로 방향을 틀지 모른다. 어떤 수단을 사용하든지 원하는 감정 상태를 추구하는 것은 다른 모든 감정 상태를 회피하는 것일 수 있기에, 이는 경험회피의 한 가지 형태로 이해할 수 있다.

우리가 예상하는 것과 달리, 행동을 취하는 것에 지나치게 의존하면 무력감이 발생할 수 있다. 오랫동안 바라던 신체 상태에 완전히 도달하지 못하는 것은 결국 진정한 주체의식에도 위협이 된다. 다시 말해 신체 감각과 감정은 **조절할 수 있어야 한다는** 강한 사전적 믿음은 또 다른 예측 오류를 초래할 수밖에 없기에 그 자체로 문제가 된다. 따라서 부족하다는 느낌sense of falling short은 그 자체로 문제가 된다. 위기로 인해 발생한 스트레스를 조절하기 위해 쏟은 최선의 노력이 오히려 위기를 악화시키는 것 같다면 어떻게 해야 할까?

위기 통합: 몸 마음챙김

다행히 행동을 취하는 것만이 실제와 믿는 것 간의 차이를 좁히는 유일한 방법은 아니다. 실제와 일치하도록 기대치를 조정할 수도 있다(Farb et al. 2015). 행동을 취하는 것(변화)과 이전의 신념을 업데이트하는 것(수용)의 차이는 다양한 심리적 · 정신의학적 개입과 마음챙김 기반 개입 간의 차이와 다소 비슷하다. 종종 정확한 진단과 적절한 약물을 제공하는 것은 내담자가 고통에 더 잘 개방할 수 있게 만들며, 도움이 되지 않는 행동을 변화시키기 위해 필요한 근거를 마련한다. 그러나 신체 및 정서적 신호를 다양한 방법으로 변화시키고 선택하고 통제하고 감소시키고자 하는 것과 반대로 마음챙김은 신체 감각에 대한 평온하고 비판단적인non-interfering 관찰을 포함하며, 수용을 통해 기대를 조절한다. 이 두 가지 접근법은 상호보완적이라고 보는 것이 현명하다.

이번에는 마음챙김이 위기 통합에 어떻게 기여할 수 있는지 알 수 있는 두 가지 간단한 임상 사례를 살펴볼 것이다.

> 어거스트(August)는 힘든 성장기를 보냈고, 초기 성인기에 성격장애 진단을 받았다. 어느 날 오후, 그는 정기 검진에 늦게 도착했고 자살 생각을 강하게 느낄 정도로 괴로웠다. 자해 충동으로 응급실에서 입원 치료를 받는 것도 고려했지만, 이러한 극적인 사건에 지쳐 있는 아내가 다시 병원에 입원하도록 허락하지 않을 거라고 생각했다. 탈출구가 보이지 않자 그는 스스로 어찌해야 할지 모를 정도로 공황 상태에 빠졌다. 여기서 우리는 그의 위기 유발 과정이 표면화되는 것을 볼 수 있다. 간호사는 어거스트와 함께 응급실에 가는 것과 집에 가는 것의 장단점을 논의하면서 인지적 수준에서 개입할 수도 있었지만, 대신 어거스트가 호흡에 주의를 기울이도록 안내했다. 이러한 방식으로 자기 몸을 돌본 뒤 어거스트는 종일 아무것도 먹지 않았다는 사실을 깨달았다. 그는 샌드위치와 우유 한 잔을 먹은 후 집으로 돌아갈 수 있을 만큼 충분히 평온해진 것을 느꼈다.

이 사례는 다음과 같은 몇 가지 내용을 설명한다. 먼저 무시된 항상성 신호는 때로 혼란과 고통감을 공황 상태에 이르게 한다는 것이다. 그리고 마음챙김은 사전 경험이 필요하지 않고, 시간이 많이 걸릴 필요도 없으며, 예상치 못한 방법으로 일을 빠르게 진행시킬 수 있다는 것이다. 또한 신체는 의사결정을 위한 유용한 지침을 제공할 수 있다는 것이다.

> 어거스트의 사례와 마찬가지로 리키(Riki)도 성격장애 진단을 받은 적이 있다. 그녀는 ACT 집단 상담에 참석했고, 세 번째 모임에서는 불안하고 절박한 상황에서 자살 생각이 일어날 때 친구들에게 자주 전화를 걸었다는 이야기를 했다. 이로 인해 그녀 곁에 친구가 얼마 남지 않았을 정도로 우정이 깨지기도 했다. 그녀는 전화 통화가 일시적으로 도움이

되긴 하지만, 내면의 혼란이 재발하는 경우가 많다는 것을 알아차렸다. 지난 일주일 동안 한 번 정도는 수화기를 들지 않으려고 노력했고 그 대신 호흡에 집중했다. 친구들의 시간과 에너지를 존중하겠다는 가치를 따르는 동안 그녀는 경계 상태에 있는 신체 감각을 관조했다.

"그리고 그거 아세요?"라며 그녀가 말을 끝맺었다. "공황이 결국 사라졌어요!"

다른 집단원들은 집단 리더가 말할 때보다 리키의 말에 더 집중했고, 부러움을 느끼는 동시에 깨달음을 얻었다.

이 사례는 집단 맥락에서 ACT를 경험하는 것의 이점을 보여 준다. 또한 고통스러운 신체 감각을 변화시키고자 시도하지 않을 때 그 감각이 일시적이며 시작과 중간과 끝이 있다는 것을 직접 알게 된다는 것을 보여 준다. 신체 감각에 주의를 기울이는 것은 예측 부호화의 측면에서 내부수용감각 예측 오류에 더 큰 정확도 가중치를 부여하는 것과 동일하다(Friston 2020). 이때 유의할 점은 이러한 주의의 방향이 위기에 대한 사전 믿음을 이용할 수 있다는 것이며, 이 경우 감각은 이를 통제하거나 회피하려는 충동을 생성할 것이라는 점이다. 그러나 마음챙김 주의mindful attention는 위기에 대한 믿음으로부터 한 단계 위의 모형에서 시작되므로 위기에 대한 믿음은 평온한 메타-알아차림과 관련된 다음 단계의 예측 오류에 대한 증거가 될 것이다. 어떠한 시점이나 어떠한 처리과정 수준에서도 다양한 모형에 접근할 수 있으며, 각각의 모형이 세계에 대한 실제적인 표현이 될 가능성에 대한 믿음을 가질 수 있다(Smith et al. 2021). 이는 마음챙김을 적용해 신체적 · 정서적 과정에 대한 더 많은 통찰력을 얻고 심리적 유연성을 향상시키는 데에 결정적인 것으로 밝혀졌다. 이러한 이유에 관해서는 이번 장의 다음 부분에서 설명할 것이다. 단순하지만 중요한 몸 마음챙김 기술의 임상적 함의를 더 깊이 탐구할 것이며, 이를 예측 부호화 관점에서 어떻게 이해할 수 있는지 살펴볼 것이다. 이런 종류의 작업과 관련해 다양한 단계가 제공되는데, 실제로 그 단계들이 항상 질서 있고 균형 잡힌 형태를 따르는 것은 아니다. 대체로 이와 같은 다양한 단계는 마치 즉흥적인 춤과 같은 형태로 나타난다. 하지만 무대에 나가기 전 중립적인 신체 부위에 마음챙김의 태도로 접근하는 첫 동작을 숙달하는 것이 유용하다.

안전한 피난처를 찾는 몸 마음챙김

몸 마음챙김을 통한 위기 통합은 내담자가 주의를 기울일 수 있는 중립적인 신체 부위를 확인하는 것에서부터 시작하는 것이 바람직하다. 감정적 중립성은 격렬한 신체 감각을 수용하는 평온하고 고요하며 머물는 데에 필수적인 관찰자witnessing 자세를 확립하는 데 도움이 된다. 시간이 지남에 따라 감정적으로 중립적인 신체 부위는 심리적 고통감이 심해질 때마다 내담자가 되돌아와 주의를 둘 수 있는 안전한 피난처를 제공할 것이다.

예를 들어 치료자는 모리스에게 감정에 압도될 때 발에 주의를 기울이라고 알려주었다. 한편, 마리나는 호흡 마음챙김을 하면서 자신이 HIV 진단을 받았기 때문에 사회적으로 거부당할 것이라는 두려움과 관련된 반복적인 괴로운 생각들로부터 해방될 수 있다는 것을 깨달았다.

이러한 경험에 따르면 중립적인 신체 부위는 대개 몸통과 장기가 위치한 신체 부위 밖에 위치하며, 흔히 주관적인 감정 경험과 관련된다. 몸 마음챙김의 첫 번째 단계로 몸통에 주의를 기울이는 것은 내담자로 하여금 즉각적인 회피 전략을 촉발할 만큼 강렬하고 두려운 감정의 혼란으로 빠르게 빠져들게 만들 위험이 있다. 물론 개별적인 실험이 필요한 문제이기는 하지만, 주의를 기울이기 좋은 신체 부위로는 손이나 발 혹은 지면이나 의자에 의지하고 있는 경우에는 엉덩이 등이 있다. 약간의 움직임이 있는 경우에는 척추나 사지의 감각 또한 주의를 집중할 수 있는 좋은 부위다. 만약 가만히 앉아 있는 것이 어렵다면 태극권tai chi이나 기공qi gong, 요가의 느린 움직임이 마음챙김을 도울 수 있다. 이러한 실습은 때로 오랫동안 억눌려 의식 바깥으로 완전히 밀려나 있던 긴장감을 발견하게 해 준다. 마음챙김 동작은 긴장감을 드러내고 신체 부위를 깨우는 데 도움이 된다. 그러나 이러한 신체 운동은 공중에서 팔과 다리를 기계적으로 움직이는 것처럼 마음챙김 없이도 쉽게 실습할 수 있다. 따라서 내담자가 신체 내부에서 느끼는 것을 지속적으로 인식할 수 있도록 돕는 안내가 필요할 수 있다.

만약 신체 모든 부위에 머무는 것이 어렵다면, 어떤 소리나 현재에 존재하는 다른 어떤 것에서부터 집중을 시작해 볼 필요가 있다. 몇몇 사람에게는 자연 속을 걷는 것이 도움이 된다. 자신의 발소리나 새의 지저귐에 귀를 기울일 수 있고, 식물을 자세히 관찰할 수도 있다. 생각에 빠져 현재 순간을 인식하고 메타-알아차림을 하는 데 실패하는 것을 막기 위해서는 단순함이 바람직하다.

주의집중력을 기르기 위해 가능하면 중립적인 장소에서 오랜 시간을 보내는 것이 좋다. 이와 같은 방식으로 평온함을 증진시키는 데 능숙해진 사람은 감정적 고통을 안고 있는 신체 부위에 주의를 집중할 준비가 더 잘 된다. 이는 6장에서 설명하는 자신에 대한 자기-자비적인 접근을 배우는 데도 유용하다.

숨겨진 것을 드러내게 하는 몸 마음챙김

적절한 시기에 이르면 중립적인 신체 부위에 대한 마음챙김은 신체와 정서적 괴로움을 인식하고 탐구하는 수단을 제공하며, 이는 스스로 안정시키기 위해 되돌아가는 장소를 제공한다. 감정을 조절하는 핵심적인 수단이 없다면, 힘든 과거력이나 현재의 상실을 다루기 시작할 때 발생하는 급성적인 불편감 경험이 마음챙김을 할 수 있는 개인의 능력치를 넘어서게 된다.

위기 상황에 놓인 사람들에게는 아무리 몸통에서 멀리 떨어져 있는 곳이라도 특정 신체 부위에 대한 마음챙김이 곧바로 고통스러운 감정을 불러일으킬 것이다. 이러한 경우, 평안함을 경험하기 위해 이루어지는 몸 마음챙김의 배양은 위기가 유발하는 정서적 고통감에 관한 깊은 학습과 함께 진행되어야 한다. 예를 들어 모리스는 마음챙김의 태도로 발에 주의를 기울이기 위해 속도를 늦출 때면 잠시 회피 전략을 접었다. 이는 '평온함'을 유지하게 하는 이전 모형과 관련한 상승 내부수용감각 정보의 정확도 가중치를 부여하게 해 주었고, 엄밀히 말해 신체 내부 상태에 둔감하게 해 주었다. 그는 엄청난 상실을 감당하는 중이었기 때문에 불안감과 민감한 감정이 순식간에 드러났다. 뒤에서 더 살펴보겠지만, 루시아가 신체에 주의를 기울이기 시작하자 루시아의 몸도 즉각적인 정서적 반응을 전달했다. 루시아와의 일련의 상호작용에서는 정서 반응을 조절하기 위해 몸 마음챙김을 어떻게 사용할 수 있는지 알아보고 그 내용에 귀를 기울일 것이다.

위기 통합을 위해서는 치료자가 내담자의 내적 자원을 증가시킬 뿐 아니라, 외적 자원과 안전을 확보할 수 있도록 도와야 한다. 그리고 지속적인 학대와 위협 요인을 반드시 끝내야 한다. 위기에 처한 내담자를 위해 가족이나 친구, 공동체, 종교 집단과 같은 사회적 지지 자원을 적극적으로 찾고 모집해야 한다. 무엇보다도 중요한 것은 치료자와 내담자 사이에 깊은 신뢰를 형성하는 것이다. 위기에 처한 사람이 스스로 위로할 수 없을 때, 그는 마음을 다해 흥미롭게 본인의 이야기에 귀를 기울여 주는 사람들로부터 위로받게 될 것이다. 그리고 내담자의 위험한 영역을 탐색하고자 한다면, 자신이 보이고 들리며 자신의 말이 진지하게 받아들여진다는 것을 알아야 한다.

맑고 수용적이고 자비로운 눈으로 보게 되면, 부적응적인 반응 패턴은 수치심이 줄어들고 가장할 필요가 사라지며 그 결과 변화에 개방적이게 된다. 이 모든 것은 현실을 공유하고 지지적인 마음챙김의 태도로 관조witnessing하는 접근에 관한 것이다. 예를 들어, 누군가가 당신의 경계를 침범했을 때, 그 부정적 영향을 혼자서 겪고, 더 나아가 당신이 겪은 일을 타당화해주지 않는다면, 당신이 자기-비난에 빠지고 자신이 그런일을 당할만하다고 결론짓는 등 부정적으로 생각하는 것을 막기는 어렵다(van der Kolk 2015). 만약 부모, 교사, 코치, 종교적 또는 영적 지도자 등 당신이 의지하는 사람이 당신이 그들과 공유하는 역경 이야기를 타당화해 주지 않는다면, 경계 침범까지는 아닌 아무리 심각도가 낮은 사건이라도 마음속에 남아 엄청난 혼란과 고통을 유발하게 된다. 이와 같은 과정은 상실, 사고를 비롯한 스트레스를 주는 다른 사건에 있어서도 마찬가지다. 장기적인 부작용은 상당 부분 경험회피의 결과인데, 이와 같은 회피는 자신에게서 발생한 것이든 타인에 의해 강요되었든 간에 발생한다.

루시아는 유년 시절에 심각한 학대를 경험했고, 보살핌과 타당화를 받지 못했다. 이러한 환경에서 유일하게 사용할 수 있는 보호 기제는 그녀의 내적 경험을 뚜껑으로 덮어 두는 것이었다. 성인이 된 후 운 좋게도 스스로 내면에 무엇을 담고 있는지 탐색할 수 있게 되었고, 과거와 다른 방식으로 관계 맺는 법을 배우는 안전한 가정 환경을 만들게 되었다. 이제 몸 마음챙김이 어떻게 그녀의 고통감을 드러내기 시작하는지 살펴보자.

루시아: 눈물을 터트리게 하는 몸 마음챙김에 관한 임상적 대화

지난 한 달간 루시아는 자살 위험이 있는 내담자들을 위한 ACT 집단 상담에 참여했다. 그녀는 매주 모임에 참석했지만 대화에 적극적으로 참여하지 않았고 눈 맞춤도 하지 않았으며 집단에서 떨어져 혼자 앉아있는 것을 좋아했다. 이러한 이유로 루시아가 다섯 번째 모임에서 목소리를 내자마자 집단 리더인 치료자의 눈길을 단번에 끌었다.

루시아 저는 마음챙김 과제를 하지 못했어요.

치료자 말해 줘서 고마워요. 좀 더 자세히 얘기해 줄 수 있나요?

루시아 그냥 할 수 없었어요. 하나도 이해할 수 없었어요.

치료자 아, 어떤 부분이 이해하기 어려웠나요?

루시아 음, 모르겠어요. 그냥 할 수 없었어요.

치료자 제가 보기에는 방법만 알면 마음챙김을 시도하는 것에 흥미를 느낄 것 같은데, 어떤가요?

루시아 네, 그런 것 같아요.

치료자 (침묵하며 기다린다)

루시아 호흡과 함께 머물면서 신체 내면을 느끼는 게 뭔가요? 그 의미를 도통 모르겠어요!

치료자 정말 좋은 질문이에요. 제가 말로 잘 설명할 수 있을지 모르겠어요. 그 대신 지금 저와 함께 한번 해 보시겠어요?

루시아 (고개를 숙인다)

치료자 최대한 잘 설명해 볼게요.

루시아 (계속 고개를 숙이고 있다)

치료자 사실 이 집단 안에서 함께 해 볼 수 있어요. 그건 어때요?

루시아 (살짝 고개를 끄덕인다)

치료자 마음챙김은 정말 쉽지만, 동시에 어려울 수도 있어요. 그러면 어디서부터 시작해 볼 수 있는지 보겠습니다. 우리의 사지에 해당하는 부위 중 하나인 오른쪽 엄지발가락부터 시작해 보고 싶어요. 괜찮을까요?

만약 무릎에 집중하는 것이 더 쉽다면 그렇게 해도 좋아요. 자, 엄지발가락이 느껴지나요? 엄지발가락을 조금 움직여 보세요. 움직임이 어떤지, 발가락을 감싸고 있는 신발에서 느껴지는 압박감이 어떤지, 엄지발가락이 두 번째 발가락 옆에 어떻게 놓여 있는지 그 느낌을 알아차려 보세요. 루시아 님, 어떤가요?

루시아 네, 제 발가락이 느껴져요.

치료자 훌륭합니다. 이제 엄지발가락의 안쪽이 어떻게 느껴지는지 관찰해 볼까요? 발가락의 안쪽에서 바깥쪽으로는요? 그런 다음 준비가 되면 발가락을 내버려 두는 거예요. 엄지발가락에 '고마워'라고 말한 뒤 나중에 다시 와서 주의를 더 기울여 보겠다고 말해 볼 수 있어요. 지금은 그 정도면 충분해요.

루시아 이게 마음챙김이에요? 발가락을 느끼는 거요?

치료자 네, 저희가 목표로 하는 것은 발가락을 느끼는 거예요. 좀 더 정확하게 말하자면 발가락의 감각을 알아차리는 거죠.

루시아 '발가락의 감각을 알아차리는 것'이라고요?

치료자 마치 어둠 속에서 손전등을 밝히는 것처럼 당신은 발가락에 주의를 기울여 볼 수 있어요. 발가락은 거기에 있지만, 손전등을 켜기 전까지는 볼 수 없었던 거죠. 이 손전등은 주의를 기울이는 것과 같고, 당신의 발가락 위를 비추어 주죠. (루시아의 발가락을 가리킨다) 평소에는 신체 외부에 있는 것을 밝히기 위해 손전등을 사용하지만, 이제는 당신의 신체 안에 있는 것에 주의를 기울이는 겁니다. 알겠죠?

루시아 네, 이상하기는 하지만 알겠어요.

치료자 예를 들어, 발가락과 신발이 맞닿는 지점에 주의를 기울여 보세요. 지금 그 부위에 어떤 느낌이 드는지 알아차릴 수 있나요? 아마 살짝 압박감이 느껴질 거예요. 당신은 발가락에 주의를 하나도 기울이지 않고도 어떤 감각이 느껴지는지 알 수 있어요. 예를 들면 신발 때문에 느껴지는 압박감이요. 지금 저를 잘 따라오고 있나요?

루시아 그런 것 같아요.

치료자 좋아요! 이런 연습은 집에서도 해 볼 수 있어요. 지금부터 다음 주까지 엄지발가락에 몇 번만이라도 주의를 기울여 볼 수 있을까요? 한 번에 몇 초만이라도 충분해요! 다음에는 거기서부터 시작해 볼 거예요.

트라우마 과거력이 있는 내담자와 작업할 때는 천천히 진행하는 것이 중요하다. 무엇보다도 루시아와 같은 내담자의 경우에는 장기간에 걸쳐 일대일로 작업하는 것이 바람직하지만, 안타깝게도 지역적으로 가용한 정신건강 자원이 어떤지에 따라 이는 선택사항이 아닐 수 있다. 어떤 경우에는 내담자가 치료자와 단둘이 작업하는 것을 거부할 수도 있다. 루시아의 경우에도 그랬다. 그녀는 여러 가지 개입을 시도하는 데 있어 한계에 다다랐다고 느꼈지만, 기회가 주어진다면 자살 충동을 경험한 다른 내담자들과 함께 참여하는 것에 관심을 드러냈다.

그다음 주에 있었던 집단 상담에서 루시아는 처음으로 혼란스러운 표정을 지으며, 혼자 발가락 운동을 했을 때 몇 시간 동안 울었다고 말했다. 그러고는 그 운동을 다시 시도해 볼 엄두를 내지 못했다.

루시아 무슨 일이 있었던 걸까요? 제가 운 것 말이에요.

치료자 분노나 두려움을 느꼈다기보다는 호기심과 당혹감이 더 컸던 것처럼 들리네요.

루시아 화가 나진 않았지만, 조금 두려웠어요. 울음을 멈출 수가 없었어요. 그냥 계속 눈물이 났죠.

치료자 네. 저에게 그런 일이 일어났어도 무섭고 혼란스러웠을 거예요. 물론 루시아 님이 겪은 모든 일을 알 수는 없지만, 아마 삶에 눈물을 흘릴 만한 한두 가지 일이 있었을 거예요. 당시에는 울고 싶어도 울지 못했던 일일 수도 있고요.

루시아 글쎄요. (한숨을 쉰다)

치료자 지금 당장 그 부분까지 바로 들어갈 필요는 없어요. 하지만 발가락에 집중했을 때 어떤 생각이나 이미지가 떠올랐는지 궁금해요.

루시아 아뇨. 그런 것 같지는 않아요. 울기 시작하기 전 몇 초 동안만 그랬어요.

치료자 우는 동안에는 어땠나요? 눈물과 멈출 수 없는 공포 외에 또 무슨 일이 있었나요?

루시아 별거 없었던 것 같아요. 잘 기억나지는 않아요. 울음을 멈추려고 애쓰느라 바빴죠.

치료자 눈물을 멈춘 후에는 기분이 어땠나요?

루시아 마침내 눈물이 멈추어서 다행이었죠.

치료자 좋아요. 눈물 이외에 고려할 것이 또 있는지 확인하고 싶어요. 제가 보기에 발가락이 어떻게 느껴지는지 의식하는 몇 분 동안 눈물을 멈추게 해 주는 다른 기제나 당신이 느끼고 싶어 하지 않는 감정이 (몸통 앞에서 손을 아래로 누른다) 몇 분간 완화되어 (손을 들어 올린다) 눈물이 나왔을 수 있어요.

루시아 (치료자를 조용하게 바라본다)

치료자 아이들뿐 아니라 어른들의 경우에도 끔찍한 일이 일어났을 때 할 수 있는 유일한 일은 모든 반응과 감정, 신체 공황 증상을 닫아 버리는 거예요. 이는 마치 오래전에 대여한 은행 금고와 같아요. 그것이 거기에 있는지 모르고, 은행에 가서 그것을 열어 보기 전까지는 그 안에 무엇이 들어 있는지도 몰라요. 그것을 여는 것이 두려울 수도 있어요. 사람들은 종종 그것을 잠가 버리려고 애쓰기도 해요.

루시아 네.

치료자 자살에 대해 생각하는 것조차 그 금고를 계속 잠가 두는 데 도움이 될 수 있어요. 그런 생각이 무섭기는 하지만 우리를 바쁘게 만들고, 우리 안에서 일어나는 다른 무섭고 혼란스러운 일을 인식하지 못하게 하죠.

루시아 (치료자를 조용히 바라보며 고개를 끄덕인다)

치료자 마음속에 있는 이러한 금고가 루시아 님에게 일어난 끔찍한 일들로부터 살아남는 데 도움을 주었을 수 있어요. 저는 루시아 님이 그 일을 헤쳐나갈 방법을 발견해서 정말 기뻐요. 하지만 한 가지 안타까운 점은 성인이 된 지금 내면을 닫아 버리려는 그 방식에 에너지를 너무 많이 소모하고 있다는 거예요.

루시아 무슨 말인지 알 것 같아요.

치료자 아시다시피 루시아 님이 이 집단 상담에 계속 참석한다는 것은 새로운 것을 배우고 싶어 한다는 것을 의미해요. 저는 발가락 마음챙김 활동을 통해 무언가를 발견해 낼 수 있다고 생각해요. 마음챙김을 다시 시도할 때가 되었다고 느껴질 때, 눈물이 차오르고 감정에 압도되는 시점에 사용해 볼 수 있는 도구를 준비해 두었어요.

심리적 고통에 대한 내성과 신체 회복을 증진시키는 몸 마음챙김

고통에 대한 감내력을 증진시키는 방법에서 중요한 것은 고통감으로 인해 소모되거나 회피하는 것보다 그 고통이 일어나는 상황을 관조하는 것이다. 과거 사건을 지금 일어나는 것처럼 재경험하는 것은 도움이 되지 않으며 매우 두려울 수 있다. 현재 순간의 감정 경험에 대한 아주 작은 메타-알아차림만으로도 도움이 될 수 있다. 이는 자신에게 귀를 기울여 주는 전문가가 부드럽게 상기시켜 주는 작업을 통해 기를 수 있는 능력이다.

돌이켜보면 루시아에게 발가락 활동을 시도해 보도록 과제를 권유하기 전에 집단 상담 장면에서 먼저 중립적인 신체 부위를 접촉하고 메타-알아차림을 유지하는 방법에 대해 더 많이 배우도록 돕는 것이 나았을 수 있다. 단 몇 초간의 몸 마음챙김은 그녀로 하여금 몇 시간 동안 눈물을 터트리게 만들었다. 이 시점에서 만약 그녀가 발가락에 주의를 기울여 접촉하는 것에 숙달되었다면, 그녀는 메타-알아차림에 다시 접근할 수 있었을 것이다. 그러면 위기감을 감소시킬 수 있고, 루시아가 눈물을 흘리지 않기 위해 애쓰는 대신 그 눈물을 허용하고 받아들일 수 있었을 것이다.

그럼에도 불구하고 루시아는 집단 상담에 계속 참석할 만큼 관심이 있었기에 그녀의 신체적 · 정서적 경험과 관련된 위기감을 조절하는 도구인 중립적인 신체 부위에 대한 메타-알아차림으로 되돌아가는 방법을 배우는 기회를 얻게 되었다. 이 과정은 '안전감의 섬'으로 되돌아가는 것으로 묘사된다(van der Kolk 2015).

급성 또는 장기적 위기를 다룰 때는 내담자가 갇혀 있는 고통감을 점진적인 방식으로 개방하게끔 안내하는 것이 최선이다. 몸통 내 정서적 반응과 신체의 좀 더 중립적인 감각 사이를 조심스럽게 오가며 주의를 집중시키게 하는 것이다. 감정적으로 압도될 때는 감정이 차 있는charged 영역을 탐색하기 전에 안정감과 균형감equilibrium을 찾을 수 있는 좀 더 중립적인 곳으로 주의를 돌려야 한다.

루시아: 감정이 차 있고 중립적인 신체 부위에 번갈아 주의를 둠으로써 고통감내력을 증진시키는 임상적 대화

루시아는 ACT 집단 상담을 몇 차례 더 진행한 뒤 몸 마음챙김을 다시 연습해 보고 싶다는 의사를 밝혔다. 치료자의 도움으로 그녀는 발가락 전체와 양 발바닥을 그녀의 '안전감의 섬'으로 정했다. 이 방법은 발밑의 땅을 지탱하는 감각을 더 잘 느끼게 하려는 것이다. 나머지 집단 상담에서 집단원들은 자신의 발에 마음챙김적인 태도로 주의를 기울이는 작업을 했고, 이를 통해 루시아의 치료 과정에 도움을 주었다. 루시아는 발가락과 발바닥에 주의를 기울이며 마음챙김을 하는 동안 경련을 느꼈고, 어깨가 축 처졌다.

치료자 루시아 님, 어떤가요? 지금 무슨 일이 일어나고 있는지 말해 주세요.

루시아 좀 어려워요.

치료자 네, 어렵군요. 다른 건 없나요?

루시아 모르겠어요. (가슴에 손을 대며) 여기가 너무 꽉 조여요. 숨을 쉴 수가 없어요.

치료자 지금 가슴이 조이는 느낌을 알아차리고 있군요. 숨을 쉬기 어려울 정도로 꽉 조이고 있죠. 고마워요. 잠시 발가락과 발바닥을 인식하는 과정으로 되돌아가 보겠습니다. 발바닥이 바닥에 닿는 감각을 알아차리고, 발가락의 고요함과 안쪽의 미세한 따끔거림과 진동을 알아차려 보세요.

루시아 네. (깊게 숨을 들이쉬고 내쉰다)

가슴이 조이는 느낌이 드는 현재 시점에서 과거가 드러날 때는 과거의 어떤 사건이 이러한 감각을 유발하는지 정확히 알아내려고 노력하기보다 내담자가 이에 압도되지 않고 견뎌 낼 수 있도록 도와야 한다(can der Kolk 2015). 치료자는 평소 회피 전략(예: 신체 감각에 대한 둔감함 또는 자살 사고)에 대한 제안으로 루시아가 발에 주의를 기울이도록 안내했다. 발가락과 발바닥 감각을 느끼는 것은 그녀가 신체 정보를 받기 시작하는 진입점과 불편감이 심해질 때를 위한 안정적인 공간resting place 및 닻을 제공한다. 이러한 방법으로 주의를 집중시키는 것은 회피적인 행동이 아니라 메타-알아차림을 재정립하는 기술이며, 따라서 경험한 것의 강도를 조절하는 방법이다.

몸 마음챙김 실습의 핵심은 가능한 한 신체 감각에 머무르는 것이다. 이는 감각을 '수치심', '외로움', '시기심', '두려움', '슬픔'이라는 표현보다 '끈적하다', '날카롭다', '빽빽하다', '널찍하다', '떨린다', '딱딱하다', '부드럽다', '팽팽하다' 등 감각적 특성에 따라 알아차리는 것을 의미한다. 같은 맥락에서 감각에 반응하는 과정에서의 선입견preconceived notions에 대한 어떠한 평가와 개념화와 적용을 지연시키는 것도 도움이 된다. 몸 마음챙김에서 우리는 무엇이 나타나는지 길게 설명하는 것에 초점을 두지 않는다. 섣부른 해석은 이전 모형과 관련된 감각에 대한 경험회피를 불러일으키고, 신체 정보의 실제적이고 완전한 의미를 놓칠 위험이 있기 때문이다.

'슬픔', '걱정' 또는 '억눌림' 등의 단어를 그 자체로 느끼는 것은 전혀 잘못된 것이 아니다. 4장에서는 감정에 대한 메타-알아차림을 유지하기 위한 방식으로 감정에 이름을 붙이는 방법을 사용했다. 개별적인 감정에 정확한 이름을 붙이지 못하는 것이 정신과 장애 및 신체건강 악화와 관련이 있다는 것을 설명하는 연구는 많다. 반대로 적응적인 기능은 자신의 감정을 더 잘 아는 능력과 관련이 있다(Smith et al. 2019). 그러나 몸 마음챙김의 즉각적인 목표는 신체 감각에 대한 인식을 있는 그대로 정제하는 것이다. 이러한 능력을 증진시키는 것은 적합한 시점에서 감정 단어들의 미묘한 어휘를 사용하도록 이끈다(Gibson 2019).

특히 트라우마와 관련된 신체 감각들을 직접적으로 보고하는 것은 이러한 경험이 발생한 이유를 설명하는 이야기 속에 빠져들게 만드는 해로운 경향을 무력화하는 데 도움이 된다(Segal et al. 2006). 이를 없애야 할 위협으로 간주하지 않기 위해서는 그것이 왜 일어나는지 아는 것보다 관조하는 것이 더 중요하다. 또한 신체 감각을 직접적으로 관찰하는 것은 발생한 일이 매우 심각했다는 것을 타당화해 준다. 그런 다음 치료자와 함께 그 일이 얼마나 심각했는지, 생존을 위해 지금까지 어떤 전략을 사용했는지 살펴볼 수 있다.

치료자는 이러한 점을 잘 고려해 루시아에게 신체적 감각에 머무르기를 권한다.

루시아: 신체 감각에 머무르고 그 메시지를 듣는 임상적 대화

치료자 이제 매우 천천히, 조이는 느낌이 드는 곳을 살짝 엿보듯이 다시 가슴으로 주의를 옮겨 보세요. 아마 조금 설명해 볼 수 있을 건데요. 예를 들면, 그 감각이 얼마나 큰가요? (잠시 멈춘다) 그 감각이 가슴에서 어느 정도를 차지하는 것 같나요? (잠시 멈춘다) 납작한가요, 둥근가요? (잠시 멈춘다) 조이는 느낌에 가장자리 부분이 있나요? (잠시 멈춘다) 또는 다른 부위와 접해 있나요?

치료자는 신체 감각을 어떻게 묘사해 볼 수 있는지(Gendlin 1982) 예시를 들며 루시아가 감각에 대한 관찰력과 메타-알아차림을 유지하도록 단서를 던진다. 호기심이 많고 개방적인 마음으로 신체에 주의를 기울이는 것은 자발적으로 새로운 통찰력을 갖게 해 준다. 예를 들면 이러한 통찰력을 통해 이전 학습에 대한 반응으로 발생하는 '무엇인가를 해야 한다'는 충동에 대항하는 깨달음을 얻을 수 있다.

루시아 모르겠어요. 너무 어두워요.

치료자 그렇군요. '어둡다'라는 건 아무것도 보이지 않는 걸 말하는 건가요? 아니면 조이는 느낌을 말하는 건가요?

루시아 꽉 조이는 게 너무 어둡고 막히는 느낌이에요. (몸을 구부리고 기침하기 시작한다) 저희 부모님은 너무 크고… 그리고… 저는 너무 작아요. 저는 자신이나 다른 사람을 보호할 수 없어요. (다시 기침을 한다)

치료자 부모님이 정말 너무 크게 느껴집니다. 그리고 약간씩 기침이 계속 나오고 있어요. 휴식을 취하고 싶을 때는 언제든지 다시 발에 주의를 집중하면 됩니다. 원할 때 언제든지 그렇게 해도 괜찮아요.

루시아 (기침이 가라앉는다) 뭔가 꽉 조이는 느낌을 기침으로 내보내고 싶은 기분이 들어요. 조이는 느낌이 제 안에 꽉 차 있는 거 같아요. (잠시 멈춘다) 저는 아무것도 할 수 없었고, '싫어'라고 말하거나 싸울 수도 없었어요. 만약 그랬다가는 상황만 악화시켰을 거예요. 부모님을 멈추게 하고 싶지만 아무것도 할 수가 없었어요. 마치 '싫어'라는 것이 제 안에 꽉 막혀 있는 것 같아요.

치료자 그게 바로 제압당한 기분인 것 같아요, 그렇죠? '싫어'라는 게 꽉 채우고 있다는 거죠?

루시아 네, 맞아요.

치료자 이상하게 들릴 수 있지만, 가슴이 조이는 느낌과 기침에 대해 감사하게 생각하고 그것들과 함께 시간을 보내며 그에 대해 배울 수 있어요. 잠시 시선을 무릎에 집중해 볼게요. 준비되면, 방으로 돌아와 보세요.

루시아는 신체 감각을 경험하고 묘사한 후 그것이 무엇과 관련 있는지 더 많은 통찰력을 얻게 된다. 감정을 회피하고 억압하던 오랜 습관과 달리 감각을 드러내는 것에 대해 감사하도록 제안한 것은 그녀가 그것들을 돌보고 그 감각과 관련된 새로운 방식을 인정하도록 격려한다.

몸 마음챙김은 루시아로 하여금 가슴이 조여 오는 느낌과 숨쉬기 어려운 느낌을 경험하게 했고, 발가락과 발바닥 감각에 대한 메타-알아차림을 재확립하게 했다. 그리고 발에서 가슴의 조이는 느낌으로 메타-알아차림을 유도했고 일부 설명해 주기도 했다. 또한 그녀가 준비되었을 때 가슴의 조임과 기침을 하고 싶은 충동으로 다시 돌아가 직접 경험하게 했다. 그녀는 '그것과 함께with' 있었을 뿐 아니라 '그것 안에in' 있었다(Sucitto 2021). 온화하고 상호작용하는 가르침을 통해 루시아는 모든 고통을 수용하고 견딜 수 있는 내적 자원을 점차 구축할 수 있었다.

반 데어 콜크van der Kolk가 그의 저서 『몸은 기억한다』에서 설명한 바와 같이 트라우마가 발생했을 때 정확하게 이해 및 처리되지 않거나 통합되지 않은 모든 것은 신체에 저장된다. 루시아는 마음챙김의 평온한 접촉을 경험할 때 이전에 경험했던 공포, 고통, 황당함, 상실감, 외로움, 배신감 등 신체가 말하고자 하는 것을 들을 수 있다. 점차 그녀는 수용 능력을 지니게 되고, 신체 전반적인 메시지를 어떻게 들을 수 있는지 믿기 시작할 것이다. 사실 이것은 편안한 과정은 아니다. 왜냐하면 신체가 내뱉는 목소리가 무시되는 데에는 이유가 있기 때문이다. 그러나 루시아가 메타-알아차림을 통해 이러한 신체 반응을 경험하면, 스칸디나비아 설화에서 트롤이 햇빛을 받으면 무해하게 되는 것처럼 덜 자율적이고, 마음을 온통 다 빼앗기고, 두렵고, 제멋대로인 것처럼 보일 것이다. 그녀는 이러한 불쾌한 감정이 과거에 일어난 부정적 사건의 잔여물이며, 현재에도 지속되는 위협을 의미하지 않는다는 것을 깨닫게 될 것이다. 이로써 과거가 현재에 미치는 영향력이 감소하게 된다.

이제 마음챙김이 고통에 대한 감내력을 어떻게 증진시키고 신체를 재발견하게 만드는지 예측 부호화의 관점에서 확인해 볼 것이다. 루시아의 발에 주의를 집중하는 것은 평온한 메타-알아차림을 가능케 한다. 관찰적 태도는 가슴과 같은 다른 신체 부위에서 발생하는 상승 정보에 대한 위험과 관련된 사전 **믿음**에서 시작되는 계층의 한 단계 위에서 시작한다. 메타-알아차림이 확립되면 가슴 감각의 위험에 대한 사전 믿음은 다음 단계인 메타-알아차림 수준의 예측 오류에 대한 증거가 된다. 또한 매우 정확한 평온함에 관한 메타-알아차림은 위험 증거에 기반한 예측 오류의 신뢰성을 계층 구조의 한 단계 아래로 떨어트릴 것이다. 상승 방향의 내부수용감각 정보가 어떻게 위험 모형에서 이해될 가능성이 줄어들고, 수용 가능한 감각 입력의 범위가 넓어져 자살 충동처럼 회피 기술이 필요한 감각이 줄어드는지에 대해서는 추후에 더 살펴볼 것이다.

마음챙김을 통해 신체에 대해 조금씩 더 알게 되고, 관조하고, 되찾게 된다. 이는 반복적인 과정이다. 고통감내력이 더 생길수록 이전에 인식을 통해 억압되었던 충동, 긴장감, 초조함, 불안, 압박감, 통증 등이 드러나며 이를 관찰하고 허용하게 된다. 이전에 회피했던 신체적 고통은 평온한 마음챙김 상태에서 드러난다. 루시아의 사례는 '내부수용감각 노출'의 예시를 보여 준다.

몸 마음챙김 — 비체계적인 내부수용감각 노출

경험회피는 공포 연합association을 지속시키는 핵심적인 역할을 하기 때문에(Curreri et al. 2022; Forsyth et al. 2006; Hayes et al. 1996), 노출은 위기의 여파로 흔히 나타나는 불안이나 PTSD 같은 정서장애의 주된 치료법이다(American Psychiatric Association 2022; National Institute for Health and Care Excellence 2018). 수많은 무작위 대조군 실험을 통해 그 효과가 입증되기도 했다(Hofmann et al. 2012). 신체와 정서의 마음챙김 적용에서 중요한 것은 노출 상황에서 두려움의 수준을 증가시키는 것에 대한 관찰이 장기적으로 목표로 하는 증상을 경감시키는 데 핵심적이라는 것이다(Craske et al. 2008). 최근에 개발된 프로토콜에서 노출은 이제 회기 내 공포 수준을 경감시키는 것이 아니라 안전에 대한 새로운 기대를 창출하는 것을 목표로 한다. 과거의 위험 모형model of danger보다 새로운 안전 모형에 정확도 가중치를 더 부여하는 변화는 비모형 학습에서처럼 자동적이고 무의식적인 수준에서 발생할 수 있으며, 모형-기반 학습에서처럼 더 많은 인식 수준에서 발생할 수도 있다. 후자 유형의 학습이 수반될 때 내담자는 불확실한(문제가 되는) 특정 위험과 관련해 예상되는 공포를 알아차리고, 공포 반응 자체를 견디며, 현재의 안전한 상황을 인식하는 것이 필수적이다(Craske et al. 2008; Curreri et al. 2022). 이는 불안 및 기분장애 전 영역에 걸쳐 경험적 회피에 대한 의존도를 줄이기 위해 개발된 인지행동치료인 통합 프로토콜이 노출 과정에서 마음챙김을 포함하도록 개정된 이유이기도 하다(Barlow et al. 2017).

한 가지 중요한 사항은 일반적으로 한 명의 내담자에게 불안을 유발할 수 있는 많은 외부수용감각exteroceptive 자극이 존재하는 만큼 다양한 상황에 노출을 적용해야 한다는 것이다. 그 대신 신체 감각과 관련된 고통감을 목표로 한다면, 내부수용감각interoceptive 노출은 공포와 관련된 모든 상황으로 일반화될 것이다(Barlow et al. 2016; Boettcher et al. 2016; Boswell et al. 2019; Paulus et al. 2019; Price et al. 2019). 이는 위기 통합 ACT 모형이 몸 마음챙김에 초점을 맞추는 또 하나의 이유다.

내부수용감각 노출에서 공포에 대한 감내력tolerance은 신체 감각 및 정서와 관련된다. 상승하는 내부수용감각 신호가 유의하게 큰 재난이라는 사전 믿음을 충족시키는 경우에는 특히 어렵다. 카이의 사례에서 심박수의 증가는 신체 또는 심리적 붕괴와 관련이 있었다. 그리고 루시아의 사례에서 신체 감각은 위기감 및 압도감과 관련이 있었다. 신체 감각에 대한 탐구는 두려움에 대한 이유를 학습했을 때 그리 만만한 것이 아니다. 도로에서 일어나는 어떠한 충격도 비상사태를 강력하게 예고할 수 있다.

보수적인 내부수용감각 노출 치료에서 위험과 관련된 특정한 신체 감각을 체계적으로 제시하는 것은 새로운 신념을 형성해 준다. 이는 '이러한 내적 경험은 안전하고 견딜 만하며, 치명적인 결과를 초래하지 않는다'라는 의미를 지닌다. 예컨대, 공황장애를 다루는 체계적인 내부수용감각 노출 회기에서는 유발될 내부수용감각을 사전에 선택하고 의도적으로 유도한다. 즉, 내담자에게 러닝머신을 뛰게 해 심박수를 높이거나, 빨대로 호흡하게 해 호흡 곤란을 유도한다. 그런 뒤 이러한 증상에 주의를 기울임으로써 신체 감각에 대한 이전의 파국적 신념에 도전한다. 이 새로운 모형은 심장 박동과 같은 감각은 안전하고 견딜 만하다는 생각을 수용한다(Boettcher et al. 2016; Craske et al. 1997; Meuret et al. 2018). 장기적 위기 상황에서 흔히 볼 수 있는 PTSD, 사회 불안, 섭식장애, 물질사용장애 등에도 유사한 방법이 성공적으로 적용되고 있다(Boswell et al. 2015; Dixon et al. 2015; Khoury et al. 2018; Kletter et al. 2021; Wald and Taylor 2008; Zvolensky et al. 2003).

이와 대조적으로 마음챙김은 비체계적인 내부수용감각 노출을 포함한다(Brensilver 2015). 즉, 극도로 불안하거나 우울하거나 PTSD와 관련된 증상을 경험할 때 겪을 수 있는 모든 내부수용감각 신호가 표면에 드러나도록 유도하는 것이다. 내담자가 알아 갈 준비가 된 것은 무엇이든 나타나도록 허용하고 마음챙김의 평온한 관조witnessing에 노출시킨다.

신체 증상에 주의를 기울이는 것은 고통감을 증가시키고 위기를 유도하는 것처럼 **비기능적**이면서도, 고통감을 감소시키고 위기를 통합하는 것처럼 **기능적**(Mehling 2016)일 수 있다는 점을 인식하는 것이 중요하다. 신체 감각에 역기능적으로 주의를 기울이는 것은 위험에 관한 사전 신념에 기반하는 반면, 내부에서 일어나는 일에 대해 기능적으로 마음챙김을 통해 주의를 기울이는 것(기능적 마음챙김 주의)은 사전 신념보다 한 단계 높은 메타-알아차림 수준에서 비롯된다. 상승하는 신체 감각이 공포에 대한 사전 모형에 기초한 예측과 부합할 때 일반적으로 회피 또는 조절 반응을 이끌어 내고, 공포 모형은 도전받지 않고 강화된다.

그러나 높은 수준의 평온한 메타-알아차림이 확립되면, 신체 감각 위험에 대한 사전 신념은 한 단계 위의 예측 오류, 즉 메타-알아차림 수준에서 증거가 된다. 예를 들어 루시아의 어깨가 축 처지고 호흡이 곤란해졌을 때, 그녀는 감정적으로 중립적인 '안전감의 섬'(발가락과 발바닥)에 집중함으로써 평온한 메타-알아차림을 재확립하도록 안내받았다. 그런 뒤에는 감정적으로 더 밀집된 신체 부위(가슴의 조임) 감각으로 주의를 이동하도록 안내받았다. 이번에는 높은 정확도 메타-알아차림 모형이 과거 위험 경험으로부터 발생한 예측 오류 신뢰도를 하향 조정했다. 그러자 루시아는 잠시 동안 가슴이 조이는 상태에 머물며 조금이나마 함께 있을 수 있었다.

이와 같이 견디고 알아차리고 처리할 수 있는 신체 감각의 수준은 점차 증가할 것이다. 따라서 비체계적 내부수용감각 노출이 이루어지고, 이윽고 신체 모든 부위로부터 받아들인 신호에 관한 새로운 안전 모형을 형성할 것이다. 그리고 규칙적인 마음챙김 연습은 이러한 안전 모형의 신뢰도를 증가시킬 것이다.

종합해 보면, 신체 감각은 고통감을 가중시키고 위기를 유발하는 두려운 사전 신념을 이용해 불안한 종류의 주의를 통해 관조되며, 비체계적인 내부수용감각 노출과 위기 통합을 촉진하는 마음챙김 종류의 주의를 통해서도 관조가 이루어진다. 이와 같은 결과는 임상적 치료 전반에서, 특히 위기를 대처하는 데 있어서 매우 중요하다.

마음챙김에서는 삶의 경험을 통해 학습한 경향뿐 아니라 진화를 통해 유발된 내부수용감각을 피하거나 접근하려는 습관적인 경향성도 알아차리게 된다. 앞서 설명한 바와 같이 '무언가를 하기'에 과도하게 의존하는 것은 바람직한 내적 상태를 달성하기 위해 특정 조건을 회피하거나 갈망하는 진화적 형태의 경향에 뿌리를 두고 있다. 무언가를 항상 행동하는 것 대신 이러한 성향을 단순히 알아차린 뒤 내부수용감각으로 다시 주의를 돌리는 능력은 심리적 유연성을 기르는 데 매우 중요하다. 때때로 사람들은 접근 또는 회피 전략으로 옮겨 가지 않고 내부수용감각 전개를 관찰하는 것이 어렵다는 것을 알게 된다. 그러나 몸 마음챙김은 순서를 늦추고, 따라서 적절한 선택을 할 수 있는 기회를 확대한다.

처음에 내부수용감각 단서와 관련한 지속적이고 고정적인 사전 지식처럼 보이는 것은 진화 또는 자신의 이전 경험을 통해 형성되며, 신체 감각과 관련된 사전 지식에 대한 알아차림을 통해 업데이트되고 확장된다. 만약 우리가 현실감sense of being이나 신체감having a body 같은 신체 감각에 부드럽게 주의를 기울이는 것을 기억한다면, 또는 다른 사람들을 위기 통합으로 인도할 때나 무언가 막히는 것 같고 너무 빠르게 반응으로 이동할 때마다 내부수용감각 초점으로 다시 돌아간다는 것을 기억한다면 이는 훨씬 더 단순할 수 있다.

마음챙김 현존과 마음챙김 행동

신체 학대로 유죄 판결을 받은 남성들의 모임을 이끌고 있는 의사소통 전문가는 회기가 끝날 때마다 '좋다' 또는 '나쁘다'라는 단어를 제외하고 그들의 현재 감정feeling에 이름을 붙이게 했다. 그리고 '감사한', '안심이 되는', '매혹적인', '과민한' 또는 '좌절스러운'과 같은 단어를 사용해 어휘를 확장하게 했다(J. Morrison, personal communication, April 2021). 여러 연구 결과에 따르면, 기분 상태를 미묘하고 정확하게 아는 것은 더 나은 정신건강과 관련이 있으며(summarized in Smith et al. 2019), 적절한 행동을 취할 능력을 향상시킨다는 것이 밝혀졌다(Lane and Schwartz 1987). 몸 마음챙김은 신체 정보에 대한 의도적이고 호기심 어린 탐색을 통해 이 모든 것을 달성할 수 있으며, 결과적으로 상응하는 기분 상태에 대한 우리의 인식을 개선해 준다.

몸 마음챙김을 통해 우리는 고통이 우리를 파괴하지 않을 거라는 확신을 가질 수 있고, 이로써 내적으로 삶에 대한 두려움을 덜 느끼게 된다. 과거의 측면이 알아차림 수준으로 떠오르도록 허용함으로써 우리는 몸에 저장된 모든 것을 받아들이는 방법을 배운다. 루시아와의 대화에서 보았듯이 신체 고통과 정서적 고통을 침착하게 관조하는 것은 감각 자체를 변화시키는 효과를 불러일으킨다. 만약 루시아가 자신의 괴로운 감각을 더 나은 방향으로 변화시킬 목적으로 신체에 대해 마음챙김을 시작했다면, 아마도 또 다른 파괴적인 회피 전략을 시도했을 것이다. 즉, 마음챙김과 수용이 실제로 작용하는 방식과는 반대로 부정적인 감정을 회피하고 긍정적인 감정을 느끼기 위한 쪽으로 노력했을 것이다.

2장에서 설명한 바와 같이 더 많거나 적은 경험을 원하는 것은 일탈적인aberrant 것이 아니라 내재적인 내적 편향에 기반한다. 4장에서 언급했듯이 마음챙김의 세 번째 차원은 바로 이러한 편견을 다룬다. 다시 말해, 현재 이 순간 우리가 경험하는 것에 대한 욕구나 혐오에 대해 점점 더 메타-알아차림을 하게 된다. 이후 6장에서는 수용 능력을 어떻게 확대할 수 있는지 자세히 설명할 것이다.

현재 일어나고 있는 모든 일을 과거와 연관해 해석하는 것으로부터 자유로워질 때 비로소 지금 현재의 삶 속으로 완전히 들어갈 수 있다. 7장에서 살펴보겠지만 이는 참여, 활력, 목적에 필수적인 현재의 감정, 욕구, 가치를 파악하는 정확성을 높여 준다.

이번 장에서는 몸 마음챙김이 진화-기반 학습과 비모형 학습 그리고 모형-기반 학습에 기초한 사전 지식을 어떻게 드러내는지와 현재 사건에 대한 자신의 반응을 탐구했다. 그리고 이러한 과정이 위기 통합의 심리적 유연성에 어떻게 기여하는지에 대해서도 살펴보았다. 석가모니는 "이 한 치 길이 정도인 몸" 안에서 모든 가르침을 발견한다고 했다. 또한 감정 이론을 개발한 윌리엄 제임스William James는 내성법으로 마음mind에 대해 탐구하면서 "우리의 정신적 삶 중 얼마나 많은 부분이 신체 구조로 짜여 있는지를 그 어느 때보다 깊이 깨닫게 해 준다"라고 말했다(James 1890). 신체 몸 마음챙김이라는 용어는 석가모니가 이러한 수행을 도입할 때 사용한 팔리어 '카야카타-사티'의 번역이다. 대안적인 번역으로 '신체에 몰두하는 마음챙김'이 있다(Thanissaro 1997). 석가모니는 시간이 흐름에 따라 마음챙김 주의를 두는 것이 모든 신체를 포함해야 한다고 지적했다. 몸 마음챙김은 대개 호흡으로 시작하거나 루시아의 경우처럼 엄지발가락 같은 하나의 대상에 주의를 기울이는 것으로 시작하지만, 결국 몸 전체를 포괄하게 된다. 이러한 노력 속에서 자신의 신체가 그 안에 거주하기에 상당히 안전하다고 인식하는 것이 도움이 된다.

몸의 내적 세계에 대한 친숙도를 높임으로써 놀랍고, 밝혀지지 않고, 위협적인 무언가를 직면하지 않으려는 경계심을 놓을 수 있다. 잠시 동안 이루어지는 바디스캔은 지뢰밭에 들어가는 것보다 꽃이 만개한 목초지를 표류하는 것과 같다. 비록 내면세계에 계곡, 정글, 늪과 같은 것이 있고 때때로 폭풍이 몰아치기도 하지만, 점차 신체가 충분히 안전한 곳이며 탐험할 만한 곳이라는 점을 신뢰하게 된다. 고통스러운 경험이나 습관으로 인해 상실된 자기 신체와의 애정 어린 관계를 맺는 것은 비교적 간단한 마음챙김 연습을 통해 재정립되면, 이는 취할 만한 가치가 있는 길이다. 위기의 혼란과 고통을 어떻게 다룰지 모를 때, 신체는 성역이 된다. 또한 내부에서 일어나는 일들로부터 도망치기보다 그것들을 인식하고 점진적으로 수용하는 것으로 초점을 전환하게 한다. 이를 통해 회피, 통제, 제거의 감옥에서 해방되어 우리의 행동이 진정한 가치와 욕구에 의해 동기 부여될 수 있다.

진정으로 몸을 통해 편안함을 느낄수록 세상 속의 집에서 더 편안함을 느끼게 된다. 몸 마음챙김은 활력을 불어넣는 긍정적 경험을 촉진시킨다. 기쁨이라는 작은 불꽃은 친절한 행동이나 음식, 향기, 음악, 예술작품, 자연에 대한 감각적인 즐거움에 의해 점화될 수 있다. 신체는 이러한 방식으로 휴식하고, 학습하고, 안내하는 즐거움의 원천이 될 수 있다.

내면에서 일어나는 일을 받아들이고 지속하기로 할 때, 우리는 그 감각과 지금 이 순간 그대로 함께 있게 된다. 위기 통합 ACT 모형에서 이러한 현존presence은 '마음챙김 현존하기mindful being'와 수용의 토대가 된다. 또한 마음챙김을 통해 장단기적으로 중요한 것이 무엇인지 알게 되고, 따라서 우리의 내적 경험은 행동을 인도하는 메신저 역할을 하게 된다. 따라서 ACT 접근법의 구성요소인 '마음챙김 행동하기mindful doing' 또는 참여는 주체의식을 회복하는 데 도움이 되며, 이는 예기치 않은 재난 사건으로부터 회복하는 데 매우 유용하다고 밝혀진 자기-효능감에도 중요하다(Southwick et al. 2011).

수용과 참여는 몸 마음챙김과 밀접하게 맞물려 있다. 현재 신체 상태에 대해 더 잘 알아차릴수록 신체, 즉 우리 자신을 더 잘 보살피게 된다. 내면세계를 받아들이고 돌보는 방법을 알게 되면, 외부 세계 및 중요한 사람들과 관계를 맺고 돌보는 일이 더 능숙해진다.

참고문헌

American Psychiatric Association: Diagnostic and Statistical Manual of Mental Disorders, 5th Edition, Text Revision. Washington, DC, American Psychiatric Association, 2022.

Armstrong K: How we understand our body's inner sensations. September 25, 2019. Availa ble at: https://www.psychologicalscience.org/observer/interoception-how-we-understand-our-bodys-inner-sensations. Accessed May 28, 2021.

Barrett LF, Simmons WK: Interoceptive predictions in the brain. Nat Rev Neurosci 16(7):419–429, 2015 26016744.

Bauernfeind AL, de Sousa AA, Avasthi T, et al: A volumetric comparison of the insular cort ex and its subregions in primates. J Hum Evol 64(4):263–279, 2013 23466178.

Barlow DH, Allen LB, Choate ML: Toward a unified treatment for emotional disorders—republished article. Behav Ther 47(6):838–853, 2016 27993336.

Barlow DH, Sauer-Zavala S, Ellard KK, et al: Unified Protocol for Transdiagnostic Treatme nt of Emotional Disorders: Therapist Guide. Oxford, UK, Oxford University Press, 2017.

Bayes TR: An essay towards solving a problem in the doctrine of chances. Philos Trans R Soc Lond 53:370–418, 1763.

Boettcher H, Brake CA, Barlow DH: Origins and outlook of interoceptive exposure. J Beh av Ther Exp Psychiatry 53:41–51, 2016 26596849.

Boswell JF, Anderson LM, Anderson DA: Integration of interoceptive exposure in eating dis order treatment. Clin Psychol Sci Pract 22(2):194–210, 2015.

Boswell JF, Anderson LM, Oswald JM, et al: A preliminary naturalistic clinical case series st udy of the feasibility and impact of interoceptive exposure for eating disorders. Behav Res Ther 117:54–64, 2019 30797537.

Brensilver M: Psychotherapy and Dharma. Dharmaseed (podcast), April 6, 2015. Available at: https://www.dharmaseed.org/talks/26810. Accessed October 19, 2022.

Cannon WB: The Wisdom of the Body. New York, WW Norton, 1932.

Carlsson K, Petersson KM, Lundqvist D, et al: Fear and the amygdala: manipulation of awa reness generates differential cerebral responses to phobic and fearrelevant (but nonfea red) stimuli. Emotion 4(4):340–353, 2004 15571433.

Clark JE, Watson S, Friston KJ: What is mood? A computational perspective. Psychol Med 48:2277-84, 2018.

Craig AD: How do you feel? Interoception: the sense of the physiological condition of the body. Nat Rev Neurosci 3(8):655–666, 2002 12154366.

Craig AD: Interoception: the sense of the physiological condition of the body. Curr Opin Neurobiol 13(4):500–505, 2003 12965300.

Craig AD: How do you feel—now? The anterior insula and human awareness. Nat Rev Neu rosci 10:59-70, 2009.

Craig AD: How Do You Feel? An Interoceptive Moment with Your Neurobiological Self. Pri nceton, NJ, Princeton University Press, 2014.

Craske MG, Rowe M, Lewin M, et al: Interoceptive exposure versus breathing retraining within cognitive-behavioural therapy for panic disorder with agoraphobia. Br J Clin Psychol 36(1):85–99, 1997 9051281.

Craske MG, Kircanski K, Zelikowsky M, et al: Optimizing inhibitory learning during exposure therapy. Behav Res Ther 46(1):5–27, 2008 18005936.

Critchley HD, Garfinkel SN: Interoception and emotion. Curr Opin Psychol 17:7-14, 2017.

Critchley HD, Harrison NA: Visceral influences on brain and behavior. Neuron 77(4):624–638, 2013 23439117.

Curreri AJ, Farchione TJ, Sauer-Zavala S, et al: Mindful emotion awareness facilitates engagement with exposure therapy: an idiographic exploration using single case experimental design. Behav Modif 46(1):36–62, 2022 32752883.

Damasio AR: Descartes' Error: Emotion, Reason, and the Human Brain. New York, GP Putnam, 1994

Dixon LJ, Kemp JJ, Farrell NR, et al: Interoceptive exposure exercises for social anxiety. J Anxiety Disord 33:25–34, 2015 25988536.

Dolan RJ: Emotion, cognition, and behavior. Science 298(5596):1191–1194, 2002 12424363.

English E: Into the Flow: A Gentle Guide to Mindfulness Meditation. Oxford, UK, Mud Pie Books, 2023.

Farb N, Segal ZV, Mayberg H, et al: Attending to the present: mindfulness meditation reveals distinct neural modes of self-reference. Soc Cogn Affect Neurosci 2(4):313–322, 2007 18985137.

Farb N, Segal ZV, Anderson AK: Mindfulness meditation training alters cortical representations of interoceptive attention. Soc Cogn Affect Neurosci 8(1):15–26, 2013 22689216.

Farb N, Daubenmier J, Price CJ, et al: Interoception, contemplative practice, and health. Front Psychol 6:763, 2015 26106345.

Fletcher PC, Frith CD: Perceiving is believing: a Bayesian approach to explaining the positive symptoms of schizophrenia. Nat Rev Neurosci 10(1):48–58, 2009 19050712.

Flynn FG: Anatomy of the insula functional and clinical correlates. Aphasiology 13:55–78, 1999.

Forsyth JP, Eifert GH, Barrios V: Fear conditioning in an emotion regulation context: a fresh perspective on the origins of anxiety disorders, in Fear and Learning: From Basic Processes to Clinical Implications. Edited by Craske MG, Hermans D, Vansteenwegen D. Washington, DC, American Psychological Association, 2006, pp 133–153.

Friston KJ: Bayesian dysconnections. Am J Psychiatry 177(12):1110–1112, 2020 33256441.

Friston KJ, Daunizeau J, Kilner J, et al: Action and behavior: a free-energy formulation.

Biol Cybern 102(3):227–260, 2010 20148260.
Frith CD: Making Up the Mind: How the Brain Creates Our Mental World. Oxford, UK, Blackwell, 2007.
Frith CD: The neural basis of consciousness. Psychol Med 51(4):550–562, 2021 31481140.
Gendlin ET: Focusing, 2nd Edition. New York, Bantam Books, 1982.
Gibson J: Mindfulness, interoception, and the body: a contemporary perspective. Front Psychol 10:2012, 2019 31572256.
Gizowski C, Bourque CW: The neural basis of homeostatic and anticipatory thirst. Nat Rev Nephrol 14(1):11–25, 2018 29129925.
Gu X, Hof PR, Friston KJ, et al: Anterior insular cortex and emotional awareness. J Comp Neurol 521(15):3371–3388, 2013 23749500.
Hayes SC, Wilson KG, Gifford EV, et al: Experimental avoidance and behavioral disorders: a functional dimensional approach to diagnosis and treatment. J Consult Clin Psychol 64:1152-68, 1996.
Hofmann SG, Asnaani A, Vonk IJ, et al: The efficacy of cognitive behavioral therapy: a review of meta-analyses. Cognit Ther Res 36(5):427–440, 2012 23459093.
James W: The Principles of Psychology. New York, Henry Holt, 1890, pp 442–485.
Joyce J: A painful case, in Dubliners. London, Grant Richards, 1914.
Khalsa SS, Adolphs R, Cameron OG, et al: Interoception and mental health: a roadmap. Biol Psychiatry Cogn Neurosci Neuroimaging 3(6):501–513, 2018 29884281.
Khoury NM, Lutz J, Schuman-Olivier Z: Interoception in psychiatric disorders: a review of randomized, controlled trials with interoception-based interventions. Harv Rev Psychiatry 26(5):250–263, 2018 30188337.
Kletter H, Matlow R, Tanovic S, et al: Cue-centered therapy for youth experiencing posttraumatic symptoms. Curr Treat Options Psychiatry 8(3):125–140, 2021 33898161.
Lane RD, Schwartz GE: Levels of emotional awareness: a cognitive-developmental theory and its application to psychopathology. Am J Psychiatry 144(2):133–143, 1987 3812780.
Lane RD, Weihs KL, Herring A, et al: Affective agnosia: expansion of the alexithymia construct and a new opportunity to integrate and extend Freud's legacy. Neurosci Biobehav Rev 55:594–611, 2015 26054794.
Löffler A, Foell J, Bekrater-Bodmann R: Interoception and its interaction with self, other, and emotion processing: implications for the understanding of psychosocial deficits in borderline personality disorder. Curr Psychiatry Rep 20(4):28, 2018 29594580.
McEwen BS, Stellar E: Stress and the individual: mechanisms leading to disease. Arch Intern Med 153(18):2093–2101, 1993 8379800.

Mehling W: Differentiating attention styles and regulatory aspects of self-reported interoce ptive sensibility. Philos Trans R Soc Lond B Biol Sci 371(1708):371, 2016 28080970.

Meuret AE, Ritz T, Wilhelm FH, et al: Hypoventilation therapy alleviates panic by repeated induction of dyspnea. Biol Psychiatry Cogn Neurosci Neuroimaging 3(6):539–545, 2018 29573981.

National Institute for Health and Care Excellence (NICE): Post-traumatic stress disorder (NG116). 2018. Available at: https://www.nice.org.uk/guidance/ng116. Accessed Febru ary 21, 2021.

Öhman A, Soares JJF: "Unconscious anxiety": phobic responses to masked stimuli. J Abno rm Psychol 103(2):231–240, 1994 8040492.

Öhman A, Carlsson K, Lundqvist D, et al: On the unconscious subcortical origin of human fear. Physiol Behav 92(1–2):180–185, 2007 17599366.

Palmer CJ, Seth AK, Hohwy J: The felt presence of other minds: predictive processing, cou nterfactual predictions, and mentalising in autism. Conscious Cogn 36:376–389, 2015 25934216.

Paulus MP, Stein MB: Interoception in anxiety and depression. Brain Struct Funct 214(5–6):451–463, 2010 20490545.

Paulus MP, Feinstein JS, Khalsa SS: An active inference approach to interoceptive psychop athology. Annu Rev Clin Psychol 15:97–122, 2019 31067416.

Pavlov L: Conditioned Reflexes. Oxford, UK, Oxford University Press, 1927.

Price CJ, Thompson EA, Crowell SE, et al: Immediate effects of interoceptive awareness tr aining through Mindful Awareness in Body-oriented Therapy (MABT) for women in sub stance use disorder treatment. Subst Abus 40(1):102–115, 2019 29949455.

Segal ZV, Kennedy S, Gemar M, et al: Cognitive reactivity to sad mood provocation and the prediction of depressive relapse. Arch Gen Psychiatry 63(7):749–755, 2006 16818864.

Seth AK: Interoceptive inference, emotion, and the embodied self. Trends Cogn Sci 17:565-73, 2013.

Seth AK: Consciousness: the last 50years (and the next). Brain Neurosci Adv 2:2398212818 816019, 2018 32166164.

Seth AK, Friston KJ: Active interoceptive inference and the emotional brain. Philos Trans R Soc Lond B Biol Sci 371(1708):371, 2016 28080966.

Sherrington CS: The Integrative Action of the Nervous System. New Haven, CT, Yale Unive rsity Press, 1906.

Singer T, Seymour B, O'Doherty J, et al: Empathy for pain involves the affective but not se nsory components of pain. Science 303(5661):1157–1162, 2004 14976305.

Singer T, Critchley HD, Preuschoff K: A common role of insula in feelings, empathy and uncertainty. Trends Cogn Sci 13(8):334-340, 2009 19643659.

Smith R, Killgore WDS, Lane RD: The structure of emotional experience and its relation to trait emotional awareness: a theoretical review. Emotion 18(5):670-692, 2018 29172623.

Smith R, Parr T, Friston KJ: Simulating emotions: an active inference model of emotional state inference and emotion concept learning. Front Psychol 10:2844, 2019 31920873.

Smith R, Kuplicki R, Feinstein J, et al: A Bayesian computational model reveals a failure to adapt interoceptive precision estimates across depression, anxiety, eating, and substan ce use disorders. PLOS Comput Biol 16(12):e1008484, 2020 33315893.

Smith R, Badcock P, Friston KJ: Recent advances in the application of predictive coding and active inference models within clinical neuroscience. Psychiatry Clin Neurosci 75(1):3-13, 2021 32860285.

Southwick SM, Litz BT, Charney D, et al: Resilience and Mental Health: Challenges Across the Lifespan. Cambridge, UK, Cambridge University Press, 2011.

Sterling P: Homeostasis vs allostasis: implications for brain function and mental disorders. JAMA Psychiatry 71(10):1192-1193, 2014 25103620.

Sucitto A: How to not go crazy. Dharmaseed (podcast), April 21, 2021. Available at: htt ps://www.dharmaseed.org/teacher/9/talk/64839. Accessed October 19, 2022.

Tang YY, Holzel BK, Posner MI: The neuroscience of mindfulness meditation. Nat Rev Ne urosci 16:213-25, 2015.

Thanissaro B: Kayagata-Sati Sutta: mindfulness immersed in the body. 1997. Available at: https://www.accesstoinsight.org/tipitaka/mn/mn.119.than.html. Accessed May 24, 2021.

van der Kolk B: The Body Keeps the Score: Brain, Mind, and Body in the Healing of Trau ma. London, Penguin Books, 2015.

von Helmholtz H: Concerning the Perceptions in General: Treatise on Physiological Optics (1866). New York, Dover, 1962.

Wald J, Taylor S: Responses to interoceptive exposure in people with posttraumatic stress disorder (PTSD): a preliminary analysis of induced anxiety reactions and trauma memo ries and their relationship to anxiety sensitivity and PTSD symptom severity. Cogn Beh av Ther 37(2):90-100, 2008 18470740.

Yoris A, García AM, Traiber L, et al: The inner world of overactive monitoring: neural mar kers of interoception in obsessive-compulsive disorder. Psychol Med 47(11):1957-1970, 2017 28374658.

Zvolensky MJ, Lejuez CW, Kahler CW, et al: Integrating an interoceptive exposure-based smoking cessation program into the cognitive-behavioral treatment of panic disorder: theoretical relevance and case demonstration. Cogn Behav Pract 10(4):347-357, 2003.

6장
수용하기와 자기-자비

우리는 내려놓고, 쉬고, 그냥 그대로 둘 필요가 있다.
정신적인 것뿐 아니라 우리 존재의 모든 것을 친밀하게 수용해야 한다.
– 타라 브랙(Tara Brach)

수용과 함께하는 위기 통합

내담자들이 위기 상황에서 도움을 요청할 때 대부분 가슴 아픈 상처를 관리하기 위해 도움을 구한다. 이는 계속되는 고통을 조절하기 위해 그들이 사용해 온 모든 수단이 부적절하다는 표시로 해석할 수 있으며, 따라서 치료자에게 자신의 괴로움을 줄일 수 있는 더 나은 방법을 제시해 달라고 요청하는 경우가 많다. ACT 위기모형에서 정서적 고통을 **회피**하려는 노력은 해결책보다는 오히려 문제로 이해된다.

고통을 바꾸려고 노력하는 대신 우리는 내담자들이 고통과 관련된 새로운 방법을 개발하도록 돕는다. 즉, 메타-알아차림에서 그것을 받아들이고, 알아차리고, 함께 존재하는 동안([그림 4.1]의 수준 3 참조) 통증에 기대어 통증을 직접 경험할 수 있도록 돕는다([그림 4.1]의 수준 2 참조). 그러면 고통스러운 내면의 경험이 더는 전념 행동의 장벽으로 작용하지 않기 때문에 자신의 가치에 참여engage하고 행동하는 것이 가능해진다.

위기의 ACT 모형에서 수용 과정의 촉진을 강조하는 것은 경험회피가 거의 눈에 띄지 않을 정도로 우리 일상 활동의 대부분을 차지한다는 인식에서 비롯된다. 수용이 'A-B-C'라는 말처럼 쉽게 들릴지 모르지만, 실제로 일상생활에서 습관적으로 사용하는 회피 전략을 모두 인식하고 편안해지는 노력은 평생 지속된다. 내적으로나 외적으로 우리가 하는 모든 일이 현재-순간 경험에 대한 알아차림을 방해하고 우리의 가치에 전념하는 것을 방해하는 것은 경험회피의 관점에서 이해될 수 있다고 주장하는 것은 무리가 아니다. 수용과 마음챙김은 4장에서 마리나가 두려움과 취약함을 느낄 때마다 그랬던 것처럼 끊임없이 문제를 파악하려고 노력하는 등 회피의 미묘한 차이를 알아차릴 수 있도록 도와준다. 따라서 내담자들이 교묘하게 위장된 개인 맞춤형 회피 전략을 깨닫도록 돕는 것은 중요하다. 그렇지 않으면 내담자들이 스트레스를 받을 때마다 회피 전략을 사용하게 되며, 그 이후에도 계속 회피 전략을 사용할 것이기 때문이다.

여기서는 위기가 한 번만 유발instigation되고 그 후에 자동적으로 진행되는 것이 아니라 재유발re-instigation의 지속적인 과정을 수반한다는 것을 인정하는 의미에서 '유발'이라는 단어를 사용한다. 정서적 고통의 상태에 회피 전략을 적용하면 위기는 다시 유발된다. 다행인 것은 반대로 고통의 어떤 측면이 수용될 때마다 위기 통합이 진행된다는 점이다. 때때로 감정적 불편이 내담자의 행동에 영향을 주지 않기 위해서는 메타-알아차림과 고통스러운 내면 경험에 대한 개방 능력을 발달시키는 것이 필요하다. 조금씩 지금 이 순간의 고통을 경험하고 알 수 있으며, 이러한 수용은 점진적으로 패러다임의 변화를 가져온다. 그러나 때때로 메타-알아차림과 개방성은 수용에 대한 큰 장벽, 즉 자신에 대해 심하게 부정적인 신념을 가진 엄격한 동일시 혹은 '비판적인 자기'라고 부르는 것과 사람들을 접촉하게 한다.

수용의 장애물으로서 자기

내면의 경험에 대한 동일시와 집착clinging은 회피 못지않게 심리적 유연성에 방해가 된다. 애착과 회피는 동전의 양면과 같다. 수용을 실천하는 미묘하고 중요한 부분 중 하나는 내면의 경험에 대한 집착을 버리는 법을 배우는 것이다. 수용은 사람이 자신이 좋아하지 않는 자기감sense of self의 어떤 측면을 확인할 때 실패하는 경우가 많다. 사랑받는 자기감은 더 쉽게 수용하는 반면, 비판적인 자기감은 수용하기가 매우 어렵다. 이는 사랑을 높은 자존감이나 과장된 자기감과 혼동하는 것이 아니다. 실제로 과장된 자기감에서도 다시금 자아와의 경직된 동일시가 나타난다. 비판을 받든 과장되든 확고하게 자기와 동일시하는 한 위기 통합에 도움이 되는 더 큰 관점에 접근하기 어렵다는 사실이 남아 있다. 앞으로 살펴보겠지만 자기-개념, 특히 가혹하고 자기-거부적인 개념에 대한 애착은 정신과적인 위기의 발생, 발달 및 유지에 중심적인 역할을 한다.

많은 내담자가 메트로놈metronome처럼 반복적으로 가혹한 내적 비판을 자주 하면서 살고 있다. 자신이 어떤 사람이고 앞으로 어떤 사람이 될 것인지에 대한 징벌적이고 자기-비판적인 평가로 인해 수용이 압박을 받으면 혐오감이 증폭된다. 이러한 추가적인 부정적 영향은 훨씬 더 많은 경험회피를 유발하고, 결국 심리적 유연성을 거의 0에 가깝게 감소시킨다. 결함이 있고 불충분하다고 여겨지는 자기는 높은 수준의 자기-지시적 통제를 강요하기 때문에 정신건강에 매우 해롭다(2장 참조). 이는 최악의 상황을 예상할 자격이 있다고 말하며, 때로는 그에 상응하는 상황을 겪어야 한다고 말하기도 한다. 자기에 대한 부정적인 믿음의 부정적인 결과가 가차 없이 밀려들어 위기를 악화시킨다.

만약 수용하는 연습이 비판받는 자기에 대한 정체성을 포기하는 데 도움이 되지도 충분하지도 않다면, 다른 어떤 선택권이 있을까? 단순히 자기에 대한 부정적인 판단을 알아차리고 고군분투함 없이 그것을 마음챙김으로 수용하는 것 외에도 할 수 있는 다른 방법이 있다. 즉, 자기-비판에 의해 발생하는 고통을 기꺼이 받아들이면서 자신을 친절과 보살핌으로 진정시키는 것이다. 이러한 이중적인 반응은 자기-자비 연습의 일부다. 본 장에서는 자기self와 자기-비판의 개념을 살펴보고, 무조건적인 수용의 과정에서 자기-자비를 어떻게 적용할 수 있는지, 수용과 마음챙김이 자기-자비를 어떻게 강화하는지 살펴본다.

자기: 타인을 지각하는 가운데 나타나는 지각

메타-알아차림이 없을 때 우리는 경험에 '융합'되며, 자기감으로 동일시한다. 석가모니는 자기감에 대한 이 같은 애착이 고통의 주요 원인이라고 지적했다. 마음챙김을 연습할 때, 주변 세계와 구별되는 '나'에 대한 지각을 포함해 그것이 무언가에 대해 발생하는 것을 목격한다. 우리는 자기-지각perception of self[24)]에 동의하지 않고 집착하지도 않고 반대하거나 비판하지도 않고 투쟁하지도 않으며, 다른 인식 중 하나의 인식으로 수용할 뿐이다. 자기-지각과 강하게 동일시하는 사람에게는 이것이 급진적으로 들릴 수도 있다. 자기와 동일시되는 경험은 너무나 익숙하고, 일관적이며, 너무나 연속적이어서 그것을 의문시하기조차 어렵다. 그러므로 '자기'라는 주제를 조금 더 확대해 보자.

임마누엘 칸트Immanuel Kant는 그의 '코페르니쿠스적 혁명'에서 '주체'를 수동적인 지각의 수령자보다는 능동적인 경험의 근원자로 소개했다. 또한 우리는 현실을 있는 그대로 알지 못하고, 세계에 대한 지식은 현실에 대한 우리의 해석이며 '내게 필요한 것das Ding für mich'라고 했다. 코페르니쿠스Copernicus가 지구를 벗어나 우주의 중심으로 태양을 옮겼듯이, 칸트는 '진실'을 경험한 현실의 중심에서 벗어나 주체로 이동시켰다. 칸트는 정확했다(우리는 사물이 어떤지 결코 알 수 없고, 우리의 신경계가 사물을 경험할 수 있게 해 주듯이 사물이 어떻게 보이는지만 알 수 있다). 칸트의 명제는 5장에 설명된 예측 부호화 이론the predictive coding theory과 일치한다. 단, 예측 부호화는 기존의 진정한 나mich 감각도 해체한다는 점만 다르다.

나mich 혹은 '나me'의 경험은 흔히 사실로 받아들여진다. 즉, 영속적인 존재로서 자기는 세상에 대한 정보를 받아들이고 대안적인 행동을 숙고하고 다음에 무엇을 할지 결정하는 독특한 것이다. 하지만 신경과학이 이해하는 현실은 이와 매우 다르다. 예측 부호화 이론은 칸트의 '인식(지각)하는 나'가 아니라, 인식되는 '자기self'를 드러낸다(Seth 2021). 이러한 '나'에 대한 지각perception은 뇌가 자기의 모형을 생성하고 배치하

24) 지각(知覺)은 감각을 통한 인지 또는 인식을 말한다. 개인의 내적 경험 중 믿음, 생각, 주관적 현실 등을 지각하는 것에 관한 인식의 영역을 말한다(역자 주).

는 데서 비롯되며, 이는 다른 모든 유형의 인식에 모형을 사용하는 것과 유사하다.

5장에서는 지각(내적 세계와 외적 세계의 경험)이 신경계에서 두 가지 역류 신호 흐름과 어떻게 관련되는지 살펴보았다. 하나의 흐름은 감각 입력의 원인에 대한 예측을 전달한다. 예측은 뇌가 얻는 것과 기대하는 것 사이의 차이를 알려 주는 일련의 예측 오류와 만난다. 신경계는 현재 순간의 유용한 '진실'을 탐지하는 데 최대한 가까워지기 위해 이러한 예측 오류를 기반으로 모형을 지속적으로 조정한다. 따라서 지각은 현재 제공되는 정보와 마찬가지로 이전 모형을 기반으로 하는 예측에서도 많이 나온다(Seth 2021). 모든 경험은 구성이자 해석이다. 이 진술이 외부에 대한 인식(외부수용)과 신체 내부(내부수용)에 대한 지각을 언급하는 한 기꺼이 동의하겠지만, 자기에 대한 지각은 어떤가?

근본적인 차원에서 정체성selfhood에 대한 경험은 몸으로 인해 등장한다. 무엇이 자기 몸의 일부이고 무엇이 아닌지를 아는 것은 자신이 살아 있을 가능성을 극대화하는 기본적인 기술이다. 뇌는 눈과 같은 외부수용감각 기관을 이용해 몸통과 팔다리, 기타 신체 부위가 하나의 특이한 유기체 일부로서 서로 붙어 있음을 인식하며, 이는 신체를 가지고 있다는 느낌을 더해 준다. 뇌는 내부수용감각을 통해 내부로부터 몸을 '알고', 이는 몸이라는 느낌을 생산한다. 따라서 몸은 자기self에 대한 한 가지 종류의 경험을 구조화하는 데 중요한 역할을 한다. 그러나 정체성의 다른 경험은 어떤가?

ACT에서 자기-관련 경험은 일상생활에서 보편적으로 나타나는 순서대로 세 가지로 분류된다.

(1) **내용으로서의 자기**Self-as-content는 시간의 흐름에 따라 지속적인 자기continuous self의 경험이며, 자전적 기억에 의존하는 서사적 자기narrative self 그리고 언어와 인지의 무한한 관계적 능력을 경험하는 것이다. 이러한 '나me'의 경험은 상호작용하는 동안 나에 대한 다른 사람들의 인식에 의해서도 형성된다. 자기self를 내용으로 하는 동일시되는 경험이 내가 어떤 사람인지를 판단하는 것으로 규정될 때 문제가 발생하며, 이는 일반적으로 자신을 좋거나 나쁜 사람으로 보는 경향으로 이어질 수 있다. 달라이 라마Dalai Lama는 '개념적 자기conceptual self'를 명료함과 자비심의 푸른 하늘을 가리는 구름으로 설명했다(The Dalai Lama 2009). 위기 유발과 위기 통

합에서 우리가 직면하는 고통과 부적응 등의 근본적인 문제는 개념적 자기에 대한 과잉동일시로 인해 발생하는 어려움에서 비롯되는 경우가 가장 많다.

(2) **과정으로서의 자기**Self-as-process는 주의를 기울일 때 의식 속에 나타나는 지속적이고 끊임없이 변화하는 내면의 경험, 즉 체화된 감각, 느낌, 생각, 기억, 이미지, 충동 등을 의미한다. 이는 지속적인 의도와 주체감, 세상에서 일어나는 일의 원인으로서 자기에 대한 감각을 포함한다. 이러한 자기-경험의 형태는 임상 작업에서 도움이 된다. 예를 들어 치료자가 내담자에게 특정한 감각이나 감정이 나타나고 있는 영역을 식별하기 위해 느린 바디스캔body scan을 수행하도록 요청할 때 경험되고 유용하다. 내담자는 계속되는 내면 경험의 '관찰자'가 될 것을 요구받는데, 이러한 유형의 '자기화selfing'는 일반적으로 개념적 자기의 상징적 세계에서 주의가 벗어나 즉각적인 지각의 세계로 주의 초점을 전환하기에 유익하다.

(3) **맥락으로서의 자기**Self-as-context[25)]는 '나I'의 관점, 즉 나의 눈을 통해 세상을 바라보는 방식을 의미한다. 궁극적으로 '나'를 인류 전체와 구별되지 않는 존재로 바라보는 것까지 포함할 수 있다. '나'가 무엇을 의미하는지에 대한 관점의 변화에도 사용된다. '나'는 지혜롭고 시대를 초월한 우주의 일부라는 의미를 가질 수도 있고, 또는 모든 존재의 고통에 공감하고 그 고통을 완화하는 데 도움을 주고자 하는 끝없는 열망을 가진 존재라는 의미를 가질 수 있다. 이처럼 고도로 확장된 자기의 관점은 ACT에서 중점적으로 유연성 기술을 개발하는 과정의 핵심이다.

다른 모든 경험과 마찬가지로 자기self에 대한 이 모든 다양한 경험은 현재에 대한 정보뿐 아니라 사전 지식에 기초한 예측에 기반을 둔다. 아닐 세스Anil Seth(2021)가 데카르트에게 경의를 표하며 "나는 나 자신을 예측하고, 그러므로 나 자신을 예측한다"라고 말한 것처럼 말이다. 마음챙김 연습을 하면 이러한 버전의 자기self, 특히 내용으로서의 자기와 동일시하는 것에서 벗어날 수 있다. 이는 신경과학과 일맥상통하는 것으로, 실제로 뇌에는 내부와 외부 세계를 경험하고 인식하는 작은 자기miniature self인

25) 맥락으로서의 자기: '관찰자로서의 자기'와 동일한 말이다. 다양한 시간과 관점으로 자기를 보는 것으로, 고통에 빠져 있지 않게 되며 심리치료의 핵심 과정이 될 수 있다. 특별한 경험이 일어난 상황에서 그들에 대한 애착이나 집중 없이 자신의 경험과 흐름을 자각하는 것이다(역자 주).

호문쿨루스homunculus가 존재하지 않는다. '다양한 자기화selves'에 대한 우리의 경험은 다양한 지각 중 한 가지 인식일 뿐이다. 그러나 자기selfing에 대한 사회적 훈련은 **내용으로서의 자기**를 문자 그대로 해석해 고정적이고 불변적인 특성에 이르게 하고 미래에 특정한 일련의 결과를 초래하는 특정한 이력을 가진 자아를 채택하게 한다.

위기를 악화시키는 자기-비판

인간은 자신에게 일어나고 있는 일을 이해하려고 끊임없이 노력한다. 일관성에 대한 지속적인 감각은 즉각적인 미래, 중간 미래, 먼 미래를 예측하는 데 도움이 된다. 언어는 개인적으로 접근하거나 다른 사람들과 공유할 수 있는 일관된 자기-서사self-narrative(내용으로서의 자기)를 개발할 수 있는 편리한 수단을 제공한다. 이처럼 언어적으로 구성된 내용으로서의 자기는 경험을 공유하고, 그 과정에서 사회적 유대감을 형성할 수 있는 자기에 대한 복합적인 이야기로 확장된다. 이러한 역동성의 어두운 면은 자기 이야기가 비판, 거부, 포기, 배척과 같은 다른 강력한 사회적 기능을 수행할 수 있고, 그렇게 수행한다는 점이다. 이러한 경우에는 사회적 유대감을 형성하는 대신 사회적 고립과 소외를 초래할 수 있다.

자기-비판적인 이야기에는 여러 종류가 있지만, 크게 두 가지 주제가 있다. 하나는 자기-거부적self-rejecting이거나 자기-혐오적인self-hating 이야기에서 개인적 결함을 강조하는 것이다. 이는 세상으로부터 지속적인 처벌을 피하기 위해 인식된 결함을 제거할 것을 요구한다. 일반적으로 '행복하고, 완전하며, 사회적으로 수용받고 싶다면 먼저 이 결함을 제거해야 한다. 그렇게 하지 못하면 혼자가 되고, 소외되고, 사랑받지 못하고, 보살핌을 받지 못하게 된다'라는 불가능한 규칙을 제시한다. 두 번째 자기-비판 주제는 승인, 포용, 안전을 확보하기 위해 실수하지 않도록 부족한 기술이나 개인적 특성(예: 자신감, 역량, 강인함, 친절함, 대응능력, 잘생긴 외모, 사교적인 예의)을 향상시켜야 한다는 점을 강조한다. 이러한 자기 계발 기준에 미치지 못하는 것은 타인의 사랑, 보살핌, 애정을 잃는 것과 같다. 이 이야기는 개인에게 과도한 성과를 내도록 엄청난 압력을 가한다. 그들은 자신에게 중요한 사람들을 위해 쉬지 않고 일하며, 이 이야기가 일, 사랑, 가족, 친구 등 삶의 모든 영역에 얽히면 빠르게 탈진, 우울증 등 심리장애로 이어질 수 있다.

이러한 형태의 자기-비판적 이야기는 대부분 견디기 힘들지만, 자기-계발형self-improvement type은 일반적으로 자기와 타인의 자비에 대한 적극적인 저항을 동반하지 않기 때문에 조금 더 쉽다(Castilho et al. 2017; Gilbert et al. 2011). 자기-비판은 초진단적 증상일 뿐 아니라 우울증, 불안장애, 성격장애, 정신병적 증상, 대인 관계 어려움, 자해 및 자살 위험의 발달에 중요한 취약성 요인이라는 실질적인 증거가 있다(Werner et al. 2019).

마리나의 사례는 자기-비판적 이야기가 어떻게 위기를 유발하고 악화시키는지 단적으로 보여 준다. 그녀는 자신을 질책하고 거부함으로써 다른 이유로 이미 겪고 있는 고통에 정서적 고통을 더했다. 부정적인 자기-판단은 위기 상황의 요구를 해결해야 하는 순간에도 그녀의 주의를 요구했다. HIV 진단을 받았을 때, 마리나는 깊은 고통을 경험했다. 만약 이러한 큰 도전을 통합하는 과정을 숙지하고 있었다면 절망을 참고 받아들이며 건강을 잃은 것을 유익한 방식으로 애도할 수 있었을 것이다. 그녀는 자신을 감염시킨 남자가 더 조심하거나 배려하지 않은 것에 화가 났을 수 있었다. 자기 자신을 더 잘 돌보지 못한 것에 화가 났을 수도 있었다. 결국 그녀는 자신의 분노를 받아들이고, 어쩌면 HIV를 감염시킨 상대와 자신을 모두 용서할 수 있었을 것이다. 현대 의학의 도움으로 마리나는 적절한 시기에 온전한 삶을 살 수 있었을 것이다. 하지만 마리나는 자기-거부적인 이야기라는 렌즈를 통해 삶에 갑자기 나타난 부정적인 변화에 대응했다. 이로 인해 마리나의 위기 유발crisis instigation 과정에 몇 가지 새로운 요소가 추가되었다.

(1) HIV에 감염된 사람에 대한 다른 사람들과 그녀 자신의 부정적인 판단(예: '나는 더럽혀졌다')
(2) 자신에 대한 판단과 동일시하는 정서적 고통과 거부, 배제, 사회적 고립에 대한 두려움
(3) 부정적인 판단과 자신을 동일시하는 데서 발생하는 정서적 고통과 두려움을 피함, 특히 자살을 포함한 끊임없는 생각을 회피함

마리나의 자기-판단에서 일어나고 있는 일을 살펴보면, 마리나의 한 부분은 자신이 더렵혀졌다고 말하고(말로 구성된 자기-이야기), 다른 부분은 자신이 더렵혀졌다는 판단과 자신을 동일시하고 있음을 알 수 있다(자기-이야기에 빠져 이야기와 과잉동일시한 것[26]).

이 경우, 순수한 수용과 마음챙김으로 내면에서 일어나고 있는 일, 즉 내면의 경험을 경험하고, 수용하고, 목격하는 것과 관련해 무엇을 받아들여야 하는지 혼란스러울 수 있다. 예컨대, 4장의 대화에서 마리나는 "만약 HIV 감염이 '제가 더렵혀졌다'는 것을 의미한다는 생각이 든다면 그것도 받아들여야 하나요?"라고 물었다. 만약 마리나가 그것을 자신에 대한 진실이 아닌 단지 생각으로 자각할 수 있다면 대답은 '그렇다'였다. 마리나는 자기-비하적self-deprecating 사고와 감정에 대한 메타-알아차림 관점을 취하는 데에 좋은 진전을 보이고 있었다. 그러나 나중에 살펴보겠지만 집에서는 비판적인 자기에 대한 동일시를 내려놓는 능력에 기복이 있었다. 부정적인 자기관에 대한 동일시를 내려놓는 방법은 여러 가지가 있다. 여기서는 두 가지 방법에 초점을 맞추고자 한다. 하나는 마음챙김과 수용을 통해 발전하고, 다른 하나는 자기-자비의 함양을 통해 발전한다. 그러나 마음챙김과 수용, 자기-자비는 각각 다른 특성을 가지고 있음에도 상호 연결되기 때문에 서로의 측면을 포함하고 있다는 점을 기억해야 한다.[27]

자기-자비를 통한 위기 통합

오랫동안 신비주의적이고 명상적인 전통의 특징이었던 자기-자비의 과정은 최근에야 ACT를 포함한 심리치료 모형의 중심이 되었다. 그 이전의 마음챙김과 마찬가지로 자기-자비는 너무 영적인 개념으로 간주되어 21세기 초에 들어서야 정신건강 치료의 판테온pantheon으로 쉽지 않은 과정을 통해 인정되었는데, 이는 주로 크리스틴 네프Kristin Neff(2003)의 저술 덕분이었다. 비록 이 연구에서 자기-자비가 치료적 기법으

26) 마리나의 HIV 에피소드는 전체가 아니고 자기를 대표할 수 없으며, 자기 인생 이야기의 아주 작은 일부라는 말이다(역자 주).

27) 마음챙김과 수용은 심리적 유연성의 하위 요인이며, 심리적 유연성은 자기-자비를 증진한다. 심리적 유연성이라는 큰 그릇 안에 담겨 있으며 상호 연결되기 때문이다(역자 주).

로서 명시적으로 개념화되지는 않았지만, 자기-자비와 정신적 행복 사이에 강한 긍정적인 관계가 있다는 연구 결과가 나오기 시작하면서 곧 임상적 적용이 명백해졌다. 외상에 노출된 사람 중 더 많은 자기-자비를 가진 사람들은 일상생활에서 더 잘 기능하고, 자살을 시도하거나 PTSD에 걸릴 가능성이 적은 것으로 나타났다. 다른 종류의 스트레스와 도전을 경험하는 사람들에게서도 유사한 결과가 나타났다(Neff et al. 2020). 폴 길버트Paul Gilbert의 연구는 '길버트'라는 치료 모델로 이어졌다(예: 자비-중심치료 2014). 이러한 발전은 모든 종류의 정신건강 문제를 가진 임상 중재로서 자기-자비의 역할에 대한 관심을 폭발적으로 불러일으켰다.

네프Neff(2003)에 따르면 자기-자비는 마음챙김과 수용처럼 우리가 고통과 어떻게 관계를 맺는가에 관한 것이다. 그녀는 자기-자비의 세 가지 주요 차원을 다음과 같이 설명한다.

- 마음챙김 대 과잉동일시
- 자기-친절self-kindness 대 자기-비판self-criticism
- 보편적 인간성common humanity 대 고립isolation

경험과 완전히 동일시하면서 그 경험을 친절하고 부드럽게 받아들이기는 어렵다. 따라서 자기-자비는 우리가 겪고 있는 고통을 관찰할 수 있는 관점을 설정하는 것을 포함한다. 따라서 네프가 말하는 자기-자비의 첫 번째 차원은 마음챙김에 관한 것이지 자기-자비와 구별되는 것이 아니다. 이와 같이 경험을 차분하게 환영하고 있는 그대로 목격하는 데 필요한 두 번째 자기-자비의 특성은 돌보고caring 달래며 진정시키고soothing 위로하는comforting 측면을 더한다. 우리는 그 고통을 따뜻함과 애정으로 포장한다. 자기-자비는 부정적인 감정과 스트레스를 받는 신체 상태를 긍정적이고 편안한 상태로 바꾸는 것이 아니라, 이러한 어려운 경험을 친절하고 사랑스럽게 돌보는 것이다. 자기-자비는 가혹하고 자기-비판적일 가능성이 가장 높은 적정한 순간에 자신을 친절하게 대하는 것을 의미한다. 실패와 상실, 두려움의 고통은 우리가 결함이 있고 부서졌으며 고통받을 자격이 있다고 말하는 자기-판단self-judgment의 내적 담론을 통해 상처에 모욕을 더하는 경향보다 덜 부담스럽다. 자기-자비는 육체적 스트레스와 정서적 고통에 직접적으로 반응하는 데 도움이 되지만, 비판받는 자신에게 적용하는 것은 위기 통합의 핵심이다. 친절함과 부드러움 그리고 애정으로 우리 자신을 대하는 것은 위기가 더 깊이 소용돌이치는 것을 막는 중요한 단계다. 마지막으로, 네프의 세 번째 차원, 즉 보편적 인간성은 우리가 결함을 가지고 있거나 결함이 우리를 분리하는 것이 아니라 인간성에 결합한다는 것을 인식하는 데 도움이 된다. 고통을 개인적인 것('나의 절망')으로 이해하는 것으로부터 인류(그리고 실제로 살아 있는 모든 존재)의 보편적인 것으로 인식할 때 우리는 분리에 대한 오해로부터 자유로워질 수 있다.

비판받는 자기를 수용하고 보살피기 위해서는 **내용으로서의 자기**로부터 어느 정도의 메타-알아차림과 탈융합이 필요하며, 그 반대의 경우도 마찬가지다. 자기-자비는 그 자체로 자기-거부의 고통과 견고하게 동일시하는 것에서 메타-알아차림 관점에서 그것을 깨닫는 것으로 이동을 촉진한다. 고통은 여전히 고통이지만, 자기-자비를 실천하는 것은 수용의 질을 심화시켜 자기-자비적 대응을 용이하게 하는 등의 과정을 거친다. 자기-비판, 경험과의 동일시 및 회피, 자기-자비, 마음챙김, 수용으로 단번에 벗어날 수는 없기 때문에 어디서부터 시작하는지는 별로 중요하지 않다. 그것은 끝없는 과정이다.

마리나: 자기-자비에 관한 임상 대화

마리나의 경우 자기-거부적인 생각에 손을 흔들며 마음챙김을 하는 방법을 탐색했을 때 전환이 시작되었다. 메타-알아차림 관점에 대한 마리나의 이러한 접근은 위기 통합을 강화하기 위해 다음 회기에서 자기-자비 연습을 소개받았을 때 도움이 되었다.

치료자 어떻게 되어 가고 있나요? 내면에서 무슨 일이 일어나고 있는지 알아차리고 있나요?

마리나 최선을 다하고 있어요. 가끔 그 생각에 손을 흔들며 제 수치심과 '함께하기'도 하는데, 그럴 때면 기분이 정말 좋아요. 그리고 때로는 한숨이나 숨을 내쉬기도 하고요. 그런 것에서 얻는 편안함이 좋아요.

치료자 수고하셨습니다!

마리나 하지만 이런 경우는 가뭄에 콩 나는 정도고, 대부분은 여전히 지옥에 있어요.

치료자 지옥에서의 삶에 대해 더 말해 주세요.

마리나 사실 새로운 건 없어요. 이른 아침은 정말 최악이에요. 제가 HIV를 진단받았다는 생각이 들면 곧바로 절망적인 기분이 들어요. 그러면 머리부터 발끝까지 끔찍하다는 생각에서 벗어날 수가 없어요. 누가 이런 저와 함께 있고 싶겠어요?

치료자 네?

마리나 어떤 사람이 이런 저와 함께 있고 싶겠어요. (울기 시작한다) 정말이지 너무 엿같아요!

치료자 매우 힘든 상황에 대처하는 것 외에도 자신에 대해 끔찍한 사람이라는 상당히 불쾌한 판단을 하고 있군요. (멈춤) 어떤 면에서는 이런 이야기를 꺼내 주어서 기쁩니다. 오늘 우리가 함께 작업할 중요한 내용이거든요. 사람들이 극복하기 가장 어려워하는 자기-비판을 탐구하도록 도울 때 제가 즐겨 사용하는 연습이 있어요. 한번 해 보시겠어요?

마리나 네, 좋아요.

치료자 좋습니다. 의자 세 개가 필요한데, 결국 모든 의자에 앉게 될 거예요. ([그림 6.1]처럼 의자 세 개를 준비한다) 이 의자부터 시작하죠. (첫 번째 의자를 가리킨다) '자기-혐오 의자' 또는 '자기-비판 의자'라고 부를 수 있습니다. 어떻게 생각하세요?

마리나 모르겠어요. '자기-비판'이 최선일 수도 있어요.

치료자 그러면 이쪽에 이 의자가 있네요. (옆에 있는 두 번째 의자를 가리킨다) 여기에 앉아서 자기-비판 의자에 앉은 사람이 하는 말을 들어 보세요. 이것을 '상처받은 의자'라고 부를까요, 아니면 '아파하는 의자'라고 부를까요?

마리나 '상처 의자'요.

치료자 좋아요, '상처 의자'라고 하죠. 잠시 후 세 번째 의자를 가져올게요. 알

[그림 6.1] 자기-자비 함양을 위한 의자 연습

겠죠?

마리나 네, 알겠어요.

치료자 이제 자기-비판 의자에 앉아서 마리나 님이 오랫동안 자신에게 했던 가혹한 말을 해 보면 좋겠어요.

마리나 (자기-비판 의자로 이동한다) 어떻게 하는 거죠?

치료자 상처 의자를 보면서 (상처 의자를 가리킨다) 마리나 님의 말을 듣는 쪽에 앉아 있다고 상상해 보세요. 그런 다음 '너는 엉망진창이야' 또는 자신에게 했던 말을 무엇이든 말해 보세요.

마리나 너는 엉망진창이야. 너는 너무 엉망진창이야.

치료자 다른 건 없나요? 떠오르는 것은 뭐든지 좋아요.

마리나 너는 더럽혀졌고 엉망진창이야. 아무도 너와 함께 있고 싶어 하지 않을 거야. 사람들이 왜 너랑 함께 있고 싶겠어? 너는 비참하고, 더럽고, 병이나 전염시키는 패배자야.

치료자 잘했어요. 이제는 상처 의자에 앉아서 그 메시지를 받을 시간이에요. (마리나는 다소 믿을 수 없다는 듯이 치료자를 바라보다가 상처 의자

로 자리를 옮긴다)

치료자 그런 말을 들었을 때 상처받은 자신의 기분은 어떤가요?

마리나 (아래를 본다) 너무 아파요. 어떻게 해야 할지 모르겠어요. 뭐라고 말해야 할까요?

치료자 그냥 아프다고 말할 수 있습니다. 그것으로 충분할까요?

마리나 (부드럽게) 네, 아파요. 아주 많이.

치료자 그런 말을 듣고도 아프지 않으려면 돌멩이가 되어야 할 거예요.

마리나 너무 수치스러워요.

치료자 맞아요, 그럴 수 있어요. 그리고 수치심은 함께하기 정말 어려운 감정이죠. (잠시 멈춤) 이제 세 번째 의자가 필요한 시간이에요. 이 의자를 '현명하고 친절한 의자'라고 부를 거예요. 여기에 앉으면 마리나 님이 태어날 때부터 가지고 있던 현명하고 친절한 자신의 일부를 활용할 수 있어요. 이 부분은 고난과 역경이 있을 때마다 마리나 님과 함께해 왔어요. 그것은 영원해요. 마리나 님이 겪은 모든 일을 특별하고 명료하게 바라보며, 마리나 님에 대한 사랑으로 가득 차 있어요. 잠시 여기 앉아 보겠어요? (내담자가 현명하고 친절한 의자로 이동한다) 이제 상처받은 자신을 현명하고 사랑스러운 이 부분의 관점으로 바라볼 때 어떤 느낌이 드는지 듣고 싶습니다.

마리나 나의 사랑스러운 부분이죠, 맞나요?

치료자 네, 맞습니다. 숨을 깊이 들이마시고 내쉬면서 이 사랑스럽고 현명한 존재와 연결될 수 있는지, 그녀가 마리나 님에게 무엇을 알려 주고자 하는지 살펴보세요.

마리나 (한숨) 그녀가 불쌍해요.

치료자 네, 아주 잘하셨어요. 상처 의자를 향해 더 말해 보세요.

마리나 알겠어요. (상처 의자를 향해 몸을 돌린다) 네가 안타깝고 안쓰러워. 널 꼭 안아 주고 싶어. 넌 그냥 안기면 돼.

치료자 잘하셨어요. 더 하고 싶은 말이 있는 것 같나요?

마리나 너한테 그런 말을 들으니 너무 상처가 되는 것 같아. 너무 많은 일이 있었어! 나는 네가 안심하기를 바라고, 내가 너를 위해 여기 있다는 걸 알면 좋겠어.

치료자 정말 잘하셨어요. 훌륭합니다. 이제 다시 이쪽으로 이동해 (상처 의자를 가리키며) 현명하고 친절한 자신에게 좋은 말을 듣은 기분이 어떤지 말해 보세요. (마리나는 상처 의자에 앉아 잠시 눈을 감은 채 침묵한다)

마리나 기분이 좋아요. 뭔가 안에서 편안함이 느껴져요.

치료자 그 편안함을 느껴 보세요. 몸 어디에서 그 느낌이 일어나는지 살펴보세요. 원하는 만큼 오래 음미해 보세요. (잠시 멈춤) 현명하고 친절한 자신에게 부탁하고 싶은 것이 있나요?

마리나 평화롭게 휴식을 취하고, 안전감을 느끼고 싶어요. 도와주시겠어요?

치료자 현명하고 친절한 의자로 이동해 현명한 조언자가 뭐라고 대답하는지 들어보세요. (마리나가 현명하고 친절한 의자로 이동했다가, 갑자기 놀라서 고개를 든다)

마리나 뭐라고 하는지 알아요?

치료자 아니요, 궁금해요! 상처받은 자신에게 무슨 말을 하고 있나요?

마리나 (부드러운 목소리로 눈물을 흘리며 말한다) 드디어 내 말을 들어 줘서 정말 기뻐. 나는 항상 너에게 최상의 것만을 원하며 여기에 있었어. 나는 진심으로 너를 사랑해. (치료자는 마리나가 방금 말한 내용을 통합할 수 있도록 침묵하며 잠시 기다린다)

치료자 정말 훌륭해요, 마리나. (웃으면서) 잠시만 여기 머물러 보겠어요? 자기-비판 의자로 관심을 돌려 보세요. 현명한 관점에서 볼 때 자기-비판적인 부분을 어떻게 만들어야 할까요?

마리나 '그것을 만든다'는 게 무슨 뜻이에요?

치료자 이러한 자기-비판적인 부분이 무언가를 달성하려고 한다고 생각하나요?

마리나 어려운 질문이네요. 어떻게든 도움이 되고 싶은 것 아닐까요?

치료자 흥미로운 생각이네요. 한번 물어보는 건 어때요?

마리나 (자기-비판 의자를 향해) 실제로 어떤 도움이 되려고 그런 말을 하는 거야?

치료자 자기-비판 의자로 이동해 이 부분을 살펴보세요.

마리나 (자기-비판 의자에 앉아) 무슨 말을 하는지는 알지만 뭘 어떻게 해야 할지 모르겠어. 사실 도와주려고 정말 노력하고 있어. 더 큰 상처로부터 널 보호하고 싶을 뿐이야. 너를 다치게 할 사람들로부터 네가 멀리 떨어져 있으면 좋겠어.

치료자 그러니까, 이 비판적인 부분은 사실상 마리나 님을 보호하려고 하는 거네요. 다시 세상 속에 들어가 위험을 감수하지 않도록 수치심을 느끼게 하는 거죠. (잠시 멈춤) 마리나 님, 현명하고 친절한 부분과 자기-비판적인 부분의 말을 들었으니, 이제 상처 의자로 이동해 그 자리에 있는 기분이 어떤지 볼까요?

마리나 (상처 의자에 앉아) 여전히 많은 고통을 느끼고 있고 대부분 슬픔을 느끼지만, 이전보다 내면이 더 차분해지고, 더 편안해지고, 더 안전하고, 더 보호받는 기분이에요.

치료자 멋지네요. 마리나 님 안에 있는 현명하고 친절한 자기와 연결되어 탐험을 계속할 수 있는 유연한 존재처럼 들립니다.

마리나 내 안에 그런 것이 있는지 몰랐어요. 네, 다시 한번 그녀를 찾으러 가 볼게요.

마리나는 외부 세계와의 관계에서 외로움을 느꼈을 뿐 아니라, 비판적인 자기 이야기와 과잉동일시한 결과로 내면에서 절망적인 외로움과 두려움을 느꼈다. 이 회기에서 그녀는 자기-자비 관점(맥락으로서의 자기)을 취함으로써 가혹한 자기-판단(내용으로서의 자기)과의 동일시에서 벗어나도록 초대받았다. 또한 '비판적 자기'는 싸우거나 피하거나 소멸시킬 내적인 적이 아니라는 점을 분명히 깨달았다. 이는 자신을 보호하려는 선한 의도를 가지고 있었으며, 따라서 자비심을 불러일으킬 만한 가치가 있었다.

마리나는 자기-자비 관점을 채택함으로써 간절히 갈망하던 안전과 돌봄을 스스로 제공할 수 있었다. 이러한 관점은 경험회피에 대한 자극을 완화하고, 자신의 내면적 삶을 받아들이게 하며, 자신에게 무엇이 필수적인지 배우게 한다. 마리나의 자기-비판적인 이야기는 아직 끝나지 않았다. 다시 외로움과 두려움과 수치심을 경험할 것이고, 이러한 감정을 피하기 위해 노력할 것이다. 하지만 마리나는 그러한 순간에 자기-비판적인 이야기와 동일시할 것인지 아닌지를 선택하는 또 다른 길이 있다는 것을 경험하게 될 것이다. 선택할 수 있는 바로 그 역량은 현실 세계에서 자신의 행동을 통제할 수 있는 자기-비판적인 이야기의 힘을 근본적으로 약화시킬 것이다. 이제 그녀가 해야 할 일은 이러한 움직임을 일상에서 실천하는 것이다. 자기-자비는 우리가 원하는 만큼 그것에 접근하지 못하더라도 시간이 지남에 따라 길러지는 것이다 (Ferrari et al. 2019). 이제 '자기 자신과 타인을 돌보는 이러한 역량은 어디에서 오는가?'라는 질문이 남는다.

자비의 계통발생과 개체발생

한 종의 진화 역사인 계통발생Phylogeny은 뇌의 축복과 심각한 선천적 문제에 대한 정보를 제공한다. 사냥과 채집은 인류 역사에서 차지하는 비중이 컸고, 따라서 현대와는 전혀 다른 맥락에서 진화가 생존 능력을 촉진시켰다는 사실을 명심해야 한다. 개체발생Ontogeny은 개인의 일생 동안 발달하고 학습하는 것으로, 잠재된 능력을 억제하거나 촉진한다.

진화는 유전자의 선택적 복제에 의해 이루어지기 때문에 언뜻 보기에 자비가 생존과 재생산의 투쟁에서 나온 정신적 역량을 기반으로 해야 한다는 사실이 놀라울 수 있다. 사회적 자원과 물질적 자원을 갈망하는 것으로 경험되는 선천적 접근 반응이 있는 것처럼 우리는 생존에 대한 위협을 관리하는 데 도움이 되는 분노, 두려움, 행동 회피에 대한 유전적 역량을 가지고 있다. 이러한 잠재적 성향을 인식하지 못하면 자비를 쉽게 억제하고, 위계적이고 경쟁적인 사회 시스템에서 '견디기와 통제' 행동을 통해 위협과 보상을 관리하도록 유도할 수 있다(Gilbert 2021). 그러면 사람들은 사회적 정보를 권력의 역학적 측면에서 읽는 경쟁의식을 습득하게 된다. 권력의 우위에 있을 때는 타인을 착취하고 비판하고, 열세에 있을 때는 비판의 화살을 내면으로 돌린다. 그러나 가장 해로운 것은 자기-비판 자체가 아니라, 마리나 자신의 상태에 대한 사회적 낙인과 자신을 '소름 끼치는 것'으로 인식하는 데서 오는 배제와 고립에 대한 두려움이다(Gilbert 2019).

경쟁적인 사회 조건을 선호하는 정치는 격차를 확대하고, 삶의 성공은 모두 개인의 노력에 달려 있다는 믿음을 조장하며, 실패에 대한 두려움을 증가시킨다. 심지어 성공한 사람들조차 패배에 대한 두려움이 크다(Jetten et al. 2021). 지난 30년간 선진국 젊은이들의 코호트 연구cohorts는 개인적으로 지나치게 높은 수행 수준과 지나치게 비판적인 자기-평가의 형태로 완벽주의가 증가하고 있음을 보여 주었다(Curran and Hill 2019).

좋은 소식은 사람들이 자비, '공유와 돌봄' 정신, 평등주의적 사회 체계를 촉진하는 돌봄 능력을 유전적으로 물려받았다는 것이다(Gilbert 2021). 인간은 수렵과 채집을 하는 작은 공동체에서 생존하기 위해 서로에게 매우 의존했다. 이러한 상호작용성은 사회적 상호작용 역량을 촉진했다. 돌봄과 동정심 있는 행동은 상호 지원, 협력, 갈등 감소, 그리고 집단 내 개인의 번영에 도움이 되었다. 그러나 이러한 유전적 역량은 어떻게든 촉진할 필요가 있다. 역사의 현시점에서 관점과 배려, 자비는 우리가 공유하는 지구와 우리 자신과 다른 종의 생존을 위해 세계적인 차원에서 시급하게 각성하고 함양해야 할 자질이다. 달라이 라마는 "사랑과 자비는 사치품이 아니라 필수품이다. 이것이 없다면 인류는 생존할 수 없다"라고 말했다.

자비는 세 가지 방향으로 흐른다. 우리는 타인으로부터 자비를 받을 수 있고, **자기-자비**를 경험할 수 있으며, 온갖 생물을 포함한 타인을 향해 자비를 보낼 수 있다([그림 6.2] 참조)(Gilbert et al. 2011; Neff 2003).

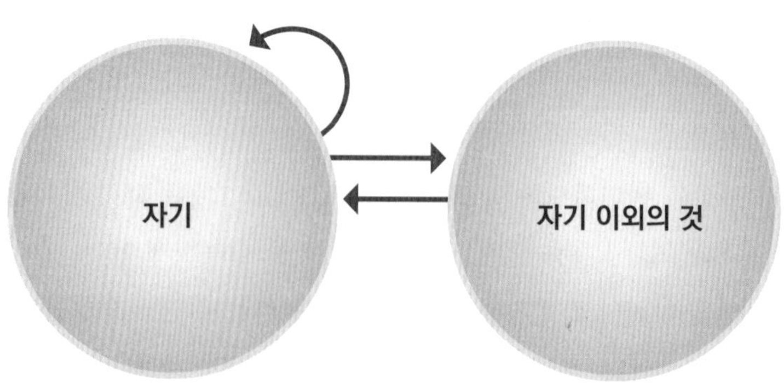

[그림 6.2] 자비의 세 가지 방향

타인에 대한 자비는 보호, 양육, 진정, 혹은 다른 돌봄 표현을 통해 타인의 고통과 필요에 관심을 기울이고, 이러한 필요에 반응하려는 동기를 부여한다(Gilbert 2014). 자비에는 공감적 이해와 메타-알아차림 같은 부수적인 심리적 역량과 더불어 타인을 돌보는 동기가 필요하다. 공감이 자비의 전제조건임에도 불구하고 공감과 완전히 같은 것은 아니다. 자비는 타인의 감정과 필요를 이해하는 선천적인 조망수용력 perspective-taking capacity이다. 뇌는 타인이 경험하는 것과 유사한 정서적 경험을 만들어 냄으로써 공감적 반응을 매개한다(Klimecki et al. 2014). 캐니 뇌영상 연구에 따르면, 피험자가 사랑하는 사람이 고통스러운 자극을 받았다고 생각할 때(전기 충격) 부정적인 영향을 처리하는 피험자의 신경망이 실제로 고통스러운 자극을 받은 피험자와 유사한 활동을 보이는 것으로 나타났다(Singer et al. 2004).

진화-주도적 역량으로서 자비의 또 다른 측면은 돌보는 태도가 성공적인 자녀 양육에 도움이 된다는 점이다. 부모는 보호, 지원, 지도, 격려를 제공하며, 이는 아동이 탐색하고 놀 수 있는 안전한 기반을 제공한다. 부모가 위협과 욕구와 관련된 감정과 신체 상태를 완화할 수 있다면, 아동은 휴식을 취하고 편안함을 찾을 수 있는 안전한 안식처를 경험하게 된다(Gilbert 2020). 결과적으로 아이들은 자신에 대해 따뜻한 태도를 갖게 되고, 다른 사람을 유능하고 돌보는 사람으로 여기게 된다. 이러한 삶의 시작은 인생의 도전에 직면하는 데 필요한 사건 전개에 대한 자기-자비, 자기-확신, 신뢰를 촉진한다. 마리나는 자신의 불행한 상황과 관련해 수년간 자기-비난을 했지만, 치료자는 싱글맘이었던 마리나의 어머니가 그녀를 돌보고 양육하는 방식으로 대했던 어린 시절의 경험을 바탕으로 비교적 쉽게 자기-자비를 이끌어 낼 수 있었다.

무관심한 부모 밑에서 자랐거나 학대 또는 방임을 경험한 불행한 아동의 경우, 위협 회피 시스템이 나중에 쉽게 활성화될 수 있다. 더욱이 안전, 만족, 연결감의 근본적인 결핍을 반영하는 갈망의 충동이 쉽게 촉발될 수 있다. 이러한 배경을 가진 사람은 그것이 수반하는 사전 학습에 의해 위기에 처했을 때 다른 사람들을 안전한 기지와 안전한 피난처로 사용하는 데 어려움을 겪을 뿐 아니라, 자기-자비나 다른 사람들로부터 자비를 받는 것의 핵심을 보지 못할 수 있다. 왜냐하면 그들에게는 이러한 참조 프레임이 없기 때문이다. 어려움에 대처할 때 그들은 엄격하게 자기-비판적인 경향이 있으며, 사랑 없이 항상 혼자 있을 것이고, 사랑할 가치가 없으며 학대를 받는 것은 자신의 잘못 때문이라고 믿는 경향이 있다. 자비와 만남은 급성 공포를 활성화할 수도 있다(Gilbert et al. 2011). 이러한 **자비에 대한 두려움**을 수용과 마음챙김으로 목표로 삼는 것은 위기 통합에 중요한 의미를 가질 것이다.

'자비에 대한 두려움'을 수용하는 위기 통합

자비에 대한 두려움은 PTSD, 불안 및 자해와 관련이 있으며 우울증과 가장 광범위하게 관련이 있다(Gilbert et al. 2014; Merritt and Purdon 2020). 5장에서 만난 루시아는 이 모든 상황을 경험했다. 그녀와 같은 배경을 가진 내담자에게 자기-자비를 실천하라는 제안은 의심, 적대, 냉담, 위축 반응을 불러일으킬 수 있다. 이러한 반응은 치료자에게 혼란을 줄 수 있지만 그 이면에는 논리가 깔려 있다. 어린 시절의 관계 형성 경험이 신체적 · 심리적 경계를 침해하는 것으로 특징지어지면, 대인관계의 친밀감에 대한 어떠한 언급에도 동일한 위험감이 활성화될 수 있다(Gilbert et al. 2011). 이를 예측 부호화predictive coding[28]의 관점에서 설명하자면, 어느 정도의 공감과 자비적인 교류가 필요한 현재의 관계는 이전의 긴밀한 대인관계 모형을 기반으로 기만, 비판, 남용에 대한 예측을 불러일으킬 수 있다.

그러한 내담자들은 종종 자기-자비 연습을 어리석고, 모욕적이며, 차마 상상할 수 없는 것으로 여긴다. 그러한 생각과 평가의 표면적인 수준 아래에서 자기-자비는 역설적으로 극심한 신체적 동요(두려움, 분노, 슬픔, 공허함, 수치심의 감정)와 자신이 가치 없고 사랑받을 자격이 없다는 부정적인 느낌을 불러일으킨다. 일반적으로 자기-자비는 따뜻함과 돌봄을 내적으로 촉진한다고 가정하지만, 또한 내담자들을 정반대의 경험으로 끌어들일 수도 있다. 이는 일부 내담자에만 국한된 것이 아니라 실제로 매우 일반적인 반응이다. 자기-자비 연습의 목표 중 하나는 자기-자비에 장애가 될 수 있는 모든 것에 알아차림의 빛을 비추는 것이다.

---

28) 예측 부호화 방식: predictive coding method. 과거 신호의 표본값으로부터 다음 표본값을 예측해 예측값과 표본값의 차이를 양자화 및 부호화해 전송하는 방식을 말한다(역자 주).

만약 루시아가 이 연습을 하기로 결정한다면, 그녀는 더 큰 고통을 견뎌 내는 능력을 얻게 될 것이다(5장 참조). 몸 마음챙김과 수용은 돌봄과 친절이라는 소속 감정에 대한 새로운 학습을 얻는 데 필요한 내부수용감각적인 노출을 제공한다. '자비에 대한 두려움'의 수용은 '불안에 대한 두려움'의 수용과 다르지 않다.

터무니없이 들릴지 모르지만, 자기-자비는 정서 조절의 강력한 메커니즘으로 기능한다는 명백한 증거가 있다. 자기-자비 수준이 높을수록 우울, 불안 및 PTSD 증상의 심각도와 반비례한다(Dahm et al. 2015; Forkus et al. 2020; Hiraoka et al. 2015; MacBeth and Gumley 2012; Neff et al. 2007). 따라서 자기-자비 기술을 습득하는 것은 루시아에게 상당한 치료적 이득을 줄 것으로 기대할 수 있다.

루시아: 자기-자비에 대한 두려움의 수용에 대한 임상 대화

루시아는 몇 주 동안 집과 그룹 환경에서 몸 마음챙김을 연습해 왔다. 그녀는 압도될 것 같은 순간에 자신의 '안전감의 섬'(예: 발 감각)으로 돌아오는 데 어느 정도 능숙해졌고, 고통감내력도 향상되었다. 그러나 마음챙김 호흡 연습에서 자기-자비의 일부 문구를 사용할 때는 어려움을 겪었다. 루시아는 연습이 끝난 후 '어리석고', '멍청하고', '시간 낭비'라는 것을 발견했다고 말한 후 집단실을 나갔다. 다음 날 밤, 그녀는 잠을 자는 데 어려움을 겪었고, 자살 생각이 더 강박적으로 떠올랐다. 자살 충동을 행동으로 옮길까 봐 두려워 응급실에 가서 정신과 병동에 입원을 요청했다. 그녀는 입원 치료를 받게 되었고, 다음 날 ACT 집단 리더가 그녀를 방문했다.

치료자 안녕하세요, 루시아 님. 다시 만나서 반갑습니다. 물론 이런 일이 일어나길 바라지는 않았지만요. 어쨌든, 다시 볼 수 있어 기쁩니다.

루시아 (팔짱을 끼고 앉아 아래를 내려다보며) 안녕하세요.

치료자 월요일 ACT 모임 이후 어떻게 지내셨나요?

루시아 일이 잘 풀렸다면 여기에 없었겠죠.

치료자 네, 그렇죠. 무슨 일이 있었는지 좀 더 얘기해 주겠어요? 마지막으로 들은 말은 자기-친절 연습에서 별로 얻은 것이 없다는 것이었습니다.

루시아 정확히 말하면 헛소리라고 했죠.

치료자 네, 그랬어요. 그래서 어떻게 여기까지 오게 된 건가요?

루시아 어지간하면 응급실까지는 가지 않는데, 이번에는 도저히 대처할 수가 없었어요. 그 모임에 참석하고 난 후 너무 화가 났어요. 오랫동안 느꼈던 것보다 더 끔찍한 기분이 들었어요.

치료자 힘든 상황에서 여기 오셨네요.

루시아 ACT 모임에서 발 감각을 사용하는 것과 마음챙김 호흡을 하는 것을 좋아해요. 하지만 자신을 친절하게 대하는 것은 정말 아니라고 생각해요.

치료자 마음챙김을 좋아하지만, 저희가 월요일에 했던 것처럼 자신에게 친절해지는 부분이 마음에 들지 않았군요. 그 일이 '멍청하다'는 생각이 드나요?

루시아 가짜였어요. 겉으로 좋아 보이도록 조작하는 거죠. 그건 제가 하고 싶지 않은 일이고, 앞으로도 하지 않을 거예요.

치료자 (잠시 멈춤) 비밀 하나 말씀드릴게요. 처음에 저도 '자기-친절', 또는 '자기-자비'라고 부르는 것에 대해 들었을 때 루시아 님과 똑같은 반응을 보였답니다. 도무지 이해되지가 않았죠.

루시아 정말요? 그런데 이제 빛을 보고 친절의 전도사라도 된 건가요?

치료자 (살짝 웃으면서) 그런 건 아니에요. 루시아 님, 자기-친절에 관해 얘기한 것 때문에 저한테 화가 난 건가요? 아니면 자기-친절에 관해 말하는 것 자체에 화가 난 건가요?

루시아 둘 다인 것 같아요. (한숨) 글쎄요, 대체로 그 생각에 대해 화가 난 것 같아요.

치료자 자신에게 친절한 존재가 되자는 아이디어에 대해 화가 나는 것, 그것에 잠시 머물러도 괜찮을까요? 이 화가 말해 주는 중요한 어떤 것이 있는지 보기 위해서요.

루시아 (또 한숨) 그러시죠.

치료자 좋아요, 루시아 님. 힘든 일일 텐데 기꺼이 시도해 보겠다고 하니 기뻐요. 그러면 화를 낼 수 있는 공간을 마련하고, 환영해 주고, 인사해 주겠어요?

루시아 (고개 숙여 무릎을 응시한다) 네, 하지만 잘 모르겠어요. 화가 난다기보다는 저에게 친절을 베풀 자격이 있는지 잘 모르겠어요. 남편에게 말했듯이, 남편이 아무리 저한테 내면이 아름다운 사람이라고 말해도 저는 믿지 않을 거예요. 왜냐하면 저는 그렇게 생각하지 않거든요.

치료자 그러니까 자신에게 친절하고자 할 때 정말 강력한 무언가가 나타나고 있네요. 분노 감정일 수도 있고, 사랑받을 자격이 없다고 느끼는 감정일 수도 있습니다.

루시아 무슨 일이 일어나고 있는 건지 모르겠어요.

치료자 괜찮습니다. 무슨 일이 일어나든 있는 그대로 두고 그냥 머물러 보세요. 그리고 한두 번 깊게 숨을 쉬어 보세요. 아마도 거기에 있는 무언가에게 당신이나 우리에게 필요한 것이 있는지 물어볼 수 있을지도 몰라요.

루시아 모르겠어요. 아마도 천천히 하길 바라는 것 같아요. 그냥 너무 무서워요.

루시아는 치료자의 도움을 받아 자기-친절에 대한 생각을 탐색할 수 있을 만큼 오랫동안 내면의 반응에 머무를 수 있다. 이 문제의 복잡성을 오랫동안 무시해 온 루시아가 내면에서 일어나고 있는 일에 대해 할 말이 많지 않은 것은 이상한 일이 아니다. 그녀가 호기심을 가지고 자신의 경험과 관련을 맺기 시작하면 분노 외에 사랑할 가치가 없다는 느낌과 두려움이라는 또 다른 감정이 있음을 알게 된다.

치료자 우리가 이것을 부드럽고 천천히 할 것이라고 그 두려움에게 말할 수 있어요. 우리가 너무 빨리 진행하는 것 같으면 다시 말해 줄 수 있습니다. 어때요?

루시아 전 이렇게 두려움을 느끼고 싶지 않아요! 싫다고요!

치료자 두려움 옆에 서 있는 건 어려운 일이에요. 여기에 조금 더 닻을 내릴 수 있는지 봅시다. 두려움을 밀어내지 말고 잠시 주의를 다른 곳으로 옮겨 보면 좋겠어요. 지금 방에서 들리는 소리에 주의를 기울일 수 있는지 한번 살펴보세요. 속도를 늦추고 천천히 나타나는 것을 들을 수 있는지 주의를 기울여 보세요.

루시아 (숨을 고르고) 선풍기 소리가 들리네요.

치료자 좋습니다. 잘하셨어요.

루시아 밖에 교통 체증이 좀 있네요.

치료자 그렇군요.

루시아 시계에서 똑딱똑딱 소리가 들려요.

치료자 좋아요. 이제는 두려움을 살짝 살펴보세요. 어때요?

루시아 좀 나아졌어요. 제가 왜 이렇게 두려워하는지 모르겠어요.

치료자 제 생각에는 자기-자비 연습에 반응하면서 느꼈던 분노와 두려움이 과거 어떤 시기의 당신에게는 매우 도움이 되었던 것 같습니다. 그것들은 위험한 일이 곧 일어날 것이라고 알려 줍니다. 말하자면 경보 알람을 울리는 거죠. 당신에게는 어떤 것 같나요?

루시아 (조용히) 네, '알람'이 맞아요.

치료자 자신을 친절하게 대하고 다른 사람을 친절하게 대하려면 경계를 조금 늦추어야 합니다. 성장 과정에서 당신의 가족에 대해 들려준 내용을 고려하면, 경계를 낮추는 것은 당신에게 위험할 수 있어요. 가족이 당신을 친절하게 대하고, 돌보며, 안전하게 만들어 주기보다는 그 반대의 일이 일어났으니까요. 믿었던 사람들이 당신에게 못되게 굴고, 때리고, 비난하고, 무시했어요. 당신이 사랑받지 못한다고 느끼게 만들었죠. 그런 상황에 처한 아이는 경계를 늦추지 않고, 다른 사람들을 불신하며, 상처받지 않도록 노력하는 법을 배우게 됩니다.

루시아 가끔은 잠들지도 못했어요. 저는…. (침묵)

치료자 네, 그런 세상에서는 잠을 자기가 어렵죠.

루시아 TV가 켜져 있으면 그나마 안전하다고 생각했지만, 밤이 깊어지고 침묵이 찾아오면 위험을 느꼈어요. 그래서 저랑 동생들은 방에 바리케이드를 쳐 놓곤 했어요. 그런데도 아버지는 술에 취해 우리 방에 들어와서는 소리를 지르며 폭력을 행사하기 시작했죠.

치료자 아빠가 당신을 안아 주고 잘 자라고 인사해 주는 대신, 당신이 아빠라는 존재가 해야 하는 것처럼 동생들을 보호하기 위해 경계를 늦추지 않고 깨어 있어야 했나요?

루시아 동생들을 보호해야 했어요.

치료자 당신은 자신과 동생들을 보호해야 했고, 정신을 바짝 차리고 경계를 늦추지 않는 법을 배웠습니다. 제 생각에는 화를 내는 것과 두려워하는 것이 당신에게 도움이 된 것 같아요.

루시아 오랫동안 늘 화가 나 있고 두려워했던 것 같아요.

치료자 그리고 그 분노와 두려움이 수많은 도전적인 순간을 이겨 내도록 도와주었죠. 그래서 우리는 그것들을 없애지 않고, 존중하고 그것들이 말하는 것에 귀를 기울이려고 합니다. 그것들은 신뢰와 안전이 당신이 깊이 걱정하는 것이라는 신호를 보내고 있을지도 모릅니다.

루시아 (혼란스러워 보임) 네, 제가 힘든 시간을 이겨 낼 수 있도록 도와준 것 같아요. 하지만 여전히 그것들을 좋아하지 않아요.

치료자 저도 화를 내거나 두려워하는 것을 좋아하지 않아요. 하지만 이는 인간의 기본적인 감정이고, 우리 모두 가지고 있어요. 중요한 것은 당신이 살고 싶은 삶을 살 수 없도록 그것들이 당신을 괴롭히지 못하게 하는 것입니다. 제가 보기에 당신은 남편과 가까워지고 싶지만, 동시에 그의 다정한 말을 신뢰하기 어렵고, 그의 친절함을 받아들이는 데도 어려움을 겪는 것 같아요. 때때로 남편이 당신을 돌보는 것에 대한 반응으로 분노와 두려움이 나타나면 그를 밀어낼 수도 있고, 그런 다음 누군가가 당신에게 친절하게 대하려고 할 때까지 분노와 두려움은 사라질 거예요.

루시아 제 인생 이야기처럼 들리네요.

치료자 두려움과 분노는 상처받거나, 배신당하거나, 실망하는 것으로부터 당신을 보호하기 위한 것입니다. 당신이 자신을 보호해야 하는 이유는 안전과 신뢰 그리고 친절에 관심이 있기 때문일 거예요. 당신은 안전하기를 바라고, 다른 사람들과 가까이 있고 싶고, 다른 사람들을 믿고 싶어 합니다. 보살핌을 받고, 친절하게 대우받기를 원합니다. 어떻게 생각하나요?

루시아 이상한 생각이네요. 제가 진짜로 누군가와 가까워지는 것에 관심이 있는 걸까요? 아니면 친절에 관심이 있는 걸까요?

치료자 자신의 방식을 느끼도록 노력해 보세요. 당신 마음속에 머무르고 싶은 곳이 있나요?

루시아 그런 것 같아요, 하지만 두려움이 너무 강해요. 지난 월요일 ACT 집단 모임에서 마음이 흔들리기 시작했어요. 제 안에서 분노가 치밀어 오르는 것을 느꼈어요. 폭발할 것 같았어요. 그러고는 제가 했듯이 무언가를 말하고 떠나야 했어요. 달리 무엇을 해야 할지 몰랐어요.

치료자 그것도 괜찮습니다. 감정이 격해지면 함께 있는 사람에게 '나는 시간이 좀 필요해요'라고 말할 수 있어요. 하지만 다른 것을 시도하고 싶다면 해 볼 수 있는 다른 방법이 있습니다. 강한 감정이 내면에 가득 차 있는 바로 그 순간에 우리가 연습한 것처럼 발 안의 감각, 즉 '안전감의 섬'에 주목하는 거예요. 그러면 도망치지 않고 내부의 혼란을 견디는 데 필요한 균형 감각을 되찾는 데 도움이 될 수 있습니다. 자신이 정말로 아끼는 것이 무엇인지 생각해 보는 시간도 갖게 되고, 친절을 베풀 수도 있죠. 아마도 당신이 돌보는 것은 분노나 두려움이 아니라 자신의 다음 행동을 안내해 주는 것일 수 있어요.

루시아 이론적으로 좋은 것 같네요. 제가 할 수 있기를 바랄 뿐이에요.

치료자 이렇게 생각해 보세요. 마치 저울 위에서 두 개의 그릇이 균형을 잡는 것과 같습니다. 하나의 그릇에서는 도망치거나 친밀함을 밀어내는 반응을 보이고, 다른 그릇에서는 잠잠히 머물며 친절함을 느끼게 하는 다른 반응을 보이고 있습니다. 누군가를 친절하게 대하려고 하는데 두려움, 분노, 친절을 받을 자격이 없다는 생각이나 내면의 흔들리는 감정이 자리를 잡으면, 친절을 경험하는 그릇에 깃털 하나를 더 얹는 것입니다. 한 번에 하나씩 계속해서 깃털을 더하다 보면 결국 저울이 기울어져 자기-자비를 더 쉽게 연습할 수 있을 것입니다. 다른 기술을 기르는 방식으로 자기-자비를 연습한다고 생각해 보세요. 연습이 전부입니다. 저와 함께 해 보겠어요?

루시아 그런 것 같아요. 깃털이 많이 필요할 것 같네요. 내려놓을 짐이 너무 많은 것 같아요.

치료자 '내려놓기letting go'이라는 말이 마음에 들어요. (잠시 멈춤) 마무리하기 전에 내려놓는 것이 무엇을 의미하는지 좀 더 살펴봐도 될까요?

루시아 물론이죠.

치료자 감사합니다. (루시아에게 펜을 건네준다) 좋아요. 이 펜을 꽉 잡아 보세요. 손에서 미끄러지거나 움직이지 않도록 꽉 잡는 거예요. 그렇게 할 수 있나요? 손을 위로 향하게 해서 꽉 잡으세요.

루시아 알겠어요.

치료자 계속 꽉 잡고 계속 잡고….

루시아 네.

치료자 이제 팔을 움직이지 말고 손가락에 힘을 완전히 뺀 상태로 펜을 손바닥 안에 두세요.

루시아 좋아요. (손을 벌리자 펜이 손바닥에 그대로 놓여 있다)

치료자 자, 펜을 놓았을 때 펜과의 관계가 어떻게 되었나요?

루시아 무슨 뜻이죠? 처음에는 펜을 꽉 잡았는데, 지금은 제 손에 펜이 놓여 있어요.

치료자 펜을 잡고 있던 손을 놓았으니 더는 펜을 꽉 잡고 있는 것이 아니죠. 손의 힘이 느슨해지긴 했지만 펜은 사라지지 않고 그대로 있습니다. 볼 수 있고, 잡을 수 있습니다. 펜이 정확히 어디에 있는지도 알고 있죠, 그렇지 않나요? 원한다면 테이블 위에 내려놓을 수도 있습니다.

루시아 네.

치료자 내려놓기는 분노나 두려움 같은 감정, 폭발할 것 같은 불안감, 심지어 '이건 쓰레기야' 또는 '아무도 믿을 수 없으니 위험해' 또는 '친절하게 대할 자격이 없어'와 같은 생각에 대해서도 손을 놓는 것을 의미합니다. 이 펜처럼 그것은 여전히 주변에 있습니다. 어디에도 가지 않아요.

하지만 그것을 바꾸거나 없앨 필요는 없습니다. 루시아 님은 그것을 인식하고, 부드럽게 잡을 수 있어요. 그렇게 함으로써, 그것들에게 약간의 친절을 베풀 수도 있죠. 내려놓기의 좋은 점은 손을 놓기 위해서는 결단이 필요하지만, 노력은 전혀 필요하지 않다는 것입니다. 반면, 무언가에 매달리는 것은 많은 노력이 필요합니다. 단순히 손가락을 풀고 손을 벌리는 것과는 정반대죠.

루시아 새로운 경험이네요. 솔직히 말해 조금 방향을 잃은 것도 같아요. 하지만 시도해 볼 가치가 있는 것처럼 들려요. 이제는 자기-친절에 대해 이야기하고 싶은 마음이 조금 커진 것 같아요.

치료자 우리가 얘기한 내용은 특히 고통스럽고 무섭고 힘든 순간에 자신을 친절하게 대하고 다루는 것을 말합니다.

이 상호작용에서 치료자는 루시아에게 수용과 자기-자비 작업이 어떻게 함께 작용하는지 보여 준다. 루시아의 이전 대인관계 모형은 위험과 두려움, 몸 마음챙김, 두려움의 수용으로 특징지어진 반면, 관계 감정과 관련해 새로운 학습을 얻는 데 필요한 내부수용감각적인 노출을 제공한다.

따라서 5장에서 설명한 고통감내력의 이점에 관한 동일한 이론은 자비에 대한 두려움에 접근하는 것과 관련이 있다. 비록 루시아가 고통감내력에 대한 그녀의 능력을 확장시켰지만, 이 대화는 자비에 대한 그녀의 전면적인 두려움에 노출시키는 방법에 대한 더 실질적인 지침이 필요하다는 것을 보여 준다. 그녀는 두려움을 꽉 움켜쥐거나, 고군분투하거나, 그에 반응하는 대신 두려움을 **그대로 두는 것**(수용)이 의미하는 또 다른 수단을 제공받는다. 루시아는 사전 학습에서 발생하는 자비의 두려움을 받아들이는 법을 배울수록 현재 순간에 생명을 유지하는 보살핌과 자비를 받기 위해 더 마음을 열게 될 것이다. 성장 과정에서 친절함과 존중을 받아 본 경험이 거의 없었던 루시아는 자기-자비(따뜻함, 위안, 잘되기를 바라는 마음)가 자신에게 향할 때 어떻게 느끼는지를 배우는 것부터 시작해야 한다. 이런 종류의 학습은 매우 점진적이기 때문에 인내심이 필요하다(Singer and Engert 2019). 이러한 연습을 시작하기 좋은 장소는 인간 사회 밖에 있을 수도 있다. 예를 들어, 온몸에 닿는 햇볕의 따뜻함을 느끼거나, 부드러운 저녁 바람이 뺨을 어루만지는 것을 느끼거나, 누워 있는 동안 그녀의 무게를 지탱하는 바닥을 알아차리는 것 등이다. 어떤 것이든 붙잡히고, 껴안고, 따뜻해지고, 심지어 보살핀다는 감각을 일깨울 수 있다. 돌보는 일에 자신을 포함시키는 것이 너무 어렵다면 애완동물이나 돌보기 비교적 쉬운 다른 것을 소중히 여기는 데 주의를 기울일 수도 있다. 심지어 돌멩이 하나로도 충분하다. 시간이 지나면 이러한 호의와 친절은 루시아 자신과 주변 사람들에게까지 흘러갈 것이다.

회피 수용하기

루시아의 사례가 보여 주듯이 자기-자비를 연습하는 것은 자비의 두려움을 수용하는 것은 물론 자비의 두려움과 관련된 회피 전략을 수용하는 것을 포함한다. 마찬가지로 정서적 고통을 수용하는 데에는 경험회피를 수용하는 것도 포함된다. ACT는 원래 공포에 노출되는 것에 중점을 둔 행동심리학에서 성장했다. 그러므로 ACT는 수용(정서적 고통을 기꺼이 경험하는 것에 대한 열린 마음)을 강조해 왔다. 그러나 초기 행동주의가 두려움을 피하기 위한 회피 전략에 큰 망치를 휘둘렀다면, ACT는 경험회피 그 자체에 수용과 친절을 가져다 준다. 이는 다소 직관을 거스르는 것으로 보일 수 있다. 그것이 어떻게 작동하는지 설명해 보겠다.

무조건적 수용을 위해서는 자신이 수용하고 있는 것을 명확하게 보고 아는 것이 도움이 된다. 내면에서 일어나고 있는 일에 더 마음을 열수록 수용의 폭이 넓어진다. 정서적 고통에 맞서고 멀어지려는 경향이 증가할 때 역시 마음속으로 관찰하고 받아들일 수 있다. 경험과 마찰을 일으키지 않으면서, 아무것도 거부하지 않고 심지어 회피 전략에도 모든 것에 '예, 그래요yes', '그럴 수 있어요'라고 말하며 세심한 주의를 기울이는 것을 **근본적 수용**radical acceptance[29]이라 한다. **근본적 수용 또는 철저한 수용**에서는 정서적 고통의 수준이나 그러한 고통을 회피하는 수준 중 어느 것에서도 자신과

29) '급진적인 수용'이라고도 번역된다. 머리부터 발끝까지 전체적이고 포괄적인 수용을 의미하며, 이 책에서는 '근본적인 것'(radical)으로 번역했다(역자 주).

싸우거나 반대하지 않는다. 사실 여러 겹의 고통, 회피, 자기-비판을 발견하는 것은 드문 일이 아니다. 일반적인 예를 들자면 우리는 두려움, 공포 등의 불안을 경험한 후 이에 대한 주의를 분산시키기 위해 밤늦게까지 소셜 미디어를 스크롤하곤 한다. 그런 다음 이러한 주의분산 방식의 경험회피에 자기-비판을 한 겹 더한다. 이러한 자기-비판은 또 다른 내적 상처와 좌절의 층을 더 만들어 내고, 다시금 더 많은 회피를 통해 이를 피하려 한다. 이렇게 겹겹이 쌓이는 악순환이 영원히 계속될 것 같지만, 그렇지 않다. 내부에서 일어나는 모든 일을 수용과 자기-자비심으로 관찰하면 이러한 악순환을 끊을 수 있다.

비슷한 방식으로 치료자들은 내담자가 회피 전략에 대해 수용적이고 자비적인 태도를 취하도록 도울 수 있다. 그리고 그들의 회피 전략에 대해 **그렇게 많은 괴로움** anguish을 **겪지 않길 바라는 동정적인 태도를 갖는 것은 너무나 당연한 일이다**. 수용은 내담자가 실행할 수 없는 회피 패러다임을 위기 상황의 해결책으로 사용하는 것을 좋아하거나, 동의하거나, 묵인하거나, 또는 그에 따라 행동해야 한다는 것을 의미하지 않는다. 하지만 만일 치료자가 이 패러다임을 반대한다면, 내담자의 요구에 인내심을 잃고 조급해하거나 심지어 불만을 가질 수도 있다. 이러한 인내심 부족과 조바심은 '가능한 한 빨리 타당화 과정의 춤validation dance을 끝내고 당신이 무엇을 잘못하고 있는지, 대신 무엇을 해야 하는지 알려 주는 본론으로 넘어가자'라는 태도가 나타날 수 있다.

여기서 심오한 것은 치료자가 인내심 부족이나 조바심을 행동으로 옮기거나 없앨 필요 없이 단지 그에 대해 마음챙김을 하면서 수용하기만 하면 된다는 것이다. 치료실 안에서 일어나야 하는 것은 수용 과정 그 자체다. 치료자는 내담자의 비생산적인 행동과 관련해 자신 안에 있는 갈등과 저항을 관찰하고 수용할 때 내담자의 마음챙김과 수용 과정을 지지하게 된다. 만일 치료자가 내담자에게 즉각적인 치료법을 제공할 수 없는 자신의 무능력함을 받아들인다면, 마찬가지로 내담자의 정서적 고통을 줄이려는 헛된 노력에 대한 수용을 확장할 수 있다. 이러한 다양한 수용의 역동적 양상은 서로 얽혀 상호작용interweaving하기에 치료자 내부에서 내담자 내부의 수용을 촉진하는 매우 강력한 임상적 도구가 된다. 내담자가 자신의 경험이 치료자에게 완전히 받아들여지고 있다는 것을 깨닫는 것은 수용이 어떤 느낌인지 배우는 순간이 된다. 치료자는 내담자의 회피 전략이 지금 일어나고 있는 일이라는 수용의 정신spirit으로 받아들여질 때 이야기가 거기서 끝나지 않을 것을 확신하며 안심할 수 있다. 내담자의 경험, 경험회피, 그리고 진정으로 자신을 수용하고 자비심에 머무는 학습은 실행 불가능한 회피 행동의 변화를 위한 발판을 마련한다.

또한 자신이나 타인의 경험 및 회피로 인해 씨름하는 것이 적을수록 소중한 에너지를 더 많이 절약할 수 있다. 마음건강 실무자, 심리치료자의 소진이 급증하는 이 시기에 수용은 반드시 구축해야 할 핵심 기술이다.

직업적 소진을 막는 수용, 마음챙김, 자비 및 자기-자비

COVID-19 팬데믹 이전에도 의료계는 일반 미국 노동 인구에 비해 소진 위험이 두 배나 높았다(Sanafelt et al. 2012). 가용 시간과 자원을 초과하는 작업량과 효율성 기대라는 중요한 문제는 조직의 필수적인 문제다(National Academy of Sciences, Engineering, and Medicine et al. 2019). 소진의 또 다른 주요 원인은 고통받는 내담자에 대한 공감으로 인한 감정적 고갈exhaustion로, '공감 피로'라고도 불린다(Neff et al. 2020). 심리치료자들이 내담자의 현재 및 과거 상황에 대한 고통을 느끼는 대신 이에 대비하기로 선택한다면, 더 엄격해지고 몰입도가 떨어지는 대가를 치를 위험이 있다. 하지만 다른 방법이 있으며, 여기에는 타인과 자신에 대한 수용, 마음챙김, 자비가 수반된다.

수용과 마음챙김은 치료자들이 내담자들의 고통에 참여하면서 자신의 개인적 건강을 관리할 길을 제공한다. 치료자는 내담자의 고통과 절망감에 온전히 공감하면서 동시에 자기 내면에서 발생하는 정서적 고통에 대한 진정한 메타-알아차림과 수용 속에서 안정을 취할 수 있다. 마음을 닫지 않으면서도 타인의 고통에 덜 몰입하게 되고, 따라서 고통에 대한 부담을 덜 느끼게 된다. 고통받는 사람들을 있는 그대로, 투쟁이나 저항 없이 그곳에 있게 하는 태도는 그 자체로 피로에 대한 보호 기능을 한다.

자비로운 관점과 태도를 취함으로써 우리는 도움이 되고자 하는 동기를 얻게 된다. 흔히 간과되는 자비의 한 측면, 즉 다른 사람들에게 효과적인 보살핌을 제공하기 위해 종종 수년간의 교육을 통해 의도를 가지고 전문적인 기술을 개발하는 것을 생각해 보자. 의료 장면이나 다른 돌봄 직종에서 길고 힘든 훈련을 받는 것은 그 자체로 자비로운 행동이다. 직장에서 이러한 일을 하는 사람들은 세부 사항에 주의를 기울이고, 도움이 필요한 사람들을 치료하고 보호하는 일을 하며, 용감하고 신속하게 결정을 내린다. 일이 힘들고 에너지가 부족할 때는 자비와 연관된 다른 심리적 특성, 즉 따뜻하고 배려심 있는 관심에 접근하기 어려울 수 있다. 그렇게 하려고 노력하는 것은 또 다른 힘든 일처럼 느껴진다. 그럴 때는 먼저 휴식을 취해야 한다. 회복되어야 고통받는 내담자들을 지원할 수 있으며, 돌봄 제공자로서 우리 자신의 스트레스 반응을 줄이는 이러한 자질을 구현하고자 노력할 수 있다(McDonald et al. 2021).

자비는 타인의 고통에 대한 공감보다 덜 피곤하다. 마음챙김과 수용과 마찬가지로 자비는 공감 피로에 대한 완충제가 될 수 있다(Neff et al. 2020). 마음챙김이 마음의 평정으로 고통을 보듬어 주는 반면, 자비심은 친절함, 연결감, 온화함으로 타인에 대한 고통을 수용한다. 또한 자비는 돌보는 사람이 내담자의 고통에 단순히 공감하는 것보다 더 긍정적이고 충만한 경험을 하게 한다. 공감은 부정적 감정의 처리와 관련된 신경망을 활성화하는 반면, 자비로운 관계는 긍정적 영향, 사회적 유대감, 보상과 관련된 신경망을 활성화한다(Klimecki et al. 2014).

치료자들이 자신에게 자비를 베푸는 연습을 하면 휴식, 운동, 음악 및 기타 자기-영양 활동을 통해 업무 외적으로 자신을 잘 돌볼 가능성이 더 커진다. 또한 치료자에게 중요한 것은 자기-자비가 업무 중 스트레스의 영향으로부터 자신을 보호하는 수단이라는 점이다(Neff et al. 2020). 외부의 기대에 부응하지 못하거나 상황을 거의 극복할 수 없을 때, 자신의 직업적 전문적 가치를 지키지 못할 때 자신에게 자비심을 제공할 수 있다. 자기-자비심이 높은 전문가들은 감정적 및 신체적 피로, 스트레스와 수면장애가 적으며, 소진 수준이 낮은 것으로 보고되었다(Neff et al. 2020). 더 나아가 자기-비판은 목표 추구를 방해하지만, 자기-자비를 가진 사람들은 실패를 덜 두려워하고 실패했을 때 다시 시도할 가능성이 크다(Kim et al. 2020; Neff et al. 2020). 자기-자비는 고통이나 좌절, 심지어 실패를 겪을 때 우리 자신에 대해 친절하고 지지적인 태도를 취하는 것을 포함한다.

상호의존적인 ACT 프로세스

요약하면, 자비는 친절과 위로뿐 아니라 고통에 관한 용기 있는 참여에 관한 것이다. 네프Neff의 자기-자비에 대한 정의에는 명시적으로 포함되어 있지 않지만, 의도적 행동은 길버트Gilbert의 정의에서 중요한 부분을 차지한다. 길버트는 자비를 "자신과 타인의 고통에 대한 민감성과 이를 완화하고 예방하려는 전념적 노력"이라고 정의한다(Gilbert 2014). '고통의 완화'는 경험회피와 혼동되어서는 안 되며, 오히려 고통스러운 상황의 전개를 더 나은 방향으로 변화시키기 위해 신중하게 의도적으로 선택된 행동을 의미한다. 자비는 자신이나 타인의 고통을 기꺼이 친절하게 마주하고, 최선의 봉사 방법을 찾기 위한 지혜를 함양하는 것을 의미한다(Gilbert et al. 2019). 7장에서 살펴보겠지만, 진정으로 도움이 되는 방식에 초점을 맞출수록 더 많은 목적의식을 느낄 것이며 더 행복하고 건강해질 것이다(Southwick and Charney 2012).

4장에서는 마리나가 자신의 극심한 외로움, 소속감 부재, 무조건적 지지를 받고 싶어 하는 마음을 마음챙김을 통해 알아차리고 언어화하는 것을 보았다. 이러한 명확한 인식으로 그녀는 다음 상담에서 자신의 '상처받은 자기'의 괴로움을 충분히 느끼고 자기-거부에서 자기-자비로 나아가도록 동기를 부여받았다. 한편, 루시아는 심한 우울증을 겪었지만, 미지의 영역을 탐구하려는 호기심과 용기를 잃지 않았다. 그녀는 '자비에 대한 두려움'을 마주하고 가족에 대한 감정적인 친밀감에 관심을 연결하면서 고통을 받아들이고 마음속으로 견디는 능력을 확장하는 과정을 통해 삶을 향상시키는 방법을 조금씩 배워 나갔다.

마리나와 루시아는 이러한 방식으로 고통에 마음을 열고 수용하며 자신을 돌보는 새로운 방법을 배우고 있다. 가치관과 정서적 불편감 사이에는 관계가 있기 때문에 이와 같은 지혜로운 내면의 관심은 그들의 기본적인 열망, 요구, 가치를 살펴보는 데 도움이 될 것이다. 또한 자신의 삶이 나아갈 방향에 대한 개념을 발견하면 고통을 마주하는 능력이 더 확장될 것이다. 이러한 전후 상호작용은 [그림 3.3]에서 수용과 참여 상자 사이를 오가는 화살표로 나타난다.

수용, 마음챙김, 자기-자비를 위해 회피 전략을 내려놓는 것은 쉽지 않은 일이며 의심할 여지 없는 큰 과제다. 누군가가 '당신에게 좋은 일이다'라고 말했다고 해서 동기가 부여되는 것은 아니다. 위기 상황이나 전반적 삶에서 자신에게 진정으로 중요한 것이 무엇인지 분명히 아는 것(명료화)은 새로운 방향을 향해 나아갈 때 발생할 수 있는 내적 혼란을 수용할 힘을 줄 것이다. 위기 통합 모형에서는 삶의 조건에 따라 삶에 참여하는 등 가치전념이 절대적으로 중요하다는 점을 잊지 말아야 한다.

참고문헌

Castilho P, Pinto-Gouveia J, Duarte J: Two forms of self-criticism mediate differ ently the shame-psychopathological symptoms link. Psychol Psychother 90(1):44–54, 2017 27249062.

Curran T, Hill AP: Perfectionism is increasing over time: a meta-analysis of birth cohort differences from 1989 to 2016. Psychol Bull 145(4):410–429, 2019 29283599.

Dahm KA, Meyer EC, Neff KD, et al: Mindfulness, self-compassion, posttraumatic stress disorder symptoms, and functional disability in U.S. Iraq and Afghanistan War veterans. J Trauma Stress 28:460–464, 2015.

The Dalai Lama: The Middle Way: Faith Grounded in Reason. Translated by Jinpa T. Somerville, MA, Wisdom Publications, 2009.

Ferrari M, Hunt C, Harrysunker A, et al: Self-compassion interventions and psychosocial outcomes: a meta-analysis of RCTs. Mindfulness 10:1455–1473, 2019.

Forkus SR, Breines JG, Weiss NH: PTSD and alcohol misuse: examining the mediating role of fear of self-compassion among military veterans. Psychol Trauma 12:364–372, 2020.

Gilbert P: The origins and nature of compassion focused therapy. Br J Clin Psychol 53(1):6–41, 2014 24588760.

Gilbert P: Psychotherapy for the 21st century: an integrative, evolutionary, contextual, biopsychosocial approach. Psychol Psychother 92(2):164–189, 2019 30932302.

Gilbert P: Compassion: from its evolution to a psychotherapy. Front Psychol 11:586161, 2020 33362650.

Gilbert P: Creating a compassionate world: addressing the conflicts between sharing and caring versus controlling and holding evolved strategies. Front Psychol 11:582090, 2021 33643109.

Gilbert P, McEwan K, Matos M, et al: Fears of compassion: development of three self-report measures. Psychol Psychother 84(3):239–255, 2011 22903867.

Gilbert P, McEwan K, Catarino F, et al: Fears of happiness and compassion in relationship with depression, alexithymia, and attachment security in a depressed sample. Br J Clin Psychol 53(2):228–244, 2014 24283291.

Gilbert P, Basran J, MacArthur M, et al: Differences in the semantics of prosocial words: an exploration of compassion and kindness. Mindfulness 10:2259–2271, 2019.

Hiraoka R, Meyer EC, Kimbrel NA, et al: Self-compassion as a prospective predictor of PTSD symptom severity among trauma-exposed U.S. Iraq and Afghanistan war veterans. J Trauma Stress 28:127–133, 2015 196.

Jetten J, Mols F, Steffens NK: Prosperous but fearful of falling: the wealth paradox, collective angst, and opposition to immigration. Pers Soc Psychol Bull 47(5):766–780, 2021 32779550.

Kant I: Critique of Pure Reason (1781). Translated by Pluhar WS. Cambridge, MA, Hackett Publishing, 1996.

Kim JJ, Parker SL, Doty JR, et al: Neurophysiological and behavioural markers of compassion. Sci Rep 10(1):6789, 2020 32322008.

Klimecki OM, Leiberg S, Ricard M, et al: Differential pattern of functional brain plasticity after compassion and empathy training. Soc Cogn Affect Neurosci 9(6):873–879, 2014 23576808.

MacBeth A, Gumley A: Exploring compassion: a meta-analysis of the association between self-compassion and psychopathology. Clin Psychol Rev 32:545–552, 2012.

McDonald MA, Meckes SJ, Lancaster CL: Compassion for oneself and others protects the mental health of first responders. Mindfulness (N Y) 12(3):659–671, 2021 33204359.

Merritt OA, Purdon CL: Scared of compassion: fear of compassion in anxiety, mood, and non-clinical groups. Br J Clin Psychol 59(3):354–368, 2020 32367569.

National Academies of Sciences, Engineering, and Medicine; National Academy of Medicine; Committee on Systems Approaches to Improve Patient Care by Supporting Clinical Well-Being: Taking Action Against Clinician Burnout: A Systems Approach to Professional Well-Being. Washington, DC, National Academies Press, 2019.

Neff K: Self-compassion: an alternative conceptualization of a healthy attitude to ward oneself. Self Ident 2:85–101, 2003.

Neff KD, Kirkpatrick KL, Rude SS: Self-compassion and adaptive psychological functioning. J Res Pers 41(1):139–154, 2007.

Neff KD, Knox MC, Long P, et al: Caring for others without losing yourself: an adaptation of the mindful self-compassion program for healthcare communities. J Clin Psychol 76(9):1543–1562, 2020 32627192.

Seth A: Being You: A New Science of Consciousness. London, Faber & Faber, 2021.

Shanafelt TD, Boone S, Tan L, et al: Burnout and satisfaction with work-life balance amo ng US physicians relative to the general US population. Arch Intern Med 172(18):1377-1385, 2012 22911330.

Singer T, Engert V: It matters what you practice: differential training effects on subjective experience, behavior, brain and body in the ReSource Project. Curr Opin Psychol 28:151-158, 2019 30684917.

Singer T, Seymour B, O'Doherty J, et al: Empathy for pain involves the affective but not sensory components of pain. Science 303(5661):1157-1162, 2004 14976305.

Southwick SM, Charney DS: Resilience: The Science of Mastering Life's Greatest Challenges. Cambridge, UK, Cambridge University Press, 2012.

Werner AM, Tibubos AN, Rohrmann S, et al: The clinical trait self-criticism and its relation to psychopathology: a systematic review—update. J Affect Disord 246:530-547, 2019 30599378.

7장

참여하기

욕구에 따라 연결 상태를 유지하라.

– 마셜 로젠버그(Marshall Rosenberg)

참여[30]의 세 가지 측면

“위기를 위기로 다루지 않고서는 위기를 해결할 수 없다. 그리고 시스템 내에서 해결책을 찾는 것이 불가능하다면 시스템 자체를 바꿔야 할 수도 있다.” 이 단순한 진실은 스웨덴의 젊은 환경 운동가 그레타 툰베리Greta Thunberg에 의해 명료하게 표현되었다(Rigitano 2018). 툰베리의 말은 우리가 집단 시스템, 모형 및 규칙을 메타적 관점에서 관찰하고(2장 및 5장 참조), 무엇이 효과가 있고 무엇이 효과가 없는지 분별하는 등 메타 능력을 활용할 방향성을 제시한다. 특정 모형에 따라 행동하는 것이 우리 자신을 포함해 지구상의 많은 종을 위험에 빠뜨리게 한다면 당연히 모형을 바꾸어야 한다.

30) 참여는 가치전념과 같은 말이다. 이 책에서는 engagement를 ‘참여’, ‘관여’, ‘가치전념’으로 혼용해 번역했다(역자 주).

툰베리는 어렸을 때 기후 위기 해결에 전반적으로 실패했다는 사실을 알고 깊은 고민에 빠졌다고 한다(Alter et al. 2019). 15세 때 그녀는 모든 생명체에게 안전한 세상을 만들기 위해 세상 속으로 나가 자신의 힘으로 할 수 있는 일을 하기로 했다. 툰베리가 진심으로 추구하는 가치에 따라 행동한다는 것은 '기후를 위한 등교 거부'라는 팻말을 들고 일주일에 하루씩 스웨덴 의회 앞에 앉아 시위하는 것을 의미했다. 기후 위기에 대해 무언가를 하겠다는 툰베리의 가치관, 즉 일관된 행동은 점점 커져 16세에는 타임지에서 선정한 세계에서 가장 영향력 있는 100인 명단에 포함되었다(Alter et al. 2019). 그녀가 전하는 메시지의 힘은 임박한 기후 재난에 직면한 세계의 무반응에 대해 많은 사람이 느끼는 깊은 고뇌, 분노, 절망에 반향을 불러일으키고 있다. 전 세계 지도자들의 모임에 도전하는 그녀의 부끄러움 없는 의지는 누군가를 기쁘게 하거나 달래기보다는 자신의 가치에 따라 살아가는 삶의 모범이 된다. 툰베리는 우리가 희망을 품는 것이 아니라 당황스러움을 느끼길 원한다고 말한다(Thunberg 2019). 왜냐하면 모든 것이 괜찮을 것이라는 희망을 계속 품는 것은 위기 상황에서 어려운 감정과 그에 따른 문제를 직시하고 그에 따라 행동하는 것을 피하는 또 다른 방법이 될 수 있기 때문이다.

기후 위기는 실제로 일어나고 있는 일을 대규모로 회피하고 거부하는 데 달려 있기 때문에 사회적 차원에서 위기 유발 모형의 훌륭한 예를 제공한다. 이로 인해 사회의 많은 부분이 어떤 형태의 책임이나 문제해결 시도에서 벗어날 수 있다(Cohen 2021; Levermann 2019). ACT 위기 통합 모형에서와 마찬가지로, 인류가 급속도로 확대되는 이 과정을 변화시킬 기회는 **수용**(기후 보고서가 촉발하는 공포와 두려움을 견디는 것)과 **참여**(모든 생명을 돌보고 보호하는 가치와 연결되어 그에 따라 행동하는 것)를 통해서만 가능하다.

이 책의 마지막 장에서 가장 중요한 ACT 과정인 참여에 초점을 맞추는 것은 매우 적합하다. 근본적으로 ACT는 행동치료법이며, 모든 ACT 치료 회기의 목표는 내담자가 다른 것을 시도하게 하는 것이기 때문이다. 위기 상황에서도 이러한 태도는 다른 상황보다 더 유효하다. 본질적으로 사람들이 정신과적 위기에 빠졌다면, 행동의 변화(새로운 행동)를 통해서만 그 위기에서 벗어날 수 있다. 실효성이 없는**unworkable** 똑같은 행동을 계속 반복하는 것은 복잡한 삶의 어려움을 완화하는 방법이 아니다. 사람들은 자신의 행동을 다양화할 때 문제에 대처하거나 해결하는 더 나은 방법을 발견할 기회를 가질 수 있다.

한 가지 변곡점은 가치와 욕구를 분명하게 표현하는 것인데, 일반적으로 이를 위해서는 치료자의 온화하고 자비로운 조사가 필요하다. 예컨대, 트라우마가 삶의 일부인 경우, 무엇이 다시 삶에 활력을 불어넣을 수 있는지 불분명한 경우가 많다. 트라우마는 매우 빈번하며, 아동 성적 학대의 전 세계 유병률은 12%다(Hailes et al. 2019). 만약 내면의 고통과 혼란과 당혹감이 종종 당신을 압도한다면, 당신의 선택과 행동은 수년 동안 무엇이 당신의 삶에 중요성을 부여하는지 전혀 알지 못할 정도로 경험회피에 의해 동기화되었을 수 있다. 마찬가지로, 당신이 사랑하는 사람이나 어떤 존재가 세상을 떠난다면, 다시는 그 어떤 것으로부터 삶에 참여할 충분한 동기를 부여받지 못할 것처럼 보일 수 있다. 더욱이 많은 사람이 '유일한 방법', '해야 한다should', '반드시 해야 한다have to'라는 사회적 관습과 규칙에 따라 행동하라는 말을 자주 들으면서 진정으로 중요하고 영감을 주는 것이 무엇인지에 대한 호기심을 차단하고 있다. 문제는 이것이다. 언젠가 당신의 선택이 회피, 애착, 규칙에 의해 좌우되는 것을 중단한다면 인생에서 실제로 원하는 것이 무엇인지 어떻게 알 수 있겠는가?

다음 전환점은 원하는 삶의 질을 가져올 수 있는 행동을 식별하는 것이다. 이를 위해서는 상상력이 필요하다. 가능한 것에 대한 시야를 넓히고 행동 레퍼토리를 확장하며 필요한 경우 기존의 문제해결 기술에 접근하고 개선하는 것이다.

세 번째 도전은 내담자가 상담을 마친 후 수행할 전념행동committed action 계획을 수립하는 것이다. 단순히 가치와 가치-일관된 행동values-consistent behaviors[31]을 식별하는 것은 시간이 지남에 따라 점점 더 큰 패턴의 가치-일관된 행동을 만들어 내는 의도적이고 일관된 방식으로 행동하지 않는 한 큰 의미가 없다. ACT에서는 이를 '전념행동committed action'이라고 한다. 여기서 내담자와 삶의 맥락이 만나는 지점에서 마음챙김 현존하기mindful being과 마음챙김 행동하기mindful doing가 강조되는 어려움이 생긴다. 자신의 가치에 따라 행동할 때 기분과 활력은 향상되지만, 그러한 행동은 일

31) 가치와 일관된 행동은 가치 맥락에 가깝게 일관되게 행동하는 것을 말하며, 가치가 명료화되어 있고 행동으로 나타날 때 꾸준하고 일정한 모습을 보인다. 개인에게 중요한 것, 즉 가치와 일치하는 행동을 말한다(역자 주).

반적으로 내담자가 지금까지 회피했던 것과 동일한 정서적 고통을 다시 촉발시킬 수 있다. 그러나 내담자는 정서적 고통과 스트레스에서 단순히 도망치는 대신 견딜 수 있는 몇 가지 강력한 도구(수용 및 마음챙김)를 갖추게 된다. 흔히 그들이 ACT 치료자의 도움을 받아 발견하는 것은 정서적 불편감과 개인적 가치가 동전의 양면과 같다는 사실이다. 자신의 가치에 따라 행동하고 싶다면 그 과정의 일부로 정서적 고통도 감수해야 한다.

이 장에서는 참여 대화의 세 가지 중요한 측면을 탐색하는 방법을 살펴본다. 중요한 전제 조건은 치료자가 가치의 핵심 특징을 이해하고 임상 대화 중에 추구하는 것이 무엇인지 완전히 명확하게 이해하는 것이다. 그 과정에서 개인 및 사회 수준에서 가치-기반 행동value-based behavior의 잠재적 영향을 뒷받침하는 과학을 살펴볼 것이다. 가치는 친사회적 및 이타적 동기와 밀접하게 연결되어 있으며, 문화의 영향을 받기도 한다. 핵심 가치가 내담자의 문화적 맥락에 어떻게 내재해 있는지 살펴보지 않고서 이해하는 것은 불가능하진 않지만 어려운 일이다.

가치의 핵심 특성

우리의 가치 중 상당수는 음식, 안전, 양육에 대한 선천적인 욕구와 밀접하게 연관되어 있다. 따라서 이러한 가치에 연결하고 그에 따라 행동하는 것은 본능적으로 강화된다. 언어뿐 아니라 세계의 비언어적 모형이 발달하면서 가치는 다른 의미와 목적의 영역으로 확장되었다. 6장에서 언급했듯이 우리에게는 안전과 생계라는 범주에서 비사회적 욕구가 있으며, 연결성, 소속감, 돌봄 주고받기, 서로 이해하기, 진정성authenticity과 자율성autonomy 같은 사회적 욕구도 있다. 또한 학습 · 창의성 · 영감과 같은 **발전**과 관련된 욕구, 휴식 · 여가 · 영성과 같은 **내부 균형**과 관련된 욕구, **목적** · 의미 · 삶에 대한 기여와 관련된 욕구 등 우리 자신과 관련된 욕구도 있다.

ACT 프레임 작업에서 가치는 우리 삶의 여정에 대한 깊은 열망이다. 가치는 우리가 가고자 하는 방향을 알려 주는 나침반과 같은 역할을 한다. 우리가 소중히 여기는 가치와 일치하는 방식으로 행동할 때, 우리는 본질적인 보상 감각, 즉 활력이 증가하는 느낌을 경험한다. 따라서 가치는 엄청난 동기 부여의 원천이다. 우리는 내면에서 기분을 좋게 만들었던 것과 동일한 일을 더 많이 하려는 동기를 갖게 된다. 또한 그 가치에 따랐을 때 미래에 얻을 결과를 상상하고, 그것의 심리적인 경험을 선호한다. 가치는 좋아하는 저녁 식사를 상상하는 것과 비슷한 방식으로 뇌의 보상 센터를 활성화하고 우리를 깨운다. 그러나 장기적인 가치와 연결되면 좋아하는 음식보다 단기적인 갈망이 줄어들고 더 깊은 만족감을 느낄 수 있다. 반대로 내담자가 회피 전략에 사로잡히면 소중히 여기고 본질적으로 강화하는 가치와의 연결을 잃게 된다. 그러므로 결정을 나중으로 미루는 가치 탐구를 위한 시간적 공간temporal space이 필요하다.

가치는 시대를 초월하며, 시간에 민감하다. 가치가 적용되는 삶이 더 많다는 점에서 시대를 초월해 지속되며, 가치를 인식하고 그에 따라 행동하는 것이 항상 지금 여기에서 발생한다는 점에서 시간에 민감하다. 창의성의 가치는 지금 이 순간이나 그날 우리가 원하는 것일 수 있지만, 내일은 도움이 필요한 친구에게 자비를 베풀거나 작업팀의 공정성을 유지하는 것처럼 완전히 다른 것이 필요할 수도 있다. 가치는 외부 맥락 및 내적 동기와 활력에 따라 달라진다. 또한 많은 것 중에서 가장 중요할 수도 있다. 어떤 이들에게는 창의성이 인생 전체의 방향이 될 수도 있다.

가치는 규칙 및 전략과 다르다

ACT에서 승리, 성공, 충성, 의무, 통제, 순응conformity, 착하게 살기being nice 등은 규칙과 전략 영역에 속한다. 반면, 자기-효능감, 놀이, 자유, 참석, 진정성integrity, 포용inclusion, 상호성mutuality, 친절, 자비 등은 가치의 영역에 속한다. 잠시 시간을 내어 이 단어들을 하나씩 음미해 보고 내면에서 무엇이 떠오르는지 살펴보기를 권한다.

우리가 규칙의 수준에 갇혀 전략과 가치를 혼동할 때 문제가 발생한다. 규칙에서 가치로 초점을 옮길 때 얻을 수 있는 이점은 끝이 없다. 가장 중요한 것은 가치를 통해 더 많은 심리적 유연성에 접근할 수 있다는 것이다. 가치와 연결하면 그에 따라 행동하는 방법이 무수히 많지만, 규칙과 연결하면 단 한 가지 방법밖에 없다.

가치는 목표가 아니다

가치는 목표와도 다르다. **목표**는 달성하고 완료할 수 있는 구체적인 성과 또는 사건이다. 이와 대조적으로 가치 있는 행동, 즉 ACT 용어로 '전념행동committed action'은 소중한 가치를 위한 조직적이고 지속적인 행동 패턴이다(예: 자기-돌봄 또는 친절하게 대하기 학습). 전념행동은 뚜렷한 성패가 나타나지 않더라도(예: 진실하게 말하고 행동하는 것) 본질적으로 강화하는 특성이 있다. 가치는 미래로 확장되지만, 당면한 현재에 관한 것이기도 하다. 가치 있는 것은 지금도 가치가 있다. 우리는 결과에 연연하지 않고 가치와 고귀한 의도에 따라 자유롭게 행동할 수 있다.

가치에 따라 즉각적인 결과의 기능이 변화한다

가치의 또 다른 강력한 임상적 특징은 언어의 힘을 통해 부정적인 결과를 긍정적인 결과로 바꿀 수 있다는 것이다. 개인의 가치에 따라 행동하는 것이 항상 기분 좋은 경험은 아니기 때문에 이는 전념행동의 처리과정에 매우 중요하다. 종종 우리는 본질적으로 고통스러운 사건이나 상황 또는 상호작용에 참여해야 하며, 무언가를 지지해야 한다. 그 '무언가'는 순간의 고통보다 더 큰 것이며, 앞으로 몇 달 또는 몇 년 동안 우리가 믿는 바를 정의할 수도 있다. 언어를 통해 우리는 부정적인 결과의 의미가 영구적으로 바뀌는 방식으로 긍정적인 결과(가치에 따른 행동)를 부정적인 결과(정서적 불편감)와 연관시킬 수 있다. 물론 불안이 커지거나 상실에 대한 애도의 물결이 일어나겠지만, 이는 가치 있는 방향으로 나아가는 과정의 일부다. 두려움, 고통, 슬픔을 뭔가 잘못하고 있다는 신호로 받아들이는 대신, 자신의 가치에 따라 행동하고 있다는 신호로 이해할 수 있다. 단기적인 부정적 결과를 긍정적인 행동 사건이 발생했다는 신호로 전환하면, 그 과정에서 나타나는 부정적 결과에도 불구하고 가치 있는 행동이 시간이 지나도 지속될 가능성이 극적으로 증가한다.

가치와 보상 예측 오류

5장에서는 뇌가 지각 작업, 특히 **내부수용감각**interoception 또는 신체 내부에서 일어나는 일에 대한 감각을 어떻게 수행하는지에 대한 일반적인 예측 부호화 가설을 설명했다. 간단히 말해 학습에 기반한 지각 모형은 예측 부호화 알고리즘을 사용하며, 예측 오류(사전 지식과 현재 사건을 기반으로 한 예측 간의 불일치)는 사전 지각 정보를 업데이트하는 데 사용된다. 비슷한 방식으로 뇌는 보상에 관한 예측을 업데이트하고 의사결정을 개선하기 위해 '보상 예측 오류'를 통한 학습을 사용한다. 현실 세계에서는 지도supervised 학습(정답이 제공됨)과 비지도unsupervised 학습(피드백이 제공되지 않음)이 모두 드문 상황이다. 대신, 동물과 인간 모두 주로 보상(행복에 기여하는 것)과 처벌(불쾌한 경험을 일으키는 것)을 통해 가치 있는 것을 성취하는 방법을 배운다. 행동하려는 동기는 유연하지 않은 비모형 학습, 자극-반응 학습처럼 환경과의 직접적인 상호작용을 통해서만 유도되는 것이 아니다. 인간과 일부 동물은 직접적인 경험이 없어도 유연하게 동기를 제공할 수 있는 풍부한 연상 모형을 구축할 수 있다. 이러한 적응적인 모형-기반 학습에서는 가능한 한 많은 결과를 시뮬레이션하고 가장 유리한 결과와 관련된 반응을 선택함으로써 행동을 선택하는 경우가 많다. 즉, 행동 계획을 세울 때 현재의 맥락적 단서contextual cues, 가치 있는 것what is valued, 가능한 다양한 행동, 행동의 장기적인 결과에 대한 정보가 포함된 정신적 모형mental models을 사용한다(Collins and Cockburn 2020; Nasser et al. 2017).

최근의 신경과학적 증거는 도파민 예측 오류 신호가 비모형 학습뿐 아니라 모형-기반 학습도 지지한다는 것을 시사한다(Collins and Cockburn 2020; Nasser et al. 2017; Schultz 1997). 우리는 단지 미래 보상에 대한 **예측**을 통해서만 보상 신호를 얻는다(예: ligaya et al. 2020). 우리의 가치 중 하나에 연결하고 그에 맞춰 행동하는 것을 상상하는 일은 그 자체로 보상적이다. 많은 ACT 가치-기반 개입values-based interventions은 예측되는 행동에 대한 정신적 예행연습에 내담자를 참여시키며, 종종 그러한 행동이 실제로 일어났던 과거의 순간을 회상하게 한다. 이는 내담자에게 계획된 것과 일관되게 행동하도록 동기를 부여하며, 실제로 그러한 행동이 수행될 가능성을 높이는 데 도움이 되는 것으로 보인다.

즉, 즉각적인 보상과 관련된 단서에 단순히 반응하는 것 이상의 가치와 결과를 정신적으로 시뮬레이션하고 추론하려면 결단력resolve과 지속성persistence이 필요하다는 것은 우리 모두 알고 있다(예: '소셜미디어에 열중하는 대신 눈을 감고 잠시 쉬면 기분이 한결 나아질 것이다'). 습관적이거나 환경의 현재 단서에 의해 강요되는 것을 극복하는 데 필요한 정신적 노력은 위기 통합의 중요한 요소다. 가치 및 모형-기반 통제의 감소는 다양한 형태의 정신병리학에서 초진단적 특징으로 간주된다(Voon et al. 2017). 따라서 내담자의 행동에 대한 인센티브로서 개인적 가치의 동기 부여 펌프를 준비하려고 할 때 다양한 전략(예: 정신적 예행연습, 경험적 연습, 메타포적 의사소통, 비유)을 적용하는 것이 임상 작업에 도움이 된다.

가치는 친사회적 행동과 연결되어 있다

내적으로 강화되는 사람들의 가치 특성을 행동 지침으로 신뢰하는 것은 대부분 인간이 자신과 타인에게 해를 끼치기보다는 도움이 되기를 원한다는 가정에 기초한다. 때때로 우리는 우리 자신을 위한 선택을 하지만, 다른 사람을 희생해 자신의 욕구를 충족시키는 일에는 선천적으로 저항감을 느낀다. 이러한 저항은 다른 사람의 관점을 받아들이는 능력이 커질수록 증가한다.

비폭력대화Nonviolent Communication를 개발한 마셜 로젠버그Marshall Rosenberg는 여기서 한 걸음 더 나아가 마음챙김과 마찬가지로 내면에 세심한 주의를 기울이면, 예를 들어 모든 사람이 안전을 보장받고 식탁 위에 음식이 놓여 있을 때까지는 안전과 생계에 대한 우리의 욕구가 진정으로 충족되지 않는다는 것을 알게 된다고 주장했다(Rosenberg M, International Intensive Training, Switzerland 2001). 일상 언어에서 '욕구'는 일반적으로 자기-중심성을 의미하고 '가치'는 더 큰 그림을 의미하지만, 두 개념은 ACT의 참여(가치전념) 요인에 대한 연구에서 밀접하게 관련되어 있다.

과연 우리는 개인적인 이익이 없는 상황에서 낯선 사람 등 타인을 돕는 데 드는 비용을 기꺼이 감당할 수 있을까? 실험적 증거는 그러한 이타성이 그 자체로 소위 말하는 친사회적 행동을 뒷받침하는 힘이 될 수 있다는 전제를 뒷받침한다. 확실히 타인에 대한 사람들의 관심은 매우 다양하며, 이기적이거나 사이코패스적인 특성psychopathic traits을 보이는 사람들이 비난받지 않는다면 다른 사람들의 이타적인 의도를 약화시킬 수 있다. 그럼에도 불구하고 이타성altruism은 보통 사람들에게 존재하며 친족 중심kin-driven 이타성(유사한 유전자를 가진 존재를 지지하는 것), 상호적reciprocal 이타성('내 등을 긁으면 나도 네 등을 긁어 주겠다'), 평판-기반reputation-based 이타성(관대하고 도움이 되는 사람이라는 평판을 얻으려는 동기)을 훨씬 넘어 확장한다(Fehr and Fischbacher 2003).

자비는 도움이 필요한 사람을 만났을 때 비록 비용이 들더라도 도움이 되는 자극을 주고, 보상 처리, 사회적 애착 및 부양과 관련된 뇌의 주요 영역을 활성화한다(Feldman Hall et al. 2015 ; Harbaugh et al. 2007; Zaki and Mitchell 2011). 내부수용감각 민감성이 더 높은 사람(5장 참조)은 더 이타적인 것으로 나타났는데, 이는 이타적인 행동을 유도하기 위해 실제로 '마음에 귀를 기울일' 수 있음을 의미한다(Piech et al. 2017). 다른 사람을 돕는 일에 돈을 쓰는 사람들은 더 많은 행복감을 보고하고(Aknin et al. 2020), 행동과 결과 사이의 연관성을 학습하는 능력은 자기-관련 보상 결과뿐 아니라 모르는 사람이 기부를 받는 경우에도 강화되는 것으로 나타났다(Cutler et al. 2021). 심지어 유아에게서도 감지할 수 있는 기부의 따뜻한 빛(Aknin et al. 2012)은 연결에 대한 인간의 핵심 욕구의 충족 및 차이를 만드는 힘과 관련이 있을 가능성이 크다(Dunn et al. 2014). 결정적으로, 위기 상황에서 윤리적 의도와 타인에게 이익을 주기 위한 행동은 지속적으로 더 나은 신체적 · 정신적 건강 및 삶의 더 큰 만족감과 연결되어 있다(Alim et al. 2008; Cutler et al. 2021; Feder et al. 2016; Isaacs et al. 2017; Schaefer et al. 2013; Southwick and Charney 2012; Tsai et al. 2015; Wang et al. 2020).

앤젤라 더크워스Angela Duckworth는 뉴욕타임즈 베스트셀러인 『그릿Grit』에서 난관에 직면했을 때 계속 나아가게 해 주는 중추적인 자산을 다음과 같이 설명했다.

> 흥미는 열정의 원천 중 하나다. 목적, 즉 타인의 안녕감에 기여하려는 의도는 또 다른 것이다. 투지 있는 사람들의 성숙한 열정은 이 두 가지 모두에 달려 있다. … 일반적인 순서는 상대적으로 자기-지향적인 관심으로 시작한 다음, 자기-훈련 연습을 학습하고, 마지막으로 그 직업을 외부 중심적인 목적 활동과 통합하는 것이다.

우리가 알고 있던 삶의 기반이 파편화되는 위기 상황이 닥쳤을 때, 마음에 가장 가까운 것을 점차적으로 또는 갑작스럽게 상실했을 때 우리는 자연스럽게 내면의 공허함을 경험하고 무엇이 중요한지에 대한 혼란을 경험한다. 삶의 의미 의식, 즉 일관성coherence, 질서order, 공정성fairness, 정체성identity, 일이 일어나는 이유에 대한 믿음이 산산조각 나며, 삶에 목적이 있다는 감각도 사라진다(Park 2010). 위기 상담에서 궁극적으로 중요한 것은 내담자가 의도와 목적의식을 되찾도록 돕는 것이다.

여기서는 다른 사람을 돕고 성인군자처럼 행동하라는 명령이 내담자가 안전과 사랑을 얻기 위해 어렸을 때 적용해야 했던 규칙일 때 발생할 수 있는 위태로운 상황을 자세히 설명하는 것이 중요하다. 이러한 경우 내담자는 이타적 가치에 참여하기 전에 먼저 내면을 개방해 자신의 자기-지향적인 욕구, 가치, 흥미, 에너지의 한계에 대해 배워야 한다. 참여 과정에서 중요한 것은 내담자가 자신의 욕구에 동의할 때 발생하는 수치심과 두려움을 받아들이고, 다른 사람을 돌보는 것만큼이나 자신을 돌보는 것도 중요하고 목적과 보상이 있으며 자애롭다는 것을 기억하는 것이다.

가치는 문화적 맥락에 내포되어 있다

ACT에서 가치는 내담자가 따라야 하는 사회적으로 주입된 규칙이나 규범이 아니다. 자신에게 중요한 가치에 따라 행동하는 것은 전적으로 내담자의 자유로운 선택이다. 이는 공동체적 측면이 강한 세계의 많은 사회와 관련해 특히 중요하다. 이러한 사회에서 개인의 선택은 교육 수준 및 사회 계층과 관계없이 항상 공동체와 가족의 규범에 영향을 받는다. 지역 사회에 대한 책임은 개인의 가치보다 우선한다. 따라서 "당신에게 중요한 것이 무엇인지 말해 주세요"라고 말하면 집단에서 중요한 것이 무엇인지에 대한 답변을 얻을 수 있다(이 장 뒷부분에 나오는 야스민의 사례 참조). **명예**honor가 매우 중요한 규범인 사회에서는 특정한 행동 규칙이 수반되며, 이러한 규칙을 어길 시 특히 여성의 경우 잘못을 바로잡기 위해 가혹한 처벌이 따르는 경우가 많다. 명예의 상위 가치를 조사하면 안전, 소속감 등의 가치를 발견할 수 있다. 따라서 명예와 관련된 규칙은 지역 사회 일부 구성원의 안전과 소속감에 대한 요구를 충족시킬 수 있지만, 역설적으로 다른 개인과 그 가족을 위험에 빠뜨리고 배제할 수 있다. 우리의 규칙과 행동이 진정으로 안전과 같은 가치에 기여하기 위해서는 그것이 지역 사회 **모두**의 안전에 기여하는지 확인해야 한다. 멀리 갈 것 없이 학교, 회사, 정당, 친구 모임, 동호회, 팀, 가족 등의 집단과 개인주의적인 문화에서도 엄격하고 제약적인 행동 강령을 쉽게 발견할 수 있다. 사회는 기능하고 안전을 제공하기 위해 몇 가지 규칙을 요구하지만, 그러한 규칙이 사회 전체를 위한 것인지, 아니면 소수를 위한 것인지, 모든 사람에게 자비롭고 현명한 것인지 검토해야 한다.

가치와 욕구 식별

가치를 식별하려면 개인적인 가치와 삶의 목적의 적극적인 연결이 필요하다. 말은 쉽지만, 자신의 가치에 대해 배우는 것은 마음챙김과 수용의 기술을 배우는 것과 같으며 평생 보물찾기를 하는 것과 같다. 그렇다면 지금 이 순간, 그리고 자신의 삶에 무엇이 필요하고 무엇이 가치 있는 것인지 어떻게 알 수 있는가? 치료자는 내담자가 자신에게 중요하다고 말하는 것이 실제로 중요한 것인지 어떻게 알 수 있는가? 가치가 신뢰할 수 있는 동기 부여의 원천이 되려면 단순히 규범을 준수하거나 다른 사람을 기쁘게 하거나 승인을 얻기 위해 수행하는 것이 아니라 내담자가 정직하게 소유하고 있는 것이어야 한다(Barney et al. 2019). 오랫동안 학습된 애착, 회피, 규칙-지배 행동 습관은 자신의 우선순위를 파악하는 것을 어렵게 만들 수 있다.

야스민: 가치와 욕구 식별에 대한 임상 대화

야스민(Yasmine)은 30세로 새로운 나라로 이주해 새로운 언어를 배우고, 직업을 구하고, 장기적인 친밀한 관계를 발전시켰으나 2년 전에 갑자기 이별했다. 이별 이후 야스민은 밖으로 나가 다시 데이트하는 일이 어렵다는 것을 알게 되었다. 그녀는 부모님에게 자신이 매우 외로움을 느낀다고 털어놓았다. 그러자 그녀의 아버지는 태어난 나라로 돌아와 가족이 선택한 남자와 결혼하라고 반복적으로 요구했다. 야스민의 부모님은 매년 그랬던 것처럼 일주일 후 방문할 예정이다. 극심한 공황 상태, 불면증, 자살 충동에 시달리던 야스민은 친구와 함께 정신과 응급실을 찾았다.

치료자 입원 기록을 보니 부모님이 당신을 방문하러 오는 것이 상당한 부담을 주고 있는 것 같아요. 부모님의 방문이 당신의 내면에 무엇을 불러일으키는지 좀 더 말해 주겠어요?

야스민 아버지는 고향으로 돌아가라고 계속 저를 설득하고 있어요. 매일 같이 이곳으로 이사 온 제 결정에 의문을 제기하고 제가 사는 방식을 조롱해요. 제가 왜 이곳에 머물러야 하는지 아버지에게 일일이 다 설명하기가 어려워요. 저는 너무 외롭고, 미혼이고, 친구도 별로 없어요. 아버지는 제가 일에 그다지 열정적이지 않다는 것을 아세요. 솔직히 지루해요. 저는 제가 뭘 하며 사는지 모르겠어요!

치료자 만약 아버지의 권유에 따라 고향으로 돌아간다면 당신에게 어떤 일이 일어날까요?

야스민 분명히 온종일 가족들과 같이 있을 거예요. 무엇을 하든지 움직임 하나하나, 선택하는 것 하나하나 모두 가족의 기대에 맞추어야 해요. 생각만 해도 숨이 막힐 지경이에요. (무릎을 내려다보며 희미한 목소리로 말한다) 하지만 저는 부모님을 너무나 사랑해요. 부모님이 저에게 최선을 원한다는 걸 알고, 저도 부모님에게 존경과 사랑을 보여 주고 싶어요. 하지만 더 이상 내가 누구인지, 무엇을 해야 하는지, 심지어 무엇을 원하는지조차 모르겠어요.

치료자 매우 힘든 상황인 것 같네요. 상당히 다른 두 문화 사이에 끼어 있는 것처럼 들려요. 하나는 가족과 긴밀한 사회적 유대의 중요성을 강조하고, 다른 하나는 스스로 성공할 수 있고 자신만의 사회적 관계를 형성할 수 있다는 점을 강조하는 것 말이에요.

야스민 바로 그거예요!

치료자 그리고 지금은 이 두 가지 선택지 중 어느 쪽도 그다지 만족스럽지 않고요.

야스민 네, 도무지 행복하지가 않아요. 만약 제가 당신을 보러 온 걸 아버지가 알면 '내가 말했잖아!'라고 하실 거예요. 정말 혼란스러워요.

치료자 매우 어려운 상황이에요. 혼란을 느끼고 탈출구를 찾는 건 당연한 일이에요. 누가 그러지 않겠어요? 그러면 여기서 다른 각도로 접근할 수 있는 부분이 있는지 살펴봅시다.

야스민 (고개를 들며) 그게 뭔가요?

치료자 잠시만이라도 다른 문화와 다른 사람들의 기대에서 벗어나 당신에게 중요한 것이 무엇인지, 즉 당신이 중요하게 여기는 가치가 무엇인지 탐색해 보면 어떨까요? 지금 야스민 님의 삶에서 중요한 것은 무엇인가요? 선택할 수 있다면 어떤 삶을 살고 싶나요?

야스민 이미 말했잖아요. 제가 원하는 게 뭔지 모르겠다고요!

치료자 그러면 원하지 않는 걸 살펴보는 것부터 시작해 정말로 원하는 것을 향해 거꾸로 작업할 수 있을 것 같아요. 앞서 가족의 기대에 맞춰야 한다는 것을 생각하면 숨쉬기가 어렵다고 했던 것 같은데, 제가 제대로 들었나요?

야스민 맞아요. 여성의 역할, 특히 가족 구성원으로서 여성의 역할을 바라보는 방식은 정말 받아들이기 힘들어요.

치료자 야스민 님은 인생에서 원하는 것을 선택할 자유로움을 가치 있게 생각한다고 말할 수 있을까요?

야스민 네, 그래요. 아주 많이요.

치료자 그렇다면 다른 사람이 원하는 것이 아니라 자신이 원하는 것을 선택할 자율성, 즉 자유를 가치 있게 생각하나요?

야스민 네.

치료자 또한 부모님을 깊이 생각하고 공경하며 소중히 여긴다고 말했죠.

야스민 그건 제 인생의 주요 원칙이었어요. 어떤 면에서는 지금도 그렇고요.

치료자 이해합니다. 외로움을 느낀다고 말했는데, 이는 보통 사람들처럼 다른 사람과의 친밀함을 중요하게 여긴다는 뜻인 것 같아요. 어쩌면 인생의 동반자, 함께 어울릴 수 있는 친구를 만나는 것일지도 모르고요.

야스민 네, 정말 그래요.

치료자 좋아요. 또 당신은 직장에서 지루함을 느낀다고 말했어요. 고정적인 수입이 생겨 독립성을 갖게 된 것은 좋지만, 지루함을 느끼는 것은 더 의미 있는 다른 일을 하고 싶다는 의미일 수 있어요.

야스민 네, 월급은 꽤 많이 받지만 직장에서 매너리즘에 빠진 것 같아요. 새로운 기술을 습득하거나 큰 도전의식을 느끼지 못하고 있어요. 쉬운 작업이지만 너무 지루해요.

치료자 그러면 당신에게 누가 중요하고 무엇이 중요한지 질문했던 지점으로 돌아가 보겠습니다. 우리는 당신에게 중요한 것들을 목록으로 만들었어요. 당신이 몇 분 동안 이 목록을 확장할 수 있는지 확인하고 싶습니다. 무엇이든 가능하며, 인생에서 중요한 것은 무엇이든 자유롭게 고려할 수 있다고 상상해 보세요. 이 목록을 영감으로 사용할 수 있습니다. (가치 목록을 건네준다) 각각의 항목을 큰 소리로 읽고 어떤 항목이 마음에 와닿는지 알아차려 보세요. 이러한 항목을 통해 자신만의 문구를 만들어 보세요. 예를 들어, '자율성'의 가치에 매력을 느낀다면 '네, 저는 스스로 결정을 내리고 싶습니다'라는 자신만의 문구를 만들 수 있어요. '소속감과 친밀감'의 가치라면 '네, 저는 다른 사람들과 친밀감을 느끼고 싶습니다' 혹은 '저는 부모님을 소중히 여기고 공경하고 싶은 깊은 욕구를 가지고 있습니다'라고 표현할 수 있어요. 그리고 '공헌'(기여)의 가치라면 '네, 저는 제 일에 진정한 변화를 일으키길 원합니다'라고 할 수 있죠. 즉, 선택한 가치를 자신의 말로 표현해 그것이 얼마나 잘 맞는지 확인하는 거예요. 지금 당장은 인생에서 큰 결정을 내리는 것을 고려할 필요가 없습니다. 내면을 들여다보고 지금 당신에게 중요한 사람과 중요한 것이 무엇인지 살펴보세요. 어떤 가치가 적합한지 파악했다면 여기에 자신의 말로 적어 보세요. (야스민에게 빈 종이를 건넨다) 야스민 님이 이 작업을 하는 동안 저는 다른 내담자를 만나러 갈 거예요. 30분쯤 후에 다시 와서 무엇이 당신에게 영감을 주는지 함께 살펴보겠습니다.

30분 후에 회기가 이어졌다.

치료자 어떻게 됐나요?

야스민 (종이를 건넨다) 제 삶이 생각만큼 의미가 없는 것 같지는 않아요. 제가 원하는 것은 파트너나 더 많은 친구처럼 지금 저에게 없는 것들이에요. (고개를 들어 친구를 바라보며 미소를 짓는다) 하지만 저는 별로 노력하지 않았어요. 사회생활을 제대로 할 만큼 노력하지 못했죠.

치료자 아시다시피 많은 사람이 자신에게 중요한 일을 실제로 행동으로 옮기지 않는 경우가 있어요. 삶이 우리를 무감각하게 만들고, 우리는 주의를 기울이지 않죠. 당신은 혼자가 아니에요.

야스민 이제 무엇을 해야 할지 알 것 같아요. 부모님이 와 계시는 동안 매일 아침 이 목록을 읽으며 제가 정말 중요하게 생각하는 것이 무엇인지 되새길 거예요. 그러면 아버지가 압박할 때 절망감을 덜 느끼게 될 것 같아요.

치료자 훌륭한 계획이에요. 그렇게 해 보세요! 그리고 도움이 필요하면 언제든지 여기로 다시 올 수 있다는 점도 기억하시고요.

야스민의 심각한 자살 경향성suicidality은 이 상담에서 자신의 가치를 분명히 표현할 방법을 찾았을 때 사라졌다. 이는 그녀의 정서적 불편감을 다른 맥락에 놓이게 했는데, 그 결과 극단적인 형태의 회피 행동을 즉시 취하지 않게 되었다. 이 상호작용에서 치료자는 야스민이 자신의 가치에 연결되도록 돕기 위해 몇 가지 실용적인 전략을 사용했다. 첫 번째는 충족되지 않은 욕구를 드러내는 통로로 야스민의 불편한 감정을 사용한 것이다. 예컨대, 야스민이 느끼는 질식할 것 같은 답답함은 여성이 어떻게 행동해야 하는지에 대한 문화적 처방보다는 자신의 개인적 가치와 욕구에 따라 결정을 내릴 수 있는 자율성에 대한 욕구need와 관련이 있을 수 있다.

위기에 처한 내담자가 자신의 내면에서 무슨 일이 일어나고 있는지 알지 못할 때(대부분 알지 못한다), 치료자가 세심하게 표현하는 제안은 생산적이고 마음챙김을 하는mindful 방식으로 내면을 보는 데 도움이 된다. 이러한 상황은 값비싼 치즈를 먹어 본 경험이 없는 사람이 훌륭한 치즈 맛을 설명하려는 것과 비슷하다. '고소한', '시골스러운 맛' 또는 '과일 향이 많이 나는' 등과 같은 단어가 제시되면 각 단어가 현재 맛보고 있는 치즈와 어울리는지 확인할 수 있다. 마찬가지로 내담자는 치료자가 감정, 신체 감각, 욕구 및 가치를 지칭하는 표현을 언급하면 그것이 적합한지 테스트할 수 있다. 대답이 '예'든 '아니요'든 치료자의 제안은 내담자가 마음을 열고 내면의 삶을 관찰하도록 유도한다. 내담자가 비록 자신에게 일어나고 있는 일과 정확히 일치하지 않음에도 '예'라고 대답하면, 치료자는 연결이 아직 일어나지 않았음을 알아차리고 더 나은 일치를 찾고자 신체, 느낌, 욕구 혹은 가치와 관련된 단어를 제공하며 계속 탐색할 수 있다. 내담자는 치료자에게 "아니요, 그게 아니고 이거예요"라고 말할 수도 있다. 치료자가 제대로 이해하지 못해 짜증스러운 어조로 말하더라도 그러한 제안은 그들의 내적 탐구를 뒷받침한다. 치료자는 제안할 때, 내담자의 대안적인 반응에 열려 있고 내담자의 '아니요'를 환영한다는 점을 분명히 밝혀야 한다.

내담자에게 필요한 것이 무엇인지 조사할 때는 단서를 제공하는 내적 경험을 탐색하는 것이 중요하다. 무작위적인 생각, 기억, 신체적 감각, 어떤 방식으로든 행동하려는 충동, 순간의 감정 등이 모두 합쳐지면 풍부한 색감의 태피스트리(여러 가지 색실로 그림을 짜 넣은 직물)를 만들 수 있다. 욕구와 가치의 명확화는 내담자가 위기 상황에 대한 내적 반응, 자신에게 중요한 것이 무엇인지, 어느 방향으로 가고 싶은지를 학습하는 데 도움이 된다. 또한 잠시 멈추어 내면을 들여다볼 수 있는 마음챙김의 공간을 제공한다. 이는 치료자와 내담자 사이뿐 아니라 내담자 안에서도 공감적 연결을 형성한다.

내적 경험을 **마음챙김**과 **수용**으로 받아들이면 그 경험을 더 잘 알 수 있다. 내담자가 이러한 경험을 인식하면 **참여**로 나아가 충족되지 않은 특정 가치나 욕구와 연관시킬 수 있다. 야스민의 경우 첫 번째 단계는 불안, 공황, 외로움에 대한 자신의 감정을 받아들이고 표현하는 것이었다. 그런 다음 그녀는 자신의 정서적 불편감을 뒷받침하는 가치를 독립성, 자율성, 사회적 연결, 친밀감으로 식별했다. 정서적 불편감은 어떤 근본적인 가치나 욕구가 깊이 자리 잡고 있지만 충족되지 않는다는 신호다. 정서적 불편감을 없애는 것은 경고등이 켜졌을 때 느끼는 불안함을 사전에 차단하기 위해 자동차의 '엔진 점검' 표시등에 짙은 색의 테이프를 붙이는 것과 비슷하다. 야스민의 사례에서 알 수 있듯이 불쾌한 경험을 개인적인 가치와 연결하면 그러한 불쾌한 경험의 기능이 해롭고 피해야 하는 것에서 매우 유익하고 임상적으로 영향을 미치는 것으로 바뀌게 된다.

내담자에게 누가 무엇이 중요한지에 대한 질문을 제기하는 것이 즉각적인 방어 반응을 촉발하는 경우, 치료자는 이를 내담자에게 필요한 어떤 도움을 요청하는 것으로 해석할 수도 있다. "나는 이것을 참을 수 없어!"라고 선언하는 내담자는 한 번에 조금씩 정서적 불편감에 빠져도 괜찮으며 경험이 전개되는 동안 치료자가 곁에 있을 것이라는 확신을 찾는 것이다. "아무도 내가 어떤 사람인지 이해하지 못해!"라고 말하는 사람은 자비와 수용이 결합된 공감적 타당화를 요구하는 것이다. "나는 너무 두려워!"라고 말하는 사람은 어떤 형태로든 예측 가능성, 존중 또는 경계 설정의 욕구를 나타내는 것이다. "나는 결코 이 상황에서 벗어날 방법을 찾지 못하겠어!" 또는 "나는 혼자서는 절대로 해내지 못할 거야!"라고 말하는 사람은 상황이 어려워질 때 동료가 필요하며, 자신에게 한 번에 하나씩 문제를 관리하고 해결하는 능력이 있다는 확신이 필요함을 나타낸다.

치료자가 다음으로 사용한 도구는 야스민에게 제시한 욕구 및 가치 목록이었다(〈표 7.1〉 참조). 야스민은 원형적인 가치 진술 목록에서 가치 예시를 개인화함으로써 자기 삶의 우선순위를 두고자 하는 구체적인 특성을 공식화할 수 있다. 참여 중심 engagement-oriented 상담에서 이러한 목록은 내담자가 놓치고 있거나 더 원하는 것을 스스로 발견하는 데 도움이 될 수 있다. 또한 한편으로는 가치와 욕구를, 다른 한편으로는 사회적 규칙과 전략 그리고 다른 사람의 기대를 구별하는 데 도움이 된다. 요약하면, 이 목록은 내담자에게 아이디어와 영감을 제공하고, 이러한 관점에서 동기를 이해하는 데 익숙하지 않은 내담자에게 실제로 어떤 가치와 욕구가 있는지를 명확히 해 준다.

가치 식별은 자신의 우선순위를 파악하고 때때로 상충하는 가치에 대해 배우는 것을 수반한다. 특정 순간에는 공동체와 자율성이라는 두 가지 상충되는 가치에 따라 행동하는 것이 불가능할 수도 있다. 어느 순간에 한 가지 가치를 따르기로 선택했다고 해서 따르지 않는 가치가 반드시 무효화되는 것은 아니다. 얼마든지 다양한 가치를 지지할 수 있다. 그러나 야스민의 상황은 다른 유형의 진퇴양난quandary을 보여 준

〈표 7.1〉 욕구/가치 및 가치와 일치하는 행동(valued behaviors) 예시

욕구/가치	가치와 일치하는 행동
자율성	· 자신의 진정한 가치와 내적 동기에 따라 행동하기
소속감	· 다른 사람들과의 관련성(affinity), 따뜻함, 유대 관계 구축하기
자비	· 고통받는 사람들에게 귀를 기울이고 최선을 다해 친절과 관심, 지혜와 돌봄으로 행동하기
연결성	· 존중과 친근함을 기반으로 상호 이해를 찾고 경험하기 · 다른 사람을 알고 나 자신을 알리도록 허용하기 · 나의 경험을 다른 사람들이 인식하고 타당화하고 이해하게 하고, 그들을 위해 동일한 일을 하기. 다른 사람을 돕고 또한 도움받기
창의성	· 자신의 상상력을 사용해 창조하고 혁신하기 · 내 삶에 창의적인 활동을 위한 공간 만들기 · 창의적인 사람들의 커뮤니티에 참가하기
일관성	· 자신의 가치에 일치하는 방식을 선택하고 행동하기 · 질서감 조성하기
호기심	· 열린 마음(mind)으로 탐색하고 발견하기
감사	· 주어진 것에 고마움과 기쁨 표현하기
애도	· 상실을 겪은 사람이나 대상을 애도하기 · 가치와 욕구가 충족되지 않을 때 애도를 위한 공간 마련하기 · 슬픔을 느끼고 수용하기
진정성	· 진실하고 정직하며 유용한 것을 옹호하고 말하기 · 다른 사람들과 나 자신을 포함해 모든 생명체에 대한 경외심 갖기
친밀감	· 나에게 가장 중요한 것을 개방하고 다른 사람들과 공유하기 · 육체적으로 밀접한 접촉 공유하기
학습과 성장	· 경험에 대한 회피나 집착을 버리고, 자비롭게 수용하고 받아들이는 방법 배우기 · 나의 가치에 대해 배우기. 나와 다른 사람에게 중요한 것에 참여하는 데 도움이 되는 능력 습득하기 · 나 자신, 타인, 세상에 대한 새로운 이해를 얻기
사랑	· 공감적 이해, 자비, 돌봄, 부드러움, 친절, 감사를 제공하고 받기 · 기쁜 일은 함께 축하하고, 슬픈 일은 애통해하며 함께 나누기 · 서로의 욕구와 가치를 지지하기
중요한 것	· 다른 사람들에게 긍정적인 변화 만들기
상호성	· 주는 것과 받는 것 사이의 균형이 공정하고 지속 가능하다고 느껴지는 관계 구축하기

인내	· 인생이 펼쳐질 것이라는 믿음을 가지고 침착하게 기다리기
평화, 휴식, 편안함	· 있는 그대로의 경험에 대한 투쟁을 멈추고 이 순간, 나 자신 그리고 다른 사람들과 평화를 이루기 · 때때로 '행동하는 것과 생각하는 것'을 버리고 신체, 정서, 마음(mind)에 영양을 공급하고 진정시키는 선택을 하기
지속	· 장애에도 불구하고 단호하게 지속하기
놀이와 즐거움	· 즐거움, 재미, 영감, 기쁨을 주는 일을 하기 · 불필요한 제약 없이 가벼운 마음으로 행동하고, 밀하고, 움직이기 · 유머에 감사하기
목적	· 다른 사람들, 나 자신 그리고 세상의 욕구와 가치, 번영을 위해 봉사하기
안전과 생계	· 다른 사람들과 나 자신이 안전과 보호와 영양을 누릴 수 있도록 보장하기
지지	· 중요한 도움과 자비로운 이해 주고받기
접촉	· 안전하고 자양분이 된다고 느끼는 접촉을 주고받기

다. 선택은 가치를 운용하는 데 필수적인 요소이기 때문에 개인의 선택이 매우 제한되는 공동체나 가족 안에서 사는 것은 문제가 될 수 있다. 야스민이 소속감과 부모님의 뜻을 존중한다는 가치에 따라 고향으로 돌아가 부모님이 남편을 선택하게 한다면, 자신의 내적 동기에 기반해 미래의 다른 많은 선택을 할 기회를 포기하게 될 것이다. 만약 야스민이 자율성이라는 가치에 따라 행동하기로 선택한다면, 시간이 지남에 따라 부모님을 소중히 여기는 가치에 따라 행동할 다른 많은 기회를 얻게 될 것이다. 우리의 가치를 식별하고 우선순위를 결정하는 것은 복잡하고 지속적인 과정이다. 그럼에도 언제나 가치 있으며, 특히 위기 상황에서 꼭 필요한 일이다. 야스민의 사례에서 알 수 있듯이, 어떤 삶의 위기는 우리가 자신의 가치를 완전히 알지 못하기 때문에 더 심화되거나 발생하기도 한다.

가치-일관된 행동의 식별과 전념

단순히 자신의 가치에 연결하는 것만으로는 위기에 처한 대부분 내담자가 하루를 버

티기에 충분하지 않다. 가치는 그에 따라 행동하지 않으면 불쾌감을 주거나 심지어 사기를 저하할 수 있다. 위기에 처한 내담자들은 자신이 가장 소중하게 여기는 가치가 무엇인지 알지 못할 뿐 아니라, 무엇을 해야 할지 결정하지 못해 마비 상태가 되는 경우가 많다. 따라서 내담자가 자신의 가치에 따라 행동하는 방향으로 안내하는 데 도움이 되는 방법을 간단하게 살펴보겠다.

가치-일관된 행동 식별

야스민은 긴박한 인생 상황에 어떻게든 참여해야 한다는 사실을 깨닫는다. 아무런 행동도 하지 않고 가만히 있는 것은 선택 사항이 아니다. 그녀는 인생의 갈림길에 서 있으며, 어느 한 가지 길을 선택해야 한다. 그녀는 자신이 간절히 바라는 사회적 세계와 친밀한 관계를 실현하기에는 지금까지 충분히 일하지 않았다는 사실을 언급했다. 그녀가 후속 상담을 위해 다시 돌아온다면 치료자는 그녀가 생각할 수 있는 소속감과 친근감의 가치와 일치하는 모든 행동을 목록으로 작성하는 데 도움을 줄 것이다. 이러한 브레인스토밍을 하는 동안에는 떠오르는 아이디어에 대한 모든 판단을 내려놓도록 내담자를 격려해야 한다(Nezu et al. 2013).

현실의 문제를 해결하려고 할 때는 아이디어의 흐름을 원활하게 해야 한다. 야스민의 경우, 아무리 터무니없어 보이는 아이디어라 해도 그것을 표현했다고 반드시 실행해야 할 의무는 없다는 것을 알기 때문에 어떤 아이디어든 떠올릴 수 있었다. 그녀에게는 고향으로 돌아갈 수 있는 선택지가 있지만, 고정된 전략에서 가치로 주요 초점을 옮겼기 때문에 고향으로 돌아가거나 혼자 이곳에 머물며 외로움을 견디는 것 외에 다른 선택지를 가질 수 있다. 그녀는 동료들을 저녁 식사에 초대하거나, 합창단이나 하이킹 동호회에 가입하는 것을 고려할 수 있다. 또한 다른 사람들에게 자신을 더 많이 개방하는 것도 고려할 수 있다. 예를 들어, 자신이 신뢰하는 사람들에게 현재의 어려움을 이야기할 수 있다. 그렇게 한다면 소수의 친구와 더욱더 친밀한 관계를 형성할 수 있다. 브레인스토밍 단계의 어느 시점에서 야스민은 아마도 데이트 장면에 들어가고 싶다는 생각을 하게 될 텐데, 이는 많은 사람에게 쉬운 경험이 아니다. 야스민의 경우 이전에 학습된 문화적 규범(이 경우에는 여성의 행동에 관한 규범)을 위반할 때 발생하는 감정을 처리해야 하기 때문에 훨씬 더 어려울 수 있다. 그러나 아이디어를 실행에 옮기는 과정에 있는 장벽을 직면하는 것은 야스민 혼자만이 아니다. 모든 형태의 참여는 일반적으로 사전 학습과 관련된 반응뿐 아니라 정서적 또는 사회문화적 장벽을 야기한다. 아이러니하게도 우리가 가장 저항하는 가치 기반 행동이 가장 유익한 것으로 판명되는 경우가 많다. 이는 우연이 아니다. 삶의 중요한 측면에 대한 경험회피와 규칙-기반 행동은 종종 위기를 초래하는 중요한 원인이 된다.

가치 기반 행동의 전념

야스민은 자신의 가치와 일치하는 하나 이상의 선택에 따라 행동해야 하며, 효율성을 높이기 위해 자신의 전략을 수정하려는 목표로 이러한 새로운 행동의 결과에 세심한 주의를 기울여야 한다. 가치-일관된 행동에 적극적으로 참여하려면 실제 장벽이나 자기-인식 장벽을 헤쳐 나가야 한다. 만약 야스민이 데이트를 할 수 있게 된다면, 이전의 학습과 규칙을 버리고 불편감의 파도가 밀려와도 자비롭게 현재에 머무르는 방법을 배워야 한다. 그러나 그녀를 지지하는 것은 본질적으로 가치-일관 행동에 따르는 보상 경험이다.

마음챙김 행동 — 참여하는 동안 마음챙김 유지하기

마음챙김과 수용은 우리의 가치에 더 익숙해지는 첫 번째 단계를 촉진하지만, 이러한 역량은 전념행동의 후속 단계와도 관련이 있다. 앞서 살펴보았듯이, 개인의 가치를 반영하는 행동에 참여하기 위해서는 그에 뒤따르는 정서적 고통이나 불편감을 기꺼이 수용하고 머무르려는 의지가 필요하다. 이러한 준비는 우리의 가치와 연결되고 전념행동을 취하는 데 내재된 보상 특성을 기반으로 한다. 예를 들어, 야스민은 자신이 왜 데이트를 하는 것에 마음을 열었는지 스스로 상기시키고, 누군가와의 친근감을 중요시하는 자신의 가치에 연결하며, 그것이 새로운 관계 형성의 불확실성에 자신을 취약하게 만들 뿐 아니라 양육에 대한 문화적 규범을 깨뜨리는 불안에 대한 남은 부분으로서 얼마나 보상적인지 느낄 수 있다. 자신의 개인적인 가치를 마음챙김으로 알아차림으로써 그녀는 이러한 가치의 욕구 충족적인 특성appetitive을 더 완벽하게 경험할 수 있다. 이는 시간이 흐른 뒤에도 다양한 상황에서 가치-일관된 행동을 유지하는 데 도움이 될 것이다. 어려운 생각, 감정, 감각의 출현과 같은 행동의 즉각적인 결과를 넘어 자신이 우선순위를 둔 가치에 충실할 수 있다.

카이: 가치 기반 행동 식별 및 전념에 관한 임상 대화

적극적인 참여를 촉진하는 또 다른 방법을 설명하기 위해 2장에서 소개한 카이의 회기로 돌아간다. 카이는 동업자에게 사기를 당하고 오랫동안 사귄 여자 친구를 포함해 인생에서 소중하게 여기던 모든 것을 잃은 후 인생에 대한 참여가 완전히 중단되었다. 그는 세상으로 나가려고 할 때, 심지어 그렇게 하려고 생각만 해도 엄청난 수준으로 치솟는 불안을 경험한다. 그의 최우선 순위는 정서적 불편감을 통제하는 것이고, 이로 인해 가치 기반 행동을 추구할 수 없었다. '어떤 대가를 치르더라도 피해야 한다'라는 식의 접근 방식은 완전히 새로운 문제로 인해 매우 심각한 부정적인 결과를 초래했다. 카이의 자기-가치감은 무너졌고, 이제 그의 미래에는 어떠한 잠재적인 의미도 없어 보인다.

이 상담에서 치료자가 탐색할 수 있는 가치 있는 경로는 다양하다. 카이는 두려움, 불안, 상실감이 나타날 때 자동으로 이러한 감정을 차단하려고 하기보다는 서서히 더 많은 감정을 수용하도록 안내받을 수 있다. 그런 다음 심장 두근거림 같은 고통스러운 신체적 감각에 대한 감내력이 확장될 수 있는지 확인하기 위해 마음챙김 훈련을 접할 수 있다. 카이가 모든 상실에 대해 가혹하게 자신을 비난할 때, 치료자는 자기-혐오의 대안으로 자기-자비를 소개할 수 있다. 그러나 이 회기의 전환점에서 치료자는 카이가 인생에서 의미 있는 것 추구하기를 거의 완전히 포기한 상태를 변화시킬 수 있는지 탐색하기로 한다. 카이가 자신의 삶에 다시 참여하도록 동기를 부여하는 방법은 그가 자신의 가치와 연결되고 비록 작은 것이라도 일련의 전념행동을 수행하도록 격려하는 것이다.

치료자 카이 님이 겪고 있는 상황을 고려하면 조금 이상해 보일 수 있는 다른 질문을 해도 될까요?

카이 좋아요.

치료자 사기당하고, 돈과 사업체를 잃고, 인생 파트너를 잃고, 친구들로부터 고립감을 느끼고, 불안과 매일매일 싸우고, 과거를 회상하는 등 우리가 이야기한 것 외에 카이 님에게 중요한 사람이나 무언가가 있나요? 신경 쓰고 있는 사람이나 대상이 있나요?

카이 '제가 신경 쓰고 있는 것'이라는 게 무슨 뜻이죠? 저한테는 인생을 살 만한 가치 있는 것이 아무것도 없어요.

치료자 그렇다면 이 모든 일이 일어나기 전에는 어땠나요? 삶이 지금보다 나았을 때 누가 또는 무엇이 당신에게 중요했나요?

카이 글쎄요, 많은 것에 신경을 썼는데 이제는 다 없어졌어요. 여자친구도 사라지고, 친구들도 사라졌어요. 일도 사라졌고요. 모두 다 사라졌다고요! 왜 지금 제가 뭔가 중요한 걸 생각해 낼 거라고 생각해요?

치료자 이전에는 친밀감을 중요하게 여겼던 것 같네요. 카이 님에게는 매우 중요한 사람인 여자친구가 있었죠.

카이 하지만 여자친구가 나를 떠났어요. 사기당한 것을 극복하지 못하는 제 모습을 옆에서 보는 게 힘들다면서요.

치료자 네, 감정적으로 큰 타격을 받았을 것 같아요. 친구들과도 연락이 끊겼다고 말했죠. 그 우정이 중요했나요? 제 말은, 친구와 연락이 끊겼을 때 많이 괴로웠나요?

카이 젠장, 맞아요. 괴로웠어요! 하지만 제 생각에 그건 제가 자초한 일인 것 같아요. 여자친구가 떠난 후 아무 데도 가지 않았어요. 그건 제 탓이에요.

치료자 추측하건대 사업의 성공과 모은 재산에 대해서도 자부심을 느꼈을 것 같아요. 그것도 당신에게 중요했나요?

카이 제 사업을 하는 것이 꿈이었어요. 원래 일하는 걸 좋아했어요. 매일매일 도전하는 것처럼 느껴졌지만 기분이 좋았죠. 아직도 그놈이 나한테 한 짓을 잊을 수가 없어요. 그리고 그 일에 대해 뭔가 조치하려고 할 때마다 겁이 났어요. 저는 그냥 모든 일에서 패배자였어요.

치료자 카이 님은 일에 정말로 몰두했고, 그 일은 당신에게 활력을 주고 동시에 역경을 주었네요. 이러한 고난이 닥치기 전에 당신이 삶에서 중요하게 여기던 것에 관해 이야기할 때 내면에 뭔가 떠오르나요?

카이 (몇 초 동안 침묵) 불편한 마음이 들어요. 이걸로 뭘 하려는 거예요? (목소리를 낮추며) 저 자신이 너무 부끄러워요.

치료자 그러면 수치심이 나타나는 걸까요?

카이 그게 놀랄 일인가요? 당연히 부끄럽죠. 친구들은 모두 아내와 자녀, 좋은 집과 직업을 가지고 있어요. 그런데 저는 상담 예약도 거의 혼자 못하고 있죠.

대화가 섬세해졌다. 치료자가 가치를 탐색하자 카이는 지금은 의미 있는 삶을 살지 못하고 있다는 평가를 받는 듯 반응한다. 그는 사기를 당하기 전과 비슷한 방식으로 삶에 참여하고 싶지만 시간이 지날수록 만족스러운 직업, 사랑하는 관계, 가족이라는 이상적인 삶이 점점 더 불가능해 보인다. 그가 보기에 그의 삶은 원래 있어야 할 것과 거리가 멀다. 큰 상실을 겪는 많은 내담자가 그렇듯이 카이도 자신이 추구하던 이상적인 삶의 이미지 때문에 아무것도 할 수 없게 되었다. 카이가 생각하는 이상적인 삶의 모습은 ACT에서 '목표'라고 부르는 것과 유사하다. 이는 여러 번의 상실에도 불구하고 변하지 않는 핵심 가치와는 다르다. 이제는 달성할 수 없어 보이는 그의 인생 목표는 더 이상 인생을 살아가는 데 수반되는 불안을 견디게 하는 동기가 되지 못한다. 더욱이 카이는 자신이 잃은 모든 것에 낙담하는 것은 물론, 자책하며 수치심까지 느낀다.

치료자는 내담자와 라포rapport를 유지하기 위해 카이가 자신의 불편감에 흥미를 갖도록 부드럽게 유도함으로써 대화를 수용과 마음챙김으로 전환한다. 치료자는 참여의 단어를 제공하거나 부끄러워할 이유가 없다고 말하기보다는 그 감정에 대한 호기심의 시선을 불러일으킨다.

치료자 지금 이 방에 수치심이 있나요?

카이 지금은 잘 모르겠어요. 조금 전에는 있었어요. 선생님이 저에게 삶에서 중요한 것을 물었을 때 부끄러움을 느꼈어요.

치료자 당신이 중요하게 여겼던 것들이 생각나고, 친구들의 삶과 당신의 삶을 비교하면서 그들이 가지고 있는 것과 당신에게 없는 것을 볼 때, 그런 것들을 몹시 그리워하는 것 외에 그것을 가지지 못했다는 사실에 부끄러움을 느끼기도 하나요?

카이 네, 맞아요.

치료자 소중한 것을 모두 잃었다는 절망감에 맞서는 것 외에도 계속 자책하고 있는 것 같군요. 마치 당신이 나쁜 짓을 했다거나, 정말 끔찍한 짓을 저질렀다거나, 지금 살고 있는 삶을 누릴 자격이 없는 것 같다거나 하는 식으로요.

카이 그런 것 같아요. 이게 다 제 잘못인 것 같고, 지금 갇혀 있는 틀에서 벗어날 수가 없어요.

치료자 지금 수치심을 방으로 초대해서 그것에 대해 좀 더 조사해 보면 어떨까요? 어쩌면 다른 시각으로 볼 수 있지 않을까요?

카이 '조사'라고요? 그게 도대체 무슨 뜻이죠? 수치심은 끔찍한 감정이에요. 그걸 조사하고 싶지 않아요!

치료자 사실 수치심과 함께 시간을 보내는 것이 좋습니다. 당신에게 할 말이 있는지 확인하기 위해서요. 지금 함께 시도해 볼까요?

카이 (어깨를 으쓱하며) 굳이 원하신다면요. 선생님이 보스니까요.

치료자 정말로 시도해 볼 의향이 있나요?

카이 네, 좋아요.

치료자 좋습니다. 이제 우리는 카이 님의 친구들이 좋은 인생을 살고 있다고 생각하는 것이 수치심을 불러일으키는 원인 중 하나라는 것을 알고 있습니다. 특별히 떠오르는 친구가 있나요?

카이 제임스, 짐이라고도 불러요.

치료자 짐이라는 친구군요. 그의 집에서 축구 경기를 함께 보는 걸 상상할 수 있나요? 그렇게 할 수 있을까요? 눈을 감는 게 더 편하다면 감아도 됩니다.

카이 그 친구 집에서 축구를 보고 싶지 않아요. 짐이 저에게 어떻게 지냈는지 물었을 때 저는 내 인생이 형편없다고 말했어요. 그런 다음 그가 아이들, 직업, 아내, 그리고 그들이 얼마나 행복한 삶을 살고 있는지 이야기했어요.

치료자 그러면 지금 이 방 안에 수치심이 확실히 존재하고 있네요, 그렇죠? 카이 님의 얼굴에서 볼 수 있어요. 몸이 굳어 있고 상당히 긴장한 것처럼 보입니다. 이 느낌이 익숙한가요?

카이 그렇죠. 항상 저와 함께 있으니까요.

치료자 수치심은 함께하기 어렵다는 것을 알고 있고, 혹시 다른 것에 대해 생각하고 싶은 느낌이 들면 그걸 바로 알아차릴 수 있나요? 몇 초 동안 숨을 들이쉬고 내쉴 수 있는지 확인해 보세요. 제가 함께하겠습니다. 저와 함께 있는 것에만 집중할 수 있는지 살펴보세요. 지금 여기 당신과 저, 그리고 수치심이 있습니다.

카이 (몇 차례 숨을 들이쉰 후 치료자를 바라본다)

치료자 네, 여기 있는 수치심을 환영합니다. 수치심에 대해 좀 더 알려면 그것을 집 안으로 맞이해야 합니다. 이 시점에서 궁금한 것이 있는데, 수치심이 이에 대해 무엇을 해야 할지 알려 주는 게 있나요?

카이 뭐라고요? (당황한 표정으로) 수치심이 수치심에 대해 나에게 말해 줄 것이 있나요?

치료자 수치심이 당신을 조금 덜 괴롭히도록 허용하기 전에 수치심은 카이 님이 어떻게 행동하기를 원할까요?

카이 질문을 이해한 게 맞는다면, 제 수치심은 내가 앉아서 닥치고 사라지기를 바랄 거예요. 그러면 나를 그렇게 괴롭히지 않을 거예요.

치료자 카이 님은 지난 7년 동안 그 일을 매우 훌륭하게 그리고 용감하게 해

냈죠, 그렇지 않나요?

카이 네, 거의 삶을 그만둔 상태죠.

치료자 수치심과 한 흥정의 끝을 봤다고 할 수 있을까요? 제 말은, 앞으로 몇 년 더 망명 생활을 해야 할까요? 수치심이 언제쯤 이 곤경에서 당신을 놓아줄까요? 아니면 수치심과 흥정의 끝을 볼 수 없다면 언제쯤 수치심으로부터 벗어날 수 있을까요?

카이 이런 얘기를 할 거라고 전혀 생각하지 못했어요. 너무 이상해요.

치료자 수치심은 이상한 존재입니다. 수치심을 통제하고 수치심을 얼굴에 드러내지 않으려고 하는 바로 그 행동이 수치심을 키우는 역할을 해요. 수치심을 느끼지 않기 위해 자신에게 중요한 모든 것에서 벗어나려고 합니다. 하지만 삶의 영역에서 가장 중요한 것이 사라지면 또 다른 자기-비난의 층을 쌓이고, 훨씬 더 큰 수치심을 느끼게 되죠.

카이 무슨 말인지는 알겠는데 어떻게 해야 할지 모르겠어요. 나는 길을 잃었고, 무력감을 느껴요. 너무 많은 것을 잃었어요. 지난 몇 년간 자살에 대해 많이 생각했어요.

치료자 솔직히 말해서 그런 생각을 안 했다면 오히려 놀랄 일이죠. 그건 앉아서 닥치ㄱ 사라지는 ㄸ 다른 방법이니까요.

카이 정말 우울한 방식이네요. 제가 계속 머물러 있으면 수치심이 우위를 차지해요. 제가 자살하면 수치심이 우세해지는 거예요.

치료자 수치심과 맺은 계약을 따르는 경우에만 숨길 수 있죠.

카이 무슨 소리를 하는 거예요? 수치심에서 벗어날 수 있다고요? 내가 겪은 모든 일을 그냥 잊으라고요? 내가 저지른 모든 실수를?

치료자 아니요, 전혀 그렇지 않아요. 당신은 이미 모든 일을 겪었습니다. 그 일들은 죽는 날까지 당신의 기억에 남아 있을 겁니다. 다만 제가 궁금한 건, 만약 카이 님이 앉아서 닥치고 사라지라는 수치심의 소리에 동의하기를 멈추면 어떻게 될까요?

카이 그렇게 하고 싶어도 어떻게 해야 할지 모르겠어요.

치료자 앉는 것의 반대는 중요하게 생각하는 것을 위해 일어서는 것입니다.

입을 다무는 것의 반대는 소리를 내어 말하는 것이고요. 그리고 삶에서 사라지는 것의 반대는 다시 나타나는 것입니다. 이 세 가지 중 하나를 수행할 수 있는 몇 가지 작은 방법을 생각해 볼 수 있을까요?

카이 우와! 그런 일을 한다고 생각만 해도 속이 울렁거려요. 너무 두려워요! 이상하게 들리겠지만, 저는 삶이 없는 것에 익숙해진 것 같아요.

치료자 인간은 거의 모든 종류의 생활 조건에 익숙해질 수 있습니다. 물론, 지금 당장은 이런 일이 카이 님에게 일반적이지 않을 것이고, 자신이 믿는 것을 지지하거나 마음에 있는 것을 말하거나 삶에 다시 나타나는 것과 같은 일이 처음에는 새롭고 어색할 겁니다. 하지만 여기에 핵심crux이 있어요. 자세히 들어보면 수치심을 느끼는 자신의 일부도 다시 세상 밖으로 나가면 기뻐할 것입니다. 자신의 수치심 또한 자신의 가장 깊은 가치, 중요하게 여기는 것, 삶에서 추구하는 것을 반영하니까요. 다만, 그 메시지는 간접적으로 전달되고 있으며, 현재 있는 곳에서 원하는 곳으로 가는 유일한 방법은 자신에게 중요한 것을 추구하는 것입니다.

카이 (잠시 침묵) 그래서 일어서고, 말을 하고…. 세 번째는 뭐였죠?

치료자 다시 나타나는 거요.

카이 문제는, 어디서부터 시작해야 하는 거죠?

치료자 그건 상관없습니다. 어떤 작은 일이라도 좋아요. 모든 건 걸음마 단계부터 시작할 때 가장 잘 수행됩니다.

카이 좋아요, 걸음마 단계.

치료자 전술적 행동에서는 작은 변화부터 시작하는 게 좋습니다. 뭐 생각나는 것 있나요?

카이 짐(Jim)부터 시작하면 될 것 같아요. 우리는 정말 친했는데 제가 그를 멀리 밀어냈어요. 그것 때문에 마음이 정말 엉망진창이에요. 그 친구는 저한테 여러 번 연락하고 함께 점심을 먹자고 했지만, 저는 항상 핑계를 댔어요. 제 생각엔 이제는 그 친구도 저를 돕거나 친구가 되려는 노력을 포기한 것 같아요. 그는 소셜 미디어에서 꽤 영향력 있는 IT 전문가예요. 가끔 온라인에 접속해 그의 게시물을 읽어요.

치료자 그렇다면 카이 님이 짐을 아낀다는 것을 지지하는 건 어떤 모습일까요? 밖으로 말하는 모습은요? 다시 나타나는 것은 어떤 모습일까요?

카이 같이 만나자고 제안하는 그런 거요. 하지만 그렇게 행동하는 건 저에게는 너무 큰 일인 것 같아요.

치료자 당신은 다이얼을 원하는 곳으로 자유롭게 설정할 수 있습니다. 짐과 친구라는 것을 나타내기 위해 당신이 할 수 있는 일은 무엇일까요? 무엇을 선택하든 그것은 우정에서 중요한 것이어야 합니다. 카이 님도 알다시피 짐은 그의 인생에서 계속 발전했을 수 있어요. 그런 만큼 이것은 당신과 당신이 지지하고 싶은 것에 더 관련된 것입니다. 그가 흥미를 가질 수도 있고 아닐 수도 있습니다. 어떤 일이 일어날지 우리는 모릅니다. 그러나 카이 님은 편안한 영역의 가장자리로 나와서 카이 님이 믿는 것을 할 수 있어요. 이것이 바로 자기 삶을 다시 점검하는 걸 의미합니다. 자신이 믿는 것을 반영하는 작은 행동 말이에요.

카이 그 친구에게 메시지를 보내면 될 것 같아요. 좋아요. 언젠가 함께 점심을 먹고 싶다고 말하고, 그가 원하지 않는다면 이해하겠다고 말할 수 있을지도 몰라요.

치료자 정말 멋져요. 진심으로요.

카이 (아래를 내려다보며) 네, 다시 세워야 할 일이 너무 많네요.

치료자 그리고 새로 세워야 할 일도 있죠. 1에서 10까지의 척도에서 1은 실제로 짐에게 연락할 자신이 전혀 없다는 것을 의미하고, 10은 연락할 것이라고 완전히 확신한다는 것을 의미합니다. 자신이 어디에 속한다고 생각하나요?

카이 8이나 9라고 말하고 싶어요. 분명히 불안해하겠지만, 그와의 관계를 분명하게 하는 건 옳은 일이에요.

만성 위기 상태에 있는 내담자에게 ACT를 사용할 때 인내patience와 지속성persistence은 치료자에게 매우 중요한 덕목virtues 두 가지다. 카이의 사례에서 알 수 있듯이 단 한 번의 상담으로 내담자의 삶을 모두 바꿀 수는 없다. 씨앗을 제공하고, 심고, 물을 주고, 그 씨앗이 싹 트고 성장하는지 지켜보는 과정으로 보는 것이 더 현실적이다. 어떤 씨앗은 싹을 틔우고 어떤 씨앗은 그렇지 않을 것이지만, ACT의 아름다움은 어떤 씨앗이라도 자리를 잡으면 삶을 변화시키는 효과가 있다는 것이다.

이 회기에서 치료자는 가치를 탐색하는 것부터 시작했다. 이를 통해 곧바로 카이의 깊은 수치심이 드러났다. 초점은 카이가 이러한 매우 불편한 감정에 계속 머무르도록 돕는 데로 옮겨졌다. 이는 카이가 상실, 자기-거부, 고립이라는 어두운 세계에 빠지거나 고통을 피하려는 노력을 자제하는 데 도움이 되는 대처기술이다. 수치심에 호기심을 갖고 현재 상태를 유지하라는 치료자의 제안은 마음챙김의 순간으로 이어졌다. [그림 4.1]에서 마음챙김은 경험과의 얽힘 및 동일시(수준 2), 한편으로는 경험의 억압suppression과 회피(수준 2)보다 한 단계 위(수준 3)였다. 우리는 마음챙김을 하면서 어디에나 존재하는 욕구desire와 혐오감을 알아차리고, 경험을 붙잡고 밀어내려는 아주 오래된 충동을 목격한다.

내담자들은 종종 불안이나 다른 감정을 회피하지 않도록 노력하라는 말을 듣는다. 이는 '회피하려는 것을 회피하라'는 의미다. 그러나 그러한 부정의 부정을 수행하는 것은 쉽지 않다. 내담자에게 고통agony과 관련되고 회피 행동을 이해하는 다른 방법을 제공하는 것이 더 도움이 된다. 치료자는 카이의 수치심을 명시적으로 환영함으로써 수치심의 경험이 허용되며 감정으로 수용될 수 있음을 인정했다. 카이는 수치심을 없애기 위해 노력할 필요가 없다. 수치심이 거기에 있을 때는 있을 것이고, 없을 때는 없을 것이다. 수치심과의 관계를 변화시키기 위한 최선의 희망은 수치심을 피하는 것이 아니라 수치심과 '함께' '그 안에' 있는 방법을 배우는 것이다. 치료자는 카이가 수치심과 새로운 관계를 형성하는 데 필요한 관찰적 거리를 찾도록 돕기 위해 카이와 수치심 사이에 '계약pact'이라는 **메타포**를 소개한다. 그는 자신의 수치심을 막기 위해 조용히 살아갈 필요가 없다. 대담하게 자신의 가치를 따르며 수치심과 함께 살 수 있다. 가치와 전념행동에 관한 대화의 목적은 내담자가 자신의 욕구와 가치를 반영하는 다른 무언가를 시도하는 데에 동의하게 하는 것이다. 카이의 경우, 삶의 정체 상태를 고려할 때 그의 가치에 충실하다면 다음 단계로 간주하기에 너무 작은 행동은 없다.

카이의 인생에서 결국 어떤 일이 일어났는지 우리는 알 수 없다. 이는 일회성 위기 대화의 흔한 결말이다. 그러나 그가 자신에게 중요한 것이 무엇인지 탐색할 수 있는 강력한 도구를 획득했다는 것은 분명하다. 치료자는 카이가 수치심을 통제하려는 포괄적인 노력으로 인해 흐려진 자신의 가치과 연결되도록 돕는 데 집중했고, 상담은 의사결정이나 인지적 문제해결로 곧바로 넘어가지 않았다. 두려움 회피와 함께 7년 동안 자신의 삶을 조직했던 수치심과의 계약을 끝낸 카이는 '이제 내 삶은 더 이상 두려움과 수치심을 통제하는 것을 중심으로 조직되지 않으니 무엇을 중심으로 조직될 것인가?'라고 자문하게 될 것이다. 그 대답은 바라건대 우정, 진정성 있는 관계, 업무에서의 창의성이라는 그의 가치를 중심으로 조직되리라는 것이다. 자신의 가치와 연결되면 '이 행동이 내가 가장 가치 있게 생각하는 것과 일치하는가?', '나는 지금 나에게 중요한 일을 하고 있는가?'라는 질문을 통해 자신이 고려하는 행동의 실행 가능성을 측정할 수 있다. 대답이 '아니요'라면 경로를 바꿀 수 있다. 만약 '예'라고 답한다면 두려움과 수치심이 다시 나타나고 그것을 통제하려는 충동이 생기는 순간에도 계속 나아가려는 경향이 더 커질 것이다.

또한 치료자는 카이에게 결과와 관계없이 가치-일관 행동에 내재된 보상 경험을 마음챙김을 하며 머물도록be mindful 요청했다. 짐이 더 이상 카이의 친구가 되는 데 관심이 없더라도 그는 짐에게 연락할 때 우정을 키운다는 자신의 가치에 따라 행동할 것이다. 후자는 확실히 가능성 있는 일이지만, 적어도 소중한 사람들을 위해 행동한다는 카이의 가치에 따르는 일을 피할 만한 이유는 아니다. 자신의 가치에 따라 행동하면서 스스로 상기시키면 만족스러운 참여의 특성을 충분히 알고, 느끼고, 이익을 누릴 수 있다.

아이스크림을 하나 더 먹고 싶거나 컴퓨터 게임을 한 번 더 하고 싶은 욕구에 따라 행동함으로써 얻을 수 있는 단기적인 보상에 관해 말하는 것이 아니다. 아이스크림이나 컴퓨터 게임을 즐기는 것은 잘못된 것이 아니다. 사실, 단기적인 즐거움을 누리거나 불편감을 피하는 것은 도덕적으로 비난받을 일이 아니다. 그러나 장기적인 가치에 계속 연결되어 있고 그에 부합하는 행동을 한다면 우리는 얻을 수 있는 모든 것을 얻게 된다. 카이가 즉각적인 보상이나 처벌에만 집중한다면 수치심과의 계약으로부터 자신의 삶을 되찾으려는 노력은 성공하지 못할 것이다. 주의를 기울이면, 아이스크림 같은 보상은 끝날 때 끝나지만, 장기적인 가치에 따라 행동하는 보상 경험은 시간이 지날수록 풍요로워진다는 것을 알 수 있다. 침착함, 관용, 친절함, 자비, 놀이, 목적과 같은 가치는 본질적으로 무한하고 영원하다. 우리가 이러한 가치에 더 많이 연결되고, 표현하고, 진실하게 행동하고, 공간을 제공하고, 구현할수록 우리 삶은 더 풍요로워진다. 가치는 소비될 수 없고, 고갈되지 않으며, 달성되거나 남겨지지도 않는다. 우리가 죽는 날까지 끝나지 않은 발견의 여정으로 남아 있다.

위기 통합에 대한 인내와 지속

우리는 저마다 괴로움suffering 속에서 외로움을 느끼고 때로는 스스로 비난하는 경향이 있지만, 위기를 유발하는 과정은 결코 개인적이거나 고유한 것이 아니다. 이는 인간이 세상과 그 안에서 우리의 위치에 대해 학습한 방식, 즉 뇌가 과거를 기반으로 예측하는 방식, 위협을 피하고 기회에 접근하는 방법을 배우는 방식, 뇌가 자기감을 발전시키는 방식, 우리가 성장하면서 사회 집단 내에서 안전과 승인과 돌봄을 얻기 위해 행동하는 법을 배우는 방식, 그리고 언어가 우리의 행동을 지배하기 위해 이전에 학습한 규칙을 가능하게 하는 방식 등에서 비롯된다. 내적으로 이러한 학습 방식은 과거의 정서적 고통pain을 줄이는 데 도움이 되었던 전략에 대한 애착뿐 아니라 내면의 고통에 대한 과잉동일시와 회피로 이어진다. 이러한 경향은 생존하는 데 도움이 되고 특정한 종류의 고통과 불편감으로부터 우리를 보호해 줄 수 있지만, 위기 상황에서 필요한 유연성을 제공하지는 않는다.

이 책에서는 역경이 일어날 때 위기가 유발된다고 제안했다. 또한 역경 사건adverse event에 대한 반응으로 자연스럽게 발생하는 감정과 신체 감각을 느끼지 않으려고 노력하는 동시에, 더 이상 유용하지 않은 행동 전략에 집착해 비참여하려고 노력한다고 했다. 회피 대처를 지속적으로 사용하는 것은 양성적인 과정이 아니며, 이는 삶으로부터 비참여하는 주요 원인이 된다. 비참여도 마찬가지로 양성적인 과정이 아니다. 이는 충족되기를 간절히 바라지만 충족되지 않은 채 늘어나는 욕구 목록에 대한 반응으로 고통스러운 감정의 두 번째 물결을 촉발하기 때문이다.

다행히 인간의 뇌는 사전 학습의 유용성을 관찰하고 평가할 수 있는 고유한 능력을 갖고 있다. 우리는 우리가 사용하는 행동 전략과 우리를 유도하는 언어 규칙을 생각해 볼 수 있다. 또한 우리의 감정, 신체 감각, 충족되거나 충족되지 않은 욕구, 깊이 간직된 가치를 알아차릴 수 있다. 이러한 관찰의 기초를 제공한다.

내적 경험에서 길을 잃지 않는 연습(내적 경험에 반응하지 않고, 없애려고 노력하지도 않고, 논쟁하거나 판단하지도 않는 것)은 많은 사람에게 내면의 삶과 관계를 맺는 새로운 방식이다. 우리 내부에서 일어나는 모든 일을 단순히 관찰하는 능력은 단순하면서도 복잡하다. 따라서 임상 실습에서 이러한 관찰자 관점을 소개하는 것은 지적 논쟁의 문제라기보다는 직접적인 경험을 통한 연습이다. 치료자는 위기의 혼란을 차분하게 목격하는 모형을 제시할 수 있고, 내담자 스스로 이를 경험하는 방법에 대해 순간순간 코칭할 수도 있다.

치료자의 경우 주의 집중을 위한 기반을 제공할 때 중립적인 내부 신체 감각 사용을 가르칠 것을 제안했다. 감정이 격렬할 때 중립적인 신체 부위는 일반적으로 발이나 손과 같이 몸통 바깥쪽에 있는 부위이지만, 소리나 소리 사이의 침묵처럼 내담자의 주의가 먼저 향하는 좋은 대안도 있다. 이러한 기법은 내담자가 속도를 늦추고, 주의를 집중시키고, 덜 동요되는 상태에서 자신의 고통을 목격하는 데 도움이 된다. 위기에 처한 내담자에게 흔히 발생하는 외적 버텨 주기가 불가능하거나 불충분한 경우, 이러한 마음챙김 관점은 필요한 버텨 주기를 제공하고 상황의 신체적 고통distress과 정서적 고통pain이 점차적으로 안정되는 조건을 만드는 데 도움이 된다. 이러한 과정은 어느 정도의 편견(특정 유형의 내적 경험을 덜 원하거나 더 원하는 것)이 위기의 열기 속에서 그림 속으로 몰래 들어가 관찰하는 관점에 색을 입힌다는 점에서 부분적으로 점진적이다. 따라서 마음챙김은 고통 자체를 수용하는 것뿐 아니라 정서적 고통을 피하는 데 도움이 되는 전략에 집착하는 모든 방식을 점차적으로 알아차리고 수용하는 반복적인 과정이다. 우리가 관찰력을 유지한다면 시간이 지나면서 실제로 일어나고 있는 일에 대한 지각과 지혜의 미묘한 차이가 점점 더 커질 것이다. 예를 들어, 현재 순간의 경험은 과거 경험을 바탕으로 이루어지기 때문에 현재 일어나고 있는 일에 대한 마음챙김은 이전에 일어난 일에 대한 마음챙김을 의미하기도 한다.

도움이 되지 않는 사전 지식에 대해 새로운 학습을 하려면 자비가 반드시 관여해야 한다. 다른 사람이나 자신으로부터 비판받거나 평가받을 때, 우리는 너무 무서워서 실효성 없는unworkable 오래된 전략을 버리지 못한다. 따라서 우리 자신과 다른 사람을 돌보고 친절하게 대하는 선천적인 능력을 활용하는 것이 도움이 된다. 가볍고 부드럽게 받아들일 때 우리의 고통스러운 내적 경험과 비판받는 자아에 대한 감각은 덜 부담스럽고 덜 불투명해져서 수용하기 쉬워진다.

누구나 마음챙김, 수용, 자비, 참여를 연습할 수 있는 잠재력을 가지고 있지만, 위기 맥락에서는 이러한 능력을 기르고 연습해야 한다. 실제로 우리는 위기 상황에서 발생할 수 있는 새로운 형태의 학습을 추구하려는 동기를 최대한 활용할 수 있다. 매 순간 이러한 통합 과정를 실행하는 정도는 이전 순간에 수행한 정도에 따라 달라진다. 이는 힘을 얻고 유지하기 위해 사용해야 하는 근육과 같다. 그러나 근력과 달리 이러한 능력은 무한하다. 우리 자신과 세상에 제공할 수 있는 현존presence, 평화, 친절, 돌봄의 양에는 제한이 없다.

회피와 비참여가 위기 유발의 핵심 과정인 것처럼 수용과 참여는 위기 통합의 핵심이며 둘 다 마음챙김에 의해 매개된다. 이는 마음챙김 현존mindful being 및 마음챙김 행동mindful doing과 동일하다. 수용과 참여는 처음에 보이는 것보다 위기 통합에서 더 많이 얽혀 있다. 각각은 서로를 이끌어 내는 경향이 있다. 내적 및 외적 어려움의 수용은 세상과 현명하게 소통하는 데 필요한 관용을 얻을 수 있다. 위기 상황에서 감정은 내담자의 충족되지 않은 욕구와 가치를 큰 소리로 드러낸다. 그들이 마음챙김을 하면서 자비롭게 자신의 감정을 받아들일 때, 그 순간에 머무르며 자신에게 진정으로 중요한 것이 무엇인지, 자신과 다른 사람을 위해 바라는 것이 무엇인지 배울 수 있다. 자신의 가치를 알아 가는 것은 역경 상황에서 자신의 행동에 가장 유용한 지침을 제공한다는 점에서 필수적이며 유익한 일이 될 것이다. 한편, 참여는 위기 상황의 파괴적인 감정과 사전 학습에 반하는 방식으로 개인적인 가치에 일치하도록 행동할 때 발생하는 추가적인 불편감에 연결하려는 의지를 확장할 것이다.

개인적인 위기의 순간에 우리는 가치에 따라 세상과 소통하면서 순간의 고통에 마음을 여는 것보다 더 나은 방법이 분명히 있을 것이라는 강한 유혹을 받는다. 다른 선택지는 없는가? 더 빠른 해결책을 제공하는 무언가가 있지 않겠는가? 안타깝게도 모든 빠른 해결책은 한 가지 공통점이 있다. 잠시 효과가 있다가 결국에는 상황을 악화시킨다는 점이다. 이는 고통을 끝내지 않고 오히려 증폭시킨다. 여기에 있는 것을 자비로운 시선으로 바라보는 것보다 더 나은 방법은 없다.

이 책이 독자들이 계속해서 찾아보는 영감의 원천이 되기를 바란다. 이 책에서 설명하는 학습의 종류는 점진적이다. 내담자의 병력과 상황이 매우 다양한 만큼 치료자들이 내담자의 수용 및 참여 과정을 지원하는 다양한 방법을 시도해 볼 것을 권장한다. 임상적 개입은 내담자의 특정 학습 스타일과 현재의 어려움뿐 아니라 치료자의 개인 교육 스타일에 맞게 조정되어야 한다. 우리는 독자들이 자신에게 온화해지기를 바란다. 치료자가 위기에 처한 누군가를 인내하며 지지하는 것을 목표로 삼는 것처럼, 새로운 일을 시도할 때 스스로 완벽할 것이라고 기대해서는 안 된다.

모든 사람이 믿고 사랑하는 사람을 잃거나, 변화를 경험하거나, 위험에 처할 때 발밑의 카페트가 갑자기 확 당겨지는 듯한 위태로운 느낌을 경험한다. 이러한 고통으로부터 다른 사람과 우리 자신을 구하고 싶지만, 그러한 고통을 항상 막을 수 없다는 것이 가슴 아픈 진실이다. 이러한 고통은 인간 조건의 일부다. 고통을 겪은 사람의 과제는 자신의 삶을 가장 풍요롭게 만드는 방식으로 고난과 함께하는 방법을 배우고, 그 과정에서 다른 사람들에게 기여하는 방법을 배우는 것이다. 위기는 실존적 문제와 관련이 있기 때문에 우리는 인간 됨이 의미하는 것의 핵심으로 깊이 들어가야 한다. 그러나 깊이 들어가는 것뿐만 아니라 어떻게 깊이 들어가는지도 중요하다.

위기 통합에는 온화한 부드러움과 관용적 인내가 필요하다. 물론, 때로는 자신을 한 번에 완전히 바꾸는 깨달음을 얻기도 하지만, 이런 경우는 매우 드물다. 모든 답을 쉽게 얻을 수 있다면 애초에 위기에 처하지 않을 것이다. 우리는 대부분 각자의 시간 속도에 맞춰서 자신만의 교훈을 배워야 한다. 우리는 피하고, 집착하고, 경험과 동일시하고, 이전에 배운 낡은 규칙에 따라 행동하고, 더 많은 문제를 일으키고, 괴로워한다. 그러다가 회피와 집착을 내려놓고 마음챙김을 하면서 내면의 고통을 마주하고, 욕구와 가치를 탐색하고, 가치 있고 유용한 새로운 행동을 시도할 순간이 찾아온다. 위기 상황에서 우리의 과업은 전체 경험을 우아하게 받아들이는 것이다. 즉, '안 돼! 또 시작이구나!'라는 생각을 알아차린 다음 '이것도 괜찮아!'라고 스스로 말하는 것이다. 현재 일어나고 있는 일에 진정으로 현존하고 머물면서 새로운 일을 할 수 있는 순간이 짧아 보일 수 있지만, 이 찰나의 순간이 쌓여 치유와 긍정적인 변화를 만들어 낸다는 사실을 아는 것은 참으로 위안이 된다.

참고문헌

Aknin LB, Hamlin JK, Dunn EW: Giving leads to happiness in young children. PLoS One 7(6):e39211, 2012 22720078.

Aknin LB, Dunn EW, Proulx J, et al: Does spending money on others promote happiness? A registered replication report. J Pers Soc Psychol 119(2):e15-e26, 2020 32250135.

Alim TN, Feder A, Graves RE, et al: Trauma, resilience, and recovery in a high-risk African-American population. Am J Psychiatry 165(12):1566-1575, 2008 19015233.

Alter C, Haynes S, Worland J: Time 2019 person of the year Greta Thunberg. Time magazi ne, December 11, 2019. Available at: https://www.time.com/person-of-the-year-2019-greta-thunberg/. Accessed May 16, 2022.

Barney JL, Lillis J, Haynos AF, et al: Assessing the valuing process in acceptance and comm itment therapy: experts' review of the current status and recommendations for future measure development. J Contextual Behav Sci 12:225-233, 2019 31828006.

Cohen S: The role of individual responsibility in the transition to environmental sustainabi lity. State of the Planet, May 10, 2021. Available at: https://news.climate.columbia.edu/2021/05/10/the-role-of-individual-responsibility-in-the-transition-to-environmental-sustainability. Accessed May 16, 2022.

Collins AGE, Cockburn J: Beyond dichotomies in reinforcement learning. Nat Rev Neurosci 21(10):576-586, 2020 32873936.

Cutler J, Wittmann MK, Abdurahman A, et al: Ageing is associated with disrupted reinforc ement learning whilst learning to help others is preserved. Nat Commun 12(1):4440, 2021 34290236.

Duckworth A: Grit: Why Passion and Resilience are the Secrets to Success. London, Ebury Publishing, 2017.

Dunn EW, Aknin LB, Norton MI: Prosocial spending and happiness. Curr Dir Psychol Sci 23:41-47, 2014.

Feder A, Mota N, Salim R, et al: Risk, coping and PTSD symptom trajectories in World Tra de Center responders. J Psychiatr Res 82:68-79, 2016 27468166.

Fehr E, Fischbacher U: The nature of human altruism. Nature 425(6960):785-791, 2003 14574401.

FeldmanHall O, Dalgleish T, Evans D, et al: Empathic concern drives costly altruism. Neur oimage 105:347-356, 2015 25462694.

Hailes HP, Yu R, Danese A, et al: Long-term outcomes of childhood sexual abuse: an umb rella review. Lancet Psychiatry 6(10):830-839, 2019 31519507.

Harbaugh WT, Mayr U, Burghart DR: Neural responses to taxation and voluntary giving re veal motives for charitable donations. Science 316(5831):1622-1625, 2007 17569866.

Iigaya K, Hauser TU, Kurth-Nelson Z, et al: The value of what's to come: neural mechanisms coupling prediction error and the utility of anticipation. Sci Adv 6(25):eaba3828, 2020 32596456.

Isaacs K, Mota NP, Tsai J, et al: Psychological resilience in U.S. military veterans: a 2-year, nationally representative prospective cohort study. J Psychiatr Res 84:301-309, 2017 27814502.

Levermann A: Individuals can't solve the climate crisis: governments need to step up. The Guardian, July 10, 2019. Available at: https://www.theguardian.com/commentisfree/2019/jul/10/individuals-climate-crisis-government-planet-priority. Accessed May 16, 2022.

Nasser HM, Calu DJ, Schoenbaum G, et al: The dopamine prediction error: con- tributions to associative models of reward learning. Front Psychol 8:244, 2017 28275359.

Nezu AM, Nezu CM, D'Zurilla T: Problem-Solving Therapy: A Treatment Manual. New York, Springer, 2013.

Park CL: Making sense of the meaning literature: an integrative review of meaning making and its effects on adjustment to stressful life events. Psychol Bull 136(2):257-301, 2010 20192563.

Piech RM, Strelchuk D, Knights J, et al: People with higher interoceptive sensitivity are more altruistic, but improving interoception does not increase altruism. Sci Rep 7:15652, 2017.

Rigitano E: COP24, the speech by 15-year-old climate activist Greta Thunberg everyone should listen to. Lifegate, December 17, 2018. Available at: https://www.lifegate.com/greta-thunberg-speech-cop24. Accessed May 16, 2022.

Schaefer SM, Morozink Boylan J, van Reekum CM, et al: Purpose in life predicts better emotional recovery from negative stimuli. PLoS One 8(1):e80329, 2013 24236176.

Schultz W: Dopamine neurons and their role in reward mechanisms. Curr Opin Neurobiol 7(2):191-197, 1997 9142754.

Southwick SM, Charney DS: Resilience: The Science of Mastering Life's Greatest challenges. Cambridge, UK, Cambridge University Press, 2012.

Thunberg G: "I want you to panic": 16-year-old issues climate warning at Davos. The Guardian, January 25, 2019. Available at: https://www.theguardian.com/science/video/2019/jan/25/i-want-you-to-panic-16-year-old-greta-thunberg-issues-climate-warning-at-davos-video. Accessed May 16, 2022.

Tsai J, El-Gabalawy R, Sledge WH, et al: Post-traumatic growth among veterans in the USA: results from the National Health and Resilience in Veterans Study. Psychol Med

45(1):165-179, 2015 25065450.

Voon V, Reiter A, Sebold M, et al: Model-based control in dimensional psychiatry. Biol Psy chiatry 82(6):391-400, 2017 28599832.

Wang Y, Ge J, Zhang H, et al: Altruistic behaviors relieve physical pain. Proc Natl Acad Sci USA 117(2):950-958, 2020 31888986.

Zaki J, Mitchell JP: Equitable decision making is associated with neural markers of intrins ic value. Proc Natl Acad Sci USA 108(49):19761-19766, 2011 22106300.

찾아보기

[P]

[R]

인명

지은이

Katrina Carlsson
스웨덴 스톡홀름의 PRIMA 아동 · 성인 정신건강의학과 수석 심리치료자이다.

Kirk D. Strosahl
워싱턴의 심리학자이자 오리건주 휠러의 HeartMatters Consulting LLC 대표이며, 스티븐 헤이즈와 함께 ACT의 공동 창시자이다. 정신건강 및 약물남용 커뮤니티 등에서 고위험 및 자살 위험 내담자에게 ACT의 단기 개입과 응용에 오랫동안 헌신해 왔다.

Laura Weiss Roberts
미국 캘리포니아 스탠퍼드 의과대학 정신건강의학과 및 행동의학과 주임교수이며, 캐서린 덱스터 맥코믹 및 스탠리 맥코믹 기념 교수이다.

옮긴이

심리학자 송승훈
한국인지행동치료학회 CBT전문가, 수련감독자
한국심리학회 공인 건강, 상담 및 임상심리전문가, 수련감독자
보건복지부 공인 정신건강임상심리사 1급
마음사랑의 집, 수용전념치료 익스턴 과정 1기 수료
자유ON심리상담센터/ACT인지행동치료연구소 대표
ACT인지행동치료연구회 회장, ACT트레이너
이메일: actcure@hanmail.net

심리학자 한송이
한국인지행동치료학회 CBT전문가, 수련감독자
한국심리학회 공인 건강 및 상담심리전문가, 수련감독자
보건복지부 공인 임상심리사 1급
마음사랑의 집, 수용전념치료 익스턴 과정 1기 수료
ACT인지행동치료연구회

심리학자 류은영
한국심리학회 공인 임상심리전문가, 수련감독자
보건복지부 공인 정신건강임상심리사 1급
마음사랑의 집, 수용전념치료 익스턴 과정 1기 수료
ACT인지행동치료연구회

심리학자 김명지
한국심리학회 공인 임상심리전문가, 수련감독자
보건복지부 공인 정신건강임상심리사 1급
ACT인지행동치료연구소, 수용전념치료 익스턴 과정 1기 수료
ACT인지행동치료연구회

심리학자 김민정
한국심리학회 공인 건강심리전문가
보건복지부 공인 정신건강임상심리사 1급
ACT인지행동치료연구소, 수용전념치료 익스턴 과정 1기 수료
ACT인지행동치료연구회

심리학자 진시영
교육부 공인 전문상담교사
한국심리학회 및 한국인지행동치료학회 정회원
ACT인지행동치료연구소, 수용전념치료 익스턴 과정 1기 수료
ACT인지행동치료연구회

ACT인지행동치료연구회
ACTA(Acceptance commitment & Cognitive behavioral Therapy Association)는 인지행동치료 우산 아래 수용전념치료, 마음챙김, 과정 기반 심리치료를 공부하고 상담 및 임상에 적용하며 연구하는 국내의 심리치료자 모임이다. 역서로는 『우울과 수치심의 수용전념치료』, 『트라우마 초점 심리치료 ACT』, 『수용전념치료 매트릭스와 유연한 프레임』, 『아동 · 청소년을 위한 수용전념치료』, 『가치 기반 수용전념치료』 등이 있다.
이메일: actinst@hanmail.net

심리적 위기를 통합하는 수용전념치료

초판 1쇄 인쇄 2025년 3월 31일
초판 1쇄 발행 2025년 4월 7일

지은이 | Katrina Carlsson, Kirk D. Strosahl, Laura Weiss Roberts
옮긴이 | 송승훈, 한송이, 류은영, 김명지, 김민정, 진시영, ACT인지행동치료연구회
펴낸이 | 소정영

펴낸곳 | 도서출판 하나의학사
출판신고 | 1988년 4월 1일 제2022-000082호

주소 | 서울특별시 송파구 동남로 159, 302호(한흥빌딩)
전화 | 02-730-2555, 2556 **팩스** | 02-730-2557
이메일 | hanampc1@naver.com
홈페이지 | www.hanampc.co.kr

ISBN 979-11-91658-57-6 93180